建设工程质量保险与风险管理培训教材

本书编委会

中国建筑工业出版社

图书在版编目(CIP)数据

建设工程质量保险与风险管理培训教材/本书编委会. —北京：中国建筑工业出版社，2006
ISBN 978-7-112-08427-2

Ⅰ.建… Ⅱ.本… Ⅲ.①建筑工程—保险—教材②建筑工程—风险管理—教材 Ⅳ.①F840.681②TU712

中国版本图书馆CIP数据核字(2006)第069897号

全书共分四篇和附录。第一篇主要介绍了建筑工程风险与风险管理、建筑工程一切险、安装工程一切险、建筑工程质量保证保险和有关责任保险等方面的内容；第二篇为建设工程技术风险识别，着重阐述了地下建筑工程、大型公共建筑工程、大型桥梁工程和轨道交通工程的技术风险；第三篇为建筑工程质量风险控制，阐述了建筑工程勘察、设计和施工过程的质量分析与控制要求以及建筑工程裂缝防治和地下室、卫生间、屋面和外墙防渗漏的设计与施工的控制措施，建筑工程质量检查机构在各阶段的检查要求等；第四篇为建设工程风险管理制度与实践，阐述了建设工程风险管理制度提出的背景与建设工程风险管理制度的基本原则和上海市的试点方案以及有关工作实践；附录给出了建安一切险和建筑工程质量保险的案例和建筑工程一切险、安装工程一切险、建筑工程质量保险等的保险条款，以及国内外与建筑工程质量保险相关的法规。本书力图对建筑工程保险与建筑工程风险管理进行系统的阐述，使读者对建筑工程保险与建筑工程风险管理有清晰的了解。

责任编辑：常　燕
责任校对：张树梅　关　健

建设工程质量保险与风险管理培训教材
本书编委会
*
中国建筑工业出版社出版、发行(北京西郊百万庄)
各地新华书店、建筑书店经销
北京天成排版公司制版
北京云浩印刷有限责任公司印刷
*

开本：787×1092毫米　1/16　印张：23¼　字数：563千字
2006年8月第一版　2012年9月第三次印刷
定价：**42.00**元
ISBN 978-7-112-08427-2
(15091)

版权所有　翻印必究
如有印装质量问题，可寄本社退换
(邮政编码100037)

《建设工程质量保险与风险管理培训教材》编委会

编委会主任：黄　卫　周延礼

编委会副主任：徐　波　郭左践

编委会成员：吴慧娟　孙建平　张玉平　赵如龙　董　波　谭新亚
　　　　　　陈英松　袁湘江　万利国　王知瑞　顾小平　曲俊义
　　　　　　程志毅　郭俊杰　白玉渊　朱　艺　李振达　邓雄汉
　　　　　　谢　宪　陈　风　宋志华　张柏玲　何勇生

编写统筹：赵宏彦　江　涛

编写总撰：高小旺

编写成员：王玉玲　郭万清　刘　军　潘　峰　高　欣　金磊铭
　　　　　黄宏伟　韩兵康　阮　欣　高小旺　纪颖波　熊　伟
　　　　　郑伟革　黄安南　张元勃　伊生祺　王彦飞　秦　岩
　　　　　朱　薇　曹世辉　魏同伟　王　祺　王　君　宣　鸣
　　　　　单浙明　刘　坚　李中锡

前　言

在市场经济发达国家，工程保险已被广泛的应用于工程建设领域。其发展实践表明，工程保险在提高建筑工程参与各方的风险防范能力、减少意外灾害损失；促进保险业健康发展；用市场的手段优化资源配置等方面起到重要作用。近年来，我国保险（特别是责任保险）也在广泛介入公共管理和社会生活各个方面。在工程建设领域，进一步推进我国工程建设管理体制的市场化改革，推行工程质量保险制度就显得十分必要和迫切。2005年8月5日建设部和中国保险监督管理委员会联合发布了《关于推进建设工程质量保险工作的意见》，为在我国推行工程质量保险工作提出一个基本制度框架。

建设工程质量保险是由一种转移在工程建设和使用期间由可能的质量缺陷引起的经济责任的方式，它由能够转移工程技术风险、落实质量责任的一系列保险产品组成，包括建筑工程一切险，安装工程一切险，工程质量保证保险和相关职业责任保险等。其中，建设工程质量保证保险主要为工程竣工后一定期限内出现的主体结构问题和渗漏问题提供风险保障。

实施工程质量保险，用经济手段完善工程质量保证机制，已经成为建设系统和保险系统的共识。工程保险需要的是既懂工程，又懂保险的复合型人才，因此，要充分重视在推进工程保险过程中的人才培训工作。要抓好对主管部门、建设单位、保险机构、工程监理单位、审图机构、检测机构保险知识的培训。去年以来，建设部和保监会组织专家编写了这本《建设工程质量保险与风险管理培训教材》，以期对各地开展工程质量保险工作给予指导和帮助。

全书共分四篇和附录。第一篇主要介绍了建筑工程风险与风险管理、建筑工程一切险、安装工程一切险、建筑工程质量保证保险和有关责任保险等方面的内容；第二篇为建设工程技术风险识别，着重阐述了地下建筑工程、大型公共建筑工程、大型桥梁工程和轨道交通工程的技术风险；第三篇为建筑工程质量风险控制，阐述了建筑工程勘察、设计和施工过程的质量分析与控制要求以及建筑工程裂缝防治和地下室、卫生间、屋面和外墙防渗漏的设计与施工的控制措施，建筑工程质量检查机构在各阶段的检查要求等；第四篇为建设工程风险管理制度与实践，阐述了建设工程风险管理制度提出的背景与建设工程风险管理制度的基本原则和上海市的试点方案以及有关工作实践；附录给出了建安一切险和建筑工程质量保险的案例和建筑工程一切险、安装工程一切险、建筑工程质量保险等的保险条款，以及国内外与建筑工程质量保险相关的法规。本书力图对建筑工程保险与建筑工程风险管理进行系统的阐述，使读者对建筑工程保险与建筑工程风险管理有清晰的了解。

本书在编写的过程中，得到了许多单位和学者的指导和帮助。在此我们表示衷心的感谢。虽然本书的作者都是在保险、建筑工程质量管理、控制领域工作，对建筑工程保险与风险管理有一定的了解和研究，但限于水平和知识面的局限性，难免有疏漏和不当之处，敬请读者指正。

本书编委会

目 录

第一篇 保险与建设工程保险

前言
第一章 财产保险基本知识 ·· 3
   1.1 风险与风险管理 ·· 3
   1.2 保险与财产保险 ·· 7
   1.3 财产保险的原则 ·· 10
   1.4 保险法律与保险合同 ·· 15
第二章 工程保险 ·· 22
   2.1 工程保险概述 ··· 22
   2.2 建筑工程保险 ··· 25
   2.3 安装工程保险 ··· 39
第三章 保证保险 ·· 46
   3.1 保证保险概述 ··· 46
   3.2 建设工程保证 ··· 47
   3.3 建筑工程质量保证保险 ··· 48
第四章 责任保险 ·· 51
   4.1 责任保险概述 ··· 51
   4.2 雇主责任保险 ··· 59
   4.3 职业责任保险 ··· 62
   4.4 工程承包人责任保险 ·· 71
第五章 建设工程其他相关保险 ··· 74
   5.1 建筑施工人员团体意外伤害保险 ·· 74
   5.2 货物运输保险 ··· 76

第二篇 建设工程技术风险识别

第一章 地下建筑工程的技术风险 ·· 83
   1.1 地下建筑工程施工技术概述 ··· 83
   1.2 工程水文地质风险识别 ··· 83
   1.3 隧道工程风险识别 ··· 86
   1.4 基坑工程风险识别 ··· 95
   参考文献 ··· 98
第二章 大型公共建筑工程的技术风险 ··· 101

目 录

- 2.1 我国大型公共建筑的发展概况 …… 101
- 2.2 大型公共建筑工程的技术风险 …… 101
- 2.3 大型公共建筑工程的施工技术 …… 102
- 2.4 土方工程施工技术风险 …… 102
- 2.5 桩基工程施工技术风险 …… 103
- 2.6 混凝土工程施工技术风险 …… 105
- 2.7 预应力混凝土工程施工技术风险 …… 109
- 2.8 钢结构施工技术风险 …… 111
- 2.9 起重机械技术风险 …… 113
- 2.10 屋面渗漏技术风险识别 …… 114
- 参考文献 …… 116

第三章 大型桥梁工程的技术风险
- 3.1 概述 …… 119
- 3.2 自然灾害与意外事故风险 …… 120
- 3.3 桥梁主要分项工程风险 …… 124
- 3.4 各种体系桥梁施工风险 …… 126
- 3.5 各种施工方法的特殊风险 …… 132
- 参考文献 …… 134

第四章 轨道交通工程技术风险
- 4.1 地铁工程风险识别 …… 135
- 4.2 轻轨工程风险识别 …… 136
- 4.3 机电工程风险识别 …… 139
- 4.4 车辆段及控制中心风险识别 …… 141
- 4.5 施工机械风险识别 …… 142
- 4.6 施工人员伤亡风险识别 …… 145
- 参考文献 …… 147

第三篇 建筑工程质量的风险控制

第一章 建筑工程质量风险控制的内容、方法和实施程序
- 1.1 建筑工程质量保险与建筑工程质量检查机构 …… 151
- 1.2 建筑工程质量风险控制的内容、方法和步骤 …… 153
- 1.3 建筑工程质量检查报告的统一格式要求 …… 154

第二章 岩土工程勘察和建筑场地、地基与基础
- 2.1 岩土工程勘察和建筑场地、地基与基础中的有关问题 …… 161
- 2.2 岩土工程勘察文件的质量检查 …… 163
- 2.3 建筑场地、地基与基础设计文件的质量检查 …… 164
- 2.4 控制地基不均匀沉降(裂缝)的措施 …… 168

第三章 建筑工程结构设计
- 3.1 建筑工程结构设计的有关问题 …… 171

3.2　抗震设防标准和抗震设计基本要求 ……………………………… 175
　3.3　建筑工程施工图文件检查 …………………………………………… 176
　3.4　建筑结构设计中防止裂缝措施 ……………………………………… 188
第四章　建筑工程施工质量控制 …………………………………………… 194
　4.1　建筑工程施工质量的有关问题 ……………………………………… 194
　4.2　建筑工程施工质量基本要求 ………………………………………… 200
　4.3　施工准备阶段的质量控制 …………………………………………… 201
　4.4　施工过程的质量控制 ………………………………………………… 202
　4.5　建筑工程裂缝控制的施工技术措施 ………………………………… 209
第五章　建筑地下室、卫生间、屋面和外墙防水工程 …………………… 214
　5.1　建筑地下室、卫生间、屋面和外墙防水工程的质量问题 ………… 214
　5.2　建筑地下室、卫生间、屋面和外墙防水工程设计基本要求 ……… 215
　5.3　建筑防水设计中防渗漏措施 ………………………………………… 217
　5.4　建筑防水施工中防渗漏措施 ………………………………………… 218
第六章　建筑工程损伤检测鉴定 …………………………………………… 220
　6.1　建筑工程损伤检测鉴定工作程序和基本要求 ……………………… 220
　6.2　建筑地基基础现场检测 ……………………………………………… 222
　6.3　建筑结构损伤检测 …………………………………………………… 222
　6.4　建筑工程损伤鉴定 …………………………………………………… 227
　6.5　建筑工程损伤检测鉴定报告 ………………………………………… 228
　参考文献 …………………………………………………………………… 230

第四篇　建设工程风险管理制度探讨与实践

第一章　建设工程风险管理制度提出的背景 ……………………………… 233
　1.1　建设工程质量安全管理沿革的简要回顾 …………………………… 233
　1.2　建筑规模扩大和新技术的大量采用带来更大的技术风险和次生风险 ……… 233
　1.3　建筑业管理政府职能转变需要引入建筑工程风险管理制度 ……… 234
　1.4　中国加入世界贸易组织要求建筑市场进一步开放 ………………… 234
　1.5　已具备推行风险管理的实践基础 …………………………………… 234
第二章　建设工程风险管理制度概述 ……………………………………… 236
　2.1　建设工程风险管理的地位 …………………………………………… 236
　2.2　建设工程风险管理的目标 …………………………………………… 236
　2.3　建设工程风险管理制度的基本原则 ………………………………… 236
第三章　建设工程风险管理制度试点方案 ………………………………… 239
　3.1　建设工程风险管理制度试点概述 …………………………………… 239
　3.2　建设工程风险评估 …………………………………………………… 240
　3.3　建设工程保险的投保与承保 ………………………………………… 241
　3.4　建设工程风险管理委托 ……………………………………………… 246
　3.5　建设工程风险管理 …………………………………………………… 247

目 录

    3.6 建设工程保险的理赔 ······ 248
    3.7 建设工程风险管理制度中各方的责任和义务 ······ 249

第四章 上海市建设行政主管部门建设工程风险管理工作实践 ······ 251
    4.1 建设工程风险管理制度的指导思想 ······ 251
    4.2 建设工程风险管理制度的组织 ······ 251
    4.3 建设工程风险管理制度的实施 ······ 252
    4.4 建设工程风险管理制度的内容 ······ 252

附录 ······ 254
    1. 商用写字楼工程保险案例 ······ 254
    2. 建筑工程一切险条款 ······ 256
    3. 安装工程一切险条款 ······ 261
    4. 中国人民财产保险股份有限公司建筑工程质量保险条款 ······ 266
    5. 建设工程勘察责任保险条款 ······ 272
    6. 建筑工程设计责任条款 ······ 275
    7. 单项建设工程设计责任保险条款 ······ 278
    8. 工程监理责任保险条款 ······ 281
    9. 建筑施工企业雇主责任保险条款 ······ 284
    10. 中华人民共和国建筑法 ······ 286
    11. 中华人民共和国保险法 ······ 295
    12. 建设工程质量管理条例 ······ 311
    13. 房屋建筑工程质量保修办法 ······ 319
    14. 住宅室内装饰装修管理办法 ······ 321
    15. 法国关于建设领域的责任与保险的法令 ······ 326
    16. 西班牙建筑法 ······ 349

第一篇 保险与建设工程保险

第一章 财产保险基本知识

1.1 风险与风险管理

1.1.1 风险的概念

1. 什么是风险

风险一般是指某种事情发生的不确定性,既可以指盈利的不确定性,也可以指损失发生的不确定性。例如商业投机有三种可能:赚钱、赔钱和不赚不赔,这三种可能性都属于风险的不确定性范畴。保险是通过特有风险处理方法对被保险人提供经济保障,即当被保险人由于保险事故的发生而遭受经济损失时,由保险人给予保险赔偿或给付。因此,保险理论中风险的特定含义是指损失发生的不确定性。其中不确定性包括损失发生与否不确定、发生的事件不确定、发生的地点不确定、发生的状况不确定以及发生的后果不确定。只要某一事件的发生存在着两种或两种以上的可能性,那么该事件即存在着风险。用概率描述,不确定性是指某一事件发生的概率介于(0,1)。当某一事件发生的概率是 0 或是 1 时,说明不存在不确定性,也就没有风险。

2. 损失频率与损失程度

损失频率亦称损失机会,是在一定时间内一定数目的危险单位中可能受到损失的次数或程度,通常以分数或百分率来表示。

损失频率=损失次数/危险单位数。

损失程度是标的物发生一次事故损失的额度。

损失程度=实际损失额/发生事故件数。

损失频率与损失程度一般成反比率关系,往往是损失频率很高,但损失程度不大;损失频率很低,但损失程度大。如家庭火灾这类的事故很多,但房屋极少被全部烧毁。

3. 风险与概率

概率是不确定事件的确定性程度,即衡量随机事件出现可能性大小的尺度,它是用来表示随机事件发生可能性的量。人们很自然地把必然发生的事件的概率定为 1,把不可能发生的事件的概率定为 0,而一般随机事件发生的概率介于 0 到 1 之间。在一般条件下,概率大,表示某种随机事件出现的可能性就大;反之,概率小,则表示某种随机事件出现的可能性就小。概率值永远是正数。如果将某一类事件的所有不同结果的概率相加,则概率之和必为 1。以概率为尺度,从数量的角度来研究随机现象的变动关系和规律性的科学则称为概率论。

"大数定律"是概率论主要法则之一。这一法则的意义是：在随机现象的大量重复出现中，往往呈现几乎必然的规律，这类规律就是大数法则。大数法则是近代保险业赖以建立的数理基础。根据大数法则的定律，承保的危险单位愈多，损失概率的偏差愈小，反之，承保的危险单位愈少，损失概率的偏差愈大。因此，保险人运用大数法则就可以比较精确地预测危险，合理地厘定保险费率。损失概率大的风险，费率就高；损失概率小的风险，费率就低。

4. 风险的分类

为了便于对风险进行经营和管理，通常都要按照一定的标准对风险进行分类。现介绍几种常用的分类标准。

(1) 按风险损害的对象分类

按风险损失的对象，风险可以分为财产风险、信用风险、责任风险和人身风险。

(2) 按风险的性质分类

按风险的性质，风险可划分为纯粹风险和投机风险。

(3) 按产生风险的原因分类

按产生风险的原因，风险可分为静态风险和动态风险。

(4) 按损失的原因分类

按引起损失的原因，风险可分为自然风险、社会风险、经济风险、政治风险和技术风险。

(5) 按风险范围分类

按风险范围，风险可分为基本风险和特定风险。

5. 风险与保险的关系

(1) 风险的存在是保险产生的客观前提

风险是不以人们的意志为转移的一种客观存在，并时时处处威胁着人的生命和社会财富的安全。一旦发生风险事故，造成物毁人亡，就会影响正常的家庭生活和社会再生产过程的持续进行，因而人们产生了对损失进行补偿的客观需求。可以说，无风险的存在、无损失的发生、无经济补偿的需要，就不会产生以处理风险为对象、以承担经济损失补偿或给付责任为职能的保险事业。

(2) 风险的发展是保险发展的客观依据

现代科学技术的发展和应用给人类带来了更多新的风险，如原子能的应用，出现了核污染及核爆炸的巨大风险，风险的增多对保险提出了新的要求，新的风险因素促使新的险种不断出现。如国际商用卫星发射的风险很大，发射一旦失败将会产生巨额损失，因而出现了卫星发射保险这一新的险种。从目前世界保险业发展的现状和趋势看，作为高风险系统的核电站、石油化工、航空事业、水上运输、陆基系统、太空行动和武器研制等方面的风险，都可以为保险人所承保。可见，风险的不断发展，是保险业发展的客观依据。

保险自萌芽、产生到发展至今，曾经历了各种各样的形式，有古代低级形式的相互保险，也有现代高级形式的商业保险；有自愿性的商业保险，也有强制性的社会保险。一般我们讲的保险特指商业保险。

1.1.2 风险的基本要素

1. 风险因素

风险因素是指促使某一特定损失发生或增加其发生的可能性或扩大其损失程度的原因,就是产生或增加损失概率与损失程度的条件。根据性质不同,风险因素可分为实质性风险因素、道德风险因素和心理风险因素三种类型。

(1) 实质性风险因素

实质性风险因素是指有形的、并能直接影响事件的物理功能的因素,即指某一标的本身所具有的足以引起或增加损失机会和加重损失程度的客观原因和条件。如火灾、地震、SARS 传染等。人类对于这类风险因素,有些可以在一定程度加以控制,有些在一定时期内则无能为力。

(2) 道德风险因素

道德风险因素是与人的品德修养有关的无形的因素,即指由于个人的不诚实、不正直或不轨企图,故意促使风险事故发生,以致引起社会财富损毁和人身伤亡的原因或条件。如纵火、欺诈等。

(3) 心理风险因素

心理风险因素是与人的心理状态有关的无形的因素,即指由于人们不注意、不关心、侥幸,或存在依赖保险心理,以致增加风险事故发生的机会和加大损失严重性的因素。例如,企业或个人投保财产保险后放松对财物的保护,物品乱堆乱放,吸烟时随意抛弃烟蒂,增加火灾发生的可能性,或者在火灾发生时不积极施救、观望等待,任其损失扩大等,都属于心理风险因素。

2. 风险事故

风险事故是指造成生命财产损失的偶发事件,是造成损失的直接的或外在的原因,是损失的媒介物。即风险只有通过风险事故的发生才能导致损失。例如,SARS 病毒传染爆发造成人员死亡。其中,SARS 病毒是风险因素,传染爆发造成人员死亡是风险事故。如果说风险因素的存在还只是损失发生的一种可能性,那么,风险事故则意味着损失的可能性转化为现实性。因而,风险事故是直接引起损失后果的意外事件。一般而言,风险事故发生的根源主要有三种:即自然现象,如地震、泥石流、洪水等;社会政治、经济的变动,如社会动乱、汇率的变动等;人或物本身内在属性、缺陷,如疾病、设备故障等。

一般而言,风险因素是促成风险转化为风险事故的原因或条件,但是对于某一事件,在一定条件下,风险因素可能是造成损失的直接原因,则它成为风险事故;而在其他条件下,可能是造成损失的间接原因,则它便成为风险因素。比如,泥石流导致房屋倒塌,造成人员伤亡。这时泥石流是风险因素,房屋倒塌是风险事故;若泥石流直接造成人员伤亡,则它是风险事故。

从风险因素和风险事故间的关系来看,风险因素只是风险事故产生并造成损失的可能性或使损失概率增加的条件,它并不直接导致损失,只有通过风险事故这个媒介才产生损失。

3. 损失

由于风险的存在,就有发生损失的可能,如财产价值或个人所得的减少或丧失。这种财产或所得的损失，必须以非故意所导致的损失为限。因而，在风险管理中，损失是指非故意的、非预期的、非计划的经济价值的减少，即经济损失。这是狭义的损失定义，而像精神打击、政治迫害、折旧、馈赠等均不能作为损失。

在保险实务中，损失通常可分为两种形态，即直接损失和间接损失。直接损失是由风险事故导致的财产本身的损失和人身的伤害，间接损失则是由直接损失引起的额外费用损失、责任损失等。多数情况下，间接损失的金额很大，有时甚至超过直接损失。

风险因素的存在引起或增加了风险事故发生的可能性，而风险事故一旦发生则会导致损失，三者之间相互联系。当损失发生后，就需要经济补偿，从而产生了保险需求。

1.1.3 风险管理

1. 风险管理的概念

风险管理是研究风险发生规律和风险控制技术的一门新兴管理学科。各经济单位通过风险识别、风险估测、风险评价，并在此基础上优化组合各种风险管理技术，有效控制风险并妥善处理风险所致损失的后果，期望以最小的成本获得最大安全保障。

2. 风险管理的目标

风险管理的基本目标是以最小成本，获得最大安全保障效益。风险管理具体目标可以概括为损失前目标和损失后目标，前者是指通过风险管理消除和减少风险发生的可能性，为人们提供较安全的生产、生活环境；后者是指通过风险管理在损失出现后及时采取措施，组织经济补偿，帮助企业迅速恢复生产和生活秩序。

在损失发生以前风险管理的目标主要是：(1)减少风险事故发生的概率，有助于人们获得安全保障。(2)以最经济、最合理的方法预防潜在损失的发生。(3)减轻企业对风险及潜在损失的忧虑，为企业提供良好的生产经营环境。(4)遵守和履行社会赋予企业的规范和公共责任。

在损失发生后风险管理的目标主要是：(1)减少风险及损失的危害程度，事故发生后及时采取有效措施予以抢救和补救，防止损失的扩大和蔓延，将损失降到最低限度。(2)及时向受灾单位提供经济补偿，帮助企业尽快恢复正常生产秩序(这是风险管理最重要的目标)。(3)及时提供经济补偿，实现良性循环。及时提供经济补偿，可以保持企业经营的连续性，实现收入的稳定，为企业的成长与发展奠定基础。

3. 风险管理的基本程序

风险管理的基本程序分为风险识别、风险估测、风险评价、选择风险管理技术和效果评价等环节。

(1) 风险识别

风险识别即是对尚未发生的、潜在的和客观存在的各种风险系统地、连续地进行识别和归类，并分析产生风险事故的原因。识别风险主要包括感知风险和分析风险两方面的内容。风险识别是风险管理的第一步，它是指对企业面临的和潜在的风险加以判断、归类和对风险性质进行鉴定的过程。存在于企业自身周围的风险多种多样、错综复杂，有潜在的，也有实际存在的；有静态的，也有动态的；有企业内部的，也有企业外部的。所有这些风险在某一定时期和某一特定条件下是否客观存在，存在的条件是什么，以及损害发生的可能性等，都是风险识别阶段应予以解决的问题。

（2）风险估测

风险估测是在风险识别的基础上，通过对所收集的大量资料进行分析，利用概率统计理论，估计和预测风险发生的概率和损失幅度。风险估测主要包括损失概率的估测和损失程度即损失金额概率分布、损失期望值、损失幅度等的估测。风险估测不仅使风险管理建立在科学的基础上，而且使风险分析定量化，为风险管理者进行风险决策、选择最佳管理技术提供了可靠的科学依据。

（3）风险评价

风险评价是指在风险识别和风险估测的基础上，对风险发生的概率、损失程度，结合其他因素全面进行考虑，评估发生风险的可能性及其危害程度，并决定是否需要采取相应的措施。处理风险，需要一定的费用，费用与风险损失之间的比例关系直接影响风险管理的效益。通过对风险性质的定性、定量分析和比较处理风险所支出的费用，来确定风险是否需要处理和处理程度。

（4）选择风险管理技术

根据风险评价结果，为实现风险管理目标，选择最佳风险管理技术并实施是风险管理中最为重要的环节。风险管理技术分为控制型和财务型两大类，前者的目的是降低损失概率和减少损失幅度，其重点在于改变引起意外事故和扩大损失的各种条件。后者的目的是以提供基金的方式，消化发生损失的成本，即对无法控制的风险做出合理的财务安排。

（5）风险管理效果评价

风险管理效果评价是指对风险管理技术适用性及收益性情况的分析、检查、修正和评估。风险管理效益的大小，取决于是否能以最小风险成本取得最大安全保障。同时，在事务中还要考虑风险管理与整体管理目标是否一致，具体实施的可行性、可操作性和有效性。

1.2 保险与财产保险

1.2.1 保险的定义

保险自萌芽、产生到发展至今，曾经历了各种各样的形式，有古代低级形式的相互保险，也有现代高级形式的商业保险；有自愿性的商业保险，也有强制性的社会保险。一般我们讲的保险特指商业保险。

现代保险学者一般从经济与法律两个方面来解释保险的定义。从经济角度来看，保险是分摊意外事故损失的一种财务安排。投保人通过缴纳保险费购买保险，实际上是将他的不确定的大额损失变成固定的小额支出。保险人由于集中了大量同质风险，所以能借助大数法则来正确预见未来损失的发生额，并据此制定保险费率，通过向所有投保人收取保险费建立保险基金，来补偿少数被保险人遭受意外事故的损失。因此，少数遭受风险事故的被保险人的损失由包括受损者在内的所有被保险人分摊。这是一种非常有效的财务安排，并体现了一定的经济关系。从法律角度来看，保险是一种合同行为，是一方同意补偿另一方损失的一种合同安排，同意提供损失赔偿的一方是保险人，接受损失赔偿的另一方是被保险人。投保人通过承担支付保险费的义务，换取保险人为其提供保险经济保障（赔偿或给付)的权利,这正体现了民事法律关系主体之间的权利和义务关系。

《中华人民共和国保险法》(以下简称《保险法》)将保险的定义表述为:"保险,是指投保人根据合同约定,向保险人支付保险费,保险人对于合同约定的可能发生的事故因其发生所造成的财产损失承担赔偿保险金责任,或者当被保险人死亡、伤残、疾病或者达到合同约定的年龄、期限时承担给付保险金责任的商业保险行为。"

1.2.2 财产保险的概念和内涵

《保险法》第33条指出:"财产保险合同是以财产及其有关利益为保险标的的保险合同。"该定义中所说的保险标的有两种:一是"财产",即以一定的物质形式存在的有形物质财富,并能以一定的价值尺度进行衡量的财产。如汽车、船舶、人造卫星等;二是与财产有关的"利益",包括预期利益和消极利益。预期利益包括因现有利益而生的期待利益和因合同而产生的利益。前者如货物的托运人对货物到达目的地后应得的利润、收入,可作为货物运输保险的保险标的;后者如卖方出售货物后,因对方及时支付货款而取得的利益,可作为保证保险的保险标的。所谓消极利益是指,免除由于事故的发生而增加的额外支出,即"不受损失"的利益。例如,由于被保险人的行为所致他人的财务或人身受到损害时所需承担的经济赔偿责任可以作为责任保险的保险标的。

1.2.3 财产保险的业务体系

我国习惯上将保险标的分为有形财产、相关经济利益和损害赔偿责任三大类,因此财产保险通常也划分为财产损失保险、责任保险和信用保证保险。

1. 财产损失保险

(1)企业财产保险。该保险适用于各种企业、社团、机关和事业单位,主要承保财产因火灾或其他自然灾害、意外事故造成的损失。常用险种为财产基本险和综合险及各种附加险。

(2)家庭财产保险。该保险是适用于我国城乡居民的一种财产保险,它的承保责任范围与财产综合险基本相同。常用险种有:普通家庭财产保险、家庭财产两全保险及各种附加险。

(3)机动车辆保险。该保险承保机动车辆因遭受自然灾害或意外事故造成的运输工具的损失及第三者损害赔偿责任。常用险种有车辆损失保险、第三者责任保险及各种附加险。

(4)船舶保险。该保险承保船舶因遭受自然灾害或意外事故造成的船舶本身及相关利益的损失。常用险种有远洋船舶保险、沿海内河船舶保险等。

(5)货物运输保险。该保险承保货物在运输中因遭受自然灾害或意外事故所造成的损失。常用险种有:国内水路、陆路货物运输保险、国内航空货物运输保险、海洋运输货物保险以及各种附加险和特约保险。

(6)工程保险。该保险主要承保各项工程由于不可预料的事故造成的物质损失、费用和责任,对进行中的建筑工程项目、安装工程项目及工程运行中的机器设备等面临的风险提供经济保障。常用险种包括建筑工程一切险、安装工程一切险、机器损坏保险等。

(7)特殊风险保险。这是根据特殊行业设计的各种保险,承保对象具有较强的专业性。常用险种有：海洋石油开发保险、航天保险和核电站保险等。

（8）农业保险。承保种植业、养殖业、饲养业、捕捞业在生产过程中因自然灾害或意外事故所造成的损失。常见险种有：种植业保险和养殖业保险。

2. 责任保险

责任保险是以被保险人的民事损害赔偿责任为保险标的的保险。责任保险除可以附加在各种财产保险上承保之外，还可以单独承保，如公众责任保险、产品责任保险、雇主责任保险和职业责任保险。

3. 信用、保证保险

（1）信用保险。该保险所承保的是信用风险。凡权利人要求担保对方信用的保险属于信用保险。如出口信用保险主要承保出口方因买方不履行贸易合同的义务而遭受的经济损失。

（2）保证保险。该保险承保的也是信用风险。凡被保证人根据权利人的要求投保自己信用的保险属于保证保险。常用的险种有：合同保证保险、产品保证保险、忠诚保证保险等。

1.2.4 财产保险的性质与特征

1. 以财产及其有关利益为保险标的

财产保险有广义和狭义两种含义，广义的财产保险包括财产损失保险、责任保险、保证保险等以财产或相关利益为保险标的的各种保险。广义的财产保险所保障的标的，其具体存在的形态通常被划分为有形财产与无形财产。狭义的财产保险专指以有形财产中的一部分普通财产为保险标的的保险，如财产综合险、财产基本险、家庭财产保险、机动车辆保险等。

2. 保险标的必须是可用货币衡量价值的财产或利益

在财产保险中，财产或利益的实际价值是获得保险保障的最高经济限额。因此，财产或利益的实际价值必须能够用货币衡量，无法用货币衡量价值的财产或利益不能作为财产保险的保险标的，如空气、江河、国有土地、矿藏和政府信用等。

3. 业务活动具有法律约束力

财产保险是一种合同行为，财产保险的保险标的必须由具有法律约束力的文件给予确认，以明确保险标的的合法归属、价值构成和保障的基本范围。保险人和投保人或被保险人订立保险合同，双方所承担的权利和义务都受到财产保险合同的约束。

4. 保险标的的保障功能表现为经济补偿

根据保险的基本原则，财产保险的补偿功能表现为被保险人的财产或利益在遭受保险责任范围内的损失后，保险人通过保险补偿形式，使被保险人的财产或利益恢复到损失前的状态，维持保险标的原有的商业价值，不允许被保险人从保险补偿中获得额外利益。

5. 属于社会商业活动的组成部分

财产保险是保险人立足于保险原理之上，按照商品经济的原则所经营的保险业务。从保险条款的设计、保险费率的厘定，到保险展业、核保、防灾防损和核赔等经营环节，无一不渗透着商业经营的痕迹。保险人与被保险人之间被一种具有法律约束力的特殊商品交换关系所联结，保险人在经营中必须时刻关注自己所承担的风险责任与实际偿付能力之间的比例变化。在这一方面，它与社会保险和政策性保险业务是有着区别的。

1.3　财产保险的原则

1.3.1　保险利益原则

1. 保险利益原则的含义与条件

（1）保险利益原则的含义

保险利益是指投保人或者被保险人对保险标的所具有的法律上承认的经济利益。它体现了投保人或被保险人对保险标的所具有的法律上承认的利害关系：若保险标的安全，则投保方可以由此而获益；而保险标的受损，被保险人就会蒙受经济损失。

保险利益原则是保险的基本原则，其本质内容是保险合同的订立和保险关系的存在必须以保险利益的存在为前提和依据，如投保人以不具有保险利益的标的投保，保险人可单方面宣布合同无效；保险标的发生保险责任事故，被保险人不得因保险而获得不属于保险利益限度内的额外利益。

（2）保险利益构成条件

1）必须是合法的利益。投保人或者被保险人对保险标的所具有的利益必须是符合法律规定，与社会公共利益相一致的利益。这种合法性体现在：保险标的存在的合法性和投保人或者被保险人与保险标的关系的合法性。

2）必须是客观存在的利益。即保险利益是客观上或事实上存在的利益，而不是仅凭主观臆断、推断可能获得的利益。包括现有利益和预期利益。

3）必须是经济上可确定的利益。即保险利益必须是能够以货币计量的利益。保险合同的目的是弥补被保险人或者受益人因保险标的的出险所受的经济损失，若其损失不能以货币计量，则无法计算损失的额度，保险补偿也就无法实现。

2. 保险利益原则的运用

（1）财产保险的保险利益的适用范围

财产保险的保险利益产生于财产的不同关系，基于民法中债权物权的基本理论，这些不同关系产生不同利益，包括现有利益、预期利益、责任利益、合同利益。

1）现有利益。是指投保人或被保险人对财产已享有且继续可享有的利益。一般由所有权、经营权、留置权、抵押权、管理权等产生。

2）预期利益。即因财产的现有利益而存在确实可得的依法律或合同产生的未来一定时期的利益。如利润利益、租金收入利益、运费收入利益等。需要注意的是：预期利益必须以现有利益为基础，是确定的法律上认可的利益；反之，如果仅为一种虚幻的期待，则不是保险利益。

3）责任利益。是指被保险人因其对第三者的民事损害行为依法应承担的赔偿责任。它是基于民事赔偿责任而产生的保险利益。如职业责任、公众责任、产品责任、雇主责任等。

4）合同利益。是指基于有效合同而产生的保险利益。如卖方对买方的信用存在保险利益。

(2) 保险利益的适用时限

保险利益原则在不同险种中有不同的要求：

1) 一般财产保险(除海上货物运输保险以外的其他财产保险)

一般财产保险的保险利益原则是最为严格的，具体表现在：

① 所约定的保险金额不得超过保险利益；

② 保险利益必须从保险合同订立到损失发生的全过程都存在；

③ 保险合同的转让一定要事先征得保险人同意并由其签字方为有效。

2) 海上货物运输保险

① 由于买方在投保时往往货物所有权还未到手，但货权的转移是必然的，所以为了便于保险合同的订立，海上货物运输保险的保险利益在投保时可不存在，但在发生保险事故时保险利益一定要存在；

② 海上货物运输保险的保险单可以自由转让，无须征得保险人同意。

1.3.2 最大诚信原则

1. 最大诚信原则的含义

(1) 最大诚信原则的含义

诚实信用原则是民事法律关系的基本原则之一。诚实是指一方当事人对另一方当事人不得隐瞒、欺骗；信用是指任何一方当事人都应善意地、全面地履行自己的义务。在保险合同关系中对当事人诚信的要求严格于一般民事活动，要求当事人具有最大诚信。最大诚信原则可以表述为：保险合同当事人在订立合同时及合同有效期内应依法向对方提供影响对方是否缔约以及缔约条件的重要事实，同时绝对信守合同缔结的保证与承诺。否则，受害方可主张合同无效或解除合同，甚至要求对方赔偿因此而受到的损失。

(2) 规定最大诚信原则的原因

1) 保险行业是风险管理行业，保险人对风险提供保险保障的承诺，对保险人而言，风险的性质及大小直接决定着保险人是否承保及保险费率的高低。投保人对其保险标的的风险及有关情况是最为清楚的，而保险人由于远离保险标的等原因，难以全面了解保险标的的情况，只能根据投保人的告知与陈述来决定是否承保、如何承保，这就要求投保人必须如实告知并信守承诺。保险信息不对称：有关保险标的的信息不对称，有关对于保险合同条款的信息不对称(附合合同，条款复杂，专业性强)。

2) 保险合同具有射幸性，投保人在投保时只需支付少量的保费，而一旦保险标的发生保险事故就能获得数十倍甚至数百倍于保费支出的赔付。如果投保人采取不诚实的手段来投保和骗取保险金，则保险人将无法正常经营。所以说，最大诚信原则保证了保险业的稳健发展。

3) 保险合同具有附合性，保险条款及其费率是由保险人单方拟定的，其技术程度较高，复杂程度远非一般人所能了解，投保人是否投保以及投保的条件完全取决于保险人的告知，这就要求保险人基于最大诚信，履行其义务。

2. 最大诚信原则的内容

最大诚信原则包括告知、保证、弃权与禁止反言。

(1) 告知

我国《保险法》第十七条和第十八条有相关规定。是指在保险合同订立之前、之时和之后，投保方应对已知或应知的与风险和标的有关的实质性重要事实向保险方作口头或书面的陈述；保险方也应将对投保方利害相关的实质性重要事实据实通告投保方。所谓实质性重要事实，即那些影响到保险双方确定是否签订保险合同或影响到保险合同条件的事实。

（2）保证

保险合同中的保证是指保险双方在合同中约定，投保人或被保险人担保在保险期限内对某一事项作为或不作为，或者担保某一事项的真实性。

保证是保险人接受承保或承担保险责任所需投保人或被保险人履行某种义务的条件。保险合同的生效是以某种促使风险增加的事实不能存在为先决条件，保险人所收取的保险费也是以被保险风险不能增加为前提，或不能存在其他风险标的为前提。如果被保险人未经保险人同意而进行风险较大的活动，必然会影响保险双方事先确定的等价地位。

保证按形式不同可分为明示保证和默示保证，二者具有同等效力：(1)明示保证是以保证条款形式在保险合同中载明的保证。(2)默示保证是指虽然未载明于保险合同，但按照法律和惯例投保人应保证的事项。

（3）弃权与禁止反言

弃权是指合同的一方以明示和默示的方式表示放弃其在保险合同中可以主张的权利；禁止反言是指当合同一方当事人在已经弃权的情况下，将来不得再向他方主张这项权利。

弃权与禁止反言往往产生于保险代理人与投保人之间的关系上。保险代理人出于增加保费收入以获得更多佣金的需要，可能会不认真审核标的的情况，而以保险人的名义向投保人做出承诺。一旦保险合同生效，即使发现投保人违背了保险条款，保险人也不得解除合同。从保险代理关系看，代理人的弃权行为即视为保险人的弃权行为，保险人不得拒绝承担责任。弃权与禁止反言约束了保险人的行为，从而维护了被保险人的权益。

3. 最大诚信原则的运用

（1）告知义务的违反与法律后果

1）违反告知的条件

① 违反告知的事实属于重要事实；

② 存在未告知、误告、隐瞒或欺诈的事实；

③ 对保险事故的发生有重大影响，造成了损失。

2）违反告知的法律后果

① 投保人违反告知义务的法律后果主要有三种情况：投保人故意隐瞒事实，不履行如实告知义务的，或者因过失未履行如实告知义务，足以影响保险人决定是否同意承保或者提高保险费率的，保险人有权解除保险合同；投保人故意不履行如实告知义务的，保险人对于保险合同解除前发生的保险事故，不承担赔偿或者给付保险金的责任，并不退还保险费；投保人因过失未履行如实告知义务，对保险事故的发生有严重影响的，保险人对于保险合同解除前发生的保险事故，不承担赔偿或者给付保险金的责任，但可以退还保险费。

② 保险人未尽说明义务的法律后果主要有两种情况：保险合同中规定有关于保险人责任免除条款的，保险人在订立保险合同时应当向投保人明确说明，未明确说明的，该条

款不产生效力；保险公司及其工作人员在保险业务中隐瞒与保险合同有关的重要情况，欺骗投保人、被保险人或者受益人，或者拒不履行保险合同约定的赔偿或者给付保险金的义务，构成犯罪的，将被依法追究刑事责任，尚不构成犯罪的，则根据有关规定承担行政责任。

（2）违反保证的法律后果

1）任何不遵守保证的行为均属破坏保证。而对于告知义务，如果不是重要的事实，即使投保人不告知也不能视为违反告知。

2）投保人或被保险人违反保证条款时，其行为不论是否给保险人造成损害，保险人均可解除合同，并不承担赔偿或给付责任。

3）破坏确认保证可退还保费；破坏承诺保证时，若发生在合同生效前，可退还保费，而在合同生效后则不能退还保费。

1.3.3 近因原则

近因是指造成保险标的损失最直接、最有效，起决定作用或起支配作用的原因，而不是时间上或空间上离损失最近的原因。与近因相对应的是远因或非主因。近因并不等于在时间上或空间上最靠近的原因，而是引起损失发生的最有作用力，最有效的一个原因。

近因原则：保险人承担赔偿或给付保险金的条件是造成保险标的损失的近因必须属于保险责任。即只有当保险事故的发生与损失的形成有直接因果关系时，才构成保险人赔付的条件。

在实际工作中，区分近因与远因非常复杂。有时必须结合不同险种的具体规定来确定近因与远因。

1.3.4 损失补偿原则

1. 损失补偿原则的概念

（1）损失补偿原则的含义：当保险事故发生时，被保险人从保险人所得到的赔偿应正好填补被保险人因保险事故所造成的保险金额范围内的损失。即保险人给予被保险人的损失赔偿以恢复被保险人在遭受保险事故前的经济状况为准。即有损失有赔偿，损失多少赔偿多少。其目的在于：真正发挥保险的经济补偿职能；避免将保险演变成赌博行为；防止诱发道德风险的发生。

（2）损失补偿原则的运用：在保险合同的实际执行中，往往通过3种方式体现损失补偿原则：1）以实际损失为限：可以防止被保险人因保险事故损失获利；2）以保险金额为限：确保保险费与合同承担的风险处于平等地位；3）以保险利益为限：可以防止赌博行为，避免或减少道德风险。

（3）损失补偿的方式：保险合同确定保险价值的方式有不定值和定值两种方式，这对两种不同的保险价值确定方式，对应的损失补偿方式也不一样。

1）不定值保险：在保险事故发生时确定保险价值的保险。投保时只确定保险金额（赔偿上限）。发生保险事故后，根据保险金额与保险价值的大小关系有三种不同情况：

① 不足额保险：保险金额小于保险价值，即部分保险

$$保险赔偿额 = 实际损失额 \times 保险保障程度 \times 100\%$$

$$\text{保险保障程度} = \text{保险金额}/\text{保险价值}$$

② 足额保险：保险金额等于保险价值。保险赔偿额为保险财产实际损失额。

③ 超额保险：保险金额大于保险价值。这时，超过部分无效，保险赔偿额也是保险财产实际损失额。

2）定值保险：在投保时就确定保险价值的保险。

适用的情况包括：保险标的流动的货物运输保险，因为货物在运输途中，其价值是不断在变化的，越接近目的地其价值就越高。难于准确确定实际价值的特殊商品，如珠宝、古玩、字画等。

定值保险合同的损失赔偿办法是：全损时，按约定的保险金额赔偿；部分损失时，按损失程度赔偿，即：保险赔偿额＝保险金额×损失程度。

3）第一危险赔偿方式。

第一危险是指保险金额限度以内的损失；相对地，第二危险是指超过保险金额以外的损失。

第一危险赔偿方式是指当保险事故发生时，保险按保险金额限度内的实际损失金额予以赔偿，而对保险金额之外的损失不予赔偿的方式。这种赔偿方式主要适用于家庭财产保险。

2. 代位求偿与委付

(1) 代位求偿原则

代位求偿原则及后面的分摊原则都是损失补偿原则的派生原则。

代位：即保险人取代投保方对第三者的求偿权或对保险标的的所有权地位。

1）代位求偿的含义：因第三者对保险标的的损害造成保险事故的，保险人自向被保险人赔偿保险金之日起，在赔偿金额范围内取代被保险人的地位行使被保险人对第三者请求赔偿的权利。

其意义是：防止被保险人因同一损失而获得超额赔偿，同时有利于被保险人及时获得经济补偿；有利于维护保险人的合法利益；使责任方对其疏忽或过失所造成的损失负有责任。

当保险事故是由第三者责任造成时，被保险人享有双倍索赔权：无条件向第三者索赔；有条件向保险公司索赔，即不得免除第三者的赔偿义务并将该赔偿请求权转移给保险人。

2）代位求偿的条件

① 保险标的损失是由于保险责任事故引起的；

② 保险事故由第三方的责任引起。代位求偿权是由侵权行为和合同责任引起的。其中侵权是按法律规定应对被保险人承担的民事损害赔偿责任；而合同责任是根据合同应承担的赔偿责任；

③ 被保险人要求第三者赔偿；

④ 保险人必须履行了赔偿责任；

⑤ 保险人只能在赔偿金额限度内行使代位求偿权。如保险人追偿的款项如超过赔偿金额，其超过部分应归还被保险人。

3）代位求偿的适用范围：代位求偿原则仅适用于财产保险，人身保险不适用。并且根据商业习惯和法律规定，代位求偿在有些情况下不适用，例如我国《保险法》第46条规定："除故意造成保险事故外，保险人不得对被保险人的家庭成员或其组成人员行使代位请求赔偿的权利"。

（2）委付

1）委付的概念与条件。

委付：被保险人在发生保险事故造成保险标的推定全损时，将保险标的物一切权利连同义务移转给保险人而请求保险赔偿全部保险金额的法律行为。

推定全损：保险标的发生事故后，认为实际全损已经不可避免，或者为避免发生实际全损所需支付的费用将超过保险价值，而按全损予以赔偿。

委付的条件如下：

① 保险标的物推定全损；
② 对标的物的整体提出委付要求；
③ 经保险人承诺；
④ 在法定时限内提出委付申请；
⑤ 标的物所有权利和义务转移给保险人。

2）委付的效力：委付一经成立，对保险双方均产生约束力。

3）委付与代位求偿的区别有两点：一是保险人取得代位求偿权无须承担其他义务，而接受委付时既取得标的物的所有权，也要承担其中义务；二是代位求偿权只限于保险赔偿金额范围内，而委付使保险人享有该标的物的一切权利。

3. 重复保险的分摊原则

分摊原则：在重复保险情况下，被保险人所能得到的赔偿金由各保险人采用适当的方法进行分摊。分摊的方式包括：

（1）比例责任制：各保险人按各自的保险金额占保险金额总和的比例来分摊保险事故损失的方式。计算公式如下：

某保险人承担的赔偿责任＝该保险人的保险金额／所有保险人的保险金额总和×实际损失

（2）独立责任制：各保险人按各自单独承保时赔款额占所有保险人的赔款额总和的比例来分摊保险事故损失的方式。即：

某保险人的赔偿额＝该保险人独立责任限额／所有保险人独立责任总额×实际损失

（3）顺序责任制：根据各保险人出立保单的先后顺序来确定赔偿责任。

在以上两种分摊方法中，我国一般采用比例责任制的分摊方法。

1.4 保险法律与保险合同

保险既体现一定的经济关系，又体现一种民事法律关系，二者密不可分。经济关系是法律关系存在的前提和内在条件，法律关系是经济关系的外在表现形式，没有法律关系对经济关系的保护和约束，保险就无法发挥其经济保障的作用。因此，保险经济关系一般都通过签订保险合同这一法律形式固定下来，同时也要依据国家的法定程序，符合国家有关法律的规定。

1.4.1 保险法律

保险法是以保险关系为调整对象的法律规范的总称。保险关系即是指当事人之间以保险合同发生的权利义务关系和国家对保险业进行监督管理过程中所发生的各种社会关系。

保险法有广义和狭义之分。广义的保险法包括专门的保险立法和其他法律中有关保险的法律规定。狭义的保险法是指保险法典或在民法商法中专门的保险立法，通常包括保险业法、保险合同法和保险特别法的内容。还有部分国家将标准保险条款也视作保险法的一部分。一般所说的保险法是指狭义的保险法，它一方面通过保险业法调整政府与保险人、保险中介人之间的关系；另一方面通过保险合同法调整保险双方当事人之间的关系。

1. 保险业法

保险业法又称保险组织法、保险业监督法，是对保险业进行监督和管理的法律规范。保险业法一般有以下几个方面的法律规定：保险企业的组织形式；保险企业的设立程序；保险企业的经营原则；保险经营的财务安排；保险企业的解散和清算；国家保险管理机构的监督管理职能等。我国《保险法》全面系统地规定了对保险业进行管理和监督的有关内容，构成了我国保险业法的基本框架。

2. 保险合同法

保险合同法又称保险契约法，是保险法的核心内容。它是关于保险关系双方当事人权利义务的法律。其内容主要包括：保险合同的概念、性质及分类；保险合同的构成要素（包括保险合同的主体、客体及内容）；保险合同的法律效力；保险合同的订立、变更、转让、终止；保险合同争议的处理等。我国的《保险法》采用的是将保险业法与保险合同法合二为一的立法方式。

3. 保险特别法

保险特别法是相对于保险合同法而言的，即指保险合同法以外，规范某一险种保险关系的法律和法规。如各国海商法中关于海上保险的规定，就是典型的保险特别法。这类法规一般不超过保险合同法的原则规定，但更为具体、细致，是各种具体保险经营活动的直接依据。

在我国，既有专门的保险立法，如《中华人民共和国保险法》、《保险公司管理规定（试行）》、《保险代理人管理规定（试行）》和《保险经纪人管理规定（试行）》等。同时，又有在其他法律当中进行规定的保险特别法，如《海商法》等。

1.4.2 保险合同

1. 保险合同的定义

保险合同是指投保人支付规定的保险费，保险人对承保标的因保险事故所造成的损失，在保险金额范围内承担赔偿责任，或者在合同约定期限届满时，承担给付保险金义务的协议。保险合同属于经济合同的一种。

2. 保险合同的特征

保险合同是合同的一种，因此它除具有合同的一般特征外，还具有以下独特的特征：

（1）保险合同是保障性合同

保险合同具有保障性，其保障性表现在：保险合同双方当事人已经达成协议，保险合同从约定生效时起到终止时的整个期间，保险标的的风险都受到保险人的保障；保险标的一旦发生保险事故，保险人承担经济赔偿或给付保险金义务。但需注意，就个别保险合同而言，其保障性是相对的；就全部保险合同而言，其保障性是绝对的。

(2) 保险合同是射幸合同

射幸合同是合同的效果在订约时不能确定的合同，即合同当事人一方的履约有赖于偶然事件的发生。保险合同是一种典型的射幸合同。投保人根据保险合同缴付保险费的义务是确定的，而保险人仅在保险事故发生时，承担赔偿或给付义务，即保险人的义务是否履行在保险合同订立时尚不确定，而是取决于偶然的、不确定的自然灾害、意外事故是否发生，亦即取决于保险事故是否发生。但需注意，保险合同的射幸性是就单个保险合同而言的。

(3) 保险合同是附合合同

附合合同又称依附合同，即一方当事人就合同的主要内容，事先印好标准合同条款供另一方当事人选择，另一方当事人只能做取与舍的决定，无权拟定合同的条文。多数保险合同是附合合同，合同的基本条款和费率都是由保险人事先拟定好的，并且保险合同逐渐出现技术化、定型化和标准化的趋势，投保人只能决定是否接受这些条款，而不能要求修改这些条款。

(4) 保险合同是有偿合同

根据合同当事人双方的受益状况，合同被区分为有偿合同与无偿合同。前者是指当事人因享有合同的权利而必须付出相应的代价；后者指当事人享有合同的权利而不必付出相应的代价。保险合同的有偿性与一般合同的有偿性不同。在一般有偿合同中，实行的是等价有偿原则，即给付与反给付相互一致，而保险合同的有偿性，则只要求合同双方的权利与义务存在着对应的关系，并不强求保险合同双方所承担的给付义务平衡一致。

(5) 保险合同是最大诚信合同

任何合同的订立，都应以合同当事人的诚信为基础。但由于信息的不对称性，保险合同对诚信的要求远远高于其他合同。因为，保险标的在投保前或投保后均在投保方的控制下，而保险人只是根据投保方告知的情况或者现场查勘来决定是否承保以及承保的条件，所以，被保险人的道德因素和信用状况对保险人来说关系极大；另外，保险人也可能作言过其实的宣传或借故推卸应负的保险责任。因此，保险合同较一般合同更需要诚信，即保险合同是最大诚信合同。

1.4.3 保险合同的要素

1. 保险合同的主体

保险合同的主体，是指保险合同的参加者，即在保险合同中享有权利并承担义务的人，一般包括保险合同的当事人和保险合同的关系人。此外，还有一种人虽不是保险合同的主体，但是居于当事人之间为保险合同的订立与履行起媒介作用，通常称之为保险合同的辅助人，在我国，也称为保险中介。

(1) 保险合同的当事人

保险合同的当事人，是指直接参与订立保险合同，并与保险合同发生直接的权利义务关系的人，包括保险人和投保人。

保险人又称承保人，是指依法成立的，在保险合同成立时，有权收取保险费，并于保险事故发生时，承担赔偿责任的人，也即经营保险事业的组织。我国只允许公司法人经营保险业务。

投保人又称要保人，是指与保险人订立保险合同并负有缴付保险费义务的人。我国《保险法》第九条规定："投保人是指与保险人订立保险合同，并按照保险合同负有支付保险费义务的人"。投保人可以是自然人，也可以是法人。

(2) 保险合同的关系人

保险合同的关系人，是指不直接签订保险合同，但对保险合同利益享有独立请求权的人。包括被保险人和受益人。

被保险人是指发生保险事故时，遭受损失，享有赔偿请求权的人。我国《保险法》第二十一条规定："被保险人是指其财产或者人身受保险合同保障，享有保险金请求权的人"。

被保险人与投保人可以是同一个人，也可以是不同的人。在财产保险合同中，二者一般是同一人（或法人）。

受益人又称保险金受领人，是指由投保人或被保险人在保险合同中指定的，于保险事故发生时，享有赔偿请求权的人。我国《保险法》第二十一条规定："受益人是指人身保险合同中由被保险人或者投保人指定的享有保险金请求权的人"。第六十条又规定："投保人指定受益人时须经被保险人同意"。

(3) 保险合同的辅助人

保险合同的辅助人是指居于当事人之间与保险合同订立或履行有一定关系的人。包括保险代理人、保险经纪人和保险公估人。

保险代理人是根据保险人的委托，向保险人收取代理手续费，并在保险人授权范围内代为办理保险业务的单位和个人。

保险经纪人是指基于投保方的利益，为投保人与保险人订立保险合同提供中介服务，并依法收取佣金的人。

保险经纪人与保险代理人的区别如下：

1) 经纪人是投保方的代表，保险代理人是保险人的代表；
2) 经纪人虽然也像保险代理人一样，向保险人收取佣金，但有时候，他也可以向投保人收取佣金，如经纪人为其提供保险咨询、充当顾问等；
3) 经纪人要独立承担民事法律责任，代理人的代理活动的法律后果由保险人承担。

保险公估人是指向保险人或被保险人收取费用，为其办理保险标的的查勘、鉴定、估价及赔款的理算洽商，而予以证明的人。

2. 保险合同的客体

保险合同的客体，又称保险标的，是指保险合同双方当事人的权利义务关系所指向的对象。我国《保险法》第十一条第四款规定："保险合同的客体应该是物及其有关利益或者人的生命和身体"。

(1) 物及其有关利益

物，是指现实存在的，并为人们所控制和利用而具有经济价值的生产资料和消费资料。它包括动产和不动产、有形物和无形物。财产保险合同的客体一般是有形物，但当财产遭受损失时，除了财产本身的经济损失外，还会连带引起各种利益以及责任和信用等无形物的损失，后者也往往成为财产保险合同的标的。

(2) 人的生命和身体

人身保险合同的客体不是物，而是人，即人的生命和身体。这种保险标的无法用价值来衡量，因而在订立保险合同时，预先由双方当事人约定保险金额。因此，在人身保险合同中，保险标的与被保险人往往是合二为一的。

1.4.4 保险合同的订立、变更和终止

1. 保险合同的订立

保险合同的订立，是指保险人与投保人在平等自愿的基础上就保险合同的主要条款经过协商最终达成协议的法律行为。订立保险合同应遵循一定的原则，履行一定的程序。

(1) 保险合同订立原则

我国《保险法》第十条规定："投保人和保险人订立保险合同，应当遵循公平互利、协商一致、自愿订立的原则，不得损害社会公众利益"。公平互利是指保险合同的订立，应当使合同双方当事人都有利。协商一致是指在保险合同订立过程中，双方当事人应当在法律地位完全平等的基础上，充分协商，在充分表达各自意思的前提下达成协议。自愿订立是指双方当事人在订立保险合同时，意志是独立的，不受他人意志的干涉与强迫。

(2) 保险合同订立形式

保险合同订立形式也称保险合同订立凭证，是保险合同双方当事人意思表示一致的书面表现形式，能够起到证明作用。依据保险合同订立程序，大致可分为以下四种：

1) 投保单。是投保人向保险人申请订立保险合同的书面要约。一般由保险人事先按照统一格式印制。投保单所列项目因险种不同而各异，投保人应按照表格所列项目逐一填写并回答保险人提出的有关保险标的的情况和事实。投保单在保险合同成立后，即成为保险合同的组成部分。

2) 暂保单。又称临时保单，是保险人签发正式保险单之前发出的临时凭证，证明保险人已经接受投保人投保，存在一个临时保险合同。财产保险的暂保单又称暂保条。他们的法律效力与正式保险单完全相同，只是有效期较短，一般 30 天，正式保险单签发后暂保单则自动失效。保险人确定不予承保的，应按约定终止暂保单的效力，解除临时保险合同。暂保单的内容比较简单，一般仅载明投保人与被保险人的姓名、投保险别、保险标的、保险金额、责任范围等重要事项。暂保单并不是订立保险合同的必经程序。

3) 保险单。是投保人与保险人之间订立正式保险合同的书面凭证。一般由保险人在保险合同成立时签发，并将正本交由投保人收执，表明保险人已接受投保人的投保申请。保险单签发后，即成为保险合同最主要的组成部分，是保险合同存在的重要凭证，是保险双方当事人享有权利和承担义务的最重要的凭证和依据。

4) 保险凭证。是保险人发给投保人已证明保险合同已经成立或保险单已经正式签发的一种凭证。它一般不印保险条款，只有有关项目，但其与保险单有同样的法律效力，凡保险凭证上未列明的内容均以相应的保险单的条款为准，二者有抵触时以保险凭证上的内容为准。我国货物运输保险和车辆保险中，常使用保险凭证。

(3) 保险合同订立程序

保险合同的订立，必须经过要约和承诺两个阶段。要约是指一方当事人就订立合同的主要条款，向另一方提出订约建议的明确的意思表示。保险合同的订立通常是由投保人提出要约，即投保人填写投保单，向保险人提出保险要求。承诺是指合同当事人一方表示完全接受要约人提出的订立合同的建议，完全同意要约内容的意思表示。要约一经承诺，合同即告成立。在保险合同订立过程中，保险人对投保人提交的投保单做出同意订立保险合同的意思表示，就是承诺。

2. 合同的成立和生效

保险人在投保单上签章表示同意承保时，保险合同即告成立，但保险合同成立并不一定意味着保险合同生效。合同的生效是指依法成立的合同条款对合同当事人产生约束力。一般情况下，合同一经成立即生效，但是保险合同往往是附条件的合同，只有当事人的行为符合所附条件时，保险合同才生效。如保险合同订立时，约定保险费交纳后保险合同才开始生效，即保险合同虽然已经成立，但要等投保人交纳保险费后，才能生效。

3. 合同的变更

保险合同的变更指在合同的有效期内，基于一定的法律事实而改变合同的法律行为。包括：

(1) 保险合同主体的变更。即指投保人、被保险人、受益人以及保险人的变更。在财产保险中，投保财产的买卖、转让、继承等法律行为造成保险标的所有权转移，引起投保人或被保险人的变更，从而涉及保险单的转让。对此，有两种做法：一是允许保险单随保险标的所有权的转移而自动转让，投保人、被保险人也可随之自动变更，毋需征得保险人的同意，保险合同继续有效；二是保险单的转让要事先征得保险人的同意，保险合同才能继续有效，一般要由投保人或被保险人书面通知，保险人经过选择，并在保险单上批注或者附贴批单，或出具书面的变更协议，转让才有效，否则，保险合同终止，保险人不再承担保险责任。如保险企业发生破产、解散、合并、分立，我国法律规定其所承担的全部保险合同责任将转移给其他保险人或政府有关基金承担。

(2) 保险合同内容的变更。即指保险合同中双方当事人之间的权利与义务发生变更。一般由一方当事人提出要求，经与另一方协商达成一致后，由保险人在原保险合同中加以变更批注，或者有投保人和保险人订立变更的书面协议。但是，有国家法律规定的保险合同双方应享有的权利及应尽的义务和由保险监督管理部门制定的基本条款的内容是不可以进行协商变更的。

4. 合同的中止和恢复

保险合同的中止，也称保险合同停止，是指保险合同在其有效期间内，因某种原因，停止其效力；但在一定条件下尚可恢复其效力的情况。保险合同的中止和恢复主要适用于人身保险合同。

5. 合同的解除

保险合同的解除，是指根据法律规定，在保险合同有效期内，当事人基于合同约定的事由解除原有的法律关系，提前终止保险合同效力的法律行为。可以分为以下几种：

(1) 规定解除。是指在保险合同履行过程中，法律规定的解除情形出现时，合同一方当事人或者双方当事人都有权解除保险合同，终止合同效力。

(2) 约定解除。是指合同当事人在订立保险合同时约定，在合同履行过程中，某种情形出现时,合同一方当事人可行使解除权,使合同效力消灭。

(3) 协商解除。是指在保险合同履行过程中,某种在保险合同订立时未曾预料的情形出现,导致合同双方当事人无法履行各自的义务或合同的履行已成为不必要,于是通过友好协商,解除保险合同。

(4) 裁决解除。是指产生解除保险合同纠纷,纠纷当事人根据合同约定或法律规定提请仲裁或向法院提起诉讼时,仲裁机构或法院裁决解除保险合同。

6. 合同的终止

保险合同的终止是指保险合同生效后,由于法定或约定事由导致保险合同的法律效力不复存在,及保险关系的完全消灭,是保险合同发展的最终状态。主要有以下原因:

(1) 自然终止

自然终止,也称届期终止,是指保险合同期限届满而终止。这是保险合同终止的最普遍、最基本的原因。需要注意的是:保险合同期满后续保的,不是保险期限的延长或原保险合同的继续,而是另一个新的保险合同的成立。

(2) 履约终止

不论保险合同是否期满,如果保险人已经履行赔偿或给付全部保险金义务,且无特别约定,保险合同即告终止。

(3) 因解除而终止(见前述)

(4) 因保险标的全部灭失而终止

这一情况是指由于非保险事故发生,造成保险标的灭失,保险标的已实际不存在,保险合同自然终止。如人身意外伤害保险中,被保险人因疾病而死亡,保险合同随之终止。

(5) 因合同主体行使终止权而终止

合同主体在合同履行期间,遇有某种特定情况,享有终止合同的权利,无需征得对方的同意。按照我国《保险法》第四十三条规定:"保险标的发生部分损失的,在保险人赔偿后三十日内,投保人可以终止合同;除合同约定不得终止合同的以外,保险人也可以终止合同"。

第二章 工程保险

2.1 工程保险概述

2.1.1 工程保险概念

工程保险属于商业保险范畴，它是针对工程项目在建设过程中可能出现的因自然灾害和意外事故而造成的物质损失、特别费用和依法应对第三者的人身伤亡或财产损失承担的经济赔偿责任提供保险的一种综合性保险。

在国外，工程保险的概念要宽泛一些，是指与工程技术有关的所有险种，既包括建筑工程保险、安装工程保险，也包括机器损坏保险、锅炉保险等。但在国内，我们所说的工程保险以建筑、安装工程为主，通常只包括与工程施工、建造、安装相关的建筑工程保险和安装工程保险。

工程建设中的利益关系是非常复杂的。投资人与业主、业主与设计人、业主（发包人）与承包人、设计人与承包人、投资人与承包人、业主与监理人、承包人与监理人、承包人与分包人、业主与分包人、承包人与设备供应商等等，都构成了相互依赖又相互制约的关系。但是不管关系多么复杂，都是围绕一个工程展开工作的，所以工程本身的利益是各方利益的最集中的体现。此外，各关系方还有自己的局部利益，这种利益可能是一种收益也可能是一种损失，为保障各方利益，各方通过契约责任甚至利用现金抵押或信用抵押的方法来约束各自行为。

由此可见，工程保险的保险标的既包括工程本身的物质损失，还包括各方承担的责任与预期利润等。但是，这些还不够，因为工程施工过程中往往会对工地及邻近区域的环境、建筑物、居民、过往财产、行人造成影响，会导致对工程的索赔，影响到工程的顺利完工，因此，工程保险的保险标的中还应包括对公众（又称第三者）可能承担的损害赔偿责任。

综上所述，将工程保险保险标的"对号入座"以后，我们就会发现工程的物质损失保险以及与之同时存在的相关责任（如设计师责任、监理工程师责任、供应商责任等）保险以及第三者责任保险、施工机具保险、预期利润损失保险等，构成了我们所说的工程保险。其中，由于职业责任保险发展尚不成熟，预期利润损失保险仅仅与工程业主相关，是业主（有时包括投资人）选择投保的内容，所以，最基本的工程保险主要指工程本身的物质损失保险、施工机具保险和与工程施工相关的第三者责任保险。

在众多的建设项目中，一些特殊建设项目，如船舶建造保险、石油开发保险等虽然实际上也是工程保险，但因为它们涉及风险的特殊性，所以一般另作处理，在本章中不再赘言。

工程保险是通过工程保险合同规范各方行为的，工程保险合同一般是格式合同，但是工程保险的另一个复杂性在于，工程保险合同不仅受到《保险法》有关条文的制约，还要受到相关行业法律规章和合同的制约，这些法律规章和合同包括：《建筑法》、《招标投标法》以及各种施工合同等。工程保险合同要根据这些法律规章和合同规定进行调整，在实务操作上也要根据工程特点区别对待。

2.1.2 工程保险的发展

任何一个产品或服务的诞生都是来源于市场需求，工程保险也不例外。工程保险在保险领域是比较新的保险产品，起源于20世纪初期，第二次世界大战结束以后才得到发展，发展的时间远远短于海上保险和火灾保险，但已经成为有相当规模和影响力的保险险种。工程保险的发展有赖于以下因素。

1. 第二次世界大战后恢复、重建工作的需要

第二次世界大战期间，作为主战场之一的欧洲遭到了非常严重的破坏，战后大量的恢复、重建工作与有限的资金之间的矛盾，增强了对风险保障的需求，尤其是在西欧国家，私有制经济占主导，利害关系直接，再加上建造、安装中蕴藏着的巨大风险，使得工程保险得以迅速发展，同时由于这些国家具备比较完善的法律体系，也促进了公众责任、职业责任和雇主责任保险等相关险种的发展。

2. 对发展中国家基本建设融资保障的要求

发展中国家基础建设缺口较大，包括能源项目、交通项目、石油化工项目等一系列基础项目的建设都需要依赖于大量外资，这些外资主要来源于西方国家的金融机构或民间投资集团，所以，在引进外资的同时也不得不接受利用保险作为保障这些资金安全措施之一的新观念，为工程险业务在发展中国家的发展起到了很大的推动作用。

我国实行改革开放以后，基于引进外资和与国际惯例接轨的的需要，国务院和中国人民银行、财政部、国家计委等六部委曾于1979年8月明确规定，国内基本建设单位应将引进的项目的保险费列入投资概算内，向中国人民保险公司投保建筑工程或安装工程保险，施工期间在建工程发生保险责任范围内的损失，由保险公司赔偿，国家不再拨款或核销。这一规定对于我国计划经济环境下工程保险业务的发展和按照国际惯例保障资金安全起到了重要作用。

现在，随着社会主义市场机制的不断完善，政府作为投资主体所涉及的范围将越来越小，投资、融资体制改革后，资本金制、法人负责制、招投标制等新的管理机制的实行，加速了工程建设的市场化进程，尤其是现代企业制度的建立，使得工程的各个关系方风险意识逐步增强，将不断带动工程保险业务的发展。

3. 行业自律组织对工程建设合同的规范

为规范工程建设行为，一些国家和国际组织先后制定了各自的施工建设合同示范文本，其中大都对工程保险作了较为细致的规定，如国际咨询工程师联合会(FIDIC)在其标准合同条款中就规定了各方的义务(包括安排保险的义务)和责任(包括由保险支持的赔偿

责任)等，这些使得投保工程保险成为业界的标准做法之一。在我国，虽然目前制定的许多施工合同样本中，对工程保险尚缺乏明确要求，但随着工程建设相关机制不断完善，施工合同样本中对工程保险的要求正在借鉴FIDIC合同条款，逐步与国际接轨。

4. 保险行业工程承保能力的提高

保险业务的发展仅仅靠需求的推动是不够的，保险人资金实力的增加、承保技术水平的提高，共保、再保手段的使用等，也使得保险界能够为社会发展提供更广泛的保险保障，从而反过来又促进了更广泛的保险需求。现在，保险人除了提供经济补偿以外，还在风险管理、工程担保等方面开始发挥巨大作用，也使得工程界对保险的重要性有了更深刻的认识。供需的相互促进，加快了保险业的发展。从著名的跨越英吉利海峡的海底铁路隧道工程到香港的新机场建设，从航天、核电站到巨大的水利枢纽工程，工程保险已经成为其中不可缺少的重要的组成部分。

2.1.3　工程保险特点

与普通财产保险相比，工程保险具有以下几个显著的特点：

1. 工程保险承保的风险具有特殊性

首先，工程保险不仅承保被保险人财产损失的风险，同时还承保被保险人的责任风险；其次，工程保险所承保的大部分风险标的直接裸露于各类风险中，该险种抵御风险的能力大大低于普通财产保险的标的；再次，由于工程项目施工建设始终处在一个动态过程，各种风险因素相互交织，错综复杂，风险识别和风险程度较大。

2. 工程保险提供的风险保障具有综合性

工程保险针对承保风险的特殊性所提供的保障具有综合性，工程保险的主要责任范围一般由财产损失部分和第三者责任等部分构成。同时，工程保险还可以针对工程项目风险的具体情况提供运输、工地外储存、保证期等各类风险的专门保障。

3. 工程保险的被保险人具有广泛性

普通财产保险的被保险人比较单一，而工程保险由于工程建设过程中的复杂性，可能涉及的当事人和关系方较多，包括：工程业主、总承包商、分包商、设备供应商、设计单位、技术顾问、工程监理单位等，他们均可能对工程项目拥有保险利益，均可作为被保险人。共同被保险人在保险合同下的受益以及相互关系由与工程相关的各种合同(包括投资、租赁、建设、采购、设计等合同)决定。但是，一般而言，工程保险合同针对的主体是工程承包人，在国外逐渐流行的工程保险年度保险单也是由承包人向保险人投保的。

4. 工程保险的保险期限具有不确定性

普通财产保险的保险期限是相对固定的，通常是一年，而工程保险的保险期限一般是根据工期确定的，往往是几年，甚至是几十年。与普通的财产保险不同的是，工程保险的保险期限的起止点也不是确定的具体日期，而是根据保险单的规定和工程的具体情况确定的。为此，工程保险采用的是工期费率，而不是年度费率。

5. 保险金额具有变动性

普通财产保险的保险金额在保险期限内相对不变，而工程保险的保险金额在保险期限内是随着工程建设的进度不断增长的，随着工程进展，暴露于风险中的保险价值逐渐增加，在完工时达到最大。所以，在保险期限内的不同时间，工程保险的保险金额是不同的。

2.2 建筑工程保险

2.2.1 工程建设合同与建筑工程保险

1. 建筑工程风险的分类

建筑工程保险承保在列明的工地范围内构成工程或用于工程的财产。可将其分为三大类：

长线投资的公共工程项目。长线投资的公共工程项目有四类：工业基建工程，如电厂、工厂、土方工程等；交通及输变电工程，如道路、公用设施、污水处理系统、管道工程、机场、电网等；水利工程，如堤坝、地下通道、运河、水渠、地下水电厂等；海滨工程，如防波堤、码头等。

构成大型公共工程的独立结构。构成大型公共工程的独立结构有四类：横跨结构，如桥梁、高架桥(跨线桥)；地下结构，如隧道；储存设施结构，如水库、地窖、高粮仓等；特高型结构，如水塔、大烟囱等。

建筑物(楼宇)。从独立住宅到摩天大楼，设计相对简单，按其高度分为三种建筑物：低层建筑物，指独户式住宅、4层以下建筑物；中层建筑物，指4～15层建筑物；高层建筑物，指15层以上建筑物。

在建筑工程中，经常包括一些设备安装项目，如电梯、中央空调、冷库制冷系统、配电设施等，对于这类安装项目可以在建筑工程保险项目中用增加安装项目的方式承保，也可以单独使用安装工程保险的保险单承保，具体采用哪种方式要根据实际情况确定。目前，随着保险市场综合性保险单的增多，有把建筑、安装工程保险条款融合成为一种的趋势。

工程保险的发展促使工程标准合同中纳入了有关保险的条文，而工程合同中对保险的相关规定，对工程保险业务又起到更大的推动作用。通过对工程合同的了解，有利于加深对工程保险的认识。

2. 工程合同的类别

(1) 按工作内容分类可将工程合同分为：工程咨询服务合同(包含设计合同、监理合同)、勘察合同、工程施工合同、货物采购合同(包含设备、材料采购合同)、安装合同等。

(2) 按承包工程的承包范围可将合同分为：

1) 产品到手合同，是承包人不仅要承担设计、工程施工、设备供货、安装、调试等项工作，还要进行技术转让、人员培训、生产管理指导，最后甚至组织进行约定时间内的试生产，直到稳定生产出完全合格的产品；

2) 统包合同，又称交钥匙合同(turn-key contract)是承包人进行全部建筑、供货、安装、调试工作，直到移交和验收；

3) BOT合同，是按照建设(build)、运营(operate)、转让(transfer)方式签订的合同；

4) 主承包合同(main contract)，是承包人就某工程的独立的内容，如土建工程或专业工程等与业主签订承包合同，而由业主自己组织对各承包人进行协调管理；

5) 分包合同(sub-contract)，是合同主承包人与分包人签订，而与业主无关，但也有业主与其指定的专业分包人(named sub-contractor)先签订合同，然后交由土建工程的主承包人代管。不同的分包人在工程建设合同中的地位不同，作为工程保险的共同被保险人受益的范围也不同。

(3) 按承包计价方式分为：

1) 固定总价合同(fixed lump-sum price contract)，这种合同适用于成套项目建设和BOT(build-operate-transfer)项目或信贷项目，一些小型工程也可能采用这种方式。除个别情况外，其工程总价是固定的，几乎所有风险全部由承包人承担，所以，承包人需要充分考虑不可预见费用和特殊风险以及业主原因导致工程成本的增加等情况。

2) 固定单价合同(fixed unit price contract)，根据业主提供的资料，双方在合同中确定每一单项工程单价，结算则按实际完成工程量乘以每项工程单价计算。这是工程承包合同中最为常见的计价方式，又称为量测合同或B-Q合同。

3) 成本加酬金合同(cost plus contract)，成本费按承包人实际支出由业主支付，业主同时另外向承包人支付一定数额或百分比的管理费和商定的利润。

不同的承包人、不同的承包方式决定相应关系方的合同地位和其在工程保险中的保险利益。

从以上几种合同来看，不同的承包方式，导致工程移交方式和时间的不同，与工程相关的风险从承包人向工程业主转移的转移点也不同；承包方式和计价方式的不同，导致确定工程保险金额的确定方式也不同，对工程保险损失的计量也有不同的影响，也就是说，不同类别的合同导致相关利益人对保险不同的需求。在保险实务中，工程承包合同应该作为保险合同的重要组成部分。

3. 建筑工程的标准合同对保险的要求

建筑工程的标准合同比较多，国际上常见的有英国土木工程师学会(The Institution of Civil Engineers)出版的ICE合同，英国的JCT(Joint Contracts Tribunal)合同，美国建筑师学会(The American Institution of Architects)的AIA合同，国际咨询工程师联合会(Federation Internatinale des Ingenieurs _ Conseils，法语)编制的FIDIC合同等。这些标准合同已经被广泛采用，合同中对工程等保险的安排提出了明确的要求。

FIDIC合同是越来越被国内工程界所接受的国际上流行的标准工程合同。在FIDIC合同中，对责任的划分和保险的安排有明确的规定，对国内不采用FIDIC合同的工程承包合同以及处理一般的工程保险的安排问题也有很高的参考价值。下面就以1987年第四版的FIDIC土木工程合同为基础，主要介绍与责任划分及保险相关的条款。

(1) 工程的看护义务

1) 工程的看护。工程承包人应从开工之日起，对工程、工程物料及设备负完全的看护责任，直到签收移交证书时该看护责任转移给业主之日止。但是，对于分段完工验收的工程，分段终止承包人的看护责任；在缺陷矫正期内，承包人对未完成部分的工程、工程物料及设备仍负完全的看护责任。

2) 损失或损坏的修复责任。如果在承包人负完全看护责任期间，发生工程或工程的一部分、工程物料或设备的损失或损坏，下述第4款定义的风险之外的任何原因，承包人都应自负费用恢复这种损失或损坏，使工程符合承包合同的规定并符合监理的要求。承包人对在履行承包合同规定的工程缺陷矫正义务时造成对工程的损失或损坏，亦照此处理。

3) 业主风险引起的损失或损坏。如果工程的损失或损坏是由下述第4款定义的风险造成的，或者与其他风险同时造成的，承包人应按照监理的要求恢复这种损失或损坏，监理将根据承包合同的有关条款确定一个对合同价的增加数额并告知承包人，同时抄送业主。如果损失或损坏是两类风险同时造成的，业主和承包人将按比例分担责任。

4) 业主风险。业主风险是指：①战争、敌对行为（无论宣战与否）、入侵、外敌行为；②叛乱、革命、暴动、兵变、政变或内战；③离子辐射、核燃料或核燃料废料的放射性污染、放射性爆炸、任何核设施或其组件的有害特性；④以音速或超音速飞行的飞行器引起的冲击波；⑤骚乱、聚众闹事或秩序失控，除非仅仅是在完成工程的过程中为限制承包人或分包人的雇员而引起；⑥除合同另有约定外，业主的使用或占用引起承包工程任何标段或项目的损失或损坏；⑦因工程设计的因素造成的损失或损坏，但不包括由承包人负责设计的部分；⑧任何有经验的承包人都无法合理地预见并采取预防措施的自然现象的作用。

工程的看护义务的规定使得承包人在业主风险以外所有的风险下有了保险利益，即使是业主风险，承包人也要承担修复损坏的义务，这就决定了工程保险或至少是按照FIDIC合同办理的工程保险必须把承包人作为主要的被保险人。

FIDIC合同对业主的风险是采用列明的方式，所有其他未列明的均为承包人风险。这种规定方式比笼统地规定不可抗力要清楚、容易掌握。虽然承包人的风险中在一定程度上包括我们所说的"天灾"，似乎对承包人有失公平，但承包人承担该类风险是以业主提供保险费（包括在或不包括在工程款中）作为补偿，而且这些风险都是保险市场普遍接受的可保风险。

（2）工程及承包人施工机具的保险

承包人在不影响其本身和业主在本合同（1）规定的义务和责任的前提下，应投保下列内容：①工程包括工程物料和设备的完全替换费用；②工程完全替换费用的15%或合同中规定的数额，该数额涵盖恢复损失或损坏的附加费用，包括专业费用和残骸清理及临时支撑费用；③承包人施工用的机具的工地替换价值。

1) 保险范围规定

上述①和②项的保险须以业主和承包人共同的名义投保且应包括：①业主和承包人因下述3)款定义的原因以外的任何原因造成的损失，从工程开工起至签发工程移交证书之日止；部分移交的，移交部分的保险即告终止；②承包人的下述责任：由于缺陷矫正期开始之前存在的原因造成的工程在缺陷矫正期内的损失或损坏；由于承包人在履行本合同有关条款规定的缺陷矫正期内的合同义务时造成对工程的损坏。

2) 对未得到保险赔偿部分款项的责任，任何未保险或未索赔回的款项由业主与承包人按上述(1)款中的各自责任规定承担。

3) 保险的除外责任：战争、敌对行为（无论宣战与否）、入侵、外敌行为；叛乱、革命、暴动、兵变、政变或内战；离子辐射、核燃料或核燃料废料的放射性污染、放射性爆炸、任何核设施或其组件的有害特性；以音速或超音速飞行的飞行器引起的冲击波等等。

第(2)条包括了与工程物质损失有关的保险。要求工程部分以双方共同被保险人的名义投保，投保金额不仅要包括工程的恢复价值，还要包括恢复可能的工程损失的必须费用，如残骸清理费、专业费用等。承包人自己的施工机具也必须投保。

FIDIC合同规定了允许的保险除外责任。按照合同的要求，保险合同中有关保险责任和责任免除的措辞必须和工程承包合同一致。明显的不可保风险仍然可以免除，如故意行为、渐变原因引起的损失等。

（3）对其他人和财产的损害责任。除合同另有约定外，承包人应赔付业主所有在工程施工或修复缺陷工程中引起的下列损失或遇到的索赔：①任何的人员伤亡；②工程以外任何的财产损失，包括所有除下述1）款定义的原因以外引起的索赔、诉讼、损害、费用、开支等。

1) 对其他人和财产损害责任的免除。上述规定的损害责任不包括工程永久占用土地；业主在任何土地上或通过或在地下完成工程或其一部分的权利；因工程施工或完成工程不可避免的财产损失，以及根据合同对任何工程缺陷的修复费用；由于业主或其代表、雇员或非承包人指定的其他承包人的行为或疏忽造成的人身伤亡和财产损失，包括任何与之有关的索赔、诉讼、损害、费用、开支等。如果包含有承包人的原因，承包人亦不负责与业主有关的部分。

2) 业主的赔偿。业主应赔付承包人因上款原因引起的任何索赔、诉讼、损害、费用、开支等。

（4）第三者责任保险。承包人在不影响其本身和业主在上述（3）款规定的义务和责任的前提下，以业主和承包人共同的名义投保在履行工程合同过程中对任何人员的伤害责任（除下述第（5）款规定的范围之外）和对任何财产（除工程本身以外）的损坏责任，但该损坏责任不包括上述第（3）款中1）规定的原因引起的责任。

1) 保险的最低限额。

该保险的最低限额应为标书附录中规定的金额。

2) 交叉责任。保险单应该包括交叉责任条款，使业主或承包人都可以被视为独立的被保险人。

该条明确提出了对第三者责任保险的要求。对于除工程以外的其他业主财产，因为对于承包人没有保险利益，如果在施工中造成损坏，要承担赔偿责任，这种赔偿责任属于一般的民事损害与赔偿关系，不是承包人的合同责任，所以，业主除工程以外的其他财产应该是第三者责任保险的范围，但对于扩建工程则另当别论。

（5）工伤事故及保险。除非死亡或受伤是由业主及其代理人或雇员的任何行为或过失造成的，业主对承包人或任何分包人雇佣的任何工人或其他人员的任何损害赔偿或补偿支付不承担责任。

承包人应负责并保持负责业主不承担除上述业主应负责者外的一切损害赔偿和补偿，以及与此有关的一切索赔、诉讼、损害赔偿费、诉讼费、指控费及其他开支。

承包人应就其为此工程雇佣的人员投保此责任保险（即雇主责任保险），并应在整个工期的雇佣期间内维持这种保险。但对于任何分包人雇佣的任何人员，如该分包人已就所雇佣的人员投保了雇主责任保险，且业主能根据保险单得到补偿，则本条款前述的承包人保险义务即视为已经履行，但在需要时，承包人应要求此分包人向业主出示此项保险的保险单及本期保险费的支付收据。

对雇主责任保险的要求，与《建筑法》第48条的规定是相互呼应的。应该注意的是，此处的雇主责任保险仅仅包括承包人雇佣的人员，对其他所有人员的伤害责任按照第（4）条的要求应该在第三者责任险中承保。

（6）保险的证据和完备性。合同规定承包人应提供保险人签发的保险单。1）保险的证据和条件。承包人应在工地施工开始之前向业主提供证据，证明按照合同要求投保的保险已经生效，并应在开工之日起84天内向业主提供保险单。在向业主提供上述证据和保险单时，承包人应同时将此情况通知监理人。上述保险单应与中标函签发前所同意的总条件一致。承包人应根据业主批准的条件，向保险人投保其负责的所有保险项目。2)保险的完备性。承包人应把工程施工性质、范围或进度计划方面的变化情况通知保险人，并保证按合同条款在整个期间有完备的保险。在需要时，向业主出示生效的保险单及本期保险费的支付收据。3)对承包人未能投保的补救。如果承包人未曾按合同要求进行任何投保并保持其有效，或未按约定期限向业主提供各项保险单，业主可以自行投保任何有关保险并保持其有效，为此支付的任何保险费，可随时从任何应付或将付给承包人的款项中扣除，或视为到期债务向承包人收回。4)遵守保险单条件。如果承包人或业主未能遵守根据合同生效的保险单规定的条件，过错责任方应赔偿另一方因此类失误而造成的一切损失和索赔。

FIDIC 提示，如果没有把工程的风险变化告诉保险人，工程保险可能被宣布为无效或保险人拒绝承担赔偿责任(《保险法》第 36 条有相应规定)。为了避免产生应该由谁履行这项义务的疑问，合同条款强调承包人有义务通知保险人风险所发生的变化，即履行危险程度增加后的通知义务。

从 FIDIC 合同的有关规定可以看出，有四种保险是明确要求投保的，即工程物质损失保险、第三者责任保险、施工机具保险、承包人的雇主责任保险。FIDIC 合同本身对保险的安排要求已经清楚地描绘了工程保险的轮廓。

在国外，因雇主责任保险为法定保险并且要求在有关监管部门指定的保险公司投保，所以承包人在投标前基本上都安排了这一险种，因而在国外的保险实务上很少将雇主责任保险与工程保险一并管理。我国的《建筑法》也对施工企业为危险岗位作业的工人安排保险作了规定，所以在保险实务上与工程保险一并管理也是非常方便的。关于雇主责任保险本章不做介绍。请参考有关篇章。

2.2.2 保险项目、保险金额及赔偿限额

建筑工程保险国内目前使用的是 1995 年中国人民银行颁发的《建筑工程一切险条款》、2001 年中国保险监督管理委员会批准的中国人民保险公司建筑、安装工程保险条款(列明责任)。在特殊情况下，也有可能使用国外保险公司或经纪人提供的条款，在使用中投保人和保险人都应注意其中的差异。在"一切险"的保险单中除责任免除范围内损失之外，一切自然灾害或意外事故造成的直接物质损失均属于保险责任范围。保险人用保险单中的责任免除来限制其承保风险。"一切险"的举证之责在保险人而非被保险人，除非保险人证明损失是属于责任免除范围，否则所有损失均属于保险责任范围内；而列明责任的保险单则相反，除非被保险人证明损失系属于列明风险的责任范围，否则保险人对损失不负赔偿责任。

1. 保险金额与赔偿限额
(1) 保险金额与赔偿限额的关系

工程保险的保险金额是保险人的最高赔偿责任，也是其收取保险费的依据，在足额投保时应该等于被保险标的暴露在风险中的价值；赔偿限额是保险人承担保险赔偿责任的上限。保险金额与赔偿限额之间的区别一般在保险概论中有清楚的描述。过去，很多险种在承保上或者采用保险金额的方式如财产保险，或者采用赔偿限额的方式，如责任保险。随着保险市场的变化，两种承保方式并用的做法也开始流行起来。在工程保险中，也是两种

方式并用。

工程保险的物质损失保险主要是采用保险金额方式投保。赔偿限额的使用常见于下列情况：残骸清理费用、专业费用的承保；特种风险；扩展内陆运输时每一单货物；工地外储存物资时对每一处每次事故的规定。还有，在隧道工程中，因为意外事故造成的损失可以达到原来开挖费用的 2~5 倍，所以保险人要明确一个对于每单位长度的赔偿限额。

投保人选择赔偿限额（低于保险金额）的出发点是为了节约保险费，保险人明确赔偿限额是为了控制风险。

第三者责任保险按赔偿限额的方式承保，没有保险金额。

（2）特种危险赔偿限额

特种危险一般是指巨灾性自然灾害风险，如地震、海啸、暴风雨、洪水等。对于不同的工程或不同的地理环境，特种危险包括的风险种类可以有一定的差别，原则就是指巨灾性风险，即一次风险事故能够造成多个危险单位同时发生损失的风险，需要明确单独的赔偿限额，一般按保险金额的 60%~85% 确定。比例的高低和相应风险的大小对工程保险的费率有影响，如在洪水高发地区，包括洪水的特种危险赔偿限额如果比较高，则费率也相应较高。

确定特种危险的赔偿限额后，应该以具体数值的方式在保险单明细表上载明，避免发生不必要的争议。

（3）费用限额与附加险赔偿限额

残骸清理费用、专业费用等以及其他附加保障的赔偿限额在承保实务上有两种做法，一是在保险单明细表（或者有时在附加条款）中单独列明分项限额，以第一危险方式承保。如果采用这种方式，则应该在保险单明细表中分项载明，包括附加保障的赔偿限额也是如此，使整个保单比较清楚。还有一种承保方式就是将其包括在总保险金额中，但在对应的附加条款中作相应的赔偿限制规定，如按照物质损失部分的一定比例，或者按照总保险金额的一定比例赔偿。

需要注意的是，对于第二种方法，如果是按照物质损失的一定比例另外承保一些费用的损失或附加风险，在总保险金额之中是没有体现的，即使体现也只是规定总赔款不超过总保险金额。因为绝大部分的保险损失是部分损失，即使加上费用，仍然小于总保险金额，所以，保险人实际上是按照比较低的保险金额（物质部分价值）收取保险费，承担了一个相对高的风险（物质损失加必要的费用），这种情况下，在保险费率上应该有所体现。

如果在第二种方法中的费用或附加保障是以保险金额的一定比例承保，则保险费收取基数或者费率应该按同样的比例增加。费用限额与附加险限额由投保人确定。

2. 物质损失部分的项目及分项保险金额

从工程建设合同来说，在大多数情况下，建设合同总价与工程（包括永久性工程和临时工程）的价值是一致的，但在有业主自备部分工程物料（free issued materials）时，工程价值应该是建设合同总价与业主自备物料价值之和。对于总承包合同（即包括设计、勘测等内容的合同），工程的保险价值应该为总承包合同总价减去设计、勘测等不可保费用。

一般来说，对于固定总价工程合同，保险金额是合同总价减去设计费用，就可以认为是足额保险；对于固定单价工程合同，投保时保险金额不低于工程概算，而且被保险人及时将任何对合同总价的调整通知保险人并同意同步调整保险金额时，也可以认为是足额保险。

鉴于工程保险金额确定上的复杂性，工程保险条款对工程保险金额都有具体的约定。

(1) 明确规定工程保险金额应是保险工程建筑完成时的总价值。一般根据工程的承包方式而定，主要有两种形式：1) 工程承包人以总承包的方式承包工程，即"交钥匙工程"，这种工程项目的总价值即以工程总承包价确定；2) 工程承包人负责工程项目的主要部分，但工程的部分原材料和设备由业主提供，这种工程项目的总价值则以工程承包价与业主提供的原材料和设备的价值之和确定。

工程标的保险金额是完工价值，不是概算价值。工程完工后，必须根据完工价值调整保险金额和保险费。为解决工程投资小额变动的问题，简化管理，保险人一般附加一个约定，在概算价值与决算价值差别小于一定的比例(如5%)时，保险费不进行多退少补的调整。但如果在施工过程中，工程造价变动过大，投保人必须向保险人申报工程保险金额。

(2) 若投保人、被保险人以工程概算总造价投保，在保险工程造价中包括的各项费用因涨价或升值原因而超出原保险工程造价时，投保人必须尽快以书面形式通知保险人，保险人据此调整保险金额。这是调整保险金额的必要信息。保险金额或者暴露在风险中价值的变更也属于风险情况的变更，根据《保险法》规定，投保人如果不告知风险变动情况，保险人有权拒绝赔偿保险损失。

(3) 在保险期限内，投保人、被保险人对相应的工程细节做出精确记录，保险人有权在合理的时候对该项记录进行查验。

(4) 保险期限届满后，投保人、被保险人应按规定尽快向保险人申报最终的工程总价值，保险人将根据投保人、被保险人的最终申报对预收保费进行调整。

如果被保险人未按上述要求执行，保险人将视作工程的保险金额不足，一旦发生工程保险责任范围内的损失时，保险人将根据保险单规定对各种损失按比例赔偿。

工程保险所提供的是在补偿基础上扩展了的重置保障，所以，保险金额必须有专门的限定，避免投保不足或赔付保险金额以外的赔款。重置保障的应用和补偿原则并不矛盾，对此应该有一个正确的认识，就是在重置保障下也有比例赔付，只是不用扣除折旧因素，在工程保险的物质损失中也没有折旧因素，即使对于二手设备的安装工程，其投保时的价值就是按二手设备价值确定的，本身已经扣除了折旧因素。

3. 施救费用、残骸清理费用与专业费用

施救费用是在保险事故发生后，被保险人或保险人为了减少保险事故所造成的损失而采取合理的、必要的、有效的措施支付的费用。按照《保险法》的有关规定，施救费用应该由保险人负责并且在保险金额之外另行单独计算一个保额。所以，投保人无须单独投保施救费用就可以得到足够的补偿。

残骸清理费用是工程保险中一项重要的内容。残骸清理费是指在发生事故后，承包人为了进行工程的恢复工作，需要把事故造成的残骸进行清运所需要的费用。因为工程价值是在"平整"的土地基础上完成工程的总造价，并不包括发生事故后对损失残骸进行清理的工程量，所以在工程保险中残骸清理费用需要单独投保。

在工程保险中经常发生的另外一种费用就是专业费用。专业费用是指为恢复工程损失的目的而发生的，委请咨询专业技术人员等的必要费用，但被保险人为进行索赔而发生的费用不在此列。这类费用的承保都是采用第一危险方式，赔偿限额由投保人根据需要选择。

4. 第三者责任保险的赔偿限额

第三者责任保险是以赔偿限额的方式承保。责任保险的赔偿限额有两种，一是每次事故赔偿限额，二是保险期间累积赔偿限额。

每次事故赔偿限额，就是保险人承担保险责任在每次事故中是以约定的赔偿限额为最高数额，在保险期间没有限制。所以，使用每次事故赔偿限额就需要对"每次事故"给出明确定义，否则会导致赔款上的争议。

保险期间累积赔偿限额，就是保险人在保险期间的总赔偿责任以约定的限额为最高数额，对于每次事故的赔款只受到事故发生时的有效限额（扣除以前已经消耗的限额）的限制。

在工程保险中，可以使用上述任意一种方式，或者使用两者结合的方式，这要根据投保人的要求而定。第三者责任的赔偿限额无论采用哪种方式，保险人都应该在保险单明细表中明确载明。

5. 不予承保及需要另外投保的项目

工程保险虽然从很多角度来看都具有综合保障的特点，但是其中也有一些项目是不予承保或者需要另行安排投保的。

(1) 工程保险不予承保的项目，但如果被保险人提出特殊要求，可以批单形式扩展承保其重新制作费用。

工程保险条款的除外责任中将档案、文件、账簿、票据、图表资料及包装物料的损失列为不保项目，是因为：①它们的价值难以确定，无法确定分项保额；②即使有确定价值的，也未被包括在工程总造价之内，如图表资料等应该是设计人在设计费用内提供的；③包装物料随着工程的进行，必然要成为废物，它们的正常损耗与意外损失难以界定。

(2) 需要另行投保的项目。

在安排综合性的工程保险的同时，某些保险标的由于自身的特性还可能需要其他的、更专门的保险。如，现金、有价证券可以安排现金保险；领有道路行驶执照的，或已由其他保险予以保障的车辆、船舶和飞机可以安排单独车辆保险、船舶保险、飞机保险。这些险种和工程保险相比，是指明标的的、更专门性的保险，应该优先负责，所以，工程保险就不再承保它们的损失。

对于未领有行驶牌照的工程专用车辆，则属于工程保险中施工机具的范围，应在施工机具保险项下承保。

2.2.3 保险期限

前面已经提到，工程保险的特点之一就是工期保险责任，但是，一个工程的工期有施工期、试车期、保修或缺陷矫正期等几种期限，工程保险的保险人在不同的工期内的保险责任不同。

1. 施工周期与保险责任期

一般来说，施工周期就是保险人承保的物质损失和第三者保险的保险责任期，保险人确定保险期限时原则上是根据工程期确定的，并在保险单中列明其责任起止日。这是实务中的流行做法。

建筑期物质损失及第三者责任保险的开始可以有三个时间点：1)被保险人的施工队伍进入工地，工程破土动工；2)用于保险工程的材料、设备运抵工地，由承运人交付给被保险人；3)由投保人与保险人商定的保险单生效日。

对于保险期限的终止日，可根据以下情况确定：1)业主或指定的代表签发工程完工证书或工程验收合格日；2)业主实际占有、使用或接收工程项目；3)投保人与保险人约定的保险期限终止日。保险期限终止之后，若投保工程仍未完工，被保险人应在保险单终止日之前向保险人提出书面申请，保险人出具批单对原约定的保险期限予以展延后，该保险合同方可继续有效。

如果保险单载明日期晚于开工日期时，以保险单为准，这是符合《合同法》规定的，因为这是合同双方约定的日期；如果开工日期晚于保险单载明的开始生效日期时，以开工日期为准，因为没有开工之前或者第一批工程物料未运到工地之前，被保险人在工地上没有任何保险利益，保险合同当然也无法生效；如果保险单载明的终止日期早于实际工期，按约定日期终止；如果实际完工早于保险单约定的保险合同终止日期时，由于保险责任对于工程保险来说部分完工部分终止的依据是在工程或者工程的一部分按照施工合同的规定完工验收、移交或实际被工程所有人占用后，工程承包人对工程就已经履行完成了看护义务，完成的工程本身的风险在验收或实际占用时起就完全转移到了业主（工程所有人）方面，工程承包人就丧失了保险利益，因而以工程的业主和承包人作为共同被保险人的工程保险合同即告终止。工程业主需安排其他保险来继续获得保障。

工期完工的形式不同，签发完工证书或者业主实际占用、使用等都视为完工，具体的完工形式应参照施工合同中的相关定义。对于比较大的工程项目，实际工期和计划工期不一致是经常的，也是正常的。

2. 试车期

建筑工程经常包括一些设备安装项目。对于安装项目的试车期，不论安装的保险设备的有关合同中对试车和考核期如何规定，保险人将规定，保险人仅对保险单明细表中列明的试车和考核期限内对试车和考核所引发的损失、费用和责任负责赔偿；若保险设备本身是在该次安装前已被使用过的设备或转手设备，则自其试车之时起，保险人对该项设备的保险责任即告终止。

试车期在保险期限之内。所以即使投保人未要求承保试车风险，保险人对于试车期间因为非试车原因造成的损失，仍然要按照施工期间的保险责任予以赔偿。

3. 保证期

保证期也是工程保险所特有的一种特殊保险责任期间。一般分为有限责任保证期和扩展责任保证期。工程合同规定保证期是在完工证书签发后开始的一个特别约定的时间期间，在此期间内，工程承包人按照承包合同的有关规定自付费用对工程进行保养、缺陷矫正、未了工程收尾等工作，对于工程的质量按设计标准负保证责任，也称为缺陷矫正期。

工程保证期一般为12个月，大型项目为24个月。

2.2.4 保险责任

1. 物质损失部分的保险责任

物质损失部分的保险责任是保险合同的核心内容之一,因为它直接规定了保险人的赔偿义务基础,保险责任也就是我们所说保险人承担的风险。对于保险责任的规定,工程保险和其他保险一样,有两种类型,一是列明风险责任,在列明风险责任的保险单中,将保险人所要承担的风险一一列明,凡是未列明的风险均不属于保险责任;二是一切险方式的保险责任,在一切险方式的保险单中,将保险人不予负责的风险一一列明,未列明的均属于保险责任。所以,列明风险承保的保险单需要将承保风险准确、清楚地进行描述和定义,按一切险承保的保险单需要将不予承保的风险准确、清楚地进行描述和定义。

(1) 对于工程本身来说,保险人可以承保或可以有条件承保的风险可分为以下四类:

自然灾害风险,包括地震、海啸、雷电、飓风、台风、龙卷风、风暴、暴雨、洪水、水灾、冻灾、冰雹、地崩、山崩、雪崩、火山爆发、地面下陷下沉及其他人力不可抗拒的破坏力强大的自然现象导致的损失;

意外事故风险,是指不可预料的以及被保险人无法控制并造成物质损失或人身伤亡的突发性事件,包括火灾和爆炸导致的损失;

技术风险,是指工人经验不足、施工工艺不善、材料缺陷、设计错误、新型设计、新型材料等导致的损失;

道德风险,是指管理不善、安全生产措施不落实、劳资关系恶化、工地社会环境恶劣等导致的损失。

采用列明风险方式承保时,一般至少包括自然灾害风险(有时将地震、海啸予以除外)和火灾、爆炸以及部分意外事故(需要列明)等;采用一切险方式承保时,包括自然灾害和意外事故,还有可能包括一些技术风险和道德风险。需要注意的是,不能简单地把一切险理解成承保一切风险或者"除了除外责任其他均负责"的保险,因为保险人承担的风险不仅将除外责任排除,而且还必须满足一定的条件。

一切险保险单有时也采用列明一些主要的承保风险的方式,再加上一个概括性的描述。有的保险人习惯于仔细描述保险责任范围,一般描述除外责任;有的习惯概括性描述保险责任范围,仔细描述除外责任。这些都是市场上常见的。

工程保险的保险单对保险责任的规定不仅要明确保险人承担风险的范围,而且还要规定保险人在发生保险事故后赔偿的范围,一般都包括保险事故造成的物质损失和费用。

(2) 物质损失保险赔偿的对象应该是物质损失本身。但是在实际发生保险事故时,有很多物质损失以外的费用是不可避免的,如灭火费用、被保险工程倒塌后的残骸清理费用等都是恢复保险损失的必然费用。《保险法》第41条规定:"保险事故发生时,被保险人有责任尽力采取必要的措施,防止或减少损失。保险事故发生后,被保险人为防止或者减少保险标的的损失所支出的必要的、合理的费用,由保险人承担;保险人承担的数额在保险标的的损失赔偿金额以外另行计算,最高不超过保险金额的数额"。所以在保险条款中明确对有关费用的责任更具有可操作性。

应该注意的是,上述条款中所谓有关费用实际上包括了两种,一是施救费用,就是为了减少保险损失而发生的、必要的、合理的费用如灭火费用;二是除施救费用以外的、恢复保险损失必然要发生的费用，如专业费用、残骸清理费等。这部分如果没有在保险单或者条款中规定负责的话，保险人是不予负责的；如果在明细表中规定了分项保额，则按分项保额负责赔偿。

为了控制赔偿责任，保险人还规定，对每一保险项目的赔偿责任均不得超过保险单明细表中对应列明的分项保险金额以及保险单特别条款或批单中规定的其他适用的赔偿限额。在任何情况下，保险人对物质损失的最高赔偿责任不得超过其签发的保险单明细表中列明的总保险金额。

2. 物质损失部分的除外责任

物质损失部分除外责任的规定和保险责任的规定是相辅相成的，是完整定义保险责任不可缺少的一部分。不论以一切险方式承保，还是以列明责任方式承保，保险人对除外责任的定义是非常重要的，除了不可保风险外，其他除外责任风险分为以下几类：

(1) 商业保险公司不可能承担的风险。各种战争、核辐射、政府行为，因为这类风险无法用大数法则确定其期望损失，在厘定费率时不能包括。

(2) 政府或国家应该承担的赔偿。音速或超音速飞行器造成的冲击波，这在很多国家都是国家赔偿法规定的赔偿范围。

(3) 商业贸易风险。物料价格波动、合同丧失、无形资产损失、市场变化等，这些都属于投机风险。

(4) 其他专门保险应该承担的风险。设计错误、现金及有价证券、领有执照的机动车辆、船舶、飞机、施工开始前已存在的设备产品缺陷、利润损失等风险。

(5) 渐变原因风险。磨损、锈蚀、地下水位变化、温度变化、湿度变化等。

(6) 被保险人的故意行为和重大过失。任何情况下，保险人都不可能承担被保险人的故意行为结果。

因为工程一切险的保险单是把物质损失和责任保险（有时还有其他）整合在一起的，所以，不属于物质损失但属于其他部分的保险责任，也列为物质损失部分的除外责任，避免保险责任的交叉和混乱。

3. 第三者责任

工程建设是动态过程，与已经完成的工程不同的是在施工过程中，施工行为有可能造成工地邻近其他人的人身伤亡和财产损失，工地内的原有财产也有受到损失的可能。如果这种可能的事件发生，则工程承包人作为行为人就应该承担损害赔偿责任，业主作为工程施工的受益人，可能要承担连带责任，所以工程建设需要一个有效的第三者责任保险或者公众责任保险。

工程保险下的第三者责任保险实际上就是一种以工程施工为经营活动、以工地为场所的公众责任保险，其责任、除外责任及其他规定基本与普通公众责任保险类似，都是承保被保险人因在约定的场所从事约定的营业活动而导致的依法应该承担的损害赔偿责任，但一般工程保险下的第三者责任保险采用一切险方式承保。

第三者是指保险人与被保险人以外的任何一方，因此，一般情况下，任何被保险人自己的财产损失均是除外责任。对于财产损失来说，任何一个人或法人组织对给自身造成的损失没有法律上必须承担经济赔偿责任的约束；对于人身伤亡来说，施工企业不仅对第三者的人身伤亡承担责任，而且对自己雇员的人身伤亡也要承担责任，但两者是适用不同的法律来规范的，前者适用《民法通则》，后者在此基础上还要适用于《建筑法》、《劳动法》，涉及劳动合同时还要适用《合同法》，并且这些有关的专门法的适用优先于《民法通则》，因此，无论是在司法实践还是在保险实践中，都把这两类人身损害责任分别处理，即在保险上将施工企业对第三方的人身伤亡责任列入公众责任保险的范畴，将其对雇员的人身伤亡责任作为专门的雇主责任承保，所以工程保险的第三者责任保险也将施工企业自己的雇员的人身伤亡责任予以除外。

4. 试车期与保证期的保险责任

（1）对于安装工程或者建筑工程保险中的安装项目来说，无论时间长短或者采取何种方式，试车是必不可少的，一般工程的试车期是在工程完工验收移交之前，包括在正式施工工期之内，但是试车完全不同于施工，是在施工活动基础上的附加活动，而且试车时发生意外的风险非常大，这种风险损失如果不进行试车的话可能就永远也不会发生，所以试车损失不是施工期间意外事故的直接后果；如果被保险人不投保附加试车风险，保险人不承担因试车造成的损失。但试车期内因非试车的原因造成的损失，保险人仍然应该按照物质损失部分保险责任的约定负责赔偿。

在二手设备的安装工程中，因为设备已经无法保证处于完好状态，试车损失原因除了上述之外，还可能有以前使用的磨损或其他内在缺陷方面的因素，设备的制造商或供应商已经不可能再保证设备的完好性，所以保险人在任何情况下也不承担二手设备的试车期风险。

（2）在保证期内，工程本身的风险已经完全转移到工程业主手中，承包人已经不承担风险，但是承包人在履行工程承包合同规定的保证期义务过程中，有可能造成工程的损坏，这种责任仍然由承包人负责，即承包人仍然具有特定的保险利益。在工程保证期内承包人的责任来自于两个方面，一是在保证期内在履行工程合同规定的保证期义务过程中造成的工程本身的损坏；二是因为工程移交前的原因造成的工程本身在保证期内的损坏部分。保险人在承保上有两种方式，一是把前一种原因作为承保风险，二是把两部分原因都作为承保风险。

只负责承包人在保证期内在履行工程合同规定的保证期义务过程中造成的工程本身的损坏的保证期责任为有限责任保证期；两者都负责的为扩大责任保证期。按照FIDIC合同要求，需要承包人投保扩大责任保证期。

2.2.5 保险费率及保险费计算

1. 保险费率

从理论上讲，建筑工程险的保险费率主要受两种危险成分的影响：一是能反映工程技术方面的危险成分，如桥梁的跨度，建筑物的地下建筑及其超高建筑，此类危险不受时间，即工程期长短影响；二是可变的危险成分，这种危险与保险工程暴露于风险的时间长短有关，如火灾、爆炸自然灾害等。如果保险工程处于上述危险时间较长，则要提高费率。

（1）保险人厘定费率的原则包括：公平合理原则、充分原则、促进防灾防损原则。

（2）保险人确定费率的因素

保险人通常根据下列因素确定：风险性质（气候影响和地质构造数据如地震、洪水或水灾等）；工程本身的危险程度，工程的性质及建筑高度，工程的技术特征及所用的材料，工程的建造方法等；工地及邻近地区的自然地理条件，有无特别危险存在；巨灾的可能性，最大可能损失程度及工地现场管理和安全条件；工期（包括试车期）的长短及施工季节，保证期长短及其责任大小；承包人及其他与工程有直接关系的各方的资信、技术水平及经验；同类工程及以往的损失记录；免赔额的高低及特种危险的赔偿限额。

2. 保险费计算

工程保险的保险费计算与其他保险一样，都是基于两个最重要的因素——保险金额与费率的确定，进一步说，主要是由暴露在危险中的价值和所承保财产的危险程度的确定。

物质损失保险是工程保险的核心部分，其对应的保险费计算原则与财产保险一样，保险费等于保险金额与保险费率的乘积，但在涉及到不同的项目有分项保险金额时，要将分项保险金额适用不同的费率。

(1) 建筑工程项目

建筑工程项目的保险价值应该是相应的工程造价，在工程开始应该是用承包合同价加上业主自备材料的购置价作为暂时的保险价值，等工程完工后按工程决算价进行调整。建筑工程项目的费率按保险公司制定的费率表中相应类别的费率，考虑必要的影响因素后确定，确定的费率为工期费率。有些大型工程项目往往由风险不同的小项目组成，因此还需要先分别计算费率，然后计算出平均费率。

(2) 安装工程项目

安装工程项目保险费计算方式与建筑项目类似，但是要用安装工程项目部分的保险金额适用对应于安装工程项目的费率。试车期的承保与否对安装项目部分的费率有直接影响，如果安装工程项目与建筑工程项目属于一个整体，加保的试车期对建筑工程项目部分也会有影响。试车期的费率也是工期费率。

(3) 施工机具

从工程保险的角度来说，施工机具的保险价值按工地重置价值确定，即一般重置价值加上运至工地的费用。施工机具的费率按机具的不同类别分别确定，分别计算保险费，费率表的规定为年度费率。一般不与总的平均一次性费率混在一起。

对于在工地短期使用的特殊机具，也可以采用短期费率。

(4) 工地内原有财产

如果投保人、被保险人在物质损失项下投保工地内原有财产时，一般对该类项目采用单独的分项限额，其保险价值也应该按投保时的重置价值确定。工地内原有财产的年度承保费率应该高于财产一切险，因为施工过程对这些财产是有威胁的，而且在承保的此类财产因承包人的原因发生损失时，即使没有附加交叉责任条款，保险人也不可能实施对承包人追偿，其损失风险要明显高于一般的财产一切险，保险人将视其危险程度确定其费率。

(5) 附加费用

一般来说，工程保险中的费用，如残骸清理费、专业费用等都是按第一危险方式承保。在收取保险费上有两种方式，一是将这些附加承保的费用限额在保险单明细表中分项列明，计算单独保险费；二是将附加承保一定的费用限额作为承保条件，只在考虑物质损失部分的费率时予以体现。国内保险市场目前使用的是前一种方式。

如果单独计算附加费用保险费，确定费率保险人将考虑到工程的特性和限额的高低。对容易发生费用"全损"的某些工程或费用赔偿限额较低时，费率要高一些，甚至会大大高于物质损失部分的费率。

其他附加条款的加保收费方式与此基本类似。

（6）第三者责任险的保险费计算

第三者责任险的承保可以使用不同的赔偿限额。在使用累计赔偿限额时，应该用累计赔偿限额作为计算保险费的基础，再乘以对应的保险费率；在使用每次事故赔偿限额时，只能以此限额作为计算保险费的基础，再乘以对应的保险费率，其费率随限额不同而不同。

2.2.6 风险评估

工程保险的风险评估是保险人确定承保条件、厘定合适费率的基础，对于大型项目，它也是再保险安排的必备材料。对于简单工程来说，投保人如实填写保险人提供的风险调查表就可以满足风险评估要求，因为保险人针对不同的项目会给出不同的、有针对性的调查表。《保险法》第16条规定，投保人的告知义务是如实回答保险人的有关问询，而不是要求投保人主动告知，所以要求投保人如实填写调查表是非常必要的。对于比较复杂的项目，保险人需要在投保人的配合下对风险进行评估，评估可以由保险人自己的专业人员做出，也可以委托专门的机构做出。

保险公司是经营风险的专业公司，但具体到一个项目，只有项目所有人或承包人才是最了解项目情况的，诸如工地的位置、地势及周围环境，安装机器设备情况，工地的管理状况及安全保卫措施，施工队伍的施工经验等等。因此，保险人可以把在承保时希望了解项目风险情况的愿望通过编制调查表并要求投保人在承保前进行回答来满足，并以此作为进行风险评估的依据。

在要求被保险人填写风险情况调查表时，应提醒被保险人如实填写。这样做，第一，对保险公司依据专业经验对项目风险进行正确评估，正确确定承保条件十分关键；第二，对于保险公司从风险减免的角度，为客户提供有针对性的防灾防损意见也是必要的；第三，符合《保险法》中关于投保人履行如实告知的规定。

鉴于投保单与风险情况调查表中部分内容有重叠，为避免被保险人和保险人双方不必要的重复工作，保险人常将工程保险的两份表格合二为一，作为一份文件由投保人、被保险人填写。

保险人给投保人，被保险人提供的工程保险风险情况调查表及投保单就是为了进行风险评估设计的。建筑工程中的安装项目也可以使用安装工程的情况调查表，或将有关问题增加到建筑工程险的调查表中。

根据工程保险风险情况调查表及现场查勘记录，保险人对承保工程的风险状况逐一做出识别和评估。一般按三方面进行归纳：一是主观风险，如各被保险人的经验、经济实力及其雇员的专业训练等；二是客观风险，如主体工程设计标准分类、建造方法、用料、施工进度及合同价格；三是环境风险，如地形、气象、水文、地质、邻近的建筑物及第三者责任等，并找出最大风险及发生时期即所谓"关键时期"。

为保证费率等条件恰当且合理，保险人应主动进行项目风险评估工作并写出书面的风险评估报告。报告内容应包括如下内容：(1)被保险人的历史、经验及资信情况；(2)工程名称和地点的描述，人文情况的判断；(3)工程本身的危险程度；(4)工地及临近地区的自然地理条件的描述；(5)工地内现有建筑物或其他财产及其位置、状况等；(6)被保险人对第三者责任风险的要求及工地周围情况和可能发生的危险程度；(7)储存物资的库场位置及运输距离、方式；(8)发生巨灾的可能性；(9)施工季节、工期、试车期长短及保证期责任；(10)安装机器设备的状况，供货商技术力量及资信情况；(11)同类工程以往的损失记录；(12)免赔额的高低及特种危险的赔偿限额；(13)危险单位划分及最大可能损失；(14)工程合同列明的分项金额、工程设计书、工程施工安排、地质报告、工程略图及危险单位划分图；(15)对工程风险的总体评估。

综合分析上述风险情况，对工程的风险做出总体论述，保险人才可决定承保与否以及采取何种形式、条款、批单、费率等条件予以承保。

2.2.7 工程保险的一般事项

工程保险的承保、理赔和批改手续与其他险种有较多相似之处，以下仅将基本流程做一简述。

1. 承保

基本的承保过程如下：

(1) 提交投保申请文件；

(2) 提供必要的材料，包括工程合同、工程量清单、工程设计文件、工程进度表、工程地质报告、工程施工组织设计等；

(3) 协商保险人制定的承保方案；

(4) 签订保险合同并交纳保险费。

2. 理赔

一般情况下，在工程保险理赔中涉及被保险人需完成的工作有：

(1) 出险报案；

(2) 提供保险人所需的材料和证明；

(3) 提出索赔要求，并就损失核定提出意见；

(4) 收取赔款并出具收据。

2.3 安装工程保险

安装工程是指以设备安装为主的工程。安装工程保险承保的对象是机械设备的安装，包括成套设备、生产线、大型机械装置，如发电机组、各种钢结构构造物、管道安装等工程。安装工程的承包合同类型与建筑工程类似，有一般的安装合同，即把工程所有人购买的设备进行安装就位；有包括设计、制造、安装、调试在内的一揽子总承包合同或者交钥匙工程合同。从另一方面说，安装工程有在原来设备或其他生产系统基础上的改建、扩建，也有独立的成套设备安装。

安装工程在很多方面与建筑工程是相同的，包括工程各个当事人之间的关系，工程组织步骤，以及标准合同条件(FIDIC合同也有适用于设备安装的版本)等。对于安装工程保险来说，主要承保的是安装过程的风险，安装工程开工之前已经存在的风险应该排除在外，其他很多要素的考虑与建筑工程保险类似。

如果总承包合同的承包人要求从制造过程开始投保，则保险人将充分考虑制造期间的风险，把制造过程视为独立的工程处理，包括承保条件的确定和保险费率的厘定，然后采用一揽子保险单的方式承保，承保条件要充分考虑工程承包合同的要求。即使承保了制造过程的风险，也并不意味着可以包括产品责任风险和设计责任风险。

2.3.1 安装工程保险与建筑工程保险的区别

建筑工程险适用于基建工程，使用的材料简单，工程项目费用主要是劳动力支出及施工机具的使用；而安装工程险适用于机电设备的安装、调试、试运行，工程项目费用是设备供应。安装工程保险与建筑工程一切险有着重要的区别。

1. 建筑工程险的标的从开工以后逐步增加，保险额也逐步提高，而安装工程一切险的保险标的一开始就存放于工地，保险公司一开始就承担着全部货价的风险。在机器安装好之后，试车、考核所带来的危险以及在试车过程中发生机器损坏的危险是相当大的，这些危险在建筑工程险部分是没有的。

2. 在一般情况下，自然灾害造成建筑工程一切险的保险标的损失的可能性较大，而安装工程一切险的保险标的多数是在建筑物内安装设备（石化、桥梁、钢结构建筑物等除外），受自然灾害（洪水、台风、暴雨等）损失的可能性较小，人为事故造成损失的可能性较大，这就要督促被保险人加强现场安全操作管理，严格执行安全操作规程。

3. 安装工程在交接前必须经过试车考核，而在试车期内，任何潜在的因素都可能造成损失，损失率要占安装工期内的总损失的一半以上。由于风险集中，安装工程一切险的试车期的保险费率通常占整个工期的保费的 1/3 左右，而且保险人对旧机器设备不承担赔偿责任。

2.3.2 安装工程合同对保险的要求

安装工程合同的分类与前面介绍的建设工程合同类似，安装工程也有很多的标准合同，并且对保险的安排做出了明确规定，此处我们仍然以 FIDIC 合同为例，介绍 FIDIC 电气及机械安装合同（1980 第二版）与保险有关的条款。

1. 工程的保险。除非业主书面同意其他的安排，承包人必需以业主与承包人共同的名义将工程每一部分以合同价或与业主商定的价值安排可以实现的保险，保险责任应该包括除外风险以外的所有原因，保险责任期从设备装运或成为业主所有的财产之日的较早者开始，直到工程移交为止。承包人还应该对自己在缺陷责任期和完工后执行试车时造成的工程损失责任和移交证书签发前的原因造成的该期间工程损失的风险安排限额不低于标书或合同规定的相应的最低金额。

以上保险安排的保险人和保险条件必须经由业主同意（业主无正当理由不能拒绝同意），并且随时应监理工程师要求出示保险单以及保险费收据或其他监理工程师认可能证明保险生效的文件。在上述任何保险单下收到的赔款必需用于恢复工程损失、替换受损的工程设备等，但该规定并不影响承包人根据本合同应承担的责任。

2. 第三者责任保险。与土木工程合同条件类似。投保的赔偿限额应该满足标书或合同的具体要求。

3. 工伤及雇主责任保险。与土木工程合同条件类似。

4. 未能安排保险的补救。与土木工程合同条件类似。如果承包人未能安排上述保险，业主可以自己安排，并向承包人追索保险或者在合同总价中扣除相当于保险费的金额。

2.3.3 安装工程的保险期限及保险责任

1. 施工工期

安装工程的施工工期与建筑工程的施工工期一样，都是工程合同规定的，包括按照合同规定调整后的施工工期，即用于安装、调试（含试车）工程设备的时间期间。施工工期在安装工程保险中，也是保险期限的核心。保险条款中关于施工工期的规定与建筑工程保险相同。

对于安装工程保险来说，还应该注意以下问题：(1)施工工期的实际开始是工程设备运抵工地之日起，对于扩建工程自承包人进入工地开始作必要的扩建准备之日起，两种情况，以先发生者为准。(2)施工工期的结束以承包人完成工程合同规定的安装、调试义务后，将工程移交给业主（以验收证书为准）之日止。对于承包人不承担设备调试责任的，自调试开始时止。(3)对于新设备来说，设备的调试、试车，包括联动试车，均属于施工过程，只有在满足工程合同规定的试车要求，包括时间要求后，承包人才可能进行移交，所以试车期属于施工工期，对于遭受毁损的已完成部分的再试车。(4)在没有签发移交证书以前，如果工程业主对已安装好的部分工程实施了实际的占有、使用或控制——即使这种占有、使用或控制与工程设计用途不一致，则对于该部分的施工工期自这种占有、使用或控制之日起实际终止。

保险人在施工工期内按照条款规定负责因自然灾害和意外事故造成的工程的损失。保险条款中对于安装工程保险责任的描述与建筑工程保险相同。

在有些情况下，对于大型的成套进口设备，需要在工地以外进行必要的装配或调整，这种装配或调整一般由业主或总承包人委托给独立的加工单位进行。进口或采购设备运抵委托加工现场时，运输保险的责任即告终止，即使运输保险是负责至工地的，在加工现场停留期间也是不予负责的。此时，投保人往往要求投保特殊委托合同中规定委托人承担的风险。在这种情况下，保险人可以以特别约定的方式承保在委托加工现场内因自然灾害、火灾、爆炸、飞行物体坠落、水管爆裂、碰撞引起的损失，但是一般不接受一切险的承保方式。

2. 保证期

保证期，或者称为缺陷责任期，是在工程设备调试、试车完成并移交给业主后，承包人仍然承担缺陷矫正义务的时间期间，一般承包合同都有明确规定。保证期内的承包人义务在工程合同内有明确的规定。就安装工程本身来说，保证期内工程除业主外各关系方的义务主要有以下三种：

(1) 设备制造商的保证义务。设备制造商（包括供应商）对于自己制造、供应的设备无论是按照有关法律规定还是供应合同规定，都有保证设备质量，包括品质、性能、安全等方面符合国家标准或合同约定的义务，这种保证的基础是制造商的制造过程或供应商以克尽职责的方式选择进口设备的过程。违反这种保证义务时，制造商要承担责任；对于进口设备，供应商承担责任。应该注意的是，这种保证的时间期间与工程施工保证的时间期间有重叠，但不同的合同有不同的描述，保险人承保的责任不一定完全相同。

(2) 工程设计人的保证义务。工程设计人对于自己设计的工程有保证其符合委托人设计要求的义务，当然也有保证工程的设计符合性能、安全的要求。与制造商的义务类似，违反义务就要承担相应的责任，而且这种保证的时间期间与工程施工保证的时间期间也有重叠。

　　（3）工程承包人的保修义务。工程承包人在保修期内的义务一般是继续完成未完的附属工程，承包人保证期义务的基础是自己在施工工期内的施工行为，所以，对于因移交证书签发前的原因造成的保证期内的损失承担责任。对于保修期内自己的行为造成的工程的损失当然也要承担责任。

　　对于采用总承包方式承包的安装工程，总承包人往往集设计、设备制造、安装调试于一身，这三种义务当然是由总承包人一方承担，但是从安装工程保险的角度来说，需要将这三种义务加以区分，因为安装工程保险承保的是施工过程，不包括设备制造过程和设计过程，只能负责上述第(3)条中的保证期责任。保险人在保证期内的责任与施工期间是完全不同的，仅仅负责承包人在履行保修义务(缺陷矫正义务)时造成的对工程的损坏，或者另外再包括由于完工前的原因造成的工程在保证期内的损坏，而没有其他责任。

　　保证期有时需要按照工程合同的规定加以扩展，所以投保人往往提出扩展保险保证期的要求。市场可以见到的一种安装工程一切险中关于缺陷责任期的特别规定，现介绍如下：

　　1) 业主方在保险单第一部分（注：指物质损失保险部分）项下就被保险财产的受益在保险期间有全部效力，该效力延至被保险工程的最后验收时终止。

　　2) 从被保险工程任何一部分的移交证书签发之日起，承包人在该部分就永久工程及永久设备下的受益以下列规定为限：在缺陷责任期开始前的被保险工程工地内的原因造成的损失；由承包人在按照合同规定履行缺陷矫的义正或进行未完工程的过程中引起的损失。尽管已有上述规定，保险单在缺陷责任期内进行的未完工程的物质损失方面具有全部效力。

　　3) 当在缺陷责任期内任何构成永久设备一部分的被保险财产被替换或更新时，上述第2)条描述的保险责任将从这种替换或更新之日起保持12个月或按原缺陷责任期的规定终止，以较长者为准。合同各方进一步同意，这种替换或更新部分的缺陷责任期将因缺陷或损坏停用而顺延。如果只是工程的一部分受到影响，这种顺延仅适用于受影响部分。

　　该条款包括了三层含义，一是规定了物质损失保险期间的终止和缺陷矫正期的开始，保险责任也与之对应；二是明确了缺陷责任期是扩大责任保证期(见有关附加条款)；三是对于替换和更新的工程设备的缺陷责任期作出了延长的规定。

　　3. 安装工程保险的试车期与试生产

　　试车是安装工程项目的显著特点，但有时试车与试生产很难区分。即使对于试车而言，不同性质的工程、不同条件的承包合同也有不同的要求。保险人承保的试车期风险是不包括试生产的，即使对于承包合同规定的在工程移交之前的试生产风险也不是保险人在工程保险下承保的风险。

　　实际上试车与试生产还是有区别的。试车，包括联动试车或投料试车是对安装过程的检验；试生产是试车成功后对工程项目的产量、效率能否达到设计要求或设计目的的检验，是对工程设备性能、容量、效率、匹配情况等生产设备设计方面的检验。前者是可以在工程保险单下承保的试车，后者是设计人或成套设备供应商的保证范围，两种过程执行的目的不同。一般试车是在移交证书签发之前进行，试生产是在移交后进行，即两种过程执行的时间期间不同。即使承包人负责生产调试、直至生产设备达到设计要求，但承包人不承担设备达不到设计要求的风险。对于成套设备供应商来说，承担的风险可能包括设计、制造、安装、生产调试全过程，最后符合生产要求后移交工程，此时试车与试生产的界定相对比较困难，所以在保险单明细表中规定明确、具体的试车期是一个比较好的做法。尽管承担设计、生产的义务，但成套设备供应商的设计、产品责任仍然不属于安装工程承保的范围。

4. 安装工程保险的除外责任

安装工程保险的除外责任与建筑工程保险基本相同。在建筑工程保险中对于原材料缺陷予以除外，在安装工程保险中，不仅将原材料缺陷除外，还把铸造缺陷也予以除外。两者的出发点是完全相同的，即施工开始之前的原因造成的损失不予承保。另外就是设计因素，设计因素在工程保险中有一定的特殊性，我们将在下一节单独讨论。

旧设备（二手设备）在安装好以后，保险责任即行终止。在此不能简单地把试车期内的损失均予以除外，予以除外的仅仅是因（旧设备的）试车引起的损失。对于旧设备试车期内因非试车原因造成的损失，属于保险责任的，保险人仍然负责赔偿，即保险人对于物质损失部分的保险责任即使是安装旧设备时，也要到签发移交证书或承包合同规定的其他方式移交时终止，仅仅对因试车的原因造成的损失予以除外，而不是对发生在试车期的损失予以除外。

2.3.4 工程设计风险

安装工程中的设计与建筑工程是有一定区别的。在建筑工程中，承包人是严格按照业主提供的设计进行施工的，将设计与施工打包在一起进行招投标的做法非常少见，一般承包人不承担设计责任和设计风险。在安装工程中，不仅将设计、建造与施工打包在一起进行招投标的做法经常使用，就是在进行常规安装时，承包人也经常需要进行安装设计。按照 FIDIC 合同的规定，对于业主提供的设计除事先书面声明外，承包人也要承担设计缺陷引起的责任。因此，安装工程的承包人一般是要承担安装设计的责任和风险的。

在建筑工程一切险主条款中，设计错误引起的损失和费用是除外的，安装工程一切险主条款中规定，保险人对因设计错误、铸造或原材料缺陷或工艺不善引起的保险财产本身的损失以及为换置、修理或矫正这些缺点错误所支付的费用不负责赔偿。因此，安装工程一切险包括了部分的设计责任。

建筑施工是用原始的建筑材料建造一个建筑物，施工的过程就是一个制造的过程；而安装工程是把相当规模的、已经制造好的设备安装起来，是一个成套设备制造的装配过程，不是制造过程，所以制造过程的风险不予承担。铸造或原材料缺陷、工艺不善的风险在建筑工程保险中也属于供应商风险，属于质量不好应该给予更换的范围，但产品责任险的风险仍然有一部分被包括进来，即对于无缺陷的设备被有缺陷的设备导致的意外事故损坏后是要负责的，这属于产品责任保险的性质，保险人可以向制造商追偿。

建筑工程保险除外责任中，错误设计引起的费用可以认为包括必然损失和意外损失两部分。必然损失可能包括设计的建筑物结构不合用途导致使用效率低、外形与环境不和谐导致市场价值降低、不符合有关政府部门的安全消防要求而需要另行改造等；意外损失包括由于用料计算失误造成结构断裂或变形等。必然损失在工程保险中是绝对除外的,也不可能扩展承保,这实际上是属于设计师职业责任的范畴;意外损失可以导致非错误部分的损坏,对于这部分损失可以通过加费,附加设计师风险条款来扩展承保,但仅限于承包人在承包的工程项目中,按合同规定有设计的义务并且有相应的设计资格,相当于承包人在设计师职业责任下的一小部分被扩展进来;在扩展时应注意错误部分和非错误部分应该能明确区分开来;注意地基或其他支撑点设计缺陷或造成建筑主体受损是不应被包括在扩展范围之内的,因为这应该归结于必然损失,而且也无法把错误设计部分与其他分开;对于业主单独委托独立设计单位进行设计时,该部分的扩展要受到严格的限制,一般不予扩展或者要允许保险人向设计人追偿;无论是扩展承包人的设计责任或是放弃对他们的追偿权,都必须有明显的保险费附加,因为职业责任的保险费是比较昂贵的。

从国外保险市场的情况来看,对错误设计风险,保险人是可以根据投保人的要求进行扩展的。最流行的错误设计风险条款可以分为五种,有的是将错误设计风险全部予以除外;有的基本全部承保设计风险,只将设计改进和商业风险(commercial risks)予以除外;其中的一条类似于中国人民保险公司使用的安装工程一切险条款对错误设计风险的处理。所有不同程度的扩展都是以发生物质性财产损失为前提的,也就是错误设计引起的任何后果损失在任何情况下,保险人都不予以承保。

2.3.5 安装工程保险承保与理赔注意事项

1. 安装工程风险的评估

安装工程风险评估的原则与建筑工程基本相同,因承包人要承担设计风险,所以需要注意承包人的设计资质。安装工程保险与建筑工程保险类似,其风险评估的方法及风险评估报告的内容格式在此不再赘述。

2. 确认被保险人及保险标的

对于确认被保险人的组成方面与建筑工程保险基本类似。应该注意,如果投保人要求将设备供应商或制造商列入被保险人之一,将可能使保险人丧失可能的追偿机会,所以要有明显的费率增加。即使需要增加他们作为共同的被保险人,保险人也只能接受设备供应商或制造商在安装工程工地的指导、调试、测试等行为作为安装工程保险的内容,对于设备运抵工地之前的任何行为均不予承保。

保险标的的确认,比建筑工程保险更明确。但在安装工程保险中,有时投保人要求将工程设计也列入其中,保险人一般不同意承保此类风险,否则对于应该由设计师职业责任承保的内容就会被包括进来,扩大了保险人的风险。

对于扩建工程中的原有设备应该是按照物质损失方式投保,这是因为新安装的设备将与原有的设备进行联动试车。对于试车涉及不到的工地内原有财产以及其他很多方面的考虑与建筑工程保险是一样的,可以参阅建筑工程保险的有关内容。

3. 理赔中应注意的问题

安装工程也有工程量的度量和定额标准,所以关于恢复损失的工时费可以采用与建筑工程保险理赔相同的考虑方式。对于安装工程保险来说,特殊性在于工程设备的修复或更换。对于设备的修复来说,比较简单。对于设备的更换来说有时会比较复杂,因为大型工程的安装周期相对比较长,而有些设备的更新换代又比较快,有时会出现损坏的设备需要更换时市场上已经没有同型号的设备供应，只有更先进一步的类似设备，此时可能被保险人就要使用更先进的设备。如果新设备的价格高于原来设备的价格，保险人只能按照原来的价格赔付，再另外赔付工时等费用。但问题往往并不是完全如此。随着科技的不断进步，新型设备的生产能力、容量、效率虽然提高，但价格可能还要低于原来的旧型号的设备，此时即使保险人按较低的价格赔付后，被保险人仍然会因为遭受保险损失而受益，所以，在这种情况下，被保险人仍然要自行承担性能改进部分的费用。安装工程一切险条款中有关赔偿处理的规定如下：

对保险财产遭受的损失，保险人可选择以支付赔款或以修复、重置受损项目的方式予以赔偿，但对保险财产在修复或重置过程中发生的任何变更、性能增加或改进所产生的额外费用，保险人不负责赔偿。

第三章 保证保险

3.1 保证保险概述

3.1.1 保证保险定义

保证保险的保险人为被保证人(或投保人、被保险人)向权利人提供担保,如果由于被保证人的作为或不作为致使权利人遭受经济损失,保险人负赔偿责任。

保证保险承保投保人的义务事项,主要是还款、提供劳务或商品及其质量,也可以是其他事项。保证保险一般采取出立担保函的形式办理,内容相对简单,与一般财产保险的保险单差别很大。但是,也有一些保证保险的险种,条款同样规定责任范围、责任免除、责任限额、保险费、赔偿处理、投保人或被保险人义务等等,与一般财产保险类似。

3.1.2 保证保险的性质

关于保证保险的本质,国内的争议比较大,主要有两种说法:有人认为保证保险就是一种担保;也有人认为保证保险应当是一种保险,而不是担保。正是由于理论上存在这样的争议,造成了上面提到的保证保险形式上的差别。

由于我国立法在这个问题上存在滞后,要完全在实务上明确保证保险的性质,还需等待立法的完善。

根据目前的实践,各种保函类保证和司法保证一般采用担保函的形式,这些业务更多地属于担保的性质。而其他的保证保险,包括个人消费信贷保证保险、产品质量保证保险、投资保险等等,均采用标准保险单的形式办理,这些业务具备保险的所有特征。

3.1.3 保证保险的特点

保证保险属于广义的财产保险,但是和一般的财产保险相比有如下特征:

1. 保证保险的当事人涉及三方:保证人,即保险人;被保证人,即义务人;权利人,即受益人。而一般的财产保险合同的当事人只有保险人和投保人两方。

2. 保证保险中保险人给予权利人的赔偿,被保险人有偿还保险人的义务;而一般保险的被保险人并没有任何返还赔款的责任。就是说,在保证保险中,由于保证事故的发生导致保险人对权利人的赔偿,保险人有权利兑现反担保权,被保证人有义务返还;而在一般财产保险中,保险人对被保险人没有索赔权和追偿权,而被保险人也不用向保险人提供反担保。

3. 保证保险合同是保险人对另一方的债务偿付、违约或失误承担赔偿责任的附属性合同。这种承诺是在保证保险合同所规定的履约条件已具备，而被保险人不履行合同义务的条件下，保险人才履行赔偿责任。

4. 保险人必须严格审查被保险人的资信。保险人只有严格审查被保险人的财力、资信、声誉的好坏及已往的交易历史等等，才能决定是否承保被保险人的信用。

5. 保证保险实际上没有发生实质性的风险转移。保证保险的经营基础与一般保险完全不同，不是基于大数法则承保客观存在的风险，并以收取的保险费应付承保风险发生所造成的损失。保证保险的本质是担保业务，实际上是基于无赔款基础上的，因此保证保险的保险费实际上是一种手续费，是以保险公司的名义提供担保而获取的报酬。

3.2 建设工程保证

在国际建筑市场上，广泛采用保证的形式进行工程管理，通过经济手段规范市场主体的行为规范，保证工程各个参与方的合法权益。从招投标、履行工程合同到工程竣工后，每一阶段都可以通过保证函来进行管理。

3.2.1 履约保证（函）

履约保证函，一般又称合同履约保证。对投资方或业主保证，承包商将履行合同的一切条款，按时、按质、按量地完成承包工程。一旦承包商违约，担保人就要代为履约或赔偿。

3.2.2 投标保证（函）

在现代建筑市场上，大多数的合同都是通过投标过程签订的。工程一般由投标中出价最低，而又有足够经验和财力可以胜任的建筑单位。中标人必须在规定的时间内签订建筑合同，并提供履约保证书和支付保证书。投标保证函担保中标者将签约，如果中标人不签订合同，所造成的损失由保险人负责。为使投保过程得到改善，所有希望投标的公司都要提供投保保证书，一般保险公司仅向那些拥有足够财力和经验可以胜任的公司出具保证书。

国外没有建筑企业资格审查，市场准入把关是通过保证担保人对投标人严格的资格审查来完成。投标保证函的担保人一般还将提供投资方或业主所要求的履约担保和预付款担保。

3.2.3 预付款保证（函）

预付款保证函。在建筑或其他工程中，投资方或业主一般按工程进展的不同阶段，逐笔向承包商支付工程的预付款。为了防范承包商收取预付款而不履行义务，投资方或业主在支付预付款前，会要求承包商提交预付款担保书，如承包商出现违约（如未按时进场），则由担保人向业主赔偿由此而造成的损失。

3.2.4 维修保证(函)

我国《建筑法》第六十二条规定:"建筑工程实行质量保修制度。建筑工程的保修范围应当包括地基基础工程、主体结构工程、屋面防水工程和其他土建工程,以及电气管线、上下水管线的安装工程,供热、供冷系统工程等项目;保修的期限应当按照保证建筑物合理寿命年限内正常使用,维护使用者合法权益的原则确定"。而国务院的有关行政规定更具体地规定了,不同类型工程具体的质量保修范围和最低的保修期限。

维修保证函就是保证投资方或业主的工程质量的,若投资方或业主在工程保修期限内发现应由承包商承担的维修责任,而承包商无力承担或拒绝履行义务时,由出具保证书的担保公司负责向投资方或业主赔偿损失。

3.3 建筑工程质量保证保险

3.3.1 建筑工程质量保险定义

建筑工程质量保险是承保建筑工程在维修保证期结束后,一段时间内仍然存在潜在缺陷的风险的保险。

国外建筑工程质量保险一般称为 Inherent Defect Insurance(简称 IDI,直译为潜在缺陷保险),由于其保险责任期限通常结束于建筑物竣工后 10 年,也有翻译为十年责任保险的。

3.3.2 建筑工程质量保险的发展

法国是最早实行建筑工程质量保险制度的国家,1804 年拿破仑法典规定,建筑师和设计师必须在建筑完工 10 年内负有对房屋结构缺陷做修正的严格责任。在 10 年保证期后,除非能证明建筑师或设计师有欺诈行为,否则建筑所有者本人将对建筑负完全的责任。法国后来对原有法典在很多方面进行了修订,按照现在的法律开发商、承包商、部件生产商都要对房屋质量问题负连带责任。

1978 年制订了《斯比那塔法》对拿破仑法典进行了修订。该法规定 10 年期的潜在缺陷保险为强制性保险,业主或建筑建造商必须投保。《法国民法典》第 2270 条规定:"建筑人及承揽人,经过十年后,即免除其对于建筑或指导的巨大工程担保的义务"。法国《建筑职责与保险法》进一步规定:凡涉及工程建设活动的所有单位,包括业主、设计商、承包商、专业分包商、建筑产品制造商、质量监理公司等,均须向保险公司进行投保。《建筑职责与保险法》还规定,工程项目竣工后,承包商应对该项工程的主体部分,在十年内承担缺陷保证责任;对建筑设备在两年内承担功能保证责任。

法国成功实施此保险制度后,意大利、芬兰、澳大利亚、日本、美国、加拿大的部分州、省等西方发达国家纷纷效仿,立法强制投保该保险。这些国家通过引入此保险,使保险人承担责任,并通过派出或委托专业技术人员复查工程质量,以达到控制风险的目的。从 1978 年起法国立法强制实行保险制度后,法国一直是该保险最大的市场,每年保险费约为 7 亿欧元。其他国家的立法大多只强制要求部分工程投保,如在西班牙强制投保的范围是公用建筑物和居住用房,在芬兰强制投保的范围仅是住宅。

中国人民保险公司 2002 年 10 月 29 日开办的《住宅质量保证保险条款》,是我国最早开办相关保险产品,承保通过 A 级住宅性能认定的住宅。目前建设部正在积极推动新的保险产品开发,在全国更大的范围内实行建筑工程质量保险制度,2004 年开始进行试点工作。可以预见在不久的将来,我国将全面实行工程质量保险制度,建筑业的管理模式将发生重大变革,人民生命财产的安全将更有保证。

3.3.3 建筑工程质量保险主要条件

1. 保险责任:若建筑物主体结构因为设计、施工、材料存在潜在的缺陷,造成建筑物在使用过程中(限于竣工后 10 年内)损毁或危及安全使用,建设者应承担的修复或赔偿的责任,保险人负责赔偿。包括建筑物发生倒塌、超过规范许可范围的澄江、倾斜、变形、裂缝等实质性损坏,或者建筑物面临倒塌的危险需要采取补救措施。

保险人负责赔偿建筑物的修理、加固或重置费用,以及拆除破损财产、清理残骸的费用、合理的法律费用和专业咨询费用。

2. 除外责任:保险人对一些原因造成的损失不负责赔偿,主要包括:非结构性工程、设备、装置或室外工程发生缺陷;取得保险人认可而改变建筑物的结构;不正常使用、维修、荷载超过设计规定,改变建筑物使用用途;自然灾害、战争或其他建筑物不能抵御的外力造成损失,包括非由建筑物缺陷造成的沉降、滑坡、塌陷或崩塌等;在工程维修保证期内发生的缺陷;被保险人没有合理地修理、加固建筑物或其他故意行为、欺诈行为造成的损失,等等。

3. 保险期限:工程的业主应当在工程开工前就向保险人提出投保的要求,因为保险人委托的工程质量检查机构从工程的一开始就要介入,进行风险控制。但是保险责任的开始需要 3 个条件,一是交纳了保险费,二是工程已经竣工验收满一年,三是保险人受到了工程质量检查机构提供的最终评估报告。保险责任终止于工程竣工验收满十年时止。

4. 保险金额:在投保的时候先按照工程概算的价格作为预计保险金额,在工程结束时再按照工程决算的总造价作为最终的实际保险金额。由于工程造价受物价指数的影响比较大,如果发生通货膨胀,很可能发生损失的时候,工程概算或决算的价格已经低于工程实际的造价。保险双方可以在合同中约定通货膨胀指数,每年按照一定比例调高保险金额。如果发现建筑物存在缺陷的时候,保险财产的重置价值高于保险金额,保险人只能按照重置价值和保险金额的比例进行赔偿。

5. 保险费:建筑质量保险的保险费为保险金额与保险费率的乘积。一般民用建筑应视风险状况和保障程度的不同,费率水平大约在 0.4%~0.8%左右。投保时保险人首先按照预计保险金额乘以费率的 20%收取预付保险费。当工程竣工并通过验收,保险人受到工程质量检查机构签发的最终验收报告后,保险人按照最终的实际保险金额乘以费率计算应收取的实际保险费,投保人需交纳的最终保险费为实际保险费扣除预付保险费的金额。

3.3.4 工程质量检查机构

风险评估是保险公司承保建筑工程质量保险的前提,但保险公司缺乏工程技术方面的专家，因此在工程质量保险引入后，保险公司就更需要一个工程技术专业机构为保险提供风险评估报告，进行风险控制。实际上，中立的、专业化的、高水平的工程检验机构是建筑工程质量保险制度的核心。因此，这一险种主要由业主投保，保险人通过工程质量检查机构验收后，在充分了解了工程情况的基础上承保该保险。

工程质量检查机构由被保险出资聘请，但需要保险人认可。该机构负责对工程方案、设计、质量报告、与工程相关的其他问题进行审核，以及对工程本身进行检查，其主要作用是预防设计（包括方案设计和施工图设计）、施工过程中的技术风险，把建筑工程设计和建造过程中的风险降低到最小。

工程质量检查机构的专业人员按照规范要求和合同约定进行风险控制，在工程各阶段均要写出检查报告，把检查意见列出后，通过业主转发给有关方，有关方可以按检查报告的意见改也可以不改，但不改的结果是若出了问题责任由有关方负责。在最终验收前，工程质量检查控制机构要发出从施工开始到完工的整个情况写出总结报告，对所有改正项目及其效果要列出，对没有改正的也要列出，并指出存在风险，是否需要进一步全面检测等。建筑工程完工验收一年后仍有一次检查，检查所有提出的问题是否都已解决，是否还有新的问题出现等，并写出检查报告交给业主和保险公司。

3.3.5 建筑工程质量保险对我国的意义

在我国，《建筑法》规定了建设单位、施工单位、设计勘察单位、监理单位的责任，对损害赔偿不再有限额的规定，有关责任单位的义务、风险进一步加大，工程建设当事人如果不通过工程担保或保险分散、转移风险，一旦发生违约或重大责任事故，责任单位无力承担，必然影响工程建设的顺利进行，责任单位也将难以生存。再加上第60条规定：建筑物在合理使用寿命内，必须确保地基基础工程和主体结构的质量。也就是说，基础工程的保修年限最低为"合理使用寿命"，即设计年限，一般为几十年，甚至上百年。第80条又规定了损害赔偿责任的期限为"在建筑物的合理使用寿命内"。在这样一段漫长的时限内，要真正落实责任的承担，必须通过保险来解决。

与实行了建筑工程质量保险制度的国家相比，我国保险市场发展仍处在初级阶段，具体表现为保险市场发育不够充分，保险产品不够丰富，保险意识淡薄。虽然近年来工程保险得到越来越广泛的重视，但工程保险制度的建立仍缺乏相应的法律和法规保障，另外，由于长期计划经济建设体制的影响，一些建设单位，尤其是政府投资单位对项目各阶段所处风险的认识不足，或存在侥幸心理，对保险不够重视，采取少投保甚至不投保的做法，造成大量风险自留。许多重点工程项目风险损失的补偿大都通过财政拨款或追加投资方式解决，缺乏有效的风险管理和分散机制。中国加入世界贸易组织后，随着市场全面开放和投资主体多元化进程的加快，在工程建设领域全面引入商业保险这一风险分散方式，已经日益成为一种发展趋势。然而，目前在我国普及工程保险单靠商业保险公司的运作和努力是无法实现的，需要各方配合，加快建立和完善社会主义市场经济条件下的工程保险制度。

第四章 责任保险

4.1 责任保险概述

4.1.1 责任风险与责任保险

责任风险与人民的现代生活密切相关,责任风险源于民事法律制度。伴随着人类科技水平和物质文明的飞速发展,民事法律制度也在社会前进过程中不断完善和发展。民事法律制度的发展,客观上形成了行为人对其行为承担责任的机会的增长,于是分散赔偿责任风险的市场需求越来越凸现出来,通过商业手段来分散责任风险和消化经济损失,责任保险应运而生并发挥着越来越重要的作用。国际上责任保险起步于19世纪末,此后的几十年中发展迅速,现在已成为世界上广泛受重视的、有极大发展潜力的一个保险领域。在我国,随着法制化建设的不断深入,近年来责任保险也在飞速发展。

1. 责任风险

随着科学进步、社会发展和法制制度的成熟,责任风险在各类风险中凸现出来,引起社会各方广泛重视,并因我国法制建设的日趋往上而被人们所认识。责任风险和事故无处不在:近年来建筑工程事故不断,2004年5月12日河南安阳一建设工地发生一起二十一名施工人员死亡的特大事故;1994年新疆克拉玛依一家歌剧院及阜新一家歌舞厅所发生的公众场所火灾造成群死群伤;各类产品事故,如热水器漏电、瓦斯炉爆炸、啤酒瓶爆炸等等,造成消费者伤亡的事故时有发生;由于医疗、律师、会计师、工程设计等专业人员的过失,造成委托人或社会公众的重大损失。而相关法律法规逐步完善,各种民事法律出台,进一步明确了相应的民事损害赔偿责任。尤其是2004年开始实施的《最高人民法院关于审理人身损害赔偿案件适用法律若干问题的解释》体现了保护人民生命健康的精神,社会经营主体对人身损害的赔偿责任明显加大,其所面临的民事责任风险将明显增加。这些法律法规加大了赔偿力度,越来越体现出对人的合法权益的尊重和保护,同时也是各行各业的企业、个人,不得不正视面临着的各种责任风险。

与财产风险相比较,责任风险具有更大的不确定性。例如,一项大型工程由于设计或施工技术原因倒塌,其本身损失可能就有几亿乃至几十亿元,而其可能造成的人身伤害和其他财产损失的赔偿可能更加巨大。国际上因产品、交通、医疗、工程等事故引起的索赔中,责任者被法院判处高额赔偿的例子屡见不鲜。

从责任风险发生的总趋势和对企业以及个人带来的损失程度来看,责任风险越来越受到人们的重视。这主要是由于：①法制建设日趋成熟，入世后的中国以前所未有的速度完善法律法规的建设，更重视与尊重每一个人的合法权益，各种法律责任风险随之而产生；②公众法制思想增强，索赔意识不断增强，人们懂得在遭受他人侵权损害时如何借助法律手段保护自己，是责任方承担对损害的赔偿责任；③现代工业、科学技术日新月异的进步，在给人们物质生活带来巨大变化的同时，也给人们的生活带来更加巨大、潜在的风险，给新技术、新材料、新工艺使用者、制造商带来了巨大的潜在责任风险；④人民生活水平的提高以及物价指数的上升也导致了对物质损失、人身伤害和由此造成的经济赔偿数额日趋升高。

责任风险从其发生的因素来看，一般可以归纳为以下三种：①直接责任风险，主要是指企业和个人由于自身的行为或财产所有权或代别人保管财产而产生的经济索赔。②转嫁的责任风险，这是指非直接肇事但应当为直接肇事者承担风险。③合同责任风险，根据合同或口头协议，同意承担的法律责任或扩大的法律责任。

2. 责任保险的概念

责任保险的定义。责任保险是以被保险人对第三者引发应承担的赔偿责任作为保险标的的保险。责任保险属于广义财产保险的范畴，是一种以无形的经济赔偿责任为标的的保险。

责任保险的投保人，一旦发生索赔事故，依法应承担民事损害赔偿责任，就会使自己的经济利益受损，因此投保人对可能发生的民事损害事故所具有的利害关系，这就是责任保险的可保利益，也是期限定责任保险合同的前提条件。

在日常生活中，医师可能因手术操作失误造成医疗事故，设计师的计算错误可能造成委托人的经济损失，雇主因为雇员伤亡可能需要支出的赔偿等等，这些责任方都可以通过预先投保相应的责任保险，交纳一定的保险费，转嫁责任风险所可能带来的经济损失。任何企业或个人在经营活动与日常生活中都会面临种种责任风险，投保责任保险是一种比较积极的应对风险的措施。首先，从行为人来讲，行为人通过购买责任保险，把民事赔偿责任转嫁给保险公司，能够保证责任人不会因经济损害赔偿而造成生产、生活产生不稳定因素，保证生产、生活得以正常进行；其次，从社会进步角度来看，由于转嫁了责任风险使得各企业、各种职业从业者能够积极创新，勇于探索新领域、尝试新技术，为社会提供源源不断的新产品、新技术和更为全面的服务，最终将推动社会进步；最后，从受害者的角度讲，一旦发生事故，受害人最需要的是及时的经济补偿，保险人会在较短的时间内，有效地保障受害人的经济利益，从而在有效保证生活秩序及社会的安定方面有一定的积极作用。

3. 责任保险的发展

责任保险在保险领域是随着财产保险的发展而产生的一种新型、独成体系的保险业务。责任保险的历史并不长，起源于19世纪初期的欧美国家，第二次世界大战结束后才得到较好的发展。虽然发展的时间远远短于海上保险和火灾保险，但目前已经成为有相当规模和影响力的保险险种，并将在未来的保险市场上扮演重要的角色。

责任保险在发展的100多年历史中并非一帆风顺，在开办初期就曾引起激烈争论，一些人认为责任保险代替致害人承担赔偿责任有违法律的宗旨及社会道德准则，甚至认为责任保险是鼓励犯罪，会产生极大的社会副作用。为此，责任保险发展屡遭挫折。最终因责任保险对被保险人故意行为、犯罪行为是不予承保的,且承保仅限于民事经济赔偿,对被保险应负的刑事责任不承担任何赔偿责任的有关约定,在转嫁了被保险的责任风险同时,也是受害人的权益得到及时的保证而逐步得到社会的认可。进入20世纪以来,责任保险迅速在世界各国尤其是西方发达国家普及起来,责任保险的发展速度大大超过了其他财产保险的发展。特别是20世纪70年代后,随着法律制度的不断完善和人们生活水平的提高以及索赔意识的增强,责任保险获得全面、迅速的发展,成为现代经济不可缺少的一部分,成为保险业务中的主要险种之一。其中美国、英国、加拿大、日本等西方发达国家非寿险业务中,责任保险的保险费收入占30%~50%。现在,在美国责任保险项下的高额赔款,主要与人们的保险索赔意识强和美国的司法制度有关。例如1984年美国一石油工人在工作时不幸遇难,死难者家属起诉石油公司,最后获得1000多万美元的赔偿;1999年8月,美国加利福尼亚州洛杉矶法院对通用汽车公司忽视汽车安全性,未能回收有缺陷的产品,导致6人在车祸中被严重烧伤一案中,判决通用车公司赔偿受害人12亿美元。对于这些众多的责任风险,美国已经有专门的保险公司经营责任保险业务,处理民事责任的诉讼与争议。

我国责任保险的发展相对于保险业发达的国家来说起步较晚,在20世纪50年代初期办理很短一段时间的汽车第三者责任保险。旨在涉外保险领域开展少量的船舶、飞机保险附加碰撞责任和第三者责任保险,以及少量的展览会公众责任保险。当时的责任保险不仅业务量小,而且舆论在关于其"有无副作用"的争议不断。50年后期,责任保险和国内所有其他保险业务一样,被认为是资本主义的产物而被停办。70年代末,国内保险业务恢复,从80年代起,国内开始试办雇主责任险、公众责任险、产品责任险等业务。目前国内责任保险以前所未有的速度发展着,开办的险种多达数十个,服务范围涉及社会的各个领域。但是我国责任保险仅占非寿险业务的3%左右,比国际平均水平10%相差甚远,可见我国责任保险有着巨大的潜在发展空间。

4. 责任保险与法律关系

人类社会的进步带来了法律制度的不断完善,责任保险就是责任风险客观存在和社会发展到一定阶段的产物,如果没有民事责任制度,就不存在转嫁责任风险的需要,也就不会产生责任保险。

民事法律赔偿责任是责任保险承保的标的。民事法律则与刑事责任、行政责任不同,追究民事责任的目的在于补偿受害人的损失,并不是要惩罚行为人,因为对民事责任中的责任方的制裁是通过补偿受害人的损失来实现的。民事责任具有财产性、补偿性、恢复原状等特点,这些特性是与刑事责任中的没收财产、罚金或行政处罚的罚款不同。因为负有民事责任的人,还可能同时承担刑事责任或行政责任,而刑事责任或行政责任中对违法人的经济惩罚,如没收的财产、罚金或罚款等,归国家所有。对受害人的损失不具有经济补偿或恢复的作用。应该说,民事责任所具有的特点与保险的财产性、补偿性质相联系,从而构成开展责任保险业务的法律依据。责任保险承保的对象是被保险人对第三人依照法律或合同约定应承担的民事赔偿责任。但责任保险承保的民事赔偿责任与民法范畴完全意义上的民事损害赔偿责任是有所区别的。

(1) 责任保险承保的侵权责任。责任保险承保的侵权责任包括一般侵权责任和特殊侵权责任(或称过错责任和无过错责任)。

1) 一般侵权。从侵权行为人的主观意识上，责任保险只承保一般侵权中的过失责任，而故意行为造成的责任属于除外责任。过失责任是指被保险因任何疏忽或过失而违反法律规定应尽义务而致他人人身伤亡或财产损失时，对受害人应承担的赔偿责任。过失责任可由作为或不作为造成。例如，交通事故导致伤亡，就是作为造成责任；雇主没有安排足够的劳动保护措施导致雇员工伤，就是不作为造成责任；勘察设计人员没有认真按照规范要求调查、计算地质条件，导致事故发生，也是不作为造成的责任。民事责任中的侵权责任，包括对财产所有权及其有关的财产权或知识产权或人身权的侵犯所承担的法律责任。但是责任保险只承保侵权责任中侵犯财产所有权及其相关的财产权和人身权。

2) 特殊侵权。也称无过错责任，是特殊的民事责任，无论行为人有无过错，只要有损失结果且该结果非受害者故意导致，根据法律均须对他人受到的伤害负赔偿责任。法学上的这一原则实际上是为了使公众得到更充分的安全保障。例如，包括我国在内的很多国家，都将高度危险作业行为、雇主责任、产品责任确定为无过错责任。责任保险的承保标的不仅包括一般的民事侵权责任，还包括因无过错责任应承担的民事赔偿责任。

(2) 责任保险承保的合同责任。依合同约定一方对另一方或他人应承担的赔偿责任就是合同责任。合同责任对于保险来说风险很大，难以控制。所以责任保险一般不承保合同责任，但经过谨慎选择，对承保条件加以限制，在保险合同中加以特别约定，保险人也可以予以承保。合同责任分为直接责任和间接责任。

1) 直接合同责任。直接责任是指合同一方违反规定的义务造成另一方的损害所应承担的法律赔偿责任。例如，雇主责任保险承保雇主依据劳动合同约定的雇主对雇员伤害的赔偿责任，属于直接合同责任。

2) 间接合同责任。间接责任是指合同一方根据合同规定对另一方造成他人（第三者）损害应承担的法律赔偿责任，这是一种无条件的代位责任。例如，在建筑施工过程中，因建筑工人在工作期间的过失行为造成他人伤害，工程的承包方应承担赔偿责任。职业责任保险大多承保的是间接责任。

4.1.2 责任保险种类和承保方式

1. 责任保险种类

责任保险正处于迅猛发展时期，保险产品不断增多。由于责任保险的产品因每个国家的政治、经济，尤其是法律环境的不同而有所不同。目前，世界各国的主要责任保险产品有以下几种，这些产品也是国内发展较为成熟的产品。

(1) 公众责任保险。又称为普通责任保险或综合责任保险，是以被保险人在民事活动过程中，因疏忽、过失、意外造成他人人身伤亡或财产损失，依照法律须承担的赔偿责任为标的的保险。公众责任保险开始于19世纪后期出现的承包人责任保险、电梯责任保险等。第二次世界大战以后，特别是20世纪80年代后，随着法律制度的不断完善，公众索赔意识增强，公众责任保险全面进入发达国家的社会各个领域和个人家庭。凡是商场、宾馆、医院、工厂、机关、学校、办公营业场所等，都可以投保公众责任保险。它是责任保险中适用范围最广、形式最多、发展最具规模的险种之一。

公众责任保险主要包括：

1) 场所责任保险：承保被保险场所（包括建筑物及附属设别、装置等）因存在结构缺陷或管理不善，或在场所内进行上产经营时因过失行为，造成他人损害而应承担的经济赔偿责任。场所责任保险是公众责任保险最具有代表性的险种。主要险种有展览会责任保险、娱乐产所责任保险、停车场责任保险、电梯责任保险等。

2) 承运人责任保险：承运人根据货物运输或客运的法律及合同规定，对在运输过程中造成的货物、旅客的损害承担赔偿责任。常见的险种有承运人责任保险、飞机法定责任保险和旅客责任保险等。

3) 承包人责任保险：承保承包人在施工、作业或工作过程中造成第三者损害，依法应由被保险人承担的经济赔偿责任。

4) 其他公众责任保险：承保在不确定的区域内，对第三者可能造成损害而承担民事责任。如环境污染责任保险、油污责任保险等。

(2) 雇主责任保险。承保被保险人所雇用的职员，在从事与其职业有关的工作时，遭受意外而致伤残或死亡，或患有职业疾病，根据雇用合同或法律的规定，被保险人应承担的医药费及经济赔偿责任。

(3) 产品责任保险。产品责任是伴随着工业化革命的发展而产生的一种新型民事责任。它是指产品的生产者或销售者因生产或销售的有缺陷产品造成产品使用者人身伤害和财产损失而应承担的损害赔偿责任。

(4) 职业责任保险。又成业务过失责任保险，是以特定行业从业人员面临的职业责任风险为保险标的，其目的是转嫁专业人员因职业上的过失行为，造成第三者损害而应承担的赔偿责任。目前，发达国家的保险市场上，职业责任保险已经涵盖了医疗工作人员、律师、会计省、建筑师、工程师、房地产经纪人、公司董事和高级职员等数十种不同的行业。可以说，职业责任保险在发达国家保险市场上占有十分重要的地位。

(5) 个人责任保险。承保自然人或其家庭成员因作为或不作为而造成他人人身伤害或财产损失，依法应由被保险承担的经济赔偿责任。个人责任保险主要集中在房屋及住宅的场所责任。主要险种有：房东责任保险、运动员责任保险、家庭责任保险、综合个人责任保险、宠物责任保险和驾驶员责任保险等。

2. 责任保险的承保方式

目前责任保险的承保方式大致有三种：

(1) 作为单独的责任保险，以签发专门的保险单方式承保，保障被保险人的特定风险。主要有公众责任保险、产品责任保险、雇主责任保险、职业责任保险等。

(2) 作为财产保险的组成部分或以附加责任的方式，而不签发专门的责任保险合同，该保险单同时承保物质损失保险和责任保险。主要有汽车保险、飞机保险、家庭综合保险、工程一切保险等。

(3) 作为综合普通责任保险单（CGL 保单）一般承保公众责任保险，这类保险单一般包括一种或几种责任风险，如公众责任、产品责任、雇主责任，有时还包括职业责任，都可以在同一张保险单项下得到保障。

4.1.3 责任保险合同的主要内容

责任保险合同作为保险合同的一种形式，其主要内容有保险责任、责任免除、赔偿处理、被保险人义务、争议处理等。此外，作为合同要件的保险人名称和住所，投保人、被保险人名称和住所，保险期间和保险责任开始时间，赔偿限额，保险费及其支付方式，合同订立时间及特别约定都记载在保险单明细表中。

1. 保险责任

责任保险合同的保险责任范围是规定保险合同保障范围的内容，通常内容：被保险人在从事民事活动中，由于疏忽、过失或违反合同致使第三人损害，依据法律和合同约定应承担民事损害赔偿责任，由保险人在约定的限额内负责赔偿。

责任保险的保险责任具体内容如下：

（1）被保险人或其代表或其雇员在民事活动中，因侵权行为或者违反法定义务或者合同义务，以罚或以合同约定应承担的民事赔偿责任；

（2）被保险人因保险责任事故发生，为降低损害程度进行积极施救所支付的必要、合理的费用，保险人也负责赔偿；

（3）因保险事故造成争议而引起的有关法律行动，包括诉讼、仲裁费用，以及事先经保险同意支付的其他费用，如鉴定费用、调查费用、律师费等。

2. 保险责任的归属方式

在一般财产损失保险和人身保险中，其损失的起因、发生、发现、索赔和赔付的过程时间相对集中，保险公司在较短的时间内就能确定保险单的损失数量。而责任保险中损害事故的发生与发现又是时间间隔很长，如医疗责任保险中，一起医疗事故的发生到患者发现有时可能间隔长达一二十年。在各种职业责任保险中，这样的问题在多数案件中都很突出。正是由于责任保险存在这种实际损失的滞后性，为了明确责任、避免不必要的争议，保险通常采用期内发生式或采用期内索赔式来归属保险责任。保险人采用的责任归属方式不同，保险责任期限也有所不同，因此对责任保险合同来说，采用何种责任归属方式确定保险责任期间非常重要。责任归属方式主要有：

（1）期内发生式。也称作以事故发生为基础，是指保险事故必须发生在保险期间内，保险人才依照保险合同承担赔偿责任。以损害事故发生的时间为准，计算责任事故的是否在保险期限内。保险不考虑责任事故发现事件或者提出索赔的具体事件是否在保险期内，只要责任事故发生在保险单有效期内，保险人就承担赔偿责任。期内发生式广泛应用有各种有形财产保险和人身保险中，其保险事故发生与发现的时间基本是同步的，比较容易确认。而责任保险中，有些责任事故的发生、发现和提出索赔的时间间隔也不长，例如机动车第三者责任保险、建筑工程第三者责任保险、雇主责任保险等等，从事故发生到第三者提出索赔通常时间间隔很短，这些责任保险一般采用期内发生式来承保。但是即使是这些业务也存在特殊情况，例如雇主责任保险的职业病责任，雇员受到不良工作环境的损害可能早在数十年以前，但是职业病被发现后，保险人还是要为几十年以前签发的保险单承担赔偿责任。只要有隐性的潜在损害存在，期内发生式责任保险业务就随时可能面临保险期限早已结束，但因为损害结果新近发现并被确认是原保险单的责任而提出的索赔。

（2）期内索赔式。以针对损害事故的索赔提出的时间为基础，判断责任事故是否属于保险责任期限。保险人不考虑责任事故发生的具体实践，只要首次正式提出正式索赔的时间在保险单有效期内，保险就承担赔偿责任。以期内索赔方式承保的业务，可以在保险单中约定承担保险合同生效以前在一定追溯期内发生事故引起的损失。采用期内索赔方式的保险单解决了保险人在期内发生式中面临的"长尾巴责任",有利于减少保险合同的争议,提高保险业务的稳定性,目前已经被广泛采用。

采用上述两种方式的哪一种,基本原则是:责任事故发生后能够很快被发现或得知的,适宜采用期内发生式;反之,责任事故发生后很长时间不能够立即发现或得知的,就适宜采用期内索赔式。

3. 责任免除

所有保险合同都有责任免除条款,同样责任保险合同也有责任免除内容。以下介绍责任保险责任免除中具有共性的内容:

(1) 责任免除条款分类。责任保险责任免除条款可以分为以下三种形式:

1) 绝对责任免除。即保险合同绝对不能承保的责任风险,如某一责任的产生是由于被保险的故意或者犯罪行为引起,这种责任就是绝对责任免除内容。

2) 可以附加承保的责任免除。这部分责任虽不属于保险基本条款中的保险责任,但是投保人可以通过附加投保附加险转嫁这部分责任风险。例如,雇员在境外工作时发生的工伤不是基本保险责任,但是可以通过投保相应的附加险转嫁这类责任风险。

3) 相对责任免除。这部分责任是不能在本保险合同中承保,但可以由其他保险承保的责任风险。例如,公众责任保险一般都将被保险自身的财产、机动车辆第三者责任、雇员遭受工伤、专门职业行为造成的损害作为除外责任,相应的风险由财产保险、车辆保险、雇主责任保险、职业责任保险来承保。

(2) 责任保险合同中的主要责任免除内容。一般责任责任保险合同中的责任免除条款主要有:战争、类似战争行为、罢工、民众骚乱等,核辐射造成的风险,被保险人故意行为,被保险人自由财产的损失,被保险人照管、控制的财产损失等。

4. 赔偿限额

责任保险的赔偿限额有两种,一是每次事故赔偿限额;二是保险期间内累计赔偿限额,通常二者一并适用。每次事故赔偿限额是指对于每次事故或同一原因引起的一系列事故,保险人承担赔偿责任的最高金额。保险期间内累计赔偿限额是指保险人在保险期间的总赔偿责任的最高金额。

一般在一张责任保险单上,既有每次事故赔偿限额,又有累计赔偿限额,通常保险单中还有其他分项的赔偿限额,例如每人赔偿限额、每次事故人身伤亡赔偿限额、每次事故财产损失赔偿限额等。有时保单上仅有每次事故赔偿限额,而没有累计赔偿限额。

5. 免赔额

责任保险合同使用免赔额比较普遍,一般都订有免赔额的约定,不同的险种有不同的免赔额,甚至一张保险单之中也有不同的免赔额。如果被保险人的赔偿责任全部转嫁给保险公司,不利于被保险人对责任风险的防范。

免赔的目的有两个:一是使被保险人谨慎小心和防止发生责任事故,二是为了减少小额零星赔款并降低保险成本。

(1) 免赔额的确定方式

1) 定额式,即免赔额以固定金额表示,例如"每次事故免赔人民币一万元";

2) 比例免赔式,即免赔额用损失金额的一定百分比表示,如"免赔额为损失金额

3) 混合式，即免赔额由前述两种方式组成，例如"每次事故免赔额为人民币5万元或损失金额的10%，以两者中高者为准"。

(2) 免赔的种类。

1) 绝对免赔额。在保险合同中约定一个免赔金额，当保险事故造成的损失在该金额以内时，保险不进行赔偿；当损失超过该金额后，保险扣除该金额承担赔偿责任。例如约定绝对免赔额5万元，如被保险人损失4万元，保险公司不进行赔偿；如被保险人损失35万元，保险公司将赔偿30万元。

2) 相对免赔额。在保险单中约定一个免赔金额，当保险事故造成损失在该金额以内时，保险人不负赔偿责任；当损失超过该金额后，保险按照全部损失来承担赔偿责任。例如约定相对免赔额5万元，如被保险损失4万元，保险公司不进行赔偿；如被保险人损失35万元，保险公司将赔偿35万元。

6. 保险费率和保险费

保险费率是计算保险费的基础，它是依据责任保险的风险大小及损失率高低确定的；在不同的责任保险中，保险费与保险费率的计算方式有所不同。例如，产品责任保险和多数职业责任保险的保险费是以被保险人交易金额乘以保险费率；雇主责任保险的保险费是以雇员的年度工资总额乘以费率或者以赔偿限额乘以费率。

责任保险的保险费率高低，与其他保险一样，要视保险单中约定保险人承担的风险大小而定，其中在费率确定是应该主要考虑以下因素：被保险人的业务性质、工作环境、员工素质、技术成熟程度、产生意外损害赔偿责任事故的可能性大小；赔偿限额与免赔额的高低；司法管辖及当地对损害赔偿法律法规规定；保险人以往类似业务的情况；被保险人以往的损失情况。

此外，被保证保险人的经济补偿能力，最终保护受害者的利益，预先不能准确确定保险费的业务（如以交易金额作为保险费计算基数的业务），通常在保险合同约定最低保险费，实际结算的保险费不得低于这一金额。

7. 司法管辖

司法管辖是指诉讼纠纷应当由哪里的司法机关来处理解决。责任保险设计的司法管辖是民事管辖，即确定法院审理第一审民事案件的权限，在国际民事案件的处理中，还要确定由哪一国法院受理涉外民事案件以及使用哪一国法律进行审理，这是国际民事管辖。

责任保险合同中的司法管辖是指保险人认可接受哪一国法院对案件的受理和判决，以及使用哪一国家的法律对案件进行审理。就是说，如果责任事故中的第三者以诉讼的形式与被保险人解决事故的损害赔偿，只有诉讼发生在约定的司法管辖权范围内，保险人才会按照其合同约定负责赔偿。目前在我国的责任保险单中，一般的司法管辖描述方式有"中华人民共和国司法管辖"、"世界司法管辖（美国、加拿大地区除外）"和"世界范围司法管辖"，如果在保险合同中找不到司法管辖的约定，并不意味着合同就不涉及相关约定内容，相当于是约定了司法管辖为世界范围（Worldwide）。

法律的规定和法院的判决是责任保险合同赔偿的重要基础，也是保险人赔偿的依据。同样的民事损害案件在不同的地区诉讼，由于适用不同的法律，社会生活水平不同，将会出现大相径庭的判决结果和赔偿处理。在美国由于一个人的伤亡，法院判决赔偿几千万美元乃至上亿美元是常有的案例。因此，在责任保险合同中选择适当的司法管辖非常重要。

4.2 雇主责任保险

雇主责任保险是责任保险的一种，世界各国和地区一般都通过立法，详细规定雇主对其雇员在其受雇佣期间的各种义务和责任。例如，英国指定由《工厂法》和1969年《雇主责任强制保险法》，日本有《劳工标准法》，香港有《劳动赔偿法》等。这些都属于此类立法。我国2004年开始推行《工伤保险条例》，将雇主责任风险纳入社会保险范畴，使雇主责任保险受到一定影响。我国的工伤保险是按照较高水平安排的，保障范围对应了雇主的大部分责任风险，这无疑为保障劳动者权益提供了坚实的基础，商业雇主责任保险目前处于补充保障的地位。

4.2.1 雇主责任险定义

雇主责任保险是以雇主与其雇员订立的雇佣合同或法律法规为基础，保障雇主对雇员在受雇过程中伤亡、疾病的雇佣责任，对非因工作或非工作时间内雇员的人身伤亡和疾病，雇主责任保险一般不予负责，此外对雇员的财产损失责任也不予赔偿。

雇主责任险是责任保险中最先产生的，而且最先成为许多发达国家的法定保险。雇主责任保险与劳工保险（我国称为工伤保险）有着本质的区别。雇主责任保险是基于雇主未能尽到其法律义务，即因为过失或倏忽而产生的法律赔偿责任的保险。它与劳动保险不同，劳动保险虽然也承保雇员遭受人身伤亡或疾病时的雇主赔偿责任，但是不考虑雇主有无过失责任；劳动保险负责雇主对雇员在工作期间任何时间、任何地点遭受的人身伤亡和疾病的赔偿责任，是以严格责任为原则的保险。此外雇主责任保险由雇主支付保险费，而劳动保险常常由政府、雇主和雇员一起交付保险基金。雇主责任保险的赔偿金交给雇主，劳动保险的赔偿金直接交给受伤害的雇员或其家属。雇主责任保险属于商业保险，而劳动保险属于社会保险。

雇主责任保险与人身意外保险也是有区别的。人身意外保险的保险对象是被保险人本人，只要被保险人在保险期限内因承保的意外事故造成其自身的人身伤亡，就可以从保险公司得到相应的给付。任何人都可以向保险公司投保其自身的人身意外保险。雇主责任保险的投保人与被保险人都是雇主，但保险合同的受益人是与雇主有雇佣关系的雇员。保险人与雇主之间存在保险合同关系，而与雇员不存在合同关系。

由于国务院2003年公布了《工伤保险条例》（以下简称《条例》），并于2004年起正式实行，将雇主责任风险纳入社会保险的保障体系。为了适应这一法律变化，保险公司对原雇主责任保险进行了一定调整，修订了新的保险产品，并开发了"工伤责任保险"。修订后的雇主责任保险，主要面向社会保险没有覆盖的机关和事业团体等单位；而工伤责任保险则是满足企业雇主依照《条例》参加社会保险之后，继续转嫁其对雇员应承担的赔偿责任的需求。即工伤责任保险主要负责赔偿雇主法定赔偿责任与社会保险赔偿的差额部分。本书以下提及雇主责任保险之处，不再区分这两个具体险种，如无特别说明，"雇主责任保险"即指这两个险种。

4.2.2 雇主责任保险的主要内容

1. 保险责任

雇主责任保险的保险责任就是在雇主根据法律、法规应对雇员应承担赔偿责任是给与相应的保险赔偿。

雇主责任保险的基本责任包括以下几方面的内容：

(1) 被保险所聘用的员工(包括长期合同工、短期工、临时工、季节工和徒工)在保险有效期限内，在受雇过程中(包括上下班途中交通事故或意外事故)，从事与本保险单所载明的被保险人的业务工作时，因遭受意外而受伤、致残、死亡，被保险人根据有关法律或劳动合同应承担经济赔偿责任；

(2) 在工作时间和工作场所内，因履行工作职责受到暴力等意外伤害，被保险人应承担的赔偿责任；

(3) 职工患职业病而应承担的经济赔偿责任；

(4) 在工作时间和工作岗位，雇员突发疾病死亡或在48小时内经抢救无效死亡，被保险人应承担的赔偿责任；

(5) 其他法律、法规规定应当认定为工伤的，被保险人应承担的赔偿责任；

(6) 被保险人依法应承担的相关医疗费用；

(7) 被保险人可能支付的有关法律费用。

在上述雇主责任保险的基本责任中，应当注意以下几点：

1) 我国法律中对雇员的概念没有明确的界定，所以，保单中"被保险人雇用的人员"一般是指被保险人直接雇用的员工。雇佣关系一般是指雇主与所聘用员工双方之间存在着直接的权利和义务关系，有劳动合同为依据。

2) 保险单载明的业务工作是指在保险单中对每一个雇员从事的工作都要列明，雇员从事的工作必须是列明的。如果雇员在从事非雇主所指派的，或与列明工作毫无关系的工作而遭受意外伤残或死亡时，保险人不负责赔偿。因为"业务工作"是保险人制定雇主责任保险费率时重点考虑的因素，保险人只对已列明的具体业务活动提供保险，即只有在受雇期间从事与其职务有关的工作时所受的伤害才属于保险责任范围。

3) 职业病是指被保险人所聘用的员工在从事生产劳动及其他职业性活动中，接触职业性有害因素引起的疾病。雇主责任保险所指的职业性疾病为政府有关部门规定的、经过政府授权的医疗机构鉴定的法定职业病。由于职业病从接触有害因素到发病通常有一个滞后的时间差，致病因素起作用的时间应当在保险期间内，而不能简单地看发病时间是否在保险期间内。

4) 医疗费用的支出是以雇员遭受工伤或职业病，而发生伤残为条件，对普通疾病造成的医疗费用，除非特别约定，保险人一般不予赔偿。

2. 责任免除

雇主责任险一般对下列原因造成的责任不负责赔偿：

(1) 战争、罢工、暴乱、民众骚乱或核辐射；

(2) 职业性疾病以外的疾病、传染病、分娩、流产以及因此而实行的治疗、手术导致的伤残或死亡；

(3) 雇员自加伤害、自杀、违法行为所导致的伤残或死亡；

(4) 被保险人的故意行为或重大过失；被保险人应当认真履行应尽的义务，包括劳动保护措施等，由于其故意或重大过失而造成员工伤害的责任，保险人不负责赔偿，目的在于督促被保险人认真履行其职责；

(5) 员工在中华人民共和国境外所发生的伤残或死亡。这项除外责任可以通过投保相应的附加险，由保险人承保有关风险；

(6) 罚款、罚金，精神损害赔偿，被保险人的间接损失等。

3. 保险期限

雇主责任保险的责任期限一般预定的一段时间，以保险合同双方约定的起止时间为准，多按照1年期投保，也有的以工程承包合同的核算期限为准，长于1年。由于雇主责任保险的费率是年度费率，如果投保的保险责任期限长于或短于一年，应当按照相应年数或短期费率计算保险费。

4. 赔偿限额

有的国家雇主责任保险没有赔偿限额限制，按照法院核定的实际损失赔偿，风险非常高。目前我国法律对雇主赔偿责任没有规定明确的赔偿标准，一般参照《工伤保险条例》的有关规定，以雇员的若干个月的工资、薪金总额来确定赔偿限额，或由被保险人和保险人共同直接商定每位雇员的赔偿限额。保险人对医疗费用的赔偿，一般要设定每人每次事故的免赔额。

5. 保险费率及保险费

雇主责任保险的保险费率的影响因素主要包括：投保单位的行业性质、企业规模和以往保险赔付经验等。目前从事建筑安装工程的企业，年度基本保险费率为：伤亡责任限额7‰～7.8‰，医疗费用责任限额1.5％，法律费用责任限额2.5‰。如果企业规模在100人以上，在保险费率方面可以有5％～20％的优惠。

标准保险费由伤亡责任限额保费、医疗费用责任限额保费和法律费用责任限额保费3部分构成。伤亡责任限额保费和医疗费用责任限额保费等于每人责任限额×人数×相应费率，法律费用责任限额保费等于每人伤亡责任限额×人数×20％×相应费率。

投保企业连续投保雇主责任保险两年以上的再续保的时候，保险费将依据过去两年中实际发生的赔付情况进行调整。投保累积责任限额较高，且以往赔付情况良好的企业，有可能得到较高的折扣。而以往赔付记录不良的企业，则有可能要支付更高的保险费用。

6. 风险评估

一般地说，保险人在开展雇主责任保险时，应调查了解下列主要事项：

(1) 被保险人的业务性质，有无影响雇员安全生产或健康的特别危险存在。

(2) 保险地点所处的地理环境及周围情况，如地形条件、地理位置、周围环境。

(3) 雇员工作场所的房屋、建筑物等级或结构，是室内作业还是露天作业或野外作业，是否有有损于雇员健康的污染存在。

(4) 雇员的人数、结构、年龄及健康状况。

(5) 雇员工种分类及技术熟练程度。

(6) 保险地点的安全实施及应急抢救措施或手段如何。

(7) 被保险人有无医务室、附近有无医疗机构。

(8) 被保险人是否为员工提供通勤班车，班车是否由专职司机驾驶并有固定路线。

(9) 被保险人的管理层结构及管理人员水平如何，有无专门的安全管理机构或人员。

(10) 雇主与雇员的关系如何，雇主是否建有准确、可信的人事档案资料可供保险人查阅。

(11) 被保险人以往的事故记录、损害情况如何，雇员及其家属索赔情况如何。

(12) 有关法律、法规或雇佣合同中对雇员伤残、死亡及职业病等规定的赔偿原则及限额高低。

(13) 被保险人对承保区域范围有无特殊要求。

4.3 职业责任保险

4.3.1 职业责任保险概述

随着现代社会科学技术的迅速发展及社会分工细密化程度的日益加深，专业化服务已成为社会活动的必然。同时法律制度日臻完善，人们在依靠各类专业技术人员的工作满足自我需求的同时，对专业技术人员的服务要求日益提高，因此针对专业人士的起诉数量和索赔金额的不断增加也已成为一种伴随社会发展的另一种趋势。专业技术人员不可避免地因为执业过程中的过错而与职业索赔结缘。

1. 定义

职业责任保险是承保具有专业资格的专业技术人员，因在专业工作上的疏忽或过失，造成对委托人或其他社会公众的人身伤亡、财产损失或经济损失，而应当承担的经济赔偿责任的一种保险。其中，专业技术人员是指掌握了某一领域的专业知识，能为他人提供专业技术上的服务、技能、咨询和帮助的人员，一般是指国家通过立法明确其责任与义务，其从业资格需要通过专门培训和考试取得的人员，如建筑设计师、医师、会计师等等。

在职业责任保险中，保险合同当事人是保险人与投保人（一般即被保险人、出险时的致害人）。委托人是"受托人"的对称，是当事一方请另一方按照自己的指示办理事务的人。按照委托方的指示或名义办理事务的人称为受托人。职业责任保险的被保险人一般在其从事专业工作时是受托人，如建筑设计师一般受业主方的委托。

2. 分类

职业责任保险按不同的标准可作如下划分：

(1) 以被保险人从事的职业为划分依据

以被保险人从事的职业为依据可分为：医疗责任保险、律师职业责任保险、注册会计师职业责任保险、建设工程设计责任保险、设计师责任保险、保险经纪人职业责任保险、资产评估师职业责任保险等。

(2) 以被保险人从事职业的性质为划分依据

以被保险人从事职业的性质为依据可分为两大类：一类是适用于工作与身体有接触的专业人员，一般包括医师、护士、美容师等，保险单中一般使用失职（Malpractice）术语表述，另一类适用于工作与身体没有接触的专业人员，一般包括律师、会计师、建筑师等，保险单中一般使用错误或疏忽（Errors and Omission）术语表述。

(3) 以承保方式为划分依据

以承保方式为依据可分为：以索赔为基础的职业责任保险和以事故发生的基础的职业责任保险。

3. 职业责任保险的法律依据

职业责任源于法律责任。所谓法律责任是指由于某种侵权或违约行为的出现而依法应承担的一定的义务。法律责任可分为刑事责任、民事责任和行政责任。而职业责任保险所承保的是民事责任，根据民事违法行为的性质，民事责任可以分为违约责任与侵权责任。

(1) 违约责任(合同责任)包括直接责任和间接责任。直接责任是指合同一方违反规定的义务造成另一方损害时所应承担的赔偿责任。间接责任是指合同一方违反合同规定使另一方造成他人(第三者)损害时所应承担的赔偿责任。

我国《民法通则》第 66 条规定：代理人不履行职责而给被代理人造成损害的，应承担民事责任。

我国《民法通则》第 111 条规定：当事人一方不履行合同义务或者履行合同义务不符合约定条件的，另一方有权要求履行或者采取补救措施，并有权要求赔偿损失。

(2) 侵权责任从行为人的主观心理状态来看，包括故意和过失两种，职业责任保险只承保过失责任，故意责任属于除外责任，不予承保。

我国《民法通则》第 117 条、119 条还对侵犯财产所有权及其有关的财产权、人身权如何承担民事责任做了规定。

需要指出的是：职业责任保险的法律依据除了关于上述一般民事责任规定以外，还要以各类职业的相关法律为依据。例如，律师职业责任保险要以《中华人民共和国律师法》、注册会计师职业责任保险要以《中华人民共和国注册会计师法》为依据等。

4.3.2 职业责任保险的发展

1. 职业责任保险产生与发展的基础

职业责任保险作为责任保险类的一种在国外保险市场比较发达。自 20 世纪 70 年代以来，在英国、美国、澳大利亚等国配合国家的相关法律和保险市场的需求，甚至发展形成了专门的职业责任保险公司。总结职业责任保险的市场情况，可以得出以下几点规律：

第一，相关法律的强制性要求是职业责任保险产生和发展的基础。英国在 1974 年曾通过立法强制事务所律师参加律师职业责任保险，由于英国在保险界长期占有的领先地位，英联邦的许多国家也纷纷效仿，通过立法强制开展职业责任保险。德国的法律对许多服务性行业，如医院、诊所、律师事务所、职业护士等都有明确的法律规定，要求必须投保职业责任保险。

第二，职业风险的广泛存在是职业责任保险产生和发展的动力。尽管很多国家的法律没有对专门职业(例如建筑设计事务所、工程设计事务所等)都要求一定要参加职业责任保险，但由于该类职业机构在得到业主委托，收到报酬的同时，也承担了一笔远远高于此项报酬的赔偿风险。而这样的风险，又往往是其无法承受的。也正因为其难以承受这样的风险，委托人不愿意委托没有参加"职业责任保险"的专业技术人员从事该项工作。

第三，投保职业责任保险是职业竞争的需要。随着市场竞争的加剧，专业技术人员也需要利用保险公司的相关保障来提高自己的信誉，吸引更多的客户。

第四,法院对职业过失诉讼案的审判带有感情色彩和主观成分。法院对职业过失诉讼案和对一般民事侵权诉讼案的判决是不一样的,前者往往更带有感情色彩和主观成分。职业过失和交通事故造成的他人人身伤亡即使后果相同,而受害者因为职业过失而可得到的赔偿金可能高很多。这样,客观上诱发了人们通过诉讼案获得高额赔偿的动机。这一方面促使许多专业人员寻求用保险的方法来转移可能面临的高额赔偿责任,另一方面又使一些专业人员因较高的保费支出而陷入财务困境。

因此可以说,责任风险压力,市场的竞争,要求专业技术人员自觉地参加"职业责任保险",从而促进职业责任保险市场不断发展。

2. 我国职业责任保险发展现状

在我国,职业责任保险近年来刚刚有所起步。1995年,深圳曾试过律师职业责任保险。1998年7月,中国平安保险公司的《律师执业责任保险》条款经当时保险主管部门中国人民银行保险司批复,在国内保险市场上使用。1998年平安保险公司上海市分公司与上海市司法局签订了合作协议,为上海市4000多名执业律师办理了律师执业责任保险,同时美亚保险公司上海市分公司也为一些律师事务所承保了执业责任保险。至1999年,经统计上海市律师事务所投保率为85%。

1999年,原中国人民保险公司向中国保险监督管理委员会核准备案了《律师职业责任保险》、《建设工程设计责任保险》、《注册会计师职业责任保险》和《医疗责任保险》等条款,填补了我公司职业责任保险的空白。目前,这些险种正在各省市推广。

2000年初,天安保险公司的《律师职业责任保险》业经中国保险监督管理委员会核准备案,并对外宣传可以20年的追溯期承保,3月该公司推出《工程监理人员职业责任保险》,7月,平安保险公司《注册会计师执业责任保险》由中国保监会批复。2000年底至2001年,中国人民保险公司又陆续推出《公证职业责任保险》、《单项建设工程设计责任保险》、《董事及高级管理人员职业责任保险》等职业责任保险,由此,我国职业责任保险市场竞争将逐步加剧。

4.3.3 职业责任保险的基本内容

1. 保险责任

职业责任保险的保险责任范围主要有:

(1) 被保险人在提供与其职业相关的专业技术服务时由于被保险人或其法律上应负责的其他人的疏忽或过失行为造成有关委托人或其他第三者的经济损害赔偿责任。

对于"疏忽"、"过失"的理解,具体来讲,是指应当预见到会发生某种不利后果,因疏忽大意而没有预见或虽预见到却轻信能够避免的一种心理状态。被保险人作为专业技术人士,他必须按照社会要求的谨慎标准行事,充分利用自己的专业技术来处理业务,否则将承担一定的法律责任。衡量是否谨慎的标准取决于行为人的能力、风险程度和对行为结果的可预见性。因此,职业责任保险中保险人承担被保险人因疏忽或过失应承担的对委托人或第三者经济赔偿责任,即被保险人未能合理地运用自己的技术和能力,当然这种行为不能是故意行为。

(2) 事先经保险人书面同意的诉讼费用。

责任保险中只要诉讼客观存在,保险人就有可能涉及到诉讼费用的赔偿问题。

广义的诉讼费用一般包括处理索赔案而支付的所有费用；狭义的诉讼费一般是指案件受理费、仲裁费、律师费、调查取证费等。

诉讼费用一般包括两部分：被保险人自己支出的诉讼费用和应付索赔人的诉讼费用。其中，被保险人自己支出的诉讼费用是指被保险人直接和受害人在法院进行诉讼或抗辩而支出的合理费用，该项费用必须在支出前得到保险人的同意，以便保险人可以视情况判断可行性和后果。应付索赔人的法律诉讼费用是指受害人诉诸法律向被保险人索赔，根据法院判决或裁决应由被保险人偿还索赔人而支出的费用。

（3）对发生保险责任事故后，被保险人为缩小或减少对第三者的经济赔偿责任所支付的必要的、合理的费用。责任保险中不存在"施救费用"这一表达方式，保险人的责任除了"经济赔偿责任"、"诉讼费用"外，就是"其他费用"。职业责任保险的其他费用包括咨询、调查、追偿等费用。费用的合理性取决于保险事故发生时的具体情况，费用金额的大小及所能挽回的损失。必要性主要体现在如果不支付这些费用，会造成更大的保险损失。

2. 责任免除

职业责任保险的责任免除项目一般包括：

（1）被保险人或其受雇人员的故意行为或非职业行为所引起的任何索赔。

故意行为是指明知会发生某种不利后果而希望或放任这种后果发生的一种心理状态，所有责任保险都对此不予承保。另外，保险人对专业技术人员的非职业行为所产生的民事责任不予负责。例如，工程技术人员作为非专业人员身份时，因疏忽或过失对他人造成的伤害如交通肇事伤人或损坏他人财产等所承担的民事赔偿责任，职业责任保险不予负责。

（2）因证据文件、账册、报表等资料的损毁、灭失、盗窃、抢劫、丢失所引起的任何索赔。

（3）被保险人被指控对他人诽谤或恶意中伤行为而引起的任何索赔。

对于上述（2）、（3）两项引起的索赔，国外一些职业责任保险将其作为附加条款而扩展进来，但一般对文件丢失后保险人的赔偿责任和诽谤、中伤的前提等做了较为明确的限定。

（4）被保险人与他人鉴定协议所约定的责任，但依照法律规定应由被保险人承担的不在此列。

该项作为责任保险共有的责任免除（条款），其含义是：被保险人根据协议所承担的责任是合同责任，这些责任由于合同规定可能会增加被保险人的责任，保险人对此部分额外增加的责任不承担赔偿责任。但是，即使没有协议存在，被保险人也需对他人承担这种法律责任时，保险人仍予负责。

（5）精神损害赔偿责任。

鉴于目前在我国的法律体系中，关于精神损害赔偿没有明确的法律依据；同时，由于精神损害是无形的，用经济手段将其数量化、具体化的难度较大；法院对受害方的精神损害赔偿额度多凭主观理解，弹性较大。因此，保险人很难核定精神损害赔偿额，风险较大。也正是基于以上原因，保监会要求在条款的拟订中将此作为责任免除。但随着我国法律规定的进一步完善，精神损害赔偿将会逐步被我国的责任保险条款所接纳。

3. 承保方式

职业责任保险的承保方式有两种：

(1) 以事故发生为基础的承保方式，又称期内发生制（Occurrence Basis）。保险人仅对在保险有效期内发生的职业责任事故而引起的损失负责，而不管受害方是否在保险有效期内提出索赔。从风险和赔偿责任的控制方面讲，这种承保方式对保险人带来的风险较高，故被称为"长尾巴业务"。由于职业责任从事故发生到索赔提出普遍存在较长的时间差，此种承保方式会使得保险人将会承担事故发生后经过较长时间才提出的索赔，因此较少使用这种方式承保。

(2) 以索赔为基础的承保方式，又称期内索赔制（Claims Made Basis）。保险人对在保险有效期内提出的索赔负责，而不管导致索赔的事故是否发生在该保险有效期内。由于这种承保方式将使得保险人可能承担保险期限以前发生的责任，为控制这种风险在这种承保方式的保险合同中通常引入"追溯期"的概念。在实践中职业责任保险中应用以索赔为基础的承保方式最为普遍。

由于采用了"追溯期"的概念，职业责任保险采取以索赔为基础的承保方式，即不管因被保险人的过错使委托人遭受的经济损失的事件是发生在保险期限内，还是发生在追溯期内，委托人必须在本保险期限内首次向被保险人提出索赔，而被保险人也必须在此期限内向保险人提出索赔，保险人才负责赔偿。

以建设工程设计责任保险为例，假定保险单有效期限为1999年1月1日至1999年12月31日，追溯起期订为1997年1月1日，则保险人只对1997年1月1日起工程设计人员发生的疏忽或过失行为并在1999年1月1日至1999年12月31日之间被保险人首次提出的索赔承担保险责任，而对于1997年以前发生的责任事故，保险人概不负责。

追溯期就是保险单追溯以往发生的事故的期限。追溯期的概念只适用于以索赔为基础的责任保险中。使用追溯期时，应当注意以下问题：

(1) 在确定追溯期的一般原则：第一年投保时，不存在追溯期；第二年续保时，追溯期追溯到第一年保险单的保险期限起始日；第三年续保时，追溯期仍追溯到第一年保险单的保险期限起始日——即连续投保，连续计算追溯期。投保人未续保一段时间后重新投保的，追溯期重新计算。原则上，在其他公司投保的时间不给追溯期。对某些被保险人提出的第一年投保给予一定追溯期的要求，保险人在对被保险人进行充分的风险评估的基础上，在被保险人补交一定的保险费后，可以适当予以考虑。

(2) 追溯期发生的索赔必须是委托人首次在保险期限内提出的索赔申请，保险人方予以负责。对于起保日以前已经向被保险人提出索赔的，保险人不予负责。此项规定就是为了防止被保险人利用追溯期进行逆选择。防止被保险人隐瞒承保前已发生客户向其提出索赔的事实，为支付即将产生的巨额赔偿而利用追溯期来选择购买保险。因此，保险人在承保时应对被保险人承保前的风险状况进行调查。

4. 保险费率及保险费

职业责任保险的保险费计收基础一般依据以下两个因素：一是投保人的从业人员总人数或业务总收入；二是投保人选择的赔偿限额。

除上述两个基本因素外，由于职业责任保险需要根据各种职业的特点及风险状况，制订出标准不一的保险费率，以适应各专业人员投保不同的职业责任保险的需要。具体地

说,下列因素同样影响风险大小,并在一定程度上决定投保人的保费负担:
(1) 被保险人及其雇员从事的职业种类;
(2) 被保险人的职业业务涉及的区域及业务性质、盈亏状况等;
(3) 被保险人每年提供专业技术服务的业务数量及业务总收入;
(4) 被保险人职业责任事故的历史资料及索赔处理情况;
(5) 被保险人从业人员数量,业务素质、管理水平,相关设备技术性能及状况;
(6) 免赔额的高低等。

5. 赔偿方式

职业责任保险的赔偿处理以相关保险条款的规定为基本依据,在保险单规定的赔偿限额内以法院或政府有关部门依法裁定或经双方当事人及保险人协商确定的应由被保险人偿付的金额为准计算赔款。虽然强调以法院判决为原则,但在已确认属保险责任范围内的事故时,应尽量首先选择协商处理。在达不成协议或分歧较大时,则应通过法律解决,并以法院判决作为保险人赔偿的最终依据。

责任保险中保险人是否履行赔偿责任取决于被保险人是否受到第三者的赔偿请求。如果责任事故已经发生,第三者(即受害人)也受到了损害,但第三者不向被保险人请求赔偿时,被保险人就无利益损失发生,保险人对被保险人也不必承担赔偿责任。只有在损害事故发生后,被保险人受到第三者赔偿请求,且保险人接到被保险人的通知和索赔请求后,保险人才代替被保险人承担对受害人的经济赔偿责任,或承担对被保险人的经济损失赔偿责任。因此,责任保险虽然在客观上保障了受害人的利益,但责任保险合同仅存在于保险人和被保险人之间,如果被保险人不向保险人请求经济赔偿,受害人不得直接向保险人索赔;另一方面,如果受害人没有向被保险人提出赔偿请求,被保险人也就不具备向保险人索赔的基础。

4.3.4 建设工程设计责任保险

1. 法律依据

建设工程设计责任保险的开办除了以一般民事责任规定为依据外,还要以《中华人民共和国建筑法》及其他相关法律为依据。《中华人民共和国建筑法》第56条规定:建筑工程的设计单位必须对其设计的质量负责。第73条规定:建筑设计单位不按照建筑工程质量、安全标准造成损失的,承担赔偿责任。《中华人民共和国合同法》第280条规定:勘察、设计的质量不符合要求或者未按照期限提交勘察、设计的文件拖延工期,造成发包人损失的,勘察设计人应当继续完善勘察、设计,减收或者免收勘察、设计费并赔偿损失。

2. 风险调查与评估

保险人对风险的评估主要通过投保调查进行了解投保人的风险状况,以便在承保时运用保险费率和免赔率这两个杠杆因素,选定合理的费率和免赔率。

在投保调查中,保险人要特别注意了解以下信息:
(1) 调查被保险人承保前有无接办重大建设工程设计任务,尤其是对因设计质量低劣引起返工或因设计错误而造成的工程重大质量事故的要了解清楚。
(2) 被保险人所雇佣的设计人员的姓名及其工作经历、年限等。
(3) 投保设计院/所的营运及赢利能力状况,设计院/所的规模、设计种类资信情况及设计复杂程度。

(4) 被保险人所雇佣的设计人员(专、兼职)的数量、技术水平、个人素质及职业道德状况。

(5) 内部质量控制管理系统的有效程度。

(6) 是否有被职业索赔的经历？是否投保过建设工程设计责任保险？未投保的原因？曾经投保过的承保公司、投保限额、保费数、保险期限、出险及理赔情况等。

投保人以前未曾投保过职业责任方面的保险将对保险人如何承保产生一定影响，被保险人将考虑投保人从事该业务的年限、等级以及未曾保险的年限等因素来确定对投保人采取何种费率并确定追溯期。

(7) 是否曾有前任被解职？解职的原因是否因为疏忽、过错行为还是因为诈骗或其他恶意行为？

(8) 要求附加的保险保障。

3. 建设工程设计责任保险的实务

(1) 对条款的理解

1) 保险对象及相关内容

本保险条款第一条规定被保险人为建设工程设计单位，其必须具备以下条件：

一是经国家建设行政主管部门批准(应取得设计资质证书和年检合格的设计单位)；

二是经工商行政管理部门注册登记，依法成立。

其中：工程设计是指依据工程建设目标，运用工程技术和经济方法，对建设工程的工艺、土木、建筑、公用、环境等系统进行综合策划、论证、编制建设所需要的设计文件及其相关的活动。

建设行政主管部门是指制定政策、管理工程建设工作的政府行政管理部门，它分为国家级(中华人民共和国建设部)和省市级(省建设厅、市建设委员会)两级。

设计单位是指担负基本建设项目设计工作并对设计负责的设计院、建筑设计院等。一个建设项目由几个单位共同设计时，要指定一个"主体设计单位"为总负责单位，并对建设项目的合理性和整体性负责。

2) 责任免除

除了在上文提到的一般职业责任险通常包括的一些责任免除条款外，建设工程设计责任保险还包括如下责任免除条款：

① 他人冒用被保险人或与被保险人签订劳动合同的人员的名义设计的工程而引起的索赔。

冒用是指不具备工程设计资格，在未经许可条件下，以他人名义承接工程设计项目的行为，冒用被保险人与被保险人签订劳动合同的人员的名义设计的工程，被保险人对此项设计的工程并没有可保利益，保险人不予承担保险责任。

② 被保险人将工程设计任务转让、委托给其他单位或个人完成的。

由于工程设计任务已经不由被保险人所控制，因此对这部分风险保险公司不承担。而应由承担具体设计任务的其他单位或个人投保相应的职业责任保险。

③ 被保险人承接超过国家规定的资质等级许可范围内的工程设计业务而引起的索赔。

本项规定的依据是《建筑法》第13条：设计单位按照其拥有资本、专业人员数量等划分资质等级，取得相应资质证书后，方可在其资质等级许可的范围内从事活动。

④ 被保险人的注册人员超越国家规定的执业范围执行业务而引起的索赔。

本项规定是根据《建筑法》第14条"从事建筑活动的专业技术人员，应当依据取得相应的执业资格证书，并在执业资格证书许可的范围内从事建筑活动"而制订的。

⑤ 未按国家规定的建设程序进行工程设计而引起的索赔。

本项规定是根据我国《建设工程勘察设计合同条例》的规定，设计合同要有上级机关批准的设计任务书后方能签订设计合同。

⑥ 委托人提供的工程测量图、地质勘察等资料的错误。

工程测量图、地质勘察等资料，它包括：工程地质、水文地质、工程地形地貌图三个方面，供工程建设设计、规划或施工组织设计使用。"委托人提供工程测量图、地质勘察等资料的错误"，引起的事故与工程设计人员无关，不应由设计人员承担责任。

⑦ 停产、减产等损失、被保险人延期交图而引起的索赔。

"停产、减产等损失"和"被保险人延期交图"，引起的索赔都具有间接损失的性质，对此，保险人为控制风险通常是不承担赔偿责任的。

⑧ 未与被保险人签订劳动合同的人员签名出具的施工图纸引起的任何索赔。

未与被保险人签订劳动合同的人员不属于被保险人的正式工作人员，因此其签名出具的施工图纸引起的责任不应归责于被保险人。

⑨ 罚款、罚金、惩罚性赔款或违约金。

罚款、罚金、惩罚性赔款或违约金是由于被保险人违反规章制度而由相应部门依法处罚而支付的金额，具有惩戒的功能。责任保险对这些惩罚性的罚款是不承担赔偿的。原因主要有两个：一、它不是被保险人对第三者的赔偿责任；二、它的目的是为了使被保险人引以为戒，如果由保险人承担，则起不到这种作用。

⑩ 被保险人或其雇员的人身伤亡及其所有或管理的财产的损失和因勘察而引起的任何索赔。

这些风险是应该用其他险种来承保的。如雇主责任险、财产保险和工程勘察责任保险等。勘察是指依据工程建设目标，通过对地形、地质、水文等要素进行测绘、勘探、测试及综合分析评定、查明建设场地和有关范围的地质、地理环境等特征，提供建设所需要的勘察成果资料及其相关活动。勘察与设计是建筑工程的两个步骤，勘查方的责任可以通过投保工程勘察责任保险来转嫁给保险人。

(2) 保险费

1) 费率的确定

建设工程设计责任保险根据工程设计单位的资质等以确定基本费率，再考虑增加赔偿限额后的加费和提高免赔款后的减费等因素确定最终适用费率。一般而言，设计资质越高费率越低，赔偿限额越高、免赔额越低则费率越高。

2) 保险费

本保险实行预收保险费制。根据被保险人上年业务收入等情况确定其可选择的累计赔偿限额和免赔额范围，并确定其运用费率。保险费由保险人按照适用的基本费率乘以被保险人预计的当年业务收入，再考虑赔偿限额和免赔额等因素确定适用费率，计算出预收保险费。在保险单到期后的一个月内，保险人要根据被保险人提供的本保险有效期内实际业务收入的有关账册内容，计算调整预收保险费，多退少补。

保险费计算公式为：

保险费＝被保险人预计当年业务收入×适用的基本费率×增加赔偿限额后的加费倍数×（1－提高免赔额后的减费比例）

（3）投保手续

投保时保险公司将对拟承保的设计院/所的经营历史、设计人员水平、结构及管理状况、设计流程等情况进行现场查验，确定是否予以承保。核保人员应根据投保单反映出的内容认真调查，做到对被保险人和承保风险的基本情况心中有数，确保全面掌握情况，待保险双方达成一致意见后，方可签发保险单。

4.3.5 工程监理责任保险

1. 法律依据

工程监理责任保险的开办除了以一般民事责任规定为依据外，还要以《建筑法》、《合同法》及其他相关法律为依据。《中华人民共和国建筑法》第35条规定：工程监理单位不按照委托监理合同的约定履行监理义务，对应当监督检查的项目不检查或者不按照规定检查，给建设单位造成损失的，应当承担相应的赔偿责任。《中华人民共和国合同法》第276条和第406条规定：委托监理合同应当依照本法委托合同以及其他有关法律、行政法规的规定；有偿的委托合同，因受托人的过错给委托人造成损失的，委托人可以要求赔偿损失。《建设工程委托监理合同〈示范文本〉》（GF-2000-0202）中第五条规定：监理人在履行本合同的义务期间，应认真、勤奋地工作，为委托人提供与其水平相适应的咨询意见，公正维护各方面的合法利益；第二十七条规定：监理人对承包人违反合同规定的质量要求和完工（交图、交货）时限，不承担责任。因不可抗力导致委托监理合同不能或部分履行，监理人不承担责任。但对违反第五条规定引起的与之有关的事宜，向委托人承担赔偿责任。

2. 风险调查与评估

在投保调查中，保险人要特别注意了解以下信息：

（1）调查被保险人以往业务经验、历史，因执行委托监理合同而发生的纠纷、失误、索赔、诉讼等情况，投保时被保险人是否正准备或有计划接办重大建设工程设计任务。

（2）被保险人所雇佣的监理人员的姓名及其工作经历、年限等。

（3）被保险人的营运及赢利能力状况，规模、资质等级情况等。

（4）被保险人所雇佣的监理工程师数量、技术水平、个人素质及职业道德状况。

（5）内部质量控制管理系统的有效程度。

（6）是否有因为专业活动而被索赔的经历？是否投保过建设工程设计责任保险？未投保的原因？曾经投保过的承保公司、投保限额、保费数、保险期限、出险及理赔情况等。

3. 工程监理责任保险的实务

（1）对条款的理解（与建筑设计责任保险重复之处不再赘述）

责任免除。除了在上文提到的一般职业责任险通常包括的一些责任免除条款外，建设工程设计责任保险还包括如下责任免除条款：

1) 他人冒用被保险人的名义承接的工程监理业务。

2) 被保险人将工程监理业务转让给其他单位或个人的。

3) 被保险人承接超过国家规定的资质等级许可范围内的工程监理业务。

4) 被保险人被收缴《监理许可证书》获《工程监理企业资质证书》后或被勒令停业整顿期间继续承接工程监理业务。

5) 被保险人的监理工程师被吊销执业资格后或被勒令暂停执业期间继续执行业务。

6) 被保险人未与任何人签订《建设工程委托监理合同》进行监理的建设工程发生的任何损失。

7) 停产、减产等损失、被保险人延期交图而引起的索赔。

8) 罚款、罚金、惩罚性赔款或违约金。

9) 被保险人或其雇员的人身伤亡及其所有或管理的财产的损失和因勘察而引起的任何索赔。

(2) 保险费

1) 费率的确定

工程监理责任保险的费率根据工程设计单位的质量管理体系等具体情况确定费率。

2) 赔偿限额

赔偿限额可由投保人自行选择,但应当符合以下原则:累计赔偿限额不低于人民币200万元;累计赔偿限额等于或者低于人民币3000万元时,每次事故赔偿限额与累计赔偿限额一致;累计赔偿限额高于人民币3000万元时,每次事故赔偿限额为人民币3000万元。

3) 保险费

本保险实行预收保险费制。根据被保险人预计监理业务收入的一半加上累计赔偿限额的一半作为计算保险费的基数,并乘以该企业应当适用的费率计算预收保险费。在保险单到期后的一个月内,保险人要根据被保险人在保险有效期内的实际业务收入的有关账册内容,计算调整预收保险费,多退少补。

保险费计算公式为:

保险费=(保险期限内被保险人监理业务收入×1/2+累计赔偿限额×1/2)×保险费率

4) 投保手续

对于长期注册的工程监理企业(以企业名义向政府主管部门进行注册,一般为本地的工程监理企业)必须按年度投保本保险;对于单项注册的工程监理企业(就单个工程监理项目向政府主管部门进行注册,一般为外地的工程监理企业)可以就单个工程投保本保险。

投保人向保险人投保时,须提供被保险人的《监理许可证》或《工程监理企业资质证书》、《营业执照》及 ISO 9000 系列质量管理体系认证证书的复印件。

4.4 工程承包人责任保险

4.4.1 工程承包人责任保险定义

工程承包人责任保险(Contractor's Liability Insurance;CL)是各种建设工程的承包人,因执行承包的工程发生意外导致第三人伤亡或财物受有损失,被保险人依法应负赔偿责任并受赔偿请求时，由保险人予以理赔的保险。

工程承包人责任保险属于公众责任保险(Public Liability Insurance，PL)的一个分支。在一些西方国家的建设单位通常不单独投保此项保险，而工程建设单位的综合责任保险(Comprehensive General Liability Insurance 或 Commercial General Liability Insurance，CGL)可以涵盖相应的保险责任。在国外，投保工程承包人责任保险(或建设单位综合责任保险)通常是业主选择建设单位或工程开工的必要条件。

我国目前没有开办工程承包人责任保险，有关责任风险可以通过工程一切险第三者责任保险转移(工程承包人列为共同被保险人)。

4.4.2 工程承包人责任保险的主要内容

1. 保险责任

工程承包人责任保险主要转移建设单位在施工过程中，对第三者造成损害的责任风险，即工程建设单位(即被保险人)或其员工在保单列明的施工场所内，因执行施工任务或相关活动发生意外事故，致使第三者人身伤亡或财产损失，依法应由被保险人承担的民事赔偿责任，保险公司负责赔偿有关损失。

2. 责任免除

工程承包人责任保险的主要除外责任有：

(1) 保险期限届满之前，业主方就启用、接收、验收或实际使用了有关建设项目或该项目的一部分，之后发生的赔偿责任保险公司就不再负责赔偿了。有关风险应当由业主投保公众责任保险。

(2) 因振动、土壤扰动、土壤支撑不足、地层移动或挡土失败，损害土地、道路、建筑物或其他财物所致赔偿责任。有关风险应由建筑工程保险承担。

(3) 因损害管线、管路、线路及其有关设施所致的赔偿责任。但被保险人能证明施工前已经取得上述设施位置图及有关资料，并在施工过程中采取相应措施注意避免损失的，则保险公司赔偿修理或更换有关受损设施、管线的费用。

(4) 被保险人、业主以及其他与工程项目有关的各方，或上述单位的代理人、员工及其居住在工地的家属的人身伤亡，或其所有、管理、使用的财产发生损毁的赔偿责任。与工程有关的各方及其员工等，不构成"第三者"，有关风险应当投保雇主责任险和工程保险转移风险。

(5) 领有公共行驶牌照的机动车辆、船舶、飞机发生意外事故。此类风险应由相应的运输工具第三者责任保险承担。

(6) 战争、核辐射、各种自然灾害等。

3. 保险期限

工程承包人责任保险按施工项目投保，其责任期限一般以工程承包合同的工程建设期为准，可以长于1年，也可以短于1年。工程承包人责任保险的费率是年度费率，如果投保的保险责任期限长于或短于一年，应当按照相应年数或短期费率计算保险费。

4. 赔偿限额

一些西方发达国家对工程承包人责任保险有明确的投保赔偿限额的额度限制，例如美国的一些州规定，承包人的责任保险合同对每项建设工程的赔偿限额，最低限度为每次事故及累计赔偿限额 500 万美元。由于目前我国没有开办工程承包人责任保险，也没有规定明确的赔偿标准。我国台湾地区开展此项保险，制定的最低保险限额为：保险期间最高赔偿限额 100 万新台币，每一事故人身伤亡赔偿限额 40 万新台币，每人人身伤亡赔偿限额 20 万新台币，每一事故财产损失赔偿限额 10 万新台币，被保险人最低自付赔偿损失为每次事故 2500 新台币。

5. 保险费率及保险费

工程承包人责任保险的费率主要受赔偿限额高低、工程风险状况等因素影响，保险费计算方法为：累计赔偿限额×费率×工程建设期年度数（短于一年的乘以相应的短期费率）。

6. 风险评估

一般地说，保险人办理工程承包人责任保险时，主要关注下列事项：

(1) 工程承包人的商誉，以往工程经验、事故记录、风险控制能力等。

(2) 施工人数、施工人员平均年龄、员工技术及教育训练是否完备，员工素质如何等。

(3) 施工高度、工程种类、工程时间（白天或夜间施工）、是否使用爆破技术施工、工程地理位置、工程建筑登记、施工机械的种类和来源（是否转包，新旧程度等）。

(4) 工程区域内的安全管理措施、消防设备、使用施工工具的养护水平以及施工区内是否有危险物品等。

第五章 建设工程其他相关保险

5.1 建筑施工人员团体意外伤害保险

5.1.1 人身意外伤害保险的概念

1. 意外伤害

意外伤害包括意外和伤害两层含义。伤害是指被保险人的身体受到侵害的客观事实，由致害物、致害对象、致害事实三个要素构成，三者缺一不可。意外是就被保险人的主观状态而言，指侵害的发生是被保险人事先没有预见到的，或违背被保险人主观意愿的。人身意外伤害保险中所称的意外伤害，是指在被保险人没有预见到或违背被保险人意愿的情况下，突然发生的外来致害物对被保险人的身体明显、剧烈地侵害的客观事实。

2. 人身意外伤害保险

人身意外伤害保险是指保险人以被保险人因意外伤害事故而造成死亡、残废为给付保险金条件的一种人身保险。意外死亡给付和意外残疾给付是意外伤害保险的基本责任。其派生责任包括医疗给付、误工给付、丧葬给付和遗属生活费给付等责任。

5.1.2 人身意外伤害保险的特征

1. 人身意外伤害保险的费率厘定不以被保险人的生命为依据。意外伤害保险的被保险人遭受意外伤害的概率取决于其职业、工种或所从事的活动，一般与被保险人的年龄、性别、健康状况无直接联系。因此，被保险人的职业成为意外伤害保险费率厘定的重要因素。

2. 人身意外伤害保险的承保条件较宽。相对于其他业务，意外伤害的承保条件一般较宽，高龄者也可以投保，而且对被保险人不必进行体格检查。

3. 人身意外伤害保险的保险责任不包括疾病所致的被保险人的死亡和残疾。

4. 人身意外保险的责任期限的规定。在人身意外伤害保险中，只要被保险人遭受意外伤害的事件发生在保险期限内（通常为90天至180天）造成死亡或者残疾的后果，保险人就要承担保险责任，给付保险金。即使在死亡或者被确定为残疾时保险期限已经结束，但只要未超过责任期限，保险人仍要承担给付保险金的责任。

5. 人身意外伤害保险属于定额给付保险。在人身意外伤害保险中，死亡保险金的数额是保险合同中约定的，当被保险人死亡时如数给付；残疾保险金的数额由保险金额和残疾程度两个因素决定。

5.1.3 建筑施工人员团体意外伤害保险的主要内容

本节内容主要按照人保《建筑施工人员团体意外伤害保险条款》编写。

1. 保险责任：建筑施工单位人员如在从事建筑施工及与建筑施工相关的工作，或在施工现场或施工指定的生活区域内遭受意外伤害而致的身故、残疾，保险人按照保险合同约定支付保险金。本项保险业务是特定适用于建筑施工单位人员的专项人身意外伤害保险。

被保险人在从事建筑施工及与建筑施工相关的工作中，包括外出采购材料、运送物资、出差工作期间，或在施工现场或施工指定的生活区域内遭受意外伤害，保险人依合同约定给付保险金。如同时投保扩展条款，将不限定被保险人的活动范围和活动目的，被保险人享有24小时意外伤害保障。

2. 除外责任：建筑施工人员团体意外伤害保险的除外责任与一般人身意外保险大同小异，区别不大。只是如果没有投保扩展附加条款，保险人对施工现场、施工生活区域以外或因与施工活动无关的事情而发生的事故，造成的人身伤亡不承担赔偿责任。

3. 保险期限：如保险合同是按照被保险人人数计收保险费的，保险期间为1年或根据施工项目期限的长短确定。保险期间自保险人同意承保、收取保险费并签发保险单的次日零时起至约定的终止日的24时止。

如按照建筑工程项目总造价或建筑施工总面积计收保险费的，保险期间自施工工程项目被批准正式开工，并且投保人已交付保险费的次日（或约定保险期间开始之日）零时起，至施工合同规定的工程竣工之日止。保险期间在保险单中列明。

提前竣工的，保险责任自行终止。工程因故延长工期或停工，需书面通知保险人并办理保险期间顺延手续。工程停工期间，保险责任中止，保险人不承担保险责任。工程重新开工后，投保人可书面申请恢复保险合同效力，但累计有效保险期间不得超过保险合同对保险期间的约定。

保险合同期间届满，工程仍未竣工的，需办理续保手续。续保时，原则上原承保条件不变。

如保险期间未结束，原工程项目更换施工企业，应重新评估新的施工企业并计算剩余保险期间应交费用，与原剩余期间保费相比较，多退少补，退费部分不收取手续费。

4. 保险金额：每一被保险人的保险金额最低为10000元。

按人数投保的，可按工作类别投保不同的保险金额，但为了防范道德风险，同一级别的被保险人应采取同一保险金额，职务较高的被保险人的保险金额可高于职务较低的被保险人的保险金额。

按工程造价和建筑面积投保的，每一被保险人的保险金额必须一致。

5. 保险费：建筑施工人员团体意外伤害保险的保险费计收方式分为3种：(1)按被保险人人数计收；(2)按施工建筑面积计收；(3)按工程合同造价计收。投保人可选择其中一种。

主险保险费总和低于10万元的，投保人投保扩展条款时，扩展条款的保险费等于主险保费×10%；主险保险费总和高于10万元的，保险人免费为其增加扩展条款的保险责任。

5.2 货物运输保险

5.2.1 货物运输保险的概念

货物运输保险是以各种被运输货物作为保险标的，保险人依照合同对于在运输过程中可能遭受的各种自然灾害或意外事故所造成的损失承担赔偿责任的保险。大中型工程建设项目通常需要运送大量的物资，一些工业建设项目还需要从国外进口一部分机器设备或关键部件，这些物资在运输途中都面临着各种自然灾害和意外事故的风险，而通过投保货物运输保险，可以转移相关风险。

货物运输保险的保险标的是运输过程中的货物，主要是指具有商品性质的贸易货物，包括货物的包装。现代化的运输要具备道路、运输工具、动力及通讯设备四大要素。根据道路的不同，运输方式可分为水路运输、公路运输、铁路运输、航空运输和管道运输。随着运输方式的不断变革，货物运输保险的内容和形式也在不断地发生变化。单一的海上货物运输保险已发展成为水、陆、空同时并存的货物运输保险体系。

当今，随着我国市场经济的发展，各种国内、涉外进出口货物运输保险业务得到了全面迅速的发展，已成为现代贸易活动中不可缺少的重要组成部分。

5.2.2 货物运输保险的特点

货物运输保险同其他财产险业务相比，有其自身的特点。因为货物运输保险既涉及货物运输的特性，又涉及海洋、内河、公路、铁路等不同方式和运输工具，同时也涉及不同运输区域的天文地理。总而言之，货物运输保险有以下八个特点：

1. 被保险人的多变性

在货物运输保险中，大多数情况下被保险人是在变化的。因为，货物运输保险的保险标的是在运输过程中的商品，商品由卖方运送到买方。有时甚至已经运送的货物还会经过多次转卖，随着货主的变更，被保险人也发生变更，往往最终受保险合同保障的人不是保险单上注明的被保险人，而是保单持有人(Policy Holder)。

2. 保险利益的转移性

运输中的货物通常为国内贸易或国际贸易的商品，保险利益是投保人对于保险标的具有的法律上承认的利益。买卖双方对于货物的保险利益是随着物权的转移和风险的交割而换位的。因此，保险标的转移时，保险利益也随之转移。

3. 保险标的的流动性

货物运输保险所承保的标的，通常是具有商品性质的动产。为了实现其位移的目的，保险地址是不固定的，它处于不断的流动之中。因此，保险事故往往发生在承保人的异地，损失查勘往往由当地的保险代理人进行。

4. 承保风险的广泛性

货物运输保险承保的风险，从范围上看，既有海上风险，又有陆上风险和空中风险；从风险的种类上看，既有自然灾害和意外事故引起的客观风险，又有外来干涉原因引起的主观风险；从形式上看，既有海陆空运输中的动态风险，又有途中仓储期间的静态风险。

因此，货物运输保险承保的风险具有明显的广泛性。

5. 承保价值的定值性

货物运输保险的承保一般采用定值保险，这是由保险货物的流动性所决定的。因为货物越接近其目的地，它的价值就越高。为了解决货物在各个不同地点可能出现的价格差异问题，货物的保险金额可由保险双方按约定的保险价值来确定。当发生损失时，不再考虑出险时货物的市场价格，而根据约定价值按货物的损失程度计算赔款。

6. 保险合同的可转让性

既然货物运输保险是以贸易货物为保险标的的，那么，伴随货物的买卖转让，保险利益实现了转移，保险合同也自然能够从卖方转向买方。与其他财产保险合同不同的是，货物运输保险的保险合同通常随着保险标的、保险利益的转移而转移，毋须通知保险人，也毋须征得保险人的同意。保险单可以用背书或其他习惯方式加以转让。

7. 保险利益的特殊性

《中华人民共和国保险法》第十二条规定："投保人对保险标的应当具有保险利益。投保人对保险标的不具有保险利益的，保险合同无效。"这意味着，如果保险合同订立之前或订立之时，保险标的已经灭失，则投保人对保险标的已经没有保险利益，因此，无论是什么原因造成保险标的的损失和灭失，保险人均无须赔付。但是，货物运输的特殊性决定了投保人在投保时往往不知道货物的实际情况，因此，在货运险中通常采用"不论灭失与否条款"，作为对保险利益原则的例外。根据"不论灭失与否条款"规定，投保人事先不知情，也没有任何隐瞒，即使在保险合同订立之前或订立之时，保险标的已经灭失，事后发现承保风险造成保险标的灭失，保险人同样应该给予赔偿。

8. 合同解除的严格性

对于保险合同的解除，法律一般都采取任意性规定的办法，即：除合同另有约定外，保险合同成立后，投保人可以解除合同，保险人不得解除合同。但对于货物运输保险，由于属于航次保险，其风险整体不可分割，我国《保险法》第三十五条和《海商法》第二百二十八条都作了规定，即：货物运输保险，保险责任开始后，合同当事人不得解除合同。

5.2.3 货物运输保险的分类及险种

1. 货物运输保险的分类

我国的货物运输保险通常按运输方式划分：

（1）水上货物运输保险

以航行于海洋、内河、沿海的轮船、驳船、机帆船、木船、水泥船等运输的货物为标的的保险。

（2）陆上货物运输保险

以陆上各种机动或人力、畜力的运输工具运载的货物为标的的保险。我国现行各种陆上货物运输保险条款中所确认的运输工具主要是火车和汽车。

（3）航空货物运输保险

以通过飞机运输的货物为标的的保险。近年来，航空事业发展迅速，空运业务量不断扩大，航空货物运输保险业得到了很大的发展，是一个很有发展前景的险种。

（4）联合货物运输保险

简称"联运险"。以承保有两种或两种以上不同的运输工具（辅助运输工具不在此限）联运的货物为标的的保险。

（5）邮包保险

以通过邮局以邮包形式递运的货物为标的的保险。由于邮包的运送有可能使用水、陆、空三种运输工具，因此，确定保险责任范围时，要同时考虑这三种工具的出险的因素。

（6）管道货物运输保险

以通过管道运输的货物为标的的保险。近几十年来，随着石油化工业的发展，通过管道输送石油等化工原料成为继火车、汽车为主要运输工具之后的一种新型的补充运输方式，同时产生了管道货物运输保险。

（7）快递随身携带行李保险

以旅客在乘坐运输工具是随身携带的行李为标的的保险。它的特点是人与行李通过同一运输工具，同时实现有目的的位移。但行李由旅客委托给承运人托运。由于证明行李损失、短少的原因和损失的金额比较困难，保险公司承保时应设定承保限额。

2. 货物运输保险的险种

为适应被保险人对货物运输保险的具体要求，根据不同的标的和采用不同的运输方式所可能遭受到的不同危险，规定了不同的险种和险别。现行的货物运输险主要险种有以下几种：

（1）国内货物运输险

1）国内水路货物运输保险。承保沿海、内河水路运输的货物，分基本险和综合险两种。基本险承保货物在运输过程中因遭受自然灾害或意外事故造成的损失；综合险除承保基本险责任外还负责包装破裂、破碎、渗漏、盗窃和雨淋等危险。

2）国内铁路货物运输保险。承保标的为国内经铁路运输的货物，分基本险和综合险两种。基本险的责任范围是被保险货物在运输过程中因遭受自然灾害或意外事故造成的损失；综合险的责任范围是除基本险责任外还负责包装破裂、破碎、渗漏、盗窃、提货不着和雨淋等造成的损失。

3）国内公路货物运输保险。承保标的为国内经公路运输的货物，其保障范围包括自然灾害和意外事故，还综合承保雨淋、破碎、渗漏等危险。

4）国内航空货物运输保险。承保标的为航空运输的货物，其保障范围除自然灾害和意外事故外，还综合承保雨淋、破碎、渗漏、盗窃和提货不着等危险。

（2）进出口货物运输保险

进出口货物运输保险主要分为海洋、陆上、航空、邮包四类。

1）主要险别

海洋货物运输保险有：平安险、水渍险、一切险三种。

陆上货物运输保险有：路运险和路运一切险两种。

航空货物运输保险有：空运险和空运一切险两种。

邮包保险有：邮包险和邮包一切险两种。

2）附加险

一切险范围内的附加险有：盗窃险、提货不着险、淡水雨淋险、短量险、混杂沾污险、渗漏险、碰损破碎险、串味险、受潮受热险、钩损险、包装破裂险、锈损险。承保了一切险，对其中任何一种附加险都是负责的。

特别附加险。不属于一切险范围内的特别附加险主要有：进口关税险、舱面险、卖方利益险、拒收险、黄曲霉素险和港澳存仓火险、虫损险、交货不到险等。

特殊附加险。既不属于一切险范围的附加险，也不属于特别附加险的附加险是特殊附加险，即战争险和罢工险。

工程使用的货物在运到后会存放一段时间，很多情况下不会立即拆开包装使用。因此在工地上发生了自然灾害或意外事故后（例如下雨），拆开货物包装后发现受到损失（例如机器遇水后生锈），有时无法确认损失到底发生在工地还是在运输途中（可能运输中也遇到了暴风雨）。这种情况下，如果工程保险与货物运输保险分开安排，则可能发生两个保险的承保人会相互推脱责任的情况。为了避免发生这种情况，可以统一安排这两项保险，并且要求保险人扩展"附加工程保险/货物运输保险条款"，明确承诺在责任归属不清的情况下，有关损失有两项保险各赔偿一半的损失。

第二篇 建设工程技术风险识别

第一章 地下建筑工程的技术风险

1.1 地下建筑工程施工技术概述

众所周知，地下工程具有水文地质条件复杂；机械设备、技术方案复杂；不可预见因素多；工程周边环境复杂；决策、管理、组织方案复杂等特点，所以地下空间建设过程存在着较大的风险。纵观现有的地下建筑工程施工工法，种类繁多。常用的有明挖法、暗挖法、明暗结合开挖法等等。其中明挖又根据围护结构的不同分为放坡开挖、无支撑围护开挖、有支护分层开挖、中心岛开挖、壕沟式开挖、沉井（箱）法；暗挖又分为盾构、顶管、TBM、钻爆法等；明暗结合开挖可分为沉管法及逆作法等。单就修建隧道而言，既可以采用明挖法，也可以选用盾构法，在硬岩中还可以考虑用 TBM 或钻爆法。这些工法都具有各自的地层适用性，施工过程中的风险事故类型及风险因素也各不相同。

1.2 工程水文地质风险识别

地下建筑工程固有的特点决定，工程水文地质对工程施工有着至关重要的影响，从而研究探求水文地质是我们无法回避的课题。鉴于地质构成状况和性质的多样性，将在本节分六个部分对工程水文地质风险进行识别，力求能具体全面阐述存在的风险，以服务于地下工程的安全顺利施工。

1.2.1 地形地貌风险

不同的地形地貌在表面上有着不同的形状、外貌，在成因和岩土层构成上亦有很大区别，因而在不同的地形地貌进行地下建筑工程施工时，将会遇到不同类型和程度的风险，如图 2.1-1 中分 4 大部分进行风险识别。

1.2.2 第四纪地层风险

众所周知，无论是环境问题，地质灾害的防治，还是工程施工问题，都和第四纪地质研究紧密相联。但由于岩土层成因和构造不同，将会在地下工程施工时产生不同的工程风险，如图 2.1-2 分 5 个部分进行具体风险识别。

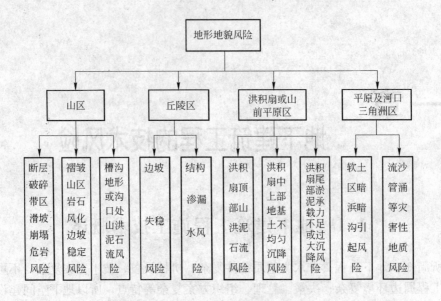

图 2.1-1 地形地貌风险

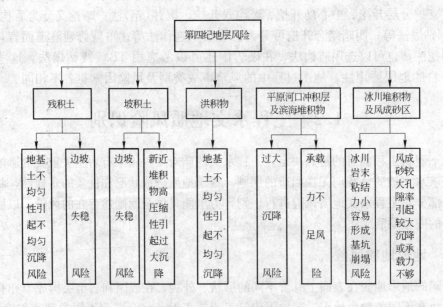

图 2.1-2 第四纪地层风险

1.2.3 岩体结构面风险

岩层结构面主要分为五种类型：沉积结构面、火成结构面、变质结构面、构造结构面以及次生结构面。不同类型的结构面有属于自己不同的特点，如沉积结构面的层面、软弱夹层等结构面较为平整，不整合及沉积间断面多有碎屑、泥质物构成，且不平整；火成结构面接触面可有融合和破裂两种不同特征，原生接力一般为张裂面，较粗糙不平；变质结构面光滑平直，片理在岩体深部往往闭合成隐蔽结构面，片岩软弱夹层含片状矿物，成鳞片状；构造结构面张性断裂不平整，常有次生填充、呈锯齿状，剪切断裂较平质、具羽状裂隙，压性断层有多种构造、岩层带状分布，往往含断层泥等，对岩体稳定性影响很大；次生结构面一般为泥质物充填，水理性质很差。根据上述性质进行风险识别如图 2.1-3 所示。

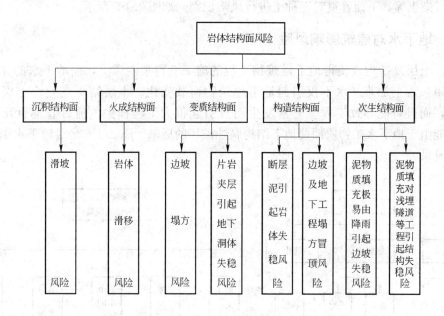

图 2.1-3　岩体结构面风险

1.2.4　岩体结构类型风险

岩体结构类型和相应性质在岩石隧道等地下工程施工时，对工程结构有着非同小可的影响，下面分 6 种类型一一进行风险识别，如图 2.1-4 所示。

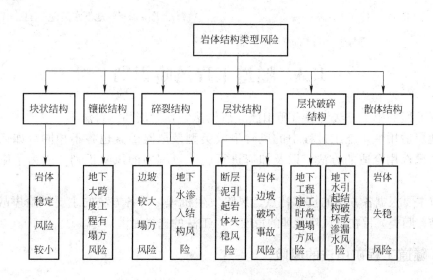

图 2.1-4　岩体结构类型风险

1.2.5 特殊土风险

特殊土是指特定地理环境或人为条件下形成的特殊质的土,它的分布具有明显的区域性。特殊土包括人工填土、超软土、湿陷性土、红粘土、膨胀土、多年冻土、混合土、盐泽土、污染土等。下面着重对三种土进行风险识别,如图2.1-5所示。

1.2.6 地下水对建筑影响风险

岩、土层复杂构成使得地下建筑物工程的施工变得很困难了,而地下水的介入更是雪上加霜,难上加难。水不仅引起地下建筑物荷载变化、土层结构变化、土层力学性质变化,而且可能导致工程上时常发生而且引起很大工程损失的流砂管涌性事故,甚至还可能由于地下水矿物质而使地下结构腐蚀破坏的后果。图2.1-6是对地下水引起的风险识别成果。

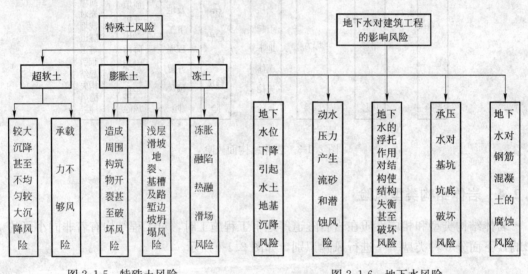

图2.1-5 特殊土风险　　　　　图2.1-6 地下水风险

1.3 隧道工程风险识别

隧道工程的施工方法主要有矿山法、盾构法、顶管法和沉管法等。这些方法都具有各自的地层适用性,施工过程中的风险事故类型及风险因素也各不相同。如何针对工程具体情况选用合适的方法,以及如何进行施工过程中的风险识别,成为了亟待解决的问题。

本节主要根据各方法的技术特点、风险发生机理,对各方法的主要风险事故进行识别、总结、归类,旨在从风险管理的角度,对工法的选择提供指导。

1.3.1 隧道工程矿山法的风险

矿山法因最早应用于矿石开采而得名,是山岭隧道的常规施工方法。因矿山法多数情况下都需要采用钻眼爆破法进行开挖,故又称为钻爆法。作为施工方法,习惯上又把矿山法分为传统矿山法和新奥法。传统的矿山法采用钻爆开挖加钢木构件支撑的施工方法,新奥法则采用钻爆开挖加锚喷支护的施工方法。从隧道工程的发展趋势来看,矿山法仍将是今后山岭隧道中最常用的开挖方法。

1.3.1.1 开挖过程风险

开挖方法的选择是隧道开挖过程中首要的问题同时也是影响围岩稳定的重要因素。

矿山法施工采用钻眼爆破掘进方式。钻眼爆破掘进是用凿岩机钻孔,钻孔内装填炸药,使坑道设计范围内的岩体爆破破碎的过程。钻眼掘进的过程包括:钻眼、清孔、装药、联起爆网络、堵塞、爆破,通风,处理悬石等过程。

隧道在开挖过程中的风险见图 2.1-7:

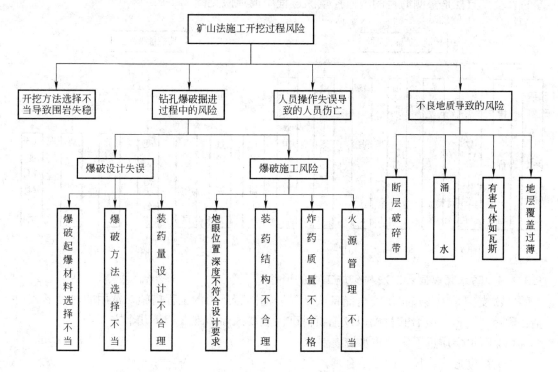

图 2.1-7 开挖过程风险

隧道在钻眼爆破之后,出渣之前还存在以下风险:

(1) 隧道通风不足;

(2) 哑炮处理不当;

(3) 悬石处理不当。

1.3.1.2 出渣运输中的风险

出渣作业是隧道作业的基本作业之一。出渣作业能力的强弱,决定了整个作业循环时间的长短,进而在很大程度上影响施工速度。出渣运输过程中的风险包括:

(1) 出渣运输方式选择不当;

(2) 出渣处照明不足;

(3) 运输设备损坏;

(4)运输人员操作不当。

1.3.1.3 初期支护

初期支护是解决隧道在施工期间的稳定和安全的工程措施。初期支护主要采用锚杆和喷射混凝土来支护围岩。图 2.1-8 给出了初期支护施工中的风险:

1.3.1.4 监控量测

施工监测是了解围岩变化动态的重要手段,通过对现场量测的有关围岩力学动态和支护工作状态的数据的数理和力学分析,来判断围岩和支护体系的稳定性以及工作状态,直接为支护设计和施工决策服务。

监控量测过程可以分为:现场量测—数据处理—信息反馈。量测数据的处理和反馈用以进行施工管理和调整支护设计,确保施工的安全性和设计的经济性。简而言之量测是监控的手段,监控是量测的目的。监控量测过程中的风险见图 2.1-9:

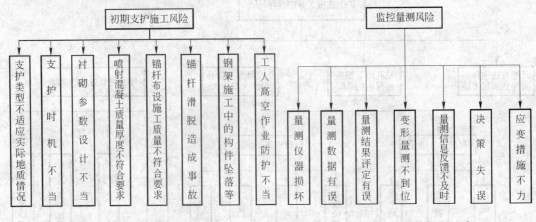

图 2.1-8 初期支护施工风险　　　图 2.1-9 监控量测风险

1.3.1.5 防水隔离层和二次衬砌施工中的风险

二次支护是为隧道提供安全储备或承受后期围岩压力的工程措施。常用的衬砌形式包括:整体式衬砌、复合式衬砌以及锚喷衬砌。主要风险体现在如下几个方面:

(1)防水层质量不满足防水抗渗要求;
(2)衬砌形式、尺寸设计不合理;
(3)二次衬砌施作时间不合理;
(4)二次衬砌混凝土质量不满足要求。

1.3.1.6 辅助施工措施中的风险

隧道在穿过软弱、不容易自稳的地段时,应采用辅助施工措施进行预先加固处理,辅助施工措施风险见图 2.1-10。

1.3.2 隧道工程盾构法的风险

盾构法施工风险可分成客观风险及技术风险。客观风险指的是当隧道选址及盾构机械选型确定的情况下,施工环境(如水文地质条件,气候条件等)以及设备条件决定的固有不可抗拒风险。技术风险是由于施工过程中的技术方案、操作管理过程中失误引起的风险。本章节不把客观风险及技术风险分开,笼统地把隧道盾构法施工风险分成盾构设备、盾构

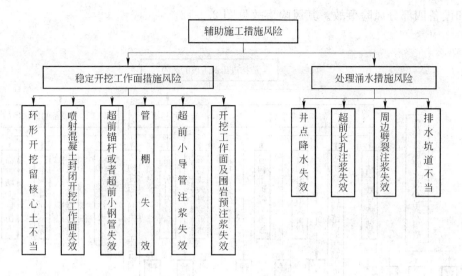

图 2.1-10 隧道辅助施工措施

进出洞、盾构掘进、管片、注浆设备等五个方面分析,现分别分析如下。

1.3.2.1 盾构设备风险

盾构设备的风险主要包括盾构选型、盾构改制和盾构检修三部分风险事故。其风险事故见图 2.1-11。

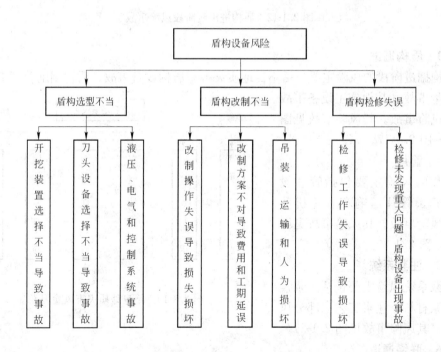

图 2.1-11 盾构设备风险事故

1.3.2.2 盾构进出洞

盾构进出洞阶段的风险主要包括盾构机械的吊装和安装、盾构出发、盾构到达和临时工程和设备四部分风险事故。其风险事故见图 2.1-12。

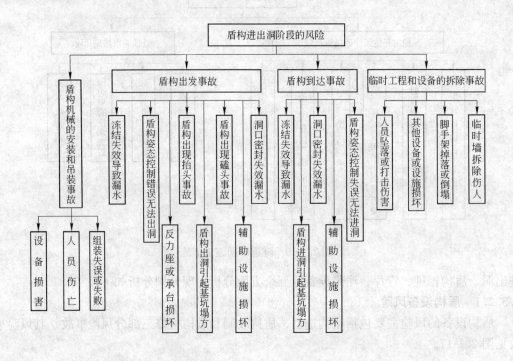

图 2.1-12 盾构进出洞阶段风险事故

1.3.2.3 盾构掘进

盾构掘进阶段的风险主要包括不良地质灾害、盾构设备事故、盾构掘削管理事故、线形和测量事故和其他施工设备事故五部分风险事故。其风险事故见图 2.1-13～图 2.1-17。

1.3.2.4 管片

管片的风险主要包括管片设计与生产、管片运输和管片拼装三部分风险事故。其风险事故见图 2.1-18～图 2.1-20。

1.3.2.5 注浆系统

注浆系统风险主要包括注浆设备、注浆材料、注浆工艺三部分风险事故。其风险事故见图 2.1-21。

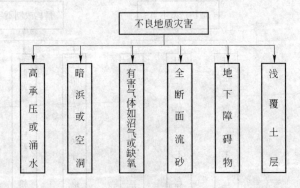

图 2.1-13 不良地质灾害风险因素

1.3.2.6 联络通道

在城市地铁隧道或交通隧道规划设计中，上下行隧道间通常要设置联络通道，又称联络通道。在地铁运营时，当一条隧道内发生火灾、涌水、倒塌等突发性事件时，乘客可就地下车，经联络通道转移到另一条隧道中，并迅速向地面疏散。联络通道一般设于区间隧

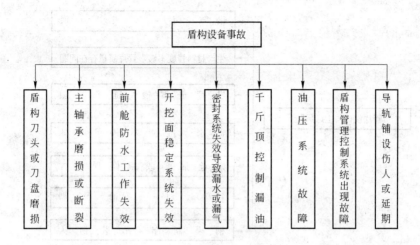

图 2.1-14 盾构设备风险事故

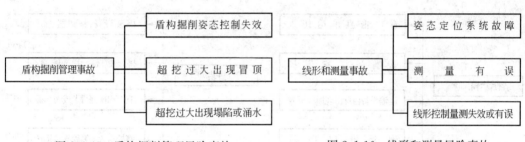

图 2.1-15 盾构掘削管理风险事故　　　　图 2.1-16 线形和测量风险事故

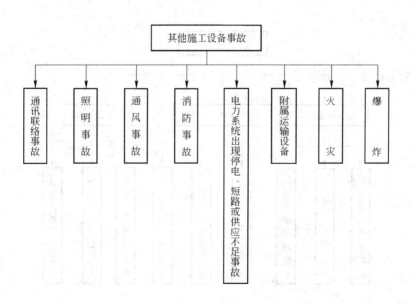

图 2.1-17 其他施工设备风险事故

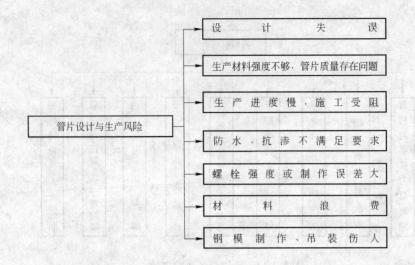

图 2.1-18　管片设计与生产风险事故

图 2.1-19　管片运输风险事故　　　　图 2.1-20　管片拼装风险事故

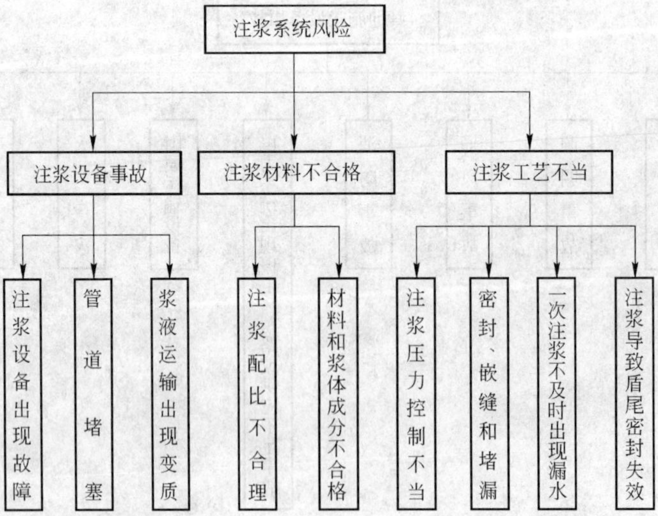

图 2.1-21　注浆系统风险事故

道的中部、线路的最低处。

联络通道施工方法主要有：明挖法、管棚法、土体加固暗挖法、顶管法、小型盾构法等。在本节中，仅对土体冻结法下进行暗挖进行风险识别。

水平冻结技术就是在隧道内利用水平孔和部分倾斜孔冻结加固地层，使联络通道及集水井外围土体冻结，形成强度高、封闭性好的冻土帷幕，然后根据"新奥法"的基本原理，在冻土中采用矿山法进行联络通道及泵站的开挖构筑施工，其中水平冻结孔施工是人工地层冻结的关键，充分考虑冻结孔施工中可能存在的问题，并采取相应的措施，保证冻结孔施工质量就显得特别重要。土体冻结加固暗挖法在施工过程中，可能遇到的风险事故见图 2.1-22。

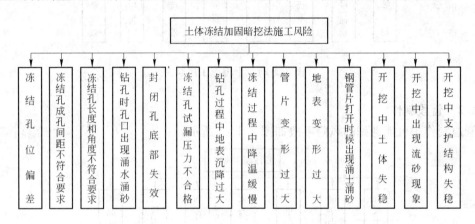

图 2.1-22　土体冻结加固暗挖法风险事故

1.3.3　隧道工程顶管法的风险

顶管法是一种地下管道施工方法。顶管法施工中主要的风险事故如图 2.1-23 所示。

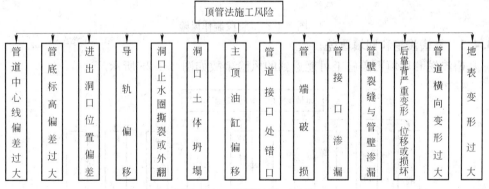

图 2.1-23　顶管法施工风险

1.3.4　隧道工程沉管法的风险

隧道工程中沉管法施工的风险主要存在于几个关键的施工阶段：干坞施工、管段制作、基槽浚挖和回填覆盖、岸壁保护工程、管段基础处理、管段接头和管段拖运沉放等，其施工中可能遇到的风险事故将在下面分别阐述。

1.3.4.1 干坞施工

干坞施工中可能遇到的风险事故如图 2.1-24 所示。

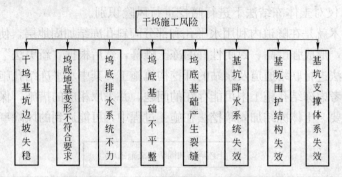

图 2.1-24 干坞施工风险

1.3.4.2 管段制作

管道制作中可能遇到的风险事故如图 2.1-25 所示。

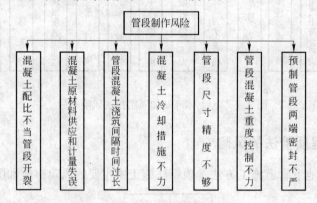

图 2.1-25 管段制作风险

1.3.4.3 基槽浚挖和回填覆盖

基槽浚挖和回填覆盖施工可能遇到的风险事故如图 2.1-26 所示。

图 2.1-26 基槽浚挖和回填覆盖施工风险

1.3.4.4 管段浮运和沉放

管段浮运和沉放施工可能遇到的风险事故如图 2.1-27 所示。

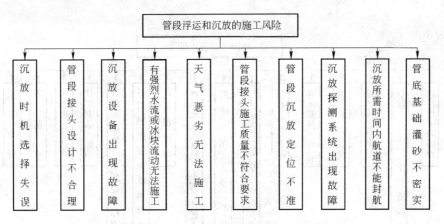

图 2.1-27　管段浮运和沉放施工风险

1.4　基坑工程风险识别

基坑工程开挖方法按有无支护可分成无支护开挖和有支护开挖，无支护开挖实际工程采用较少，其风险相对较小，在本节中不再讨论，本节只讨论有支护基坑施工中的风险，其施工风险主要包括支护结构施工风险、基坑降水引起的环境风险、基坑加固不当风险以及基坑开挖风险。

1.4.1　支护结构施工风险

深基坑施工中常用的支护结构有地下连续墙、SMW 工法、钻孔灌注桩加搅拌桩、土钉支护、重力式挡墙、钻孔咬合桩等。本章节将对各种支护结构施工中遇到的主要风险事故进行分别阐述，在这里，暂不考虑施工对环境的影响，这部分内容放到基坑开挖风险事故中。

1.4.1.1　地下连续墙

地下连续墙在施工过程中，可能遇到的风险事故如图 2.1-28 所示。

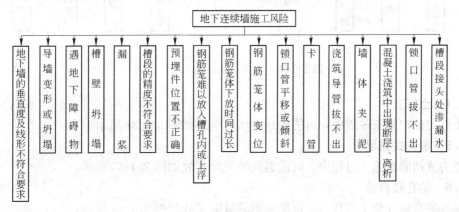

图 2.1-28　地下连续墙施工风险事故

1.4.1.2 SMW 工法

SMW 工法在施工过程中，可能遇到的风险事故如图 2.1-29 所示。

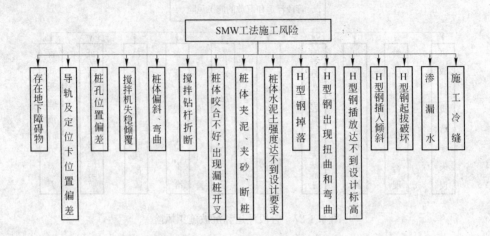

图 2.1-29 SMW 工法施工风险事故

1.4.1.3 钻孔灌注桩

钻孔灌注桩在施工过程中，可能遇到的风险事故如图 2.1-30 所示。

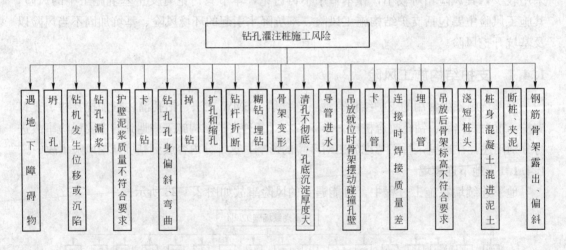

图 2.1-30 钻孔灌注桩施工风险事故

1.4.1.4 土钉支护

土钉支护在施工过程中，可能遇到的风险事故如图 2.1-31 所示。

1.4.1.5 重力式挡墙

重力式挡墙在施工过程中，可能遇到的风险事故如图 2.1-32 所示。

1.4.1.6 钻孔咬合桩

钻孔咬合桩在施工过程中，可能遇到的风险事故如图 2.1-33 所示。

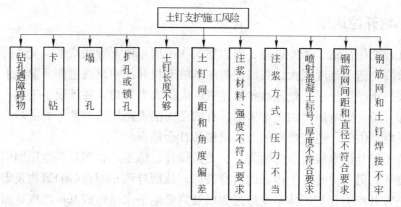

图 2.1-31 土钉支护施工风险事故

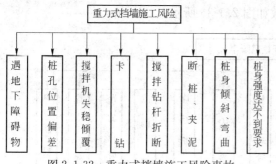

图 2.1-32 重力式挡墙施工风险事故

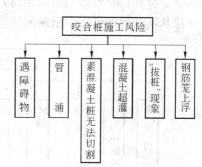

图 2.1-33 咬合桩施工风险事故

1.4.2 基坑降水风险

本节主要针对降水过程中主要的风险事故以及深基坑降水造成的环境问题进行风险识别，不考虑降水井施工中本身的施工问题。深基坑在降水过程中可能遇到的风险事故如图 2.1-34 所示。

1.4.3 基坑加固风险

基坑加固从加固方式一般分抵抗坑底承压水的坑底地基加固，基坑外设防水帷幕，围护挡墙被动区加固法以及坑内降水预固结地基法。深基坑加固可能遇到的风险事故如图 2.1-35 所示。

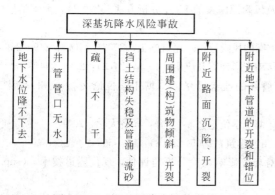

图 2.1-34 深基坑降水风险事故

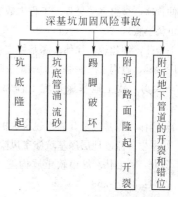

图 2.1-35 深基坑加固风险事故

1.4.4 基坑开挖风险

深基坑开挖往往施工条件很差、周边建筑物密集，地下管线众多，交通网络纵横，环境保护要求高，施工难度很大。在以往的深基坑工程开挖中出现过许多重大工程事故。有的支护桩被挤压严重位移，处理这些桩花费巨大的人力物力，并延误了工期；有的使周围建筑物沉降开裂，影响居民的正常生活；有的使周围道路塌陷，地下管线断裂，影响正常的供水、供电、供气，造成严重的经济损失和社会危害。

深基坑工程开挖事故可分为两类：一类是设计、施工、管理及其他原因引起的支护体系的自身破坏；另一类是支护体系的自身破坏，从而导致相邻建(构)物及市政设施破坏或深基坑土方开挖引起支护体系变形过大以及降低地下水位造成基坑四周地面产生过大沉降和水平位移，导致影响相邻建(构)筑物及市政管线的正常使用，甚至破坏。

深基坑开挖中可能会出现的风险事故如图 2.1-36 所示。

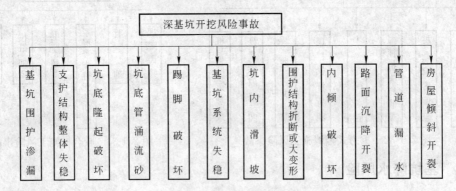

图 2.1-36 深基坑开挖风险事故

参考文献

[1] 郭仲伟著. 风险分析与决策. 北京：机械工业出版社，1986
[2] 郭振华，熊华，苏燕. 工程项目保险. 北京：经济科学出版社，2004
[3] 周健，王亚飞，池永，廖雄华. 现代城市建设工程风险与保险. 北京：人民交通出版社，2005
[4] 刘建航，侯学渊. 基坑工程手册. 北京：中国建筑工业出版社，1997
[5] 李惠强，徐晓敏. 建设工程事故风险路径、风险源分析与风险概率估算. 工程力学，2001 增刊：716~719
[6] 仲景冰，李惠强，吴静. 工程失败的路径及风险源因素的 FTA 分析方法. 华中科技大学学报(城市科学版)，2003，20(1)：14~17
[7] 毛金萍，钟建驰，徐伟. 深基坑支护结构方案的风险分析. 建筑施工，2003，25(4)：249~252
[8] 唐孟雄，赵锡宏. 深基坑周围地表任意点移动变形计算及应用，1996，24(3)：238~244
[9] 李大勇. 软土地基深基坑工程邻近地下管线的性状研究：[博士学位论文]. 杭州：浙江大学，2001
[10] 杨国伟. 深基坑及其邻近建筑保护研究：[博士学位论文]. 上海：同济大学，2001
[11] 姚翠生. 流砂地层深基坑施工风险分析. 山西建筑，2005，31(3)：58~59
[12] 陈龙，黄宏伟. 城市软土盾构隧道施工对环境影响风险分析与评估，现代隧道技术，(sup.)，2004：364~369
[13] 陈龙，黄宏伟. 地下工程风险评价及决策方法研究，同济大学枫林节专题，同济大学出版社，

2004：239~246

[14] 胡群芳，黄宏伟，陈龙. 盾构隧道施工对城市沥青路面影响的风险评估［J］，地下空间与工程学报，2005，1(2)：263~267

[15] 黄宏伟. 隧道与地下工程风险管理研究进展［A］. 2005 全国地铁与地下工程技术风险管理研讨会论文集［C］. 北京，2005：16~26

[16] 陈龙，黄宏伟. 软土盾构隧道施工期风险损失分析［A］. 2005 全国地铁与地下工程技术风险管理研讨会论文集［C］. 北京，2005：179~185

[17] 胡群芳，黄宏伟. 隧道及地下工程风险接受准则计算模型研究［A］. 2005 全国地铁与地下工程技术风险管理研讨会论文集［C］. 北京，2005：201~207

[18] 边亦海，黄宏伟. 可信性方法在深基坑工程施工期风险分析中的应用［A］. 2005 全国地铁与地下工程技术风险管理研讨会论文集［C］. 北京，2005：208~213

[19] 陈桂香，黄宏伟. 对地铁项目全寿命风险管理的研究［A］. 2005 全国地铁与地下工程技术风险管理研讨会论文集［C］. 北京，2005：214~220

[20] 谢雄耀，杜军，黄宏伟，张广兴. 非开挖施工中风险概率估价方法分析［A］. 2005 全国地铁与地下工程技术风险管理研讨会论文集［C］. 北京，2005：252~279

[21] 黄宏伟，边亦海. 深基坑工程施工期的风险管理［J］. 地下空间与工程学报，2005，1(4)：611~614

[22] 李俊伟，黄宏伟. 地下工程风险评估的熵度量法应用初探［J］. 地下空间与工程学报，2005，1(6)

[23] 陈龙. 城市软土盾构隧道施工期风险分析与评估研究：［博士学位论文］. 上海：同济大学，2004

[24] 陈桂香. 地铁工程项目的风险管理研究：［硕士学位论文］. 上海：同济大学，2004

[25] 陈龙，黄宏伟. 岩石隧道工程风险分析浅析［J］. 岩石力学与工程学报，2005，24(1)：110~115

[26] 王岩，黄宏伟. 地铁区间隧道安全评估的层次——模糊综合评判法，地下空间，2004，24(3)：301~305

[27] Casagrande, A., Roleof the calculated risk in earth work and foundation engineering(TheTezaghi Lecture). JournalofSoilMechanisDivision, ASCE, 1965, 91(4)：1~40

[28] O'Rourke, T. D., Cording, E. D., andBoscardin, M. Thegroundmovementsrelatedtobracedexcavationsandtheirinfluenceonadjacentstructures. Rep. No. DOT-TST76T-23, U. S. DepartmentofTranspirationWashington, D. C.

[29] Burland, J. B., WrothC. P. Settlement of building sand associated damage. Build research establishment, Watford, England.

[30] Boscardin, M. D. andCording, E. J. Building response to excavation-induced settlement. Journal of Geotechnical Engineering, ASCE, 1989, 115(1)：1~21

[31] Cording, E. J., O'Rourke, T. D., andBoscardin, M. D. Ground movement sand damage to structure. Proceeding Institution Conferenceon Evaluationand Predictionof Subsidence, Pensacola, Beach, Fla, 516~537

[32] Attewell, P. B., Yeates, J. andSelby. A. R. Soil movement sinduced by tunneling and their effects on pipelines and structures. Blackieand SonsLtd. . London, England.

[33] Fischmann, W. W., Hellings, J. E. andSnowden. C. Protection of them ansion house against damag ecaused by ground movements due to the dock land slight rail way extension. Proceeding institution of Civil Engineering, London, England, 65~76

[34] Bracegirdle, A., Mair, R. J. and Nyren, R. J. Amethodology for evaluating potential damage to castiron pip esinduced by tunneling. Proceeding sonthe Geotechnical Aspects of Underground

Constructionin Soft Ground, London, 659~664

[35] Boone, S. J. Ground movement related building damage: closure. Journal of Geotechnical and Geoenvironmental Engineering, 1998, ASCE, 124(5), 463~465

[36] Boone, S. J., Westland. J. and Nusink R. Comparative evaluation of building responses to anadjacent bracedex cavation. Canadian Geotechnical Journal, 1999, Vol36, 210~223

[37] CloughG. W., O'Rouke, T. D, Construction induced movement sofinsituwalls. Proc., ASCEC onf. on Des. and Perf. of Earth Retaining Struct., GeotchSpec. Pub. No. 25: 439~470, ASCE, NewYork, 1990

第二章
大型公共建筑工程的技术风险

2.1 我国大型公共建筑的发展概况

大型公共建筑是指建筑面积超过 2 万 m^2 且采用中央空调系统的各类星级酒店、大中型商场、高级写字楼、车站机场及体育场馆等。改革开放特别是进入新世纪以来,作为城市重要标志的大型公共建筑在全国各地大量兴建。

2.2 大型公共建筑工程的技术风险

在北京、上海等大型工程比较集中的城市,大量的建筑设计,外观新颖、风格独特,加上个别工程追求大体量和雄伟效果,超大、超长、超高、超深、超厚结构不断涌现,其中相当一部分工程突破我国现行技术标准与规范,甚至超出国际上现有的规范和标准。科技含量高、施工难度大的工程日益增多,与之配套的结构承重体系相当复杂,在设计、制造和施工上均无先例,其不确定性对工程质量提出了新的挑战,技术风险日益突出。特别是一些工程盲目追求新颖,结构体系不合理,缺乏必要的分析和论证,再加上人们对客观规律认识不足,酿成了一些重大事故。大型公共建筑工程的质量问题成为关注的焦点。

根据建设部向社会公布的 2004 年全国大型公共建筑质量安全检查情况的统计资料,共查出存在或可能存在质量安全隐患的工程 30 项,占所查工程的 1.2%。这次专项检查涉及全国 30 个省、自治区、直辖市,共检查在建和已竣工的体育场馆、机场航站楼、大型剧院、会展中心等大型公共建筑 2367 项,从检查的情况看,在建和近几年竣工的大型公共建筑绝大多数符合国家法律、法规和基本建设程序;工程参建单位资质等级符合规定要求,企业质量安全意识较强;工程均实行了建筑材料现场见证取样送检制度、隐蔽工程检查制度和安全责任制度等;工程质量安全整体情况良好。但是个别工程存在一定的质量安全隐患。少量工程存在没有领取施工许可证就施工、未按规定要求进行审查备案、未经验收就投入使用等违反基本建设程序的现象。

近年来,国外大型公共建筑工程的质量安全事故也时有发生。大型公共建筑工程的质量安全直接关系广大公众,社会影响巨大。做好质量安全工作,关键是不断完善相应的法律法规和技术标准并严格执行,越是重点工程,越是大型工程,越要尊重客观规律。为保证大型公共建筑设计的合理性,一方面要规范政府行为,另一方面要充分发挥专家在建筑艺术和建筑功能设计上相协调的作用。同时，在审查大型公共建筑设计时，要充分关注公共利益。

2.3　大型公共建筑工程的施工技术

大型公共建筑工程的特点是结构超大、超长、超高、超深、超厚，加之公共建筑一般位于城市建筑密集地区，施工风险比较大。其施工技术可以分为地基与基础施工技术、上部结构施工技术、屋面、墙面防水施工技术、建筑装饰施工技术。

地基与基础施工技术包括：人工地基施工技术、降水技术、挡土技术、环境保护技术、逆作法施工技术。人工地基施工技术包括：钢筋混凝土预制方桩、预应力钢筋混凝土管桩、钻打结合桩、钢管柱、钻孔灌注桩、地下连续墙巨型桩。降水技术包括：土方施工技术、真空泵与射流泵的轻型井点、喷射井点、深井点、井点回灌技术、隔水技术。挡土技术包括：悬臂板桩、自立式水泥土重力坝、挡土板墙、板墙支撑。环境保护技术包括：信息化施工监测技术、考虑时空效应的挖土支撑技术、地基加固技术。

上部结构施工技术包括：新型模板体系、垂直运输机械、混凝土施工技术、高效预应力及钢筋连接技术、钢结构施工技术。新型模板体系包括：大模板体系、爬模体系、滑模体系、提模体系、台模或飞模体系、钢模板、塑料模壳。垂直运输机械包括：塔式起重机、施工附墙电梯、高层施工井架。混凝土施工技术包括：泵送混凝土、高强混凝土、大体积混凝土。高效预应力技术包括：后张法和无粘结预应力技术。钢筋连接技术包括：电渣压力焊、套筒冷轧、冷挤压接头、锥螺纹套筒接头及直螺纹等强度连接。钢结构施工技术包括：大跨度空间网架钢结构拼装和安装技术、液压顶升技术、预应力钢结构施工技术、张力膜结构施工技术、高强度螺栓连接技术、钢结构防火、防腐技术等。

本章主要介绍土方工程施工技术风险、桩基工程施工技术风险、混凝土工程施工技术风险、预应力混凝土工程施工技术风险、钢结构工程施工技术风险、起重机械技术风险、屋面渗漏技术风险的识别。

2.4　土方工程施工技术风险

土方工程包括一切土的挖掘、填筑和运输等过程以及排水、降水、土壁支撑等准备工作和辅助工程。在土木工程中，最常见的土方工程有：场地平整、基坑（槽）开挖、地坪填土、路基填筑及基坑回填土等。

土方工程施工往往具有工程量大、劳动繁重和施工条件复杂等特点；土方工程施工又受气候、水文、地质、地下障碍等因素的影响较大，不可确定的因素也较多，有时施工条件极为复杂。在大型公共建筑土方工程施工过程中，主要的技术风险在于支护结构施工风险、基坑降水引起的环境风险、基坑加固不当风险以及基坑开挖风险，参见本篇1.4。

2.5 桩基工程施工技术风险

桩基由基桩和连接桩顶的承台组成，分低承台桩基和高承台桩基，建筑桩基通常为低承台桩基。按桩的功能不同分为竖向抗压桩、竖向抗拔桩、水平受荷桩和复合受荷桩，按承载性状不同分为摩擦桩、端承摩擦桩、摩擦端承桩及端承桩。按成桩有无挤土效应分为挤土桩、部分挤土桩及非挤土桩。按成桩方法分为预制桩与灌注桩。

桩基是广泛应用的深基础形式，混凝土预制桩、预应力混凝土管桩、钢桩等预制桩及大吨位、大直径、超长灌注桩是大型公共建筑工程基础的主要形式。本节主要介绍基桩施工中的风险。

2.5.1 预制桩施工风险

预制桩包括钢筋混凝土预制桩（方桩、管桩、板桩）、钢筋混凝土预应力桩、钢管桩、钢板桩、木桩等。成桩方法有锤击法、振动法、静压法及射水法，在大型公共建筑工程基础中一般采用锤击法、静压法。预制桩施工风险包括基桩沉桩施工中的风险和施工对环境影响的风险。

2.5.1.1 锤击法沉桩施工过程风险

锤击沉桩过程包括：场地准备（三通一平和清理地上、地下障碍物）→桩位定位→桩架移动和定位→吊桩和定桩→打桩、接桩、送桩、截桩。沉桩过程中的风险见图 2.2-1：

2.5.1.2 静压法沉桩施工过程风险

静压法沉桩过程包括：场地和清理处理→测量定位→桩尖就位、对中、调直→压桩、接桩、送桩、截桩。静压法沉桩过程中的风险见图 2.2-2：

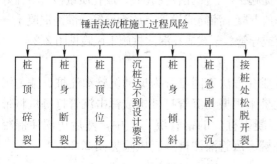

图 2.2-1 锤击法沉桩施工过程风险

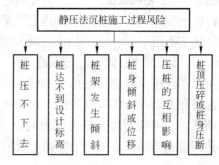

图 2.2-2 静压法沉桩施工过程风险

2.5.1.3 预制桩施工对环境影响的风险

预制桩施工对环境效应主要表现在挤土效应和打桩的噪声、振动等对周围环境、邻近建筑物及地下管线的不利影响，沉桩挤土效应及振动影响的风险见图 2.2-3：

2.5.2 灌注桩施工风险

混凝土灌注桩由于其单桩承载力高、既能承受较大的竖向荷载也能承受较大的水平荷载、抗震性能好、沉降小能防止不均匀沉降以及振动和噪声较小、不挤土等优点而广泛应用,在大型公共建筑中大直径混凝土灌注桩的应用也很普遍。但混凝土灌注桩成桩工艺较复杂,尤其是湿作业成孔时,成桩速度慢,且其成桩质量与施工质量密切有关,成桩质量难以直观进行检查。

灌注桩按其成桩方法及挤土情况分为非挤土灌注桩,主要有干作业法、泥浆护壁法、套管护壁法灌注桩;部分挤土灌注桩,主要有冲击成孔、钻孔压注桩、组合桩;挤土灌注桩,主要有沉管法、夯扩法、干振法灌注桩,新型的灌注桩工艺也不断出现。本节主要介绍

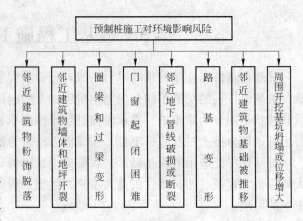

图 2.2-3　预制桩施工对环境影响的风险

湿成孔灌注桩施工过程风险、干式成孔灌注桩施工过程风险、沉管灌注桩施工过程风险。

2.5.2.1　湿成孔灌注桩施工过程风险

湿成孔灌注桩的施工工艺流程:测放轴线→开挖埋设护筒→钻机定位→校正水平垂直度→成孔→一次清孔→下钢筋笼→下导管→二次清孔→混凝土浇灌→留取试块。湿成孔机具有冲抓锥成孔机、斗式钻头成孔机、冲击式钻孔机、潜水电钻、大直径旋入全套管护壁成孔钻机和工程水文地质回转钻机等。目前大多采用正循环施工工艺,对孔深大于30m的端承桩,采用反循环施工工艺进行成孔和清孔。

2.5.2.2　干式成孔灌注桩施工过程风险

干式成孔可采用人工手摇钻孔、螺旋钻机、取土筒干取土等成孔施工工艺。长螺旋钻孔灌注桩施工程序:钻机就位→钻进→停止钻进→提起钻杆、测孔径→孔底、成孔质量检查→盖好孔口盖板→钻机移位→复测孔深和虚土厚度→放混凝土溜筒或导管→放钢筋笼→灌注混凝土→测量桩身混凝土的顶面标高→拔出混凝土溜筒或导管。干式成孔灌注桩施工风险见图2.2-4。

2.5.2.3　沉管灌注桩施工过程风险

沉管灌注桩又称套管成孔灌注桩,按其成孔方法不同可分为振动沉管灌注桩、锤击沉管灌注桩和振动冲击沉管灌注桩。这类灌注桩采用振动沉管打桩机或锤击沉管打桩机将带有活瓣式桩尖或锥形封口桩尖或预制钢筋混凝土桩尖的钢管沉入土中,然后边灌注混凝土、边振动或边锤击边拔出钢管而形成灌注桩。沉管灌注桩施工风险见图2.2-5。

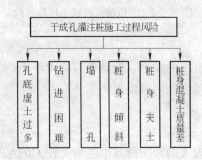

图 2.2-4　干式成孔灌注桩施工风险

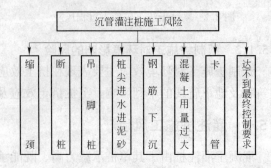

图 2.2-5　沉管灌注桩施工风险

2.6 混凝土工程施工技术风险

混凝土结构工程在土木工程施工中占主导地位,它对工程的人力、物力消耗和对工期均有很大的影响。混凝土结构工程包括现浇混凝土结构施工与采用装配式预制混凝土构件的工厂化施工两个方面。混凝土结构工程是由钢筋、模板、混凝土等多个工种组成的。混凝土工程施工中风险主要来自模板、钢筋和混凝土浇筑、养护。

2.6.1 模板施工风险

模板系统包括模板、支撑和紧固件。模板在设计和施工中要求能保证结构和构件的形状、位置、尺寸的准确;具有足够的承载力、刚度和稳定性;接缝严密不漏浆。施工中模板的风险有:1.强度不足,或整体稳定性差引起塌模;2.刚度不足,变形过大,造成混凝土构件歪扭;3.木模板未刨平,钢模板未校正,拼缝不严,引起漏浆,造成混凝土麻面、蜂窝、孔洞;4.模板内部不平整、不光滑或未用脱模剂,拆模时与混凝土粘结,硬撬拆模,造成脱皮,缺棱掉角;5.混凝土未达到需要的强度,过早拆模,引起混凝土构件破坏。

2.6.2 钢筋工程施工风险

钢筋是钢筋混凝土构件的主要受力材料,土木工程结构常用的钢材有钢筋、钢丝和钢绞线。钢筋一般的加工过程有冷拉、冷拔、调直、剪切、墩头、弯曲、焊接、绑扎。钢筋工程的技术风险见图 2.2-6。

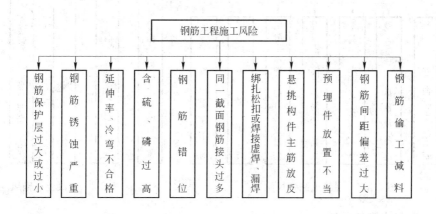

图 2.2-6　钢筋工程施工风险

2.6.3 混凝土施工风险

混凝土工程包括混凝土制备、运输、浇筑捣实和养护等施工过程,各个施工过程相互联系和影响,任一施工过程处理不当都会影响混凝土工程的最终质量。近年来,混凝土外加剂发展很快,它们的应用影响了混凝土的性能和施工工艺。此外,自动化、机械化的发展和新的施工机械和施工工艺的应用,也大大改变了混凝土工程的施工面貌。

2.6.3.1 混凝土制备风险

混凝土的制备包括:混凝土施工配制强度确定、混凝土搅拌机选择、搅拌制度确定。混凝土的施工配合比,应保证结构设计对混凝土强度等级及施工对混凝土和易性的要求,并应符合合理使用材料、节约水泥的原则,必要时,还应符合抗冻性、抗渗性等要求。选择搅拌机时,要根据工程量大小、混凝土的坍落度、骨料尺寸等而定,既要满足技术上的要求,亦要考虑经济效益和节约能源。为了获得质量优良的混凝土拌合物,除正确选择搅拌机外,还必须正确确定搅拌制度,即搅拌时间、投料顺序和进料容量等。混凝土制备风险见图 2.2-7。

2.6.3.2 混凝土运输风险

对混凝土拌合物运输的基本要求是:不产生离析现象、保证浇筑时规定的坍落度和在混凝土初凝之前能有充分时间进行浇筑和捣实。混凝土运输分为地面水平运输、垂直运输和高空水平运输三种情况。混凝土地面水平运输如采用预拌(商品)混凝土且运输距离较远时,多用混凝土搅拌运输车。混凝土如来自工地搅拌站,则多用小型翻斗车,有时还用皮带运输机和窄轨翻斗车,近距离亦可用双轮手推车。混凝土运输风险见图 2.2-8。

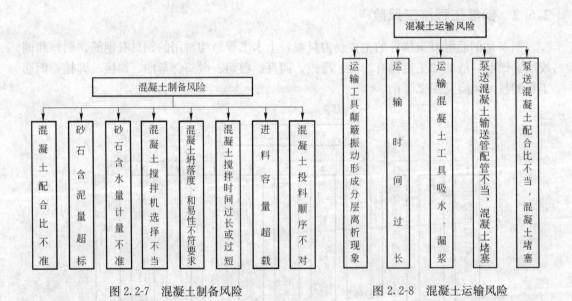

图 2.2-7 混凝土制备风险　　图 2.2-8 混凝土运输风险

2.6.3.3 混凝土浇筑风险

混凝土的浇筑成型工作包括布料、摊平、捣实和抹面修整等工序。它对混凝土的均匀性、密实性和耐久性具有重要影响,混凝土浇捣后要保证结构的整体性、尺寸准确和钢筋、预埋件的位置正确,拆模后混凝土表面要平整、光洁。

2.6.3.3.1 混凝土浇筑的一般风险

混凝土浇筑的一般风险见图 2.2-9。

2.6.3.3.2 基础混凝土浇筑风险

基础混凝土浇筑的风险见图 2.2-10。

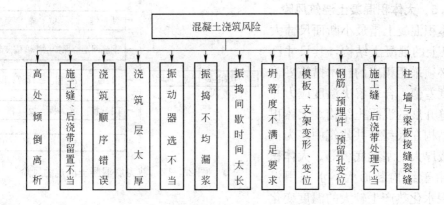

图 2.2-9 混凝土浇筑的一般风险

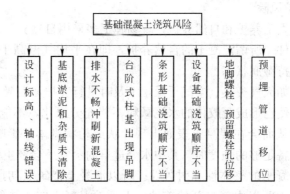

图 2.2-10 基础混凝土浇筑的风险

2.6.3.3.3 框架混凝土浇筑风险

框架混凝土浇筑的风险见图 2.2-11。

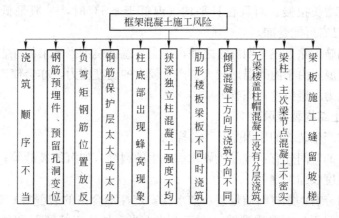

图 2.2-11 框架混凝土浇筑的风险

2.6.3.3.4 剪力墙混凝土浇筑风险

剪力墙混凝土浇筑的风险见图 2.2-12。

2.6.3.3.5 大体积混凝土浇筑风险

大体积混凝土指最小断面尺寸大于1m以上的混凝土结构，其尺寸已经大到必须采用相应的技术措施妥善处理温度差值，合理解决温度应力并控制裂缝开展的混凝土结构。大体积混凝土结构在大型公共建筑中多为桩基承台或厚大的基础底板等。大体积混凝土由于结构断面大，水泥用量多，水泥水化热产生较大的温度变化

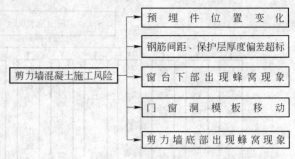

图 2.2-12　剪力墙混凝土浇筑的风险

和伸缩作用导致混凝土结构产生表面裂缝和贯穿裂缝，从而导致混凝土结构钢筋锈蚀、渗水。

2.6.3.4　混凝土养护风险

混凝土养护包括人工养护和自然养护，现场施工多采用自然养护。混凝土的硬化需要适当的温度和湿度条件。所谓混凝土的自然养护，即在平均气温高于+5℃的条件下于一定时间内使混凝土保持湿润状态。

混凝土浇筑后，如天气炎热、空气干燥，不及时进行养护，混凝土中的水分会蒸发过快，出现脱水现象，使已形成凝胶体的水泥颗粒不能充分水化，不能转化为稳定的结晶，缺乏足够的粘结力，从而会在混凝土表面出现片状或粉状剥落，影响混凝土的强度。此外，在混凝土尚未具备足够的强度时，其中水分过早的蒸发还会产生较大的收缩变形，出现干缩裂纹，影响混凝土的整体性和耐久性。所以混凝土浇筑后初期阶段的养护非常重要。混凝土浇筑完毕12h以内就应开始养护，干硬性混凝土应于浇筑完毕后立即进行养护。养护方法有：自然养护、蒸汽养护、蓄热养护。

凡根据当地多年气温资料室外日平均气温连续5d稳定低于+5℃时，就应采取冬期施工的技术措施进行混凝土施工。因为从混凝土增长的情况看，新拌混凝土在+5℃的环境下养护，其强度增长很慢。而且在日平均气温低于+5℃时，一般最低气温已低于0～-1℃，混凝土已有可能受冻。

混凝土冬期施工除上述早期冻害之外，还需注意拆模不当带来的冻害。混凝土构件拆模后表面急剧降温，由于内外温差较大会产生较大的温度应力，亦会使表面产生裂纹，在冬季施工中亦应力求避免这种冻害。

2.6.3.5　混凝土结构裂缝风险

混凝土结构产生裂缝的原因是各种各样的。

按裂缝产生的时间分有：混凝土硬化前产生的裂缝：如沉缩裂缝等；混凝土硬化后产生的裂缝：如温度收缩裂缝等。

按裂缝原因分有：原材料质量差：如水泥安定性不合格的裂缝等；建筑物构造不良：如各种变形缝设置不当而造成裂缝；施工工艺不当：如施工缝留置和处理不当而造成裂缝；温度差过大：如大体积混凝土温度裂缝等；干燥收缩：如混凝土早期的干缩裂缝等；结构受力：如受弯构件受拉区的裂缝等；地基不均匀沉降：如地基沉降差在超静定结构中形成裂缝等；化学作用：如使用活性砂石料引起碱骨料反应，而产生裂缝；使用不当：如

长期处在高温环境下的混凝土被烤酥而开裂等;其他:如混凝土徐变造成开裂或裂缝扩展等。

按裂缝形态分有:裂缝位置:如梁的跨中或支座处、梁上部或下部等;裂缝方向:如竖向、水平、斜向等;裂缝形状:如一端宽,另一端窄;中间宽,两端窄。

按裂缝危害分有:一般裂缝,或简称为"无害裂缝",这类裂缝不影响结构的承载力、刚度与稳定性,也不降低结构的耐久性。如设计规范允许的宽度不大的裂缝等;影响结构构件安全的裂缝:如受压构件出现了承载能力不足的竖向裂缝等;影响耐久性的裂缝:如较宽的温度收缩裂缝,虽一时不可能造成结构破坏,但因缝宽,钢筋逐渐锈蚀,而导致结构破坏。

2.7 预应力混凝土工程施工技术风险

由于预应力混凝土结构的截面小、刚度大、抗裂性和耐久性好,在世界各国的土木工程领域中得到广泛应用。近年来,随着高强度钢材及高强度等级混凝土的出现,促进了预应力混凝土结构的发展,也进一步推动了预应力混凝土施工工艺的成熟和完善。

2.7.1 预应力构件制作风险

预应力构件制作风险包括:锚夹具不合格,构件裂缝,预应力筋事故,预留孔道事故,构件倒塌事故及其他事故。

2.7.1.1 预应力锚具不合格风险

预应力锚具不合格风险见图 2.2-13。

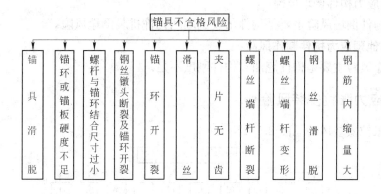

图 2.2-13 锚具不合格风险

2.7.1.2 预应力构件裂缝风险

预应力构件裂缝风险见图 2.2-14。

2.7.1.3 预应力筋风险

预应力筋风险见图 2.2-15。

2.7.1.4 预留孔道风险

预留孔道风险见图 2.2-16。

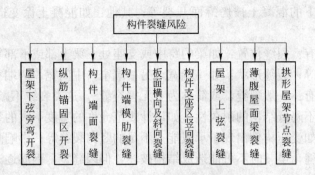

图 2.2-14 构件裂缝风险

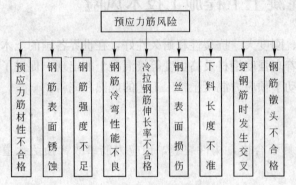

图 2.2-15 预应力筋风险

图 2.2-16 预留孔道风险

2.7.1.5 预应力构件倒塌风险

预应力构件倒塌风险主要是构件吊装倒塌和构件拼装倒塌风险。

2.7.1.6 其他预应力构件制作风险

其他制作风险主要是构件翘曲和构件刚度不足。

2.7.2 预应力张拉安装风险

预应力张拉安装风险见图 2.2-17。

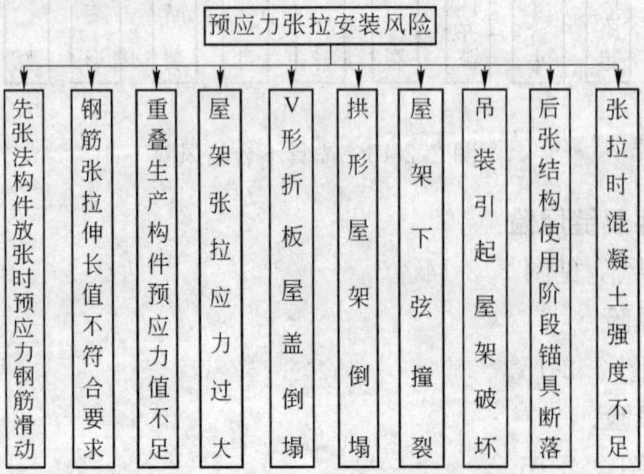

图 2.2-17 预应力张拉安装风险

2.7.3 预应力构件安装后风险

预应力构件安装后风险见图 2.2-18。

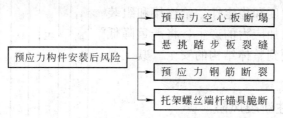

图 2.2-18 预应力构件安装后风险

2.8 钢结构施工技术风险

钢结构工程从广义上讲是指以钢铁为基材,经过机械加工组装而成的结构。一般意义上的钢结构仅限于工业厂房、高层建筑、塔桅、桥梁等,即建筑钢结构。由于钢结构具有强度高、结构轻、施工周期短和精度高等特点,因而在建筑、桥梁等土木工程中被广泛采用。

2.8.1 钢结构缺陷风险

钢结构是由钢材组成的一种承重结构。它的完成通常要经过设计、加工、制作和安装等阶段。由于技术和人为的原因,钢结构缺陷在所难免,其主要风险见图 2.2-19。

2.8.2 钢结构材料风险

钢结构材料风险是指由于材料本身的原因引发的事故。材料事故可概括为两大类:裂缝事故和倒塌事故。裂缝事故主要出现在钢结构基本构件中,倒塌事故则指因材质原因引起的结构局部倒塌和整体倒塌。其风险见图 2.2-20。

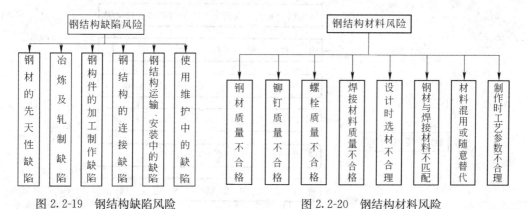

图 2.2-19 钢结构缺陷风险　　图 2.2-20 钢结构材料风险

2.8.3 钢结构变形风险

钢结构的变形可分为总体变形和局部变形两类。总体变形是指整个结构的外形和尺寸发生变化,局部变形是指结构构件在局部区域内出现变形,如构件凹凸变形、端面的角变位、板边变形等。总体变形与局部变形在实际的工程结构中有可能单独出现，但更多的是组合出现。无论何种变形都会影响到结构的美观，降低构件的刚度和稳定性，给连接和组装带来困难，尤其是附加应力的产生，将严重降低构件的承载力，影响到整体结构的安全。其主要风险见图2.2-21。

2.8.4 钢结构脆性断裂风险

虽然钢结构的塑性很好，但仍然会发生脆性断裂，这是由于各种不利因素的综合影响或作用的结果，其主要风险见图2.2-22。

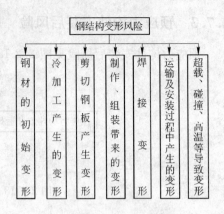

图2.2-21 钢结构变形风险

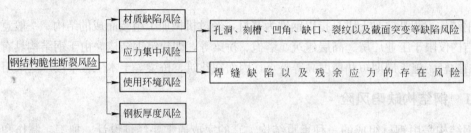

图2.2-22 钢结构脆性断裂风险

2.8.5 钢结构疲劳破坏风险

结构疲劳破坏的主要因素是应力幅、构造细节和循环次数，而钢材的静力强度和最大应力无明显关系。应力集中对钢结构的疲劳性能影响显著，而构造细节是应力集中产生的根源。构造细节常见的风险见图2.2-23。

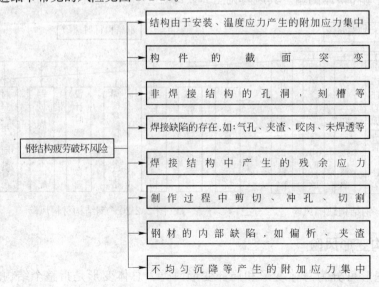

图2.2-23 钢结构疲劳破坏风险

2.8.6 钢结构失稳破坏风险

钢结构失稳可分为整体失稳和局部失稳。但就性质而言，又可分为以下三类风险，见图2.2-24。

2.8.7 钢结构锈蚀风险

我们将钢材由于与外界介质相互作用而产生的损坏过程称为"钢材锈蚀"。钢材锈蚀，按其作用分为以下两类：

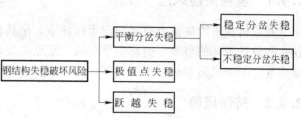

图2.2-24 钢结构失稳破坏风险

（1）化学腐蚀：化学腐蚀是指钢材直接与大气或工业废气中含有的氧气质液体发生表面化学反应而产生的腐蚀。（2）电化学腐蚀：电化学腐蚀是由于钢材内部有其他金属杂质，它们具有不同的电极电位，在与电介质或水、潮湿气体接触时，产生原电池作用，使钢材锈蚀。实际工程中，绝大多数钢材锈蚀是电化学腐蚀或化学腐蚀与电化学腐蚀同时作用的。生锈腐蚀将会引起构件截面减小，承载力下降，尤其是因腐蚀产生的"锈坑"将使钢结构的脆性破坏的可能性增大。再者在影响安全性的同时，也将严重地影响钢结构的耐久性，使得钢结构的维护费用昂贵。

2.8.8 钢结构火灾风险

钢材的力学性能对温度变化很敏感。当温度升高时，钢材的屈服强度、抗拉强度和弹性模量的总趋势是降低的，但在200℃以下时变化不大。当温度在250℃左右时，钢材的抗拉强度反而有较大提高，而塑性和冲击韧性下降，此现象称为"蓝脆现象"。当温度超过300℃时，钢材的f_y和E开始显著下降，而塑性伸长率显著增大，钢材产生徐变。当温度超过400℃时，强度和弹性模量都急剧降低。达600℃时，f_y和E均接近于零，其承载力几乎完全丧失。

当发生火灾后，热空气向构件传热主要是辐射、对流。而钢构件内部传热是热传导。随着温度的不断升高，钢材的热物理特性和力学性能发生变化，钢结构的承载能力下降。火灾下钢结构的最终失效是由于构件屈服或屈曲造成的。钢结构在火灾中失效受到各种因素的影响，例如钢材的种类、规格、荷载水平、温度高低、升温速率、高温蠕变等。对于已建成的承重结构来说，火灾时钢结构的损伤程度还取决于室内温度和火灾持续时间，而火灾温度和作用时间又与此时室内可燃性材料的种类及数量、可燃性材料燃烧的特性、室内的通风情况、墙体及吊顶等的传热特性以及当时气候情况（季节、风的强度、风向等）等因素有关。火灾一般属意外性的突发事件，一旦发生，现场较为混乱，扑救时间的长短也直接影响到钢结构的破坏程度。

2.9 起重机械技术风险

起重机械是机械设备中蕴藏危险因素较多，易发事故频率较大的典型危险机械之一。国内外每年都因起重设备作业造成大量的人身伤亡事故，损失颇大。起重机械常见事故灾害有以下几大类：重物失落事故、挤伤事故、坠落事故、触电事故、机体毁坏事故和特殊类型事故等。

2.9.1 重物失落风险

起重机械重物失落事故是指起重作业中,吊载和吊具等重物从空中坠落所造成的人员伤亡和设备毁坏的事故,简称失落事故,常见的失落风险事故有:脱绳风险事故、脱钩风险事故、断绳风险事故、吊钩破断风险事故。

2.9.2 挤伤风险

挤伤事故是指在超重作业中,作业人员被挤压在两个物体之间,所造成的挤伤、压伤、击伤等人身伤亡事故。发生挤伤事故多为吊装作业人员和从事检修维护人员。其主要风险见图 2.2-25。

2.9.3 坠落风险

坠落事故主要是指从事起重作业的人员,从起重机机体等高空处发生向下坠落至地面的摔伤事故,也包括工具、零部件等从高空坠落使地面作业人员致伤的事故,其主要风险事故见图 2.2-26。

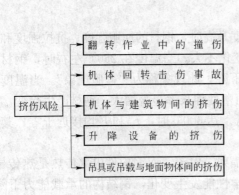

图 2.2-25 挤伤风险

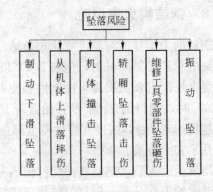

图 2.2-26 坠落风险

2.9.4 触电风险

触电事故是指从事起重操作和机修作业人员,出于触电遭受电击所发生的人身伤亡事故。其主要风险事故有:1. 室内作业的触电风险事故;2. 室外作业的触电事故。

2.10 屋面渗漏技术风险识别

屋面渗漏会引起电气设备的漏电、停电等事故。由于房屋的渗漏水,常造成室内家具、装饰起鼓、翘曲、脱皮、霉变和腐烂,影响生活。

2.10.1 平屋面防水基层渗漏

防水基层含找坡层、找平层。基层是屋面防水的第一道防线,下面和结构层、保温层粘结,上面和防水层结合,三者结合共同达到防水、排水的主要目的。基层的功能还要解决屋面排水坡度,并将雨水导流、汇集由水落口集中,通过水落管排出。所以,基层的坡度和平整度至关重要。认真对基层屋面细部节点及关键部位进行处理,为防水层不渗漏创造条件;基层和防水层的粘结强度,是抵御强风暴的袭击、防止揭起卷材防水层的关键。基层设置分格缝得当,能提高抗裂性能,更好地与防水层共起作用,同时,也是在为防水层不裂缝和少裂缝创造条件。

平屋面防水基层渗漏风险见图2.2-27。

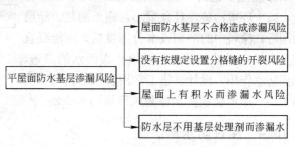

图 2.2-27　平屋面防水基层渗漏风险

2.10.2　平屋面的卷材渗漏风险

屋面所处的环境比较差,长期遭受风吹、日晒、雨淋,夏季辐射热更强,而冬期的温度则最低。屋面在历时温差(昼夜温差、年温差)的热胀冷缩作用下变化,有的建筑结构变形,如地基基础的不均匀沉降使承重构件的变形;或在结构层的干缩、胀等的综合作用下产生裂缝,拉裂防水层而渗漏。

若平屋面使用的是低劣的防水层,则抵御不了自然界紫外线、历时温差的循环作用而产生疲劳,加上空气中臭氧的侵蚀和雨水(酸雨)的冲刷,造成防水层快速老化,有的使用期不足 3 年就失效而漏水。

平屋面渗漏风险见图 2.2-28。

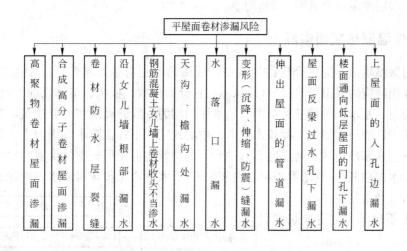

图 2.2-28　平屋面卷材渗漏风险

2.10.3　屋面涂膜防水渗漏

防水涂料是一种流态或半流态物质,可直接涂刮或刷在防水基层表面;涂膜具有较好的延伸性，适应性较强，在平面、立面、阴阳角及各种复杂表面、节点部位可形成无接缝的完整防水涂膜层，也可作局部增强处理。可以冷作业，减少环境污染，且自重小，施工简易。涂层涂刮后；涂料中的溶剂或水分挥发后，即能凝聚成具有一定弹性的薄膜，能阻止表面水的渗透，起到防水作用。设计、施工常用防水涂料做一道防水层。屋面涂膜防水渗漏风险见图2.2-29。

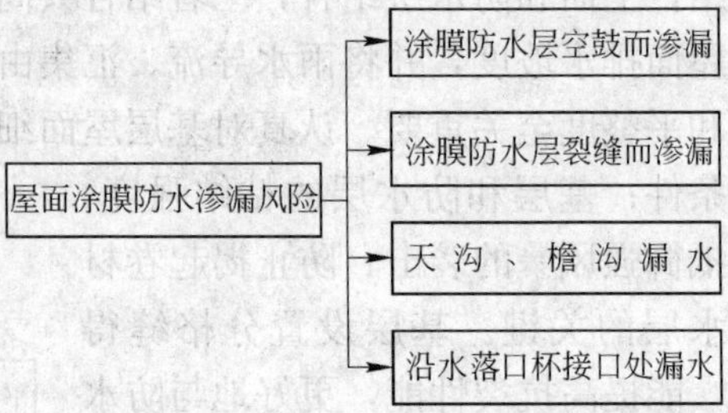

图2.2-29 屋面涂膜防水渗漏风险

2.10.4 刚性防水层渗漏

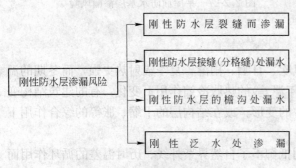

图2.2-30 刚性防水层渗漏风险

刚性防水层的特点是：设计构造简单、取材容易、施工工艺单纯、造价低廉、耐久性好、维修方便，所以，被广泛用于一般工业与民用建筑。刚性防水层的表观密度大，抗拉强度低，极限应变值小，暴露在大气中，常因干湿变形、温差变形、结构变形而产生裂缝，必须采取与基层的隔离措施，把大面积的混凝土板块分为小板块，板块与板块的接缝用柔性密封材料嵌填，以柔补刚来适应三种变形的防水层。

刚性防水层渗漏风险见图2.2-30。

2.10.5 保温隔热屋面渗漏

屋面的保温隔热性能在今后的发展中，使用的范围将越来越广泛。根据建筑物的功能，可选择相适应的保温隔热层。(1)保温层：分为松散、板状、整体三种类型。(2)隔热层：分为架空、蓄水、种植三种类型。蓄水屋面均为一般的民用和工业建筑，在高等级建筑上使用极少，故而《屋面工程技术规范》中的规定，不宜在防水等级为Ⅰ、Ⅱ级的屋上采用，也不宜在寒冷地区、地震区和震动较大的建筑物上使用。整体保温防水屋面，一般常用的有：水泥白灰炉渣(水泥炉渣、白灰炉渣)、水泥膨胀珍珠岩、水泥膨胀蛭石、沥青膨胀珍珠岩、沥青膨胀蛭石。由于设计、施工不规范，常造成热胀、冻胀，破坏防水层而渗漏。

保温隔热屋面渗漏风险见图2.2-31。

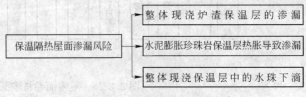

图2.2-31 保温隔热屋面渗漏风险

参考文献

[1] 王卓甫. 工程项目风险管理——理论、方法与应用. 北京：中国水利水电出版社，2002
[2] 王家远，刘春乐. 建设项目风险管理. 北京：中国水利水电出版社，知识产权出版社，2004
[3] W. Kent Muhlbauer. 管道风险管理手册. 北京：中国石化出版社，2004

[4] [美] W. Ronald Hudson，[加] Ralph Haas，[美] Waheed Uddin. 公共设施资产管理. 广州：广东世界图书出版公司，2004

[5] 孙新利，陆长捷. 工程可靠性教程. 北京：国防工业出版社，2005

[6] 陈喜山. 系统安全工程学. 北京：中国建材工业出版社，2006

[7] 中国工程院土木水利与建筑工程学部. 我国大型建筑工程设计发展方向——论述与建议. 北京：中国建筑工业出版社，2005

[8] 陈龙珠，梁发云，宋春雨，邢爱国. 防灾工程学导论. 北京：中国建筑工业出版社，2005

[9] 陈保胜. 城市与建筑防灾. 上海：同济大学出版社，2001

[10] 沈斐敏. 安全系统工程基础与实践. 北京：煤炭工业出版社，1991

[11] 孙连捷. 安全科学技术百科全书. 北京：中国劳动社会保障出版社，2003

[12] 罗云. 风险分析与安全评价. 北京：化学工业出版社，2004

[13] 郭永基. 可靠性工程原理. 北京：清华大学出版社，2002

[14] 曾声奎. 系统可靠性设计分析教程. 北京：北京航空航天大学出版社，2001

[15] 卢有杰，卢家仪. 项目风险管理. 北京：清华大学出版社，1998

[16] 邱菀华. 现代项目风险管理方法与实践. 北京：科学出版社，2003

[17] [英] 罗吉·弗兰根，乔治·诺曼. 工程建设风险管理. 北京：中国建筑工业出版社，2000

[18] 王赫，全玉琬，贺玉仙. 建筑工程质量事故分析. 北京：中国建筑工业出版社，1996

[19] 杨凡主编. 建筑工程质量案例分析与处理. 北京：科学出版社，2004

[20] 建筑事故防范与处理课题组. 建筑事故防范与处理实用全书. 北京：中国建材工业出版社，1998

[21] 江见鲸，龚晓南，王元清，崔京浩. 建筑工程事故分析与处理. 北京：中国建筑工业出版社，2000

[22] 宋明哲. 现代风险管理. 北京：中国纺织出版社，2003

[23] [英] 克里斯·查普曼，斯蒂芬·沃德. 项目风险管理. 北京：电子工业出版社，2003

[24] [美] 小塞缪尔·J·曼特尔等. 项目管理实践. 北京：电子工业出版社，2002

[25] 李世蓉，邓铁军. 工程建设项目管理. 武汉：武汉理工大学出版社，2002

[26] [美] 克利福德·格雷，埃里克·拉森. 项目管理教程. 北京：人民邮电出版社，2003

[27] 陶树人. 技术经济学. 北京：经济管理出版社，1999

[28] 陈宝智. 危险辨识控制及评价. 成都：四川科学技术出版社，1996

[29] 涂春泰，殷海蒙. 大型复杂可修系统的模糊可靠性分析 [J]. 机械设计与研究学报，2002，18(3)：13~14

[30] 马锋，索清辉，宋吉荣. 效用理论在工程建设风险管理决策中的应用. 四川建筑，2003，23(2)

[31] PMI. A Guide to the Project Management Body Knowledge. Pennsylvania：Project Management Institute，Inc. 2000

[32] HaroldK. Strategic Planning For Project Management：Using a Project Management Maturity，New York：John Wiley&Sons，1999

[33] Kumamoto&Henley. Probabilistic Risk Assessment and Management for Engineers and Scientists. IEEE. Press，1996

[34] L Y Shen. A Rview of Risk Decision Methedology. Proceedings of 2001 CRIOCM International Research Symposium on Development of Construction management，2001

[35] Chapman C B. A Risk Engineering Approach to Project Risk Management. Project Management. 1990，18(1)

[36] Ming Lu and About Risk S M. Simplified CPM/PERT Simulation Model，J. Contr. Engrg. And Mgmt.，ASCE，2000，126(3)：219~226

[37] Pransanta D, Tabucanon M T, Ogunlana S O. Planning for Project Control through Risk Analysis: A Petroleum Pipeline-laying Project. Int. Journal of Project Management. 1994, 12(1): 22~33

[38] Mulholland B, Christian J. Risk Assessment in Construction Schedules, Journal of Construction Engineering And Management, 1999, 125(1): 8~15

[39] Santoso, Ogunlana, minato. Perceptions of Risk Based on Level of Experiencef or High-Rise Building Design. The International Journal of Construction Management, 2003, 3(1)

第三章
大型桥梁工程的技术风险

3.1 概　　述

　　结构形式的多样性、施工方法的多样性、使用条件的多样性是大型桥梁工程区别于其他公用基础设施的重要特征。因此，大型桥梁工程的技术风险识别工作也格外复杂。对大型桥梁的施工和正常使用产生威胁的风险源主要来自外部自然环境、使用条件、施工质量、材料特性、设计分析水平等多种因素。在前述三个多样性的影响下，应该说每座桥梁的可能面临的风险都有所区别，为了使读者对大型桥梁面临的风险有近可能全面的认识，本章将尝试从多个角度对桥梁风险进行归纳和总结。

　　大型桥梁在施工过程中往往需要历经多次体系转换，而且，最为危险的结构状态往往出现在施工过程中。因此，虽然设计过程可能对各种自然灾害和意外事故都进行了比较周到的考虑，但在考虑施工过程中对结构应对各种自然灾害和意外事故的能力也是实施施工过程风险管理，确定施工过程技术风险的重要内容。本章研究将首先对施工过程影响比较显著的自然灾害和意外事故(包括大风、地震、洪水、冰凌、船撞、车撞、洪水、地质、滑坡等)进行风险识别。这类风险事件的出现通常仅与桥址地区的外部环境和使用条件有关，而风险事态出现后造成的损失则往往与结构的特性关系密切。

　　然后，将从比较宏观的角度，对桥梁施工中常见的分项工程可能面临的风险事态进行总结，这类风险事态的出现往往于施工管理和施工质量水平密切相关，一般都能通过严格的管理和检验得到比较好的控制。

　　接着，从结构体系角度出发，对梁桥、拱桥、斜拉桥、悬索桥等常见的大跨径桥梁施工中常见的风险事态进行归纳和总结。这类风险事态往往与结构体系和施工方法特点密切相关，需要通过精心设计、精心施工才能得到比较好的控制效果。

　　最后，对支架施工、预制拼装、悬臂浇筑、转体施工、顶推施工等几种常用的桥梁施工方法中可能面临的特殊风险问题进行简单的总结。

　　受到篇幅限制，本章给出的只是大型桥梁施工中最为常见的风险事态，应用于具体工程时，对上述几类风险事态中进行合理的组合，可以总结得到项目的基本技术风险事态列表，在此基础上，还应结合桥梁结构体系及其所在环境的基本特点，进行更加详细和深入的分析，得到更为全面的风险事态目录，用于指导风险管理。

3.2 自然灾害与意外事故风险

3.2.1 大风引起桥梁施工风险

风对结构的相互作用可分为静力作用和动力作用两大类。包括静力荷载作用、静风稳定性、颤振、涡振、抖振、驰振等，可能对结构安全、舒适性、疲劳等方面产生影响，其中不乏可能引起结构毁灭性破坏的风险事态。风对施工中的桥梁结构可能造成的风险事态可参见图2.3-1。

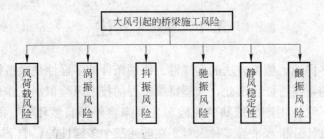

图 2.3-1 大风引起的桥梁施工风险

风荷载计算涉及到风的自然特性、桥梁本身的结构特性以及二者之间的相互作用，是一个复杂的问题。等效风荷载可分为三个部分，即和平均风荷载对应的平均风荷载以及和背景响应对应的背景风荷载，再加上和共振响应对应的惯性风荷载[1]。受到目前风环境研究，尤其是强风特性研究的水平，在强风作用下，结构响应仍有一定的不确定性，因此，虽然大型桥梁在设计过程中已经对风荷载进行了分析，但在大风作用下，结构由于风荷载原因破坏的风险仍在存在。

在空气静力扭转力矩作用下，当风速超过某一临界值时，悬吊桥梁主梁扭转变形的附加攻角所产生的空气力矩增量超过了结构抵抗力矩的增量，使主梁出现一种不稳定的扭转发散现象。结构静风稳定破坏的发生具有突然性和破坏性。早期飞机机翼升力面由于没有足够的额抗扭刚度而发生扭转发散的事件时常出现，给各国航空事业造成了巨大损失[2]。随着桥梁结构向长大化、轻柔化发展，静力扭转发散低于颤振临界风速的可能性仍在存在，尤其对于大跨度缆索桥，静风失稳曾经在实验室出现[3]，但实桥破坏事件尚未见报道。

颤振是一种危险的自激发散振动，当达到其临界风速时，振动的桥梁通过气流的反馈作用不断吸取能量从而使振幅逐步增大直至最后使结构破坏。在设计过程中，通过对结构颤振临界风速的控制来降低颤振风险，但当风速过大，突破了临界风速时，颤振仍有可能发生，结构发生颤振其后果是毁灭性的，必须将其风险概率控制在比较低的水平。

风流经各种断面形状的钝体结构时都有可能发生旋涡脱落，出现两侧交替变化的涡激力。当旋涡脱落频率接近或者等于结构的自振频率时，将由此激发出结构的共振。涡振引起结构直接破坏的可能性不大，但过大的振幅可能对施工人员安全、机械设备安全等产生影响。而且，当风致振幅过大时，为保证施工人员、设备的安全常常需要停工等待，因此对施工时间也有比较明显的影响。

大气中紊流成分所激起的强迫振动,也称为紊流风响应。抖振是一种限幅振动,由于它发生的频度高,可能会引起结构的疲劳。过大的抖振振幅会引起人感不适,甚至危及桥上高速行车的安全。

对于非圆形的边长比在一定范围内的类似矩形断面的钝体结构及构件,由于升力曲线的负斜率效应,微幅振动的结构能够从风流中不断吸收能量,当达到临界风速时,结构吸收的能量将克服结构阻尼所消耗的能量,形成一种发散的横风向单自由度弯曲自激振动。驰振也是一种破坏性的振动,必须通过对临界风速的严格控制降低风险。

3.2.2 船撞引起的桥梁施工风险

船桥相互作用的形式包括船与桥墩碰撞、船与主梁碰撞、船对主梁的挤压、桥上坠物对船的损伤等几种主要的形式,其风险识别如图 2.3-2。施工中船撞事故可能由通过船只或施工船只引起,船撞事故可能造成船只业主、桥梁业主、船只乘客、航运部门等多方损失。

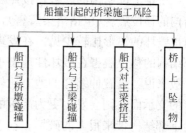

图 2.3-2 船撞引起的桥梁施工风险

船与桥墩的碰撞主要指船只由于偏航、失控等原因,与桥梁水中墩柱碰撞,造成桥梁和船只的损失。对于梁式桥,船桥碰撞还可能造成 1~2 跨塌落水的严重事故。船桥碰撞的损失包括桥梁损失、船舶损失、第三者损失等几个方面。历史上死亡人数最多的几次桥梁事故都是因船桥碰撞引起,且死亡者中船上乘客占了很大比例,在进行船桥碰撞评估时应充分注意这些问题。

主要是指在船舶没有偏航,但却由于船舶装载超高或涨水的原因,使得船舶突出物与主梁发生碰撞。虽然这样的事故概率很低,但由于这类碰撞作用是以横向力的形式作用在主梁上,而主梁在某个方向刚度相对较弱,因此容易受到破坏。这类事故最为典型的是青州闽江大桥在"飞燕"台风的影响下,下游浮吊走锚,与大桥主梁碰撞,造成主梁严重损伤。

船舶对主梁的挤压事故是指船舶在通过桥梁时,由于涨水原因,卡在桥梁下面,造成对主梁的挤压,从而对主梁造成损伤。这类事故的发生概率更低,但由于事故对主梁的是向上的作用,且向上荷载的大小难以控制,因而对其损失的估计也比较困难。这类事故的另一个特点是,处理比较困难,一般需要等到落潮,或对船舶进行局部破坏,持续的时间比较长。典型的事故是 2004 年发生在上海的龙华桥卡船事故,事故造成了一座铁路桥严重损坏。

桥上坠物对船舶的损伤主要是指在桥梁施工期间,桥梁的坠落物体造成驶经船只财产损失或人员伤亡的事故。这类事故的直接损失在船舶方面,但事后赔偿、处理等也会对桥梁业主造成损失。

3.2.3 地震引起的桥梁施工风险

地震是桥梁工程中关注很长时间的极端荷载过程,由于地震过程是典型的低概率、短时、强烈的荷载过程。因此,地震对桥梁的影响也主要是关注荷载效应,主要利用应力、承载力、应变等结构响应,估算结构损伤程度,以结构损伤程度估算人员伤亡等。大量的震害分析表明,引起桥梁震害的原因主要有四个[5]:(1)所发生的地震强度超过了抗震设防标准，这是无法预料的；(2)桥梁场地对抗震不利，地震引起地基失效或地基变形；(3)桥梁结构设计、施工错误；(4)桥梁结构本身抗震能力不足。地震对各种类型的桥梁、对于处于施工或者使用阶段的桥梁都可能产生影响。从震害发生的位置，简要对其风险归纳如图2.3-3。相对使用过程，施工期间时间较短，但仍存在发生地震的可能性，因此，对施工期间的地震风险也应该考虑相应的风险对策。

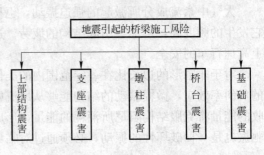

图2.3-3 地震引起的桥梁施工风险

桥梁上部结构的震害，按照震害产生原因的不同，可分为上部结构本身的震害，上部结构的移位震害（包括落梁震害），以及上部结构的碰撞震害。桥梁上部结构自身遭受震害而被毁坏的情形比较少见。在发现的少数震害中，主要是钢结构的局部屈曲破坏。桥梁上部结构的移位震害在破坏性地震中极为常见，表现为纵向移位、横向移位以及扭转移位。一般来说，设置伸缩缝的地方比较容易发生移位震害。如果上部结构的移位超出了墩、台等的支承面，则会发生更为严重的落梁震害。上部结构发生落梁时，如果撞击桥墩，还会给下部结构带来很大的破坏。在破坏性地震中，最为常见的是桥梁上部结构的纵向移位和落梁震害。当然，桥梁支座和墩台的毁坏也会导致上部结构的坠落。如果相邻结构的间距过小，在地震中就有可能会发生碰撞，产生非常大的撞击力，从而使结构受到破坏。桥梁在地震中的碰撞，比较典型的有：相邻跨上部结构的碰撞，上部结构与桥台的碰撞以及相邻桥梁间的碰撞。

桥梁支座历来被认为是桥梁结构体系中抗震性能比较薄弱的一个环节，在历次破坏性地震中，支座的震害现象都较普遍。其原因主要是支座设计没有充分考虑抗震的要求，连接与支挡等构造措施不足，以及某些支座形式和材料本身的缺陷。如在日本阪神地震中，支座损坏的比例达到了调查总数的28%。支座的破坏会引起力的传递方式的变化，从而对结构其他部位的抗震产生影响，进一步加重震害。在我国的海城和唐山地震中，也有不少支座破坏引起落梁的例子。支座的破坏形式主要表现为支座移位、锚固螺栓拔出、剪断，活动支座脱落，以及支座本身构造上的破坏等。

大量震害资料表明：桥梁结构中普遍采用的钢筋混凝土墩柱，其破坏形式主要有弯曲破坏和剪切破坏。弯曲破坏是延性的，多表现为开裂、混凝土剥落压溃、钢筋裸露和弯曲等，并会产生很大的塑性变形。而剪切破坏是脆性的，伴随着强度和刚度的急剧下降。比较高柔的桥墩，多为弯曲型破坏；而矮粗的桥墩，多为剪切破坏；介于两者之间的，为混合型。另外，桥梁墩柱的基脚破坏也是一种可能的破坏形式。

城市高架桥中常见的框架墩，在地震中有不少震害的例子。在1989年美国洛马·普里埃塔地震中，就出现了大量框架墩毁坏的实例。在1995年阪神地震中，经过大阪、神户两市的新干线铁路高架桥的框架桥墩也多处发生断裂和剪切破坏。

在历年的地震中，桥台的震害较为常见。除了地基丧失承载力（如砂土液化）等引起的桥台滑移外，桥台的震害主要表现为台身与上部结构（如梁）的碰撞破坏，以及桥台向后倾斜。

桥梁基础破坏是国内外许多地震的重要震害现象之一。大量震害资料表明：地基失效

(如土体滑移和砂土液化)是桥梁基础产生震害的主要原因。如在 1964 年美国的阿拉斯加地震和日本的新泻地震,以及中国 1975 年的海城地震和 1976 年的唐山地震中,都有大量地基失效引起桥梁基础震害的实例。扩大基础的震害一般由地基失效引起。而常用桩基础的震害,除了地基失效这一主要原因外,还有上部结构传下来的惯性力所引起的桩基剪切、弯曲破坏,更有桩基设计不当所引起的震害,如桩基深入稳定土层没有足够长度,桩顶与承台联结构造措施不足等。但总的来说,在软弱地基上,采用桩基础的结构往往比无桩基础的结构具有更好的抗震性能。另外需要指出的是,桩基震害有极大的隐蔽性。许多桩基的震害是通过上部结构的震害体现出来的。但是,有时上部结构震害轻微,而开挖基础却发现桩基已产生严重损坏,甚至发生断裂破坏,在中国唐山地震、日本新泻地震中都有这样的实例。

3.2.4 洪水引起的桥梁施工风险

洪水对使用过程中的、通航净空较高的大跨度缆索承重桥影响并不显著,但对施工过程以及中小桥梁,尤其是山区中小桥梁的影响比较明显。洪水对桥梁影响包括荷载效应、冲刷影响、淹没效应等多个方面,如图 2.3-4 所示。

淹没是指洪水淹没桥梁而可能造成的财产损失和结构损伤。淹没问题在施工期间,尤其是中小桥施工期间可能造成较大的损失。在水流的浸泡和冲刷作用下可能

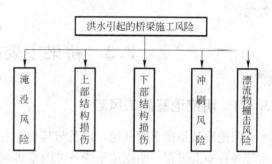

图 2.3-4 洪水引起的桥梁施工风险

引起混凝土碳化加剧、原有裂缝、孔洞加深、砂浆抹面脱落、外露钢筋锈蚀等问题,使得构件截面有效受力面积减少,防护作用失效。承载力、耐久性削弱。洪水的携带物可能卡塞支座,使支座不能提供水平位移而失效。

洪水影响下的上部结构损伤往往和支座损伤有密切联系。洪水作用下可能使得迎水面支座脱空,而背水面支座受力过大,造成上部结构因支座破坏而失稳,可能的形式包括:支座摩擦力不够、梁体漂移、错位;支座剪切角过大,发生剪破或塑性变形失效;背水面支座受力过大,失去弹性而丧失承载力;支座螺栓剪断脱落等。

洪水引起桥梁下部结构损伤往往是由于上部结构传来的洪水水平力及水平弯矩、荷载偏心力、自身受洪水冲击力等外力共同作用的结果,可能的形式包括:墩身倾斜过大,墩底水平位移过大;合力偏心矩过大,桥墩倾覆;高墩受弯压作用,发生挠曲失稳;墩身受弯出现裂缝等。桥台的尺寸较大,刚度较大,自身遭破坏的可能性较小,其失效一般是刚体失衡,如倾覆等形式。基础破坏形式包括基础底面剪切力不足,发生滑移;基础地面在偏心合力作用下,局部压力过高,地基发生塑性形变等。

冲刷影响是指洪水对洪水的淘蚀作用使得基础埋置深度减少,从而造成基础损害,引起桥梁损伤。冲刷失效是很多山区桥梁在洪水中失效的主要原因,但理论计算公式似乎很难准确反应桥梁使用过程中河床和流速的各种变化,因此这方面仍存在较大的不确定性。

洪水发生时,很可能夹带上游的漂浮物,撞击桥梁上下部结构,引起结构物理性损

伤。上游船只也可能发生走锚，撞击桥梁。

3.2.5 冰凌引起的桥梁施工风险

在寒冷地区的跨河桥梁还可能收到冰凌影响。冰凌对桥梁的影响包括静力影响、流冰影响和侵蚀影响等几方面，如图2.3-5所示。

静压力是指在封冻季节，因温度变化及风力而使冻结于墩周的冰层作用于桥墩的力，力的强度与冰的抗压强度有关。流冰撞击是指融冰时，冰排面积会增大至几千平方米，厚度可能增至几米，形成冰坝，抬高水位，使冰排堆高；开流时，冰排撞击桥梁，产生巨大的冲击力，造成桥梁损伤。侵蚀作用是指冰凌冻结在桥墩周围，可能会剥蚀混凝土表层，影响结构耐久性。

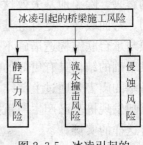

图2.3-5 冰凌引起的桥梁施工风险

3.3 桥梁主要分项工程风险

3.3.1 明挖地基施工风险

明挖地基是指土的开挖，以及与其相关的放坡、大板桩围堰、降低地下水、碾压、夯实等各种施工过程。明挖地基受各种因素影响，可能造成各种事故，存在着多种风险源，产生各种风险，有可能带来严重危害和重大损失，在施工中属于风险较大的工程。按照规范要求，不同的土质，不同的挖土深度及不同的开挖面积，开挖的主要形式也不一样。在挖土深度较浅，地下水位较低，土质较好的情况下，可采用不放坡不加支撑垂直开挖，不同的土的不加支撑最大垂直深度，都有具体的规定。

具体风险可参见本篇1.2工程地质风险和1.4基坑开挖风险部分。

3.3.2 基础工程施工风险

地基是指承托建筑物的位于建筑物底部受上部荷载影响作用的一定深度范围的土体。基础是传递建筑物荷载的媒介，任何建筑物的荷载都是通过基础传递到地基上的。地基和基础是建筑物的根本，属于地下隐蔽工程。它的勘查、设计、施工质量直接关系到桥梁工程的安危。实践表明：土木工程事故的发生很多与地基基础问题有关，而且，地基基础事故一旦发生，补救非常困难。桥梁工程中常用的基础类型包括桩基础、沉井基础等。

3.3.2.1 桩基础施工风险

桩基础由桩、桩间土与桩顶承台组成。桩基础按材料桩可分为木桩、混凝土桩、钢桩等。按成桩方法可分为打入桩、静压桩、灌注桩、钻孔桩、沉管桩、螺旋钻孔桩等。常用的是预制桩和钻孔灌注桩，其风险识别可参见本篇2.5。

3.3.2.2 沉井基础施工风险

当水位地质条件不宜于修筑天然地基或桩基时，可采用沉井基础。在岸滩或浅水中修筑沉井时，可采用筑岛法施工；在岸滩上可先开挖至水面以上，整平夯实土面，进行沉井施工；在深水中修造沉井时，可采用浮式沉井。筑岛沉井视水文情况和所用材料选用围堰筑岛或无围堰筑岛。筑岛的围堰根据所用材料、填料以及不同的水深、流速而做成土石围堰、草（麻）袋围堰、木笼石围堰、木（钢）板桩围堰和套箱等。沉井基础施工风险识别如图 2.3-6。

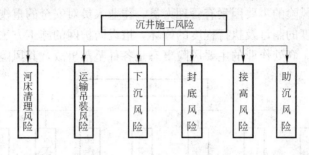

图 2.3-6 沉井基础施工风险

3.3.3 混凝土工程施工风险

钢筋混凝土结构工程包括钢筋工程、模板工程、混凝土工程、构件安装工程和预应力工程等，它可以分为现浇和预制装配两个方面。我国关于钢筋混凝土结构的设计、施工和验收，关于钢筋混凝土原材料的质量控制和检验，都有相应的法规、标准、规范等。在钢筋混凝土结构的建造过程中，施工单位和有关方面应该严格遵守国家有关法规、标准、规范等，及按照设计图纸进行施工和质量检验，确保钢筋混凝土结构工程的质量。但是由于各种不利因素的存在，其中有客观的和主观的、人为的和自然的因素，给钢筋混凝土结构工程带来各种风险。一旦出险，将带来财物和人力的损失，有时还会引起严重事故，造成重大损失。所以，应该对造成各种风险的因素进行分析，采取措施，减少风险及风险带来的危害和损失。有关混凝土工程风险识别可参见本篇2.6节。

3.3.4 预应力工程施工风险

预应力工程在混凝土桥梁中非常常见。与建筑结构中使用的预应力相比，桥梁预应力往往吨位较高、预应力束较长，施工要求也更加高，风险程度也相应提高。预应力工程施工风险来自混凝土施工质量、预应力系统质量、现场管理、设计等多方面，具体可参见本篇2.7。

3.3.5 钢结构工程施工风险

钢结构是指用钢材作为结构材料的建筑结构，被广泛应用于各种建筑结构。钢结构具有材料强度高、材质均匀、工业化程度高等优点，但是也有其自身的缺陷，如不耐火、容易锈蚀等不足。钢结构被大量应用在各类中等跨度和大跨度的桥梁中。其风险来自自然灾害、设计、材料、制作、安装等。具体风险识别可参见本篇2.8。

3.3.6 高处作业施工风险

高处作业是指人在一定高度进行的作业。国家标准 GB 3608—83《高处作业分级》规定：凡在坠落高度基准面2m以上（包括2m）有可能坠落的高处进行的作业，都称为高处作业。高处作业有操作点高、四面凌空、活动面积小、垂直交叉作业繁多等特点，是十分危险的作业。据全国资料统计，高处坠落事故约占各类事故总数的 40%～45%，无论是事故数量、死亡和重伤的人数，高处坠落事故均在各类事故之首。所以，对高处作业进行风险管理是十分必要和迫切的。

造成高处作业风险的主要因素有管理人员、作业人员对安全的重视程度，作业环境的好坏程度，规章制度的制订及执行程度的好坏，搭设防护网的施工方法，以及安全防护材料质量的可靠度等。高处作业的主要风险事态是各种坠落事故，其风险识别如图 2.3-7。

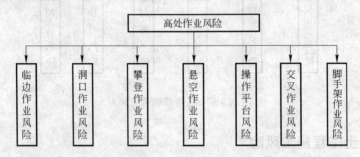

图 2.3-7 高处作业风险

3.3.7 吊装作业施工风险

在中小桥的预制安装施工以及大跨径桥梁的预制安装施工中（包括整体吊装、拱肋吊装、钢箱梁吊装等）都需要进行吊装作业。吊装作业需保证吊装机械、被吊节段、安装结构、吊装人员以及周围区域的安全，大跨径桥梁吊装作业还经常需要与水运部门配合，更为复杂。因此对其施工过程风险需结合具体的问题进行全面的分析研究。常见的吊装过程风险如图 2.3-8。

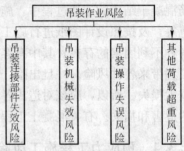

图 2.3-8 吊装作业施工风险

3.4 各种体系桥梁施工风险

3.4.1 大跨径梁桥施工风险

大跨径梁桥主要包括预应力混凝土连续梁桥、连续刚构、T形刚构、桁架桥等形式。目前预应力混凝土箱梁已经成为大跨径梁桥的主梁的主流形式。梁桥预应力工程和混凝土工程是大跨径梁桥风险发生的主要原因，这方面原因可参见相关内容，这里不再赘述。这里主要给出大跨径梁桥体系原因产生的风险，以及其他施工中常见的问题，其施工风险见图 2.3-9。

连续梁桥体系转换中解除临时锚固装置时方案、措施不当，可能对支座产生强烈冲击，偏载而造成支座变形、移位、甚至破坏。因此，在连续梁桥体系转换中，解除临时锚固装置的顺序要做详细的方案设计、工艺程序，保证临锚缓慢、均匀、对称地减力，使支座平稳受力。比如：(1)先割除临时锚固预应力筋，应对称、逐级割断。(2)采用微差爆

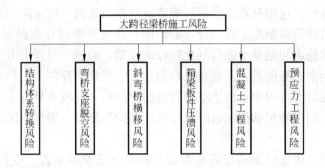

图 2.3-9　大跨径梁桥施工风险

破,逐渐、缓慢解除临时支座。(3)采用砂箱法等。

曲线梁桥中,由于梁体的质量重心常位于梁两端连线之外,即使在自重作用下,桥跨结构也可能产生扭矩,处理不当则可能发生支座脱空的情况。近几年,预应力弯桥施工过程中支座脱空的事故也多次发生。主要的原因是设计计算分析不够全面,或是施工过程中未按设计要求严格施工。设计施工中,应该对自重、预应力、收缩、徐变等荷载作用的不利组合情况下支座的相应情况进行详细的分析,详细掌握施工过程中支座反力变化的过程和规律。

温度和混凝土收缩所引起的在平面内的位移方向,以及由预加力和混凝土徐变影响所引起的位移方向不同,前者属于弧段膨胀或缩短性质,涉及到的弧段半径变化而圆心角不变;后者则只涉及到力作用方向上的位移。因此,温度变化和混凝土收缩将引起各支点处的弦向位移,故在桥梁活动端将引起和桥轴线相垂直的位移分量,使得伸缩缝的活动在构造上发生困难,并会产生一个平面扭矩,处理不当将使桥面旋转,产生横向位移。类似的原因,可能引起斜桥横向"爬移",对正常使用造成影响。解决的方法是在设计过程中对该问题进行比较深入的研究,并进行有针对性的设计和构造优化,常用的措施包括设置挡块等。

随着桥梁跨径和桥梁宽度的增大,大吨位预应力使用越来越频繁。在大吨位预应力作用下,施工过程中混凝土箱梁板件往往处于高应力状态,如果相应的普通钢筋配置、预应力张拉吨位、施工管理、施工监控等工作不到位,很可能造成事故,轻微的情况是箱梁板件在预应力作用下出现裂缝,严重的情况可能造成板件局部压溃,造成损失。近几年,国内连续出现了多起类似事故,压溃的位置主要是混凝土箱梁的底板,直接原因包括纵向预应力过大、横向预应力位置不合理等。

3.4.2 大跨径拱桥施工风险

目前,国内超过300m跨度的拱桥已有近十座,基本的形式包括钢拱桥、钢管混凝土拱桥等。拱桥施工过程比较复杂,可能面临的风险种类也比较复杂,很难详细的列出,需要结合具体

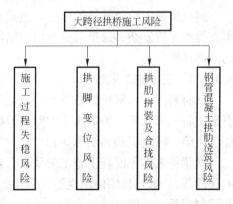

图 2.3-10　大跨径拱桥施工风险

的施工方法具体分析。这里只重点分析可能造成严重后果的一些风险事态，见图2.3-10。

稳定问题是造成拱桥倒塌事故的最主要原因。通过严格设计把握设计计算分析过程，拱桥施工过程中的稳定问题基本能得到比较好的控制，但施工过程中由于结构体系不断变化，荷载不确定因素大等问题，其稳定风险仍在一定程度上存在。尤其是在钢管混凝土拱桥拱肋钢管灌注混凝土过程中，由于空钢管拱肋刚度小，比较容易发生事故，需要严格控制。可以考虑的控制措施包括添加临时风撑提高结构整体性，添加抗风缆提供结构抗侧风性能等。

对于有推力拱，确保拱脚的稳定是保证结构整体安全的前提。受到上部荷载不确定性、下部基础性质不确定性等的影响，拱脚在施工和使用过程中均可能发生变位问题。拱脚变位后将引起拱顶裂缝、基础开裂等结构系统性病害。拱脚位移问题出现后首先需要密切跟踪，研究变位趋势，如果变位长期迅速发展，则必须立即研究对策，严重的可能需要彻底拆除桥梁。

钢箱拱肋造型美观，因此在大跨径桥梁中比较多见。但在拱肋拼装过程中，受到拱肋荷载不确定性、计算模式不确定性等问题的影响，对最终拱肋拼装和合拢精度的控制比较困难，尤其是当误差一旦发生后，由于钢箱拱肋刚度较大，因此调整过程比较困难，可能对施工时间的影响比较显著。因此，钢箱拱肋在施工组织设计中，应对拱肋拼装及合拢误差发生时的调整预案有所研究。

钢管混凝土拱桥中混凝土浇筑不密实，下缘受压钢管经徐变后达到流限，弹性模量降低，加上尺寸、材质上的误差影响，会造成混凝土局部压碎，钢管失稳鼓出，使其结构整体稳定性大为降低，因而失去钢管混凝土的优越性。如果混凝土与钢管脱开，则两者不能共同受力，达不到设计要求，造成安全隐患。因此，施工中必须加强混凝土质量控制，改善混凝土品质，如采用收缩补偿混凝土浇筑主拱圈，减小混凝土收缩变形，钢管混凝土的原材必须符合设计要求，混凝土配比应具有低泡、大流动性、收缩补偿延后、初凝和早强的工程性能，钢管混凝土压注前应清洗管内污物，润湿管壁，泵入适量水泥浆后再压注混凝土，直至钢管顶端排气孔排出合格混凝土时停止；完成后应关闭设于压注口的导流截止阀，管内混凝土的压注应连续进行，不得中断。

3.4.3 斜拉桥施工风险

斜拉桥是大跨径桥梁的形式，包括主塔、主梁、拉索等部分，施工时间较长。其风险事态类型比较复杂。这里重点给出与结构特性相关的斜拉索、主梁、桥塔施工中可能面临的一些风险。

3.4.3.1 主塔施工风险

从材料上看，斜拉桥桥塔可分为混凝土桥塔、钢桥塔，形式上看有H形、A形、钻石形、特殊形状等。桥塔施工中除了混凝土工程和钢结构工程外，还可能出现一些其他的施工风险。风险识别如图2.3-11

横梁等大体积混凝土施工未采取有效措施降低水化热，可能导致开裂（收缩裂缝、温差裂缝等），影响长期使用性能及美观。可以考虑的措施包括采用低水化热水泥掺加粉煤灰配制混凝土；埋设降温水管，采用内散外蓄的措施控制构件内外温差；埋设测温计监测温度，指导现场采取降温措施等。

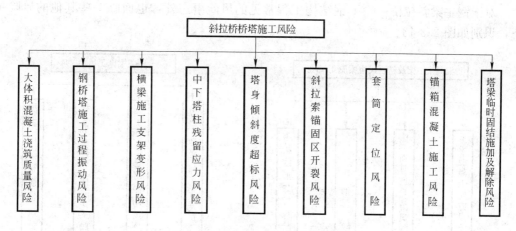

图 2.3-11 斜拉桥桥塔施工风险识别

横梁在斜拉桥中起横向稳定作用，如果未充分考虑支架变形，可能造成横梁下挠开裂；如未设置预拱度，影响横梁线形、刚度和荷载的分配。支架变形包括弹性变形和非弹性变形，并应设置相应的预拱度；混凝土的初凝时间要特殊设计，避免浇筑过程中因支架变形而开裂；要特别注意控制钢支架与混凝土塔柱的温差，温差较大时，支架会相对于主塔横梁位置产生强迫位移，会引起横梁早期开裂。

浇筑索塔混凝土时，索孔模型固定不牢靠或者整体跑模将造成索孔位置偏差超过设计或规范要求。因此，索孔钢管要与劲性钢骨架固定，并设置微调装置，保证索孔的精确定位；要分析观测劲性钢骨架的变位，并在索孔定位时设置预偏量消除劲性钢骨架的变位影响。

塔身倾斜度超标将造成塔身偏心受压，增加一定的附加弯矩。因此，应该首先保证基础工程经过检测和分部验收，沉降和变形可以控制在设计要求的范围内；采用精密测量控制网进行塔柱放样；测量尽量保证在设计要求的同一基准温度下进行，并避免受直接日照的影响；信息化施工，出现偏差及时调整；对塔梁同步施工的桥梁，考虑塔梁的耦连作用及横梁的压缩对塔身倾斜度的影响。

塔身施工残留应力过大容易使塔身开裂和变形超出设计值。应对斜塔柱设置合理的撑杆或拉杆，根据塔身施工时的结构体系转换的实际模型对塔柱施工内力和变形进行控制，计算时要模拟撑杆和拉杆的装拆、初装力、收缩和徐变等。

3.4.3.2 主梁施工风险

斜拉桥主梁的形式包括混凝土主梁、迭合梁、钢主梁等几种主要的形式。对于混凝土和迭合梁主梁，施工期间，除了混凝土工程和预应力工程常见的风险外，由于斜拉桥跨径大，且混凝土主梁线形控制比较困难，其在主梁荷载控制和应力控制方面还可能面临特殊风险，风险识别如图 2.3-12。

如果节段现浇时混凝土超方，或节段拼装时施工荷载超载等情况，又未及时根据实际情况调整，可能造成不同节段的标高偏差和索力偏差。因此要根据设计荷载及时调整施工荷载，同时要与设计人员交换信息，制订可行的符合实际情况的施工控制方案，提出可行的对施工的控制要求，对设计的目标值进行必要的调整。

对于钢主梁斜拉桥，除了钢结构工程常见的风险事态外，也面临一些其他的风险事态，识别如图 2.3-13。

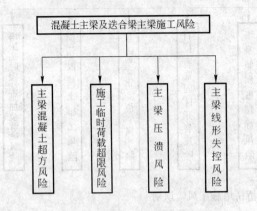

图 2.3-12　混凝土主梁及迭合梁主梁施工风险

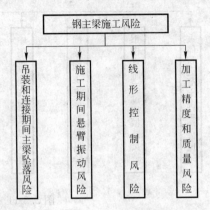

图 2.3-13　钢主梁施工风险

在悬臂拼装施工中，预制钢箱梁需要通过悬臂端吊机吊装到位、临时连接，然后在连接部位施焊，完成拼装过程。在这期间，如果吊机或是临时连接失效则可能造成钢箱梁坠落，造成损失。钢箱梁坠落后至少将造成坠落节段钢梁的损失，同时由于坠落后主梁两侧悬臂荷载不对称，还可能引起其他的连锁反应，也将对施工进度形成显著影响。

3.4.3.3　斜拉索施工风险

斜拉索是连接主塔和主梁的关键部件，确保斜拉索的安全可靠对保证整个结构的安全可靠有重要意义。斜拉索的施工过程包括运输、安装、吊装、张拉等过程，对其施工中风险识别如图 2.3-14。

斜拉索振动类型包括拉索涡激共振、雨振和尾流振动、拉索的参数共振等形式。各种拉索振动的原因、机理各有不同，需要进行计算和试验研究才能明确其出现的可能性及其幅度等问题。拉索振动可能对斜拉索造成损伤，也可能造成使用者心理上的恐惧和不安等。抑制拉锁振动较简单的方法是采用阻尼橡胶圈减振器。

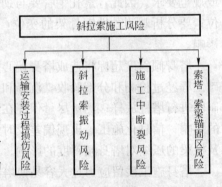

图 2.3-14　斜拉索施工风险

由于意外事故、施工事故等原因，可能造成施工或使用过程中斜拉索突然断裂。断索后除了造成斜拉索及附近构造物的损伤外，由于结构内力的重新分布，还可能造成其他斜拉索或其他部位的连续破坏，引起更为严重的后果和损失。因此，设计和施工过程中应考虑对斜拉索突然失效的工况进行计算，防止连续破坏事件发生。

运输、安装等过程中不注意保护，易使斜拉索损伤，减少拉索截面面积从而影响拉索的安全度和耐久性。因此，在放索时铺地毯或设置滚轮承托拉索；吊索时使用正确的夹持工具；挂索时注意避免索被挂索平台等挂住；拉索包装在挂索完成后拆除；对防护套损坏的拉索要进行修补。

另外，斜拉索是在主塔和主梁的锚固区域由于承受着巨大的拉力，也是事故多发区域，应该着力通过对设计质量、施工质量和材料质量的控制确保安全。

3.4.4 悬索桥施工风险

悬索桥是大跨径桥梁中最为常见的桥型之一，锚碇、主缆、索鞍、主缆施工期的猫道等都是悬索桥中特有的系统。以下的风险事态将主要关注这些部位的施工。

3.4.4.1 锚碇施工风险

锚碇是悬索桥结构体系成立的关键，它的施工风险主要涉及到大范围基础开挖、大体积混凝土浇筑等问题，可参见基础和混凝土工程相关内容，这里不再赘述。

3.4.4.2 主塔施工风险

悬索桥主塔以混凝土塔为主，在超大跨径悬索桥中也有使用全钢桥塔的实例。其施工风险与斜拉桥主塔类似，可参见相关内容。不同的是悬索桥主塔没有锚固区，但塔顶承受来自鞍座的巨大压力，因此塔顶的施工质量需严格控制。

3.4.4.3 主缆施工风险

主缆是悬索桥的重要承重结构，桥面恒载和活载的大部分由主缆通过吊索传到主塔和锚碇，主缆一般由平行钢丝组成，其架设方法主要有预制平行钢丝束法（PWS法）和空中编缆法（AS法），为保证主缆经久耐用，通常主缆钢丝预先镀锌，主缆架设完成后进行系统防腐涂装。这里分别对施工辅助猫道的施工和使用、索股施工等进行风险识别如图 2.3-15、图 2.3-16。

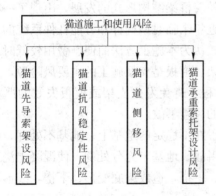

图 2.3-15　猫道施工和使用风险

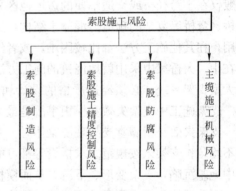

图 2.3-16　索股施工风险

3.4.4.4 索鞍、索夹、吊索施工风险

索鞍一般分为主索鞍和散索鞍，主索鞍主要是将主缆传来的巨大压力传递到主塔，散索鞍主要是改变主缆的传力方向，并将主缆分散为索股分别锚固在锚碇上。索夹、吊索的作用是将桥面恒、活载传到主缆，索夹一般为铸钢结构，通过高强度螺栓抱紧主缆。吊索一般为钢丝绳或平行钢丝束。对索鞍、索夹、吊索的施工风险识别如图 2.3-17～2.3-19。

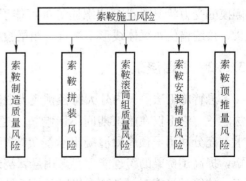

图 2.3-17　索鞍施工风险

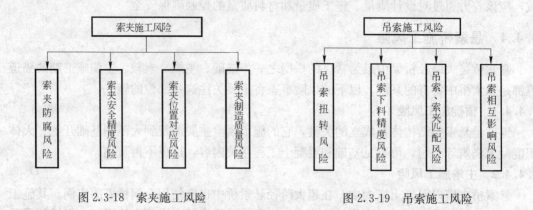

图 2.3-18 索夹施工风险　　　　　图 2.3-19 吊索施工风险

3.5　各种施工方法的特殊风险

3.5.1　支架施工

支架施工是一种古老的施工方法，它是在支架上安装模板、绑扎及安装钢筋骨架、预留孔道、并在现场浇筑混凝土与施加预应力的施工方法。由于施工需用大量的模板支架，一般仅在小跨径桥或交通不便的边远地区采用。随着桥梁结构形式的发展，出现了一些变宽桥、弯桥等复杂的预应力混凝土结构，又由于近年来临时钢构件和万能杆件系统的大量应用，在其他施工方法都比较困难，或者经过比较认为本施工方法简便、费用较低时，也有在中、大桥梁中采用就地浇筑的施工方法。支架和模板是支架施工的主要风险源，尤其是大型支架系统，必须经过严格的设计和审查过程，避免发生支架或模板失效的严重事故。支架施工中支架失效和模板事故是最为严重的风险事故。

支架失效是指满堂支架现浇梁体时，支架设置在不稳定的地基上；地基不处理，或处理不均匀；支架未按规范要求搭设等都可能引发事故。地基未充分处理，使混凝土浇筑过程中地基沉陷，支架变形、下沉，从而模板变形、下挠，造成梁底变形、下挠，线形不顺直，影响梁体受力，严重的可能造成结构倒塌。

现浇施工的模板事故是指现浇箱梁模板安装时，梁侧模的纵、横支撑刚度不够，未按侧模的受力状况布置对拉螺栓等都可能引起事故。可能的后果包括梁侧模走动，拼缝漏浆，接缝错位，梁体线形不顺直，箱梁腹板与翼缘板接缝不整齐等。

3.5.2　悬臂浇筑

悬臂施工法是国内外大跨径预应力混凝土悬臂梁、连续梁及刚架桥中最常用的施工方法之一。它不仅在施工期间不影响桥下通航或行车，同时，它密切配合设计和施工的要求，充分利用了预应力混凝土承受负弯矩能力强的特点，将跨中正弯矩转移为支点负弯矩，提高了桥梁的跨越能力。采用悬臂浇筑施工的桥梁，其总的施工顺序是墩顶0号块施工、挂篮悬浇施工、各跨合拢以及体系转换等。挂篮是悬臂浇筑施工必须的施工器械，施工过程必须注意保证挂篮在安装、浇筑、走行等整个过程中的安全。

悬臂现浇施工时，挂篮设计受力模式不合理，挂篮刚度不够，杆件连接间隙大等都可能影响施工。挂篮刚度不够，混凝土浇筑时挂篮发生变形过大，使梁体随之发生变形，新旧接触面脱离，影响箱梁预应力，使之达不到设计要求，造成梁体裂缝。因此挂篮的设计应根据梁段分段长度、梁段重量、外形尺寸、断面形状等要求同时考虑施工荷载来确定挂篮的技术指标。

挂篮拼装好后，不进行检查、试验，不能事先发现问题，导致使用时发生安全事故。若不预压，便不能消除构件的装配缝隙，也无法确定构件弹性变形实测值，影响预拱度设置。挂篮拼装好使用前，应进行全面的安全技术检查，特别是挂篮主梁的定位和锚固情况；并进行模拟荷载试验，测定各种工况下的强度及弹性和非弹性变形，检验挂篮的可靠度，加载重一般为块件重量的 1.2 倍，然后再分级卸载，应反复进行两次。加载方法可用预埋地锚和油压千斤顶对挂篮分级加载，用百分表测变形。挂篮拼装好正式使用前，还须进行预压，有效消除构件的装配缝隙，以正确设置箱梁底板预拱度。另外，挂篮使用过程中可能由于承载力不足发生压溃事故，使用过程中不严格按照规程操作还可能引起坠落事故。

3.5.3 转体施工

桥梁转体施工是 20 世纪 40 年代以后发展起来的一种架桥工艺。它是在河流的两岸或适当的位置，利用地形或使用简便的支架先将半桥预制完成之后，以桥梁结构本身为转动体，使用一些机具，分别将两个半桥转体到桥位轴线位置合拢成桥。

转体施工将复杂的、技术性强的高空及水上作业变为岸边的陆上作业，它既能保证施工的质量安全，减少了施工费用和机具设备，同时，在施工期间不影响桥位通航。转体施工法可适用于拱桥、梁桥、斜拉桥、刚架桥等不同桥型的上部结构施工。转体的方法可分成平面转体、竖向转体或平竖结合转体三种。平面转体又可分为有平衡重转体和无平衡重转体两种。转盘体系是转体施工最为重要的施工临时设施。

转体施工的拱桥桥体、转盘体系结构尺寸偏差过大则使得施工实际情况与设计要求产生偏离，造成转体过程中转体不平衡而产生失稳现象，从而导致安全事故等严重后果。转体施工的拱桥桥体、转盘体系必须精心施工。严格掌握结构的预制尺寸和重量，其允许偏差为 ±5mm，重量偏差不得超过 ±2%，桥体轴线平面允许偏差为预制长度的 ±1/5000，轴线立面允许偏差为 ±10mm。环道转盘应平整，球面转盘应圆顺，其允许偏差为 ±1mm；环道基座应水平，3m 长度内平整度不大于 ±1mm，环道径向对称点高差不大于环道直径的 1/500。

3.5.4 顶推施工

顶推法施工是在沿桥纵轴方向设立预制场，采用无支架的方法推移就位。此法可在水深、桥高以及高架道路等情况下使用，它避免了大量施工脚手架，施工中不中断现有交通，施工场地较小，安全可靠。同时，可以使用简单的设备建造长大的桥梁。

它的主要施工工序是：在台后开辟预制场地，分节段预制梁身并用纵向预应力筋将各节段连成整体，然后通过顶推装置，并借助不锈钢板与聚四氟乙烯模压板组成的滑动装置，将梁逐段向对岸推进，待全部梁体顶推就位后，落梁、更换正式支座，完成桥梁施工。

顶推法施工，不仅用于连续梁桥（包括钢桥），同时也可用于其他桥型，如结合梁桥中的预制桥面板可在钢梁架设后，采用纵向顶推就位，此法在1969年首先在瑞士使用，至今已有十余座桥梁施工完成；简支梁桥则可先连续顶推施工，就位后解除梁跨间的连接；拱桥的拱上纵梁，可采用在立柱间顶推架设；顶推法还可在立交箱涵、地道桥和房屋建筑中使用。顶推施工需要使用导梁、临时支墩等施工临时设施。确保施工临时设施的安全是保证顶推过程安全的重要基础。对顶推施工中常见的风险识别如图2.3-20。

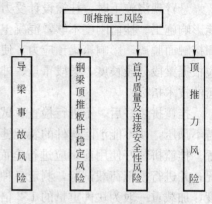

图 2.3-20 顶推施工风险

导梁是顶推施工过程中最为重要的施工临时部件，导梁设计安全储备不足，或者由于顶推梁顶推过程控制不好、荷载超限等问题，都可能引起顶推梁事故，造成损失。因此，导梁设计过程中必须预留足够的安全系数，同时，需对导梁的构件的刚度、强度、稳定性等进行详细的计算分析。

钢梁顶推过程中，顶推部位及附近区域将承受很大的局部应力，可能造成区域内板件局部失稳，发生局部损坏。板件局部失稳后可能影响箱梁在施工过程中的强度，因此，需要进行处理，可能对进度和投资造成影响。因此，钢箱梁顶推过程的计算分析除了保证梁体和施工临时设施的整体刚度、强度外，还应考虑板件局部稳定的问题。

桥梁顶推施工，第一节梁段预制时，其前端混凝土振捣不密实，混凝土质量差，预埋在前端的导梁预埋件联结强度、刚度太小。这些病害可能导致导梁悬出产生的弯矩引起桥梁第一节段前端混凝土破坏，使导梁脱落；联结件强度、刚度小也导致在导梁联结部位产生变形、破坏。

顶推不均衡，就使被顶推的梁体发生偏离。多点顶推时，纵向各墩的水平千斤顶如不同步运行，则加重了早启动千斤顶的负担，甚至超过其顶推能力，而使顶推工作不能顺利进行。因此，单点或多点顶推时，左右两条顶推线应同步运行，且左右顶推力大小相等；多点顶推时，各墩台的水平千斤顶均应沿纵向同步运行，并使之受力均衡。

参考文献

[1] 项海帆等. 现代桥梁抗风理论与实践. 北京：人民交通出版社，2005.8
[2] H. W. 夫欣著，沈克扬译. 气动弹性力学原理. 上海：上海科技出版社，1974
[3] 方明山. 超大跨度缆索承重桥梁非线性空气静力稳定理论研究：[博士学位论文]. 上海：同济大学桥梁工程系，1999
[4] 《公路桥梁抗风设计指南》编写组. 公路桥梁抗风设计指南. 北京：人民交通出版社，1996
[5] 叶爱君. 桥梁抗震. 北京：人民交通出版社，2002
[6] 黄俊. 桥梁工程风险管理与保险研究［硕士学位论文］. 上海：同济大学桥梁工程系，2000
[7] 钱冬升. 科学地对待桥渡和桥梁. 北京：中国铁道出版社，2003
[8] 邵容光、夏淦. 混凝土弯梁桥. 北京：人民交通出版社，1996
[9] 阮欣. 桥梁工程风险评估体系及关键问题［博士学位论文］. 上海：同济大学桥梁工程系，2006
[10] 苏权科等. 桥梁施工违规纠正手册. 北京：人民交通出版社，2004

第四章 轨道交通工程技术风险

广义的城市轨道交通是指城市公共运输工具中的铁路系统,包括国铁干线、郊区铁路及城市内的有轨交通城市轨道交通工程。本章只研究地铁与轻轨工程技术风险,地铁与轻轨工程是一个规模大、机电复杂的综合性系统工程。地铁与轻轨工程所涉及的大型土建工程主要有:地下深基坑工程、地下车站、地铁区间隧道工程、地面高架轻轨线路的高架桥梁工程等。

本章重点阐述与地铁、轻轨工程相关的土建工程所涉及的施工风险问题。

4.1 地铁工程风险识别

地铁工程主要包括地铁车站、区间隧道以及联络通道。地铁车站又包括车站基坑、车站主体结构以及附属设施等,在以下内容中将分别阐述。

4.1.1 地下车站结构

地下车站结构的施工风险分成车站基坑施工风险、车站主体结构施工风险、附属设施施工风险三部分进行阐述。

4.1.1.1 车站基坑施工风险

车站基坑施工风险参见本篇1.4节部分。

4.1.1.2 车站主体结构施工风险

地下车站主体结构施工可能遇到的风险事故如图2.4-1所示。

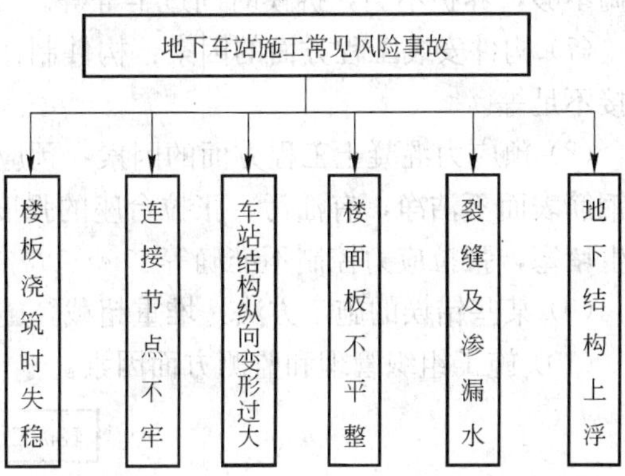

图2.4-1 车站主体结构施工常见风险事故

地下车站施工常见风险事故:楼板浇筑时失稳、连接节点不牢、车站结构纵向变形过大、楼面板不平整、裂缝及渗漏水、地下结构上浮

4.1.1.3 附属设施施工风险(风亭和出入口)

地铁车站的附属设施主要包括车站出入口及风亭。车站出入口的施工方法采用明挖和暗挖两种,施工过程中可能出现的风险事故可参考本篇1.3内容。风亭的施工本质上为基坑开挖问题,可参考本篇1.4内容,在此不予赘述,但需注意设置排水设施及防尘的构造措施。

4.1.2 地下区间隧道

地下区间隧道施工风险可参考本篇1.3内容。

4.1.3 联络通道

联络通道施工风险可参考本篇 1.3.2.6 内容。

4.2 轻轨工程风险识别

针对轻轨交通工程相关的土建工程施工，可能产生事故的因素有很多种，可以分为如图 2.4-2 所示的几类：

(1) 自然因素：不利的或恶劣的气候条件，如大雨和大风、干热和冰冻等；地震、火灾、洪水等灾害。

(2) 原材料因素：建筑材料、制品质量低劣，结构材料的物理力学性能不良，化学成分不合格，水泥的强度不足、安定性不合格，钢筋的强度低、塑性差，砂、石材料质量不合格，混凝土强度不合格等等。

(3) 测量、放样方面的因素：测量精度不够，测量、放样方法有问题，失误等。

(4) 模板工程中的因素：模板尺寸有误，模板的强度和刚度不足，模板的支撑不够，模板有缝隙等。

(5) 钢筋工程方面的因素：钢筋加工制作的错误，钢筋布置的差错等。

(6) 混凝土工程方面的因素：混凝土拌制和运输方面的不当，混凝土浇筑时的错误，振捣不够，养护不当，拆模时间过早等等。

(7) 构件安装工程方面的因素：构件制作错误，安装时构件的位置偏差，构件安装的连接不足等。

(8) 预应力混凝土工程方面的因素：预应力钢筋和锚具的质量有问题，先张法时预应力钢筋表面不洁净，有油污，张拉台座的强度和刚度不足，后张法时孔道质量差，或孔道发生堵塞，张拉应力控制不准确等。

(9) 某些错误的施工方法：堆重超载，施工顺序不当，过早加荷等。

(10) 施工组织管理和监测方面因素。

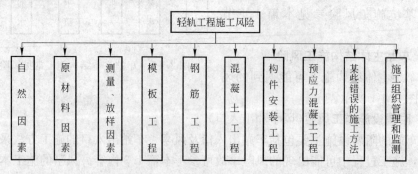

图 2.4-2 轻轨工程施工风险事故

4.2.1 高架车站

高架车站有两种形式：站桥合一、站桥分离。站桥合一把桥墩作为房屋框架结构的一部分，框架纵、横梁对桥墩均能起到约束作用，减少了桥墩计算高度，柱网简单，降低了线路标高和建筑标高，可节省工程造价；但桥、站台合一没有现行统一的规范与标准可循，设计时必须对不同的构件采用不同的规范，结构计算也颇为复杂。高架车站工程施工中可能发生的主要风险事故有：

4.2.1.1 轻轨车站基础工程施工风险

基础工程施工中可能出现的风险问题主要有：水文地质风险和基础工程施工风险，具体内容详见本篇第一章中相关内容。

4.2.1.2 混凝土框架结构施工风险

高架车站结构为现浇钢筋混凝土框架结构，其在施工过程中可能遇到的风险表示如图 2.4-3：

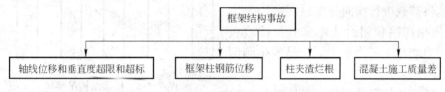

图 2.4-3　混凝土框架结构施工风险事故

4.2.1.3 钢屋架结构施工风险

高架车站施工的主要风险在于钢屋架屋顶施工过程中，其在施工过程中可能遇到的风险事故表示如图 2.4-4：

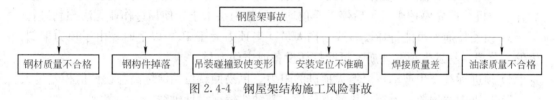

图 2.4-4　钢屋架结构施工风险事故

4.2.2 高架区间

高架区间工程主要的结构是桥梁工程施工风险，其中可能发生的风险事故主要是高架桥梁结构工程施工风险、桥墩、台和基础施工风险，桥梁结构的主要施工风险因素识别详见本篇第三章中桥梁工程风险源，以下就高架区间的上部结构和下部结构仅作简要风险识别。

4.2.2.1 上部结构

高架区间的上部结构主要是桥梁结构，其中主要的风险事故有：

① 桥梁结构风险，其风险识别详见本篇第三章。

② 桥梁架设工程风险。常见的轻轨工程桥梁架设方法有：吊装法、顶进法和悬拼法等，其各种工法的具体风险点如下。

(1) 吊装法

吊装法可能发生的风险事故如下：

1) 桥墩轴线偏移、扭转，造成整座桥梁轴线的偏移或扭转。

2) 桥墩柱垂直偏差，使墩柱受力时，因未保持数值，产生附加弯矩。

3)桥墩顶面标高不符合设计高程,引起桥面高程与设计高程不符。

4)柱安装后裂缝超过允许偏差值,引起墩柱钢筋的早期锈蚀,严重时,降低墩柱的承载力。

5)板安装后不稳定,造成板的实际支承情况与设计不符,改变了板的受力状况。

6)梁面标高超过桥面设计标高较大,造成桥面竣工后,中线标高项目合格率低。

7)梁顶盖梁、梁顶台帽和梁顶梁,由于相邻两跨梁的间隙较小,当梁受热伸长时,没有变形余地而拱起,影响桥梁的正常使用,或造成盖梁、台帽等被顶坏。

8)预制T形梁隔板连接错位,削弱主梁有效地将荷载进行横向分布。

9)预制挡墙板错台或不竖直,挡墙板不竖直,当墙后土压力增大时,易发生倾倒事故。

10)桥梁构件吊装风险,详见图2.4-5。

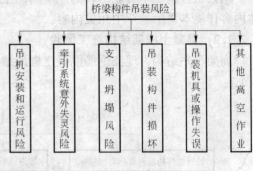

图2.4-5 桥梁结构吊装风险事故

(2)顶进法

桥梁顶进法施工时,经常出现箱涵顶进事故,或由于顶进中的质量缺陷造成事故。

1)后背破坏,使顶进箱涵失去作业条件。

2)刀头卡土,造成顶进作业无法顺利进行。箱涵用机械挖土时,如果先开千斤顶,后开挖土机,或先停挖土机,后停千斤顶均可导致刀头卡土,使顶进作业无法顺利进行。

3)顶铁外崩,可能打坏设备或击伤人员。当顶力大于100t以上时,由于顶力偏斜产生偏心荷载,易发生顶铁外崩,可能打坏设备或击伤人员。

4)顶进标高发生波动,会增大顶进的阻力,也易使就位箱涵标高与设计值相差过大。

5)顶进中线偏差,易造成箱涵就位后,其轴线偏离设计轴线。

6)相邻节间高差错口,易增大顶进箱涵的阻力,且使各节箱涵衔接处不平顺。

7)顶推连续梁内力偏大,由于顶推内力超过设计值,使被顶推得连续梁体开裂。

(3)悬拼法

1)悬拼块件上滑、错动,使悬拼块件的预留孔道错位,难于穿束进行整体张拉。

2)块件悬拼合拢时对中偏移,影响梁体受力线的直顺,造成附加内力。

4.2.2.2 下部结构

轻轨高架区间工程中的下部结构主要有:高架桥墩台和基础。其中,桥梁墩台施工风险详见图2.4-6;基础主要有桩基础和沉井基础等,基础工程的风险详见本篇第一章中相关内容。

4.2.3 地面区间

轻轨工程一般都有一段联系地面和高架,即地面区间段,该区间段工程施工主要风险有:地基处理风险和路基施工风险。其中,地基处理风险主要有地基处理方案选择不当,施工单位没有按照要求进行施工;路基工程(软土地区)主要施工风险见图2.4-7。

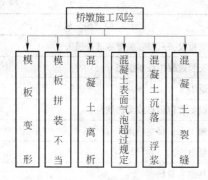

图 2.4-6 桥梁墩台结构风险事故

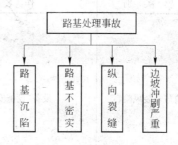

图 2.4-7 路基工程风险事故

4.3 机电工程风险识别

4.3.1 概述

机电系统主要包括供电、通信、信号、环境控制、给排水和消防、防灾预警、自动售票等子系统。

4.3.2 风险识别

机电设备工程中可能发生的风险事故主要有：
(1) 设备/设施的风险事故。
(2) 运输与安装风险事故。
(3) 调试与运营风险。
其中各项内容的具体风险事故识别见表 2.4-1。

机电工程风险识别　　　　　　　　　　表 2.4-1

事故类别	工作名称	风险事故
设备/设施风险	设备/设施选型	中外设备之间制式、参数、模数不匹配
		相关设备系统之间接口不成功
		功能降低
	设备/设施采购	设备/设施采购困难
		备品、备件供应困难
	设备/设施制造和移交	制造质量缺陷
		设备移交延期
运输与安装风险	搬运与存储	运输过程中设备损伤
		保存中设备损伤
		设备浸水、受潮
		贵重设备/设施、关键零部件遗失
		设备爆炸及其所导致的火灾

续表

事故类别	工作名称	风险事故
运输与安装风险	设备/设施安装	贵重设备/设施/关键零部件遗失
		安装过程中设备损伤
		返工
		设备就位困难或无法就位
		施工人员高空坠落
		触电
		其他人身伤害
		机械损伤或倒塌
调试与运行风险	调试与试运行	火灾与爆炸
		系统冲击
		设备损毁
		电网污染

4.3.2.1 设备/设施的风险事故

(1) 设备/设施选型的风险

1) 中外设备之间制式、参数、模数不匹配。机电设备很可能选用部分国外采购、其余国内选用的方式，因此，有可能发生中外设备在制式、参数方面的不匹配问题。

2) 相关设备系统之间接口不成功。

3) 系统功能降低。

(2) 设备/设施采购

1) 设备/设施采购困难；

2) 备品、备件供应困难。

(3) 制造及移交

1) 制造质量缺陷。由于设备的潜在质量缺陷，在测试或调试中可能会直接或间接造成意外事故，不只造成设备本身的损坏，还可能引起其他设备系统的损失，甚至火灾或爆炸等重大安全事故。在设备的生命周期内则由于潜在质量缺陷，可能影响社会公共安全，造成恶劣的社会及政治影响。此外，设备质量问题发生后，还势必将造成工期延误。

2) 设备移交延期。由于各种不确定因素，所采购设备的移交延期也是一种常见现象。

4.3.2.2 运输与安装风险事故

(1) 搬运与存储

设备由于存放条件造成的损坏，或运输、转运中造成的损坏等，都涉及到设备运输和存储的问题。许多损失的发生，都发生在设备暂时存放的过程中，其严重性甚至可能影响到分项工程的工期以及全线工程的按期交付。具体来说，设备搬运与存储的风险事件有：

1) 运输过程中设备损伤。

2) 设备浸水、受潮。

3) 贵重设备/设施/关键零部件遗失。

(2) 设备/设施安装

本工程大型设备主要有车辆、变压器、空调箱、柴油发电机组、热交换器、电梯等；大型设施安装有超长钢轨。这些设备/设施在安装过程中会存在大量风险。

1) 贵重设备/设施/关键零部件遗失。本事件指在施工过程中的关键设备/设施/零部件遗失，主要原因是现场管理混乱，使窃贼有机可乘。

2) 返工。

3) 设备就位困难或无法就位。

4) 施工人员高空坠落、触电或其他人员伤亡。

5) 机械损伤或倒塌。

6) 设备运输、吊装等操作损坏。

4.3.2.3 设备调试和试运行

调试风险是整个安装过程中的最大风险，而且累计的风险价值也最高；调试风险从单机、系统到最后的联动调试，风险及涉及的价值都是逐步累积的，而且发生事故所涉及的损失绝不仅是设备本身或者安装系统本身，有时涉及土建、第三者责任甚至整个工程的进度和预期收益。

(1) 各单位共同调试时沟通不力。

(2) 调试时缺乏必要设备或人为操作不当。

(3) 火灾与爆炸。

(4) 系统冲击。

(5) 设备损毁。

(6) 电网污染。

4.4　车辆段及控制中心风险识别

4.4.1　车辆段的风险识别

车辆段工程施工中主要种类有：轨道工厂焊接、长轨运送、工地焊接、扣件安装、轨枕施工、道床施工、道岔施工、其他辅助设施施工，其中可能发生的风险事故主要有：

(1) 铺轨基地设计方案风险

地铁轨道工程采用的是隧道内整体道床长轨排法一次铺设，这种方法可以最大限度减少洞内焊接，一次铺设成型，提高了铺轨的质量和速度。此方法要求设立铺轨基地。目前国内铺轨基地的设置主要有两种方法，一种是在车辆段或者接线便利的地方沿铁路专用线布置铺轨基地，再接入地铁出入段线；另外一种方法是直接将铺轨基地设置在线路两端的车站，在铺轨结束之后，将此车站复原为起点或终点车站。两种方法各有利弊，铺轨基地设置于站内可以避免另外征地进行铺轨基地建设、减少长轨的运输距离等，铺轨基地另外设置可以减少同时作为车站和铺轨基地对车站结构的高要求，且长轨可以在地面进行焊接操作等。选用那一种方法对铺轨基地的建设风险识别和控制具有决定性的作用。

(2) 铺轨基地基底结构施工风险

如果采用铺轨基地临时设置于地铁车站内方案，焊接机械、龙门吊机、焊接完成的长轨和原料短轨等荷载及其在车站内的分布都将对车站结构和基础产生影响,应在车站设计和施工中给以适当考虑。

(3) 轨道拼接和吊装施工风险

在铺轨基地内将 25m 的钢轨利用移动焊机焊接并拼装成长 125m 或 250m 的长轨排,再用特制的轨排运输车将长轨排运输至隧道内轨道工程施工地点焊接成超长无缝轨道。在长轨排焊接拼装和利用龙门吊机吊装长轨排和短轨操作中存在风险。

4.4.2 控制中心风险识别

(1) 主变系统设置方案风险

主变电所在保证供电负荷和可靠性要求的基础上,应考虑供电半径合理、接近负荷中心从而减少线路损耗。对于比较复杂的轨道交通供电系统来说,供电系统最好能考虑与其他线路进行资源共享,从而在整体上降低轨道交通系统运营成本。另外,主变的设置方案还应该考虑到动拆迁工程的可能性和成本,减少由此导致工期延误的风险。

(2) 地下主变电所基坑施工风险

在基坑开挖过程中,多采用地下连续墙围护结构,存在较大风险。在基坑加固、基坑降水、基坑开挖和地下变电所主体结构施工中,均存在较大的施工风险。

(3) 地下主变电所防渗和抗浮风险

由于地下变电所内布置的设备大部分是电气设备,防水、防潮要求均很高,因此防水设计和施工中防水设施的施工是地下主变电所设计施工中的重要环节。上海地区地下水位高,水量丰富,地下变电所防水工艺要求高,地下连续墙作为地下变电所的外墙,防水施工是变电所防水的重要部分,同时施工中的施工缝、后浇带以及大量的进出电缆管线,是防水施工的难点。如果产生渗水将给日常检修和运行带来困难,严重时还会浸渍电缆或造成电气设备损坏。

抗浮设计和施工在地下变电所设计和施工中举足轻重,直接关系到变电所运行和施工安全。施工期间抗浮稳定不容忽视,由于施工期间结构自重及回填土均未到位,施工时应该根据工程进度,在不同的阶段考虑采用不同的抗浮措施,如基坑降水等,严格控制抗浮引起的不稳定对施工造成的风险。

(4) 设备保护和接地施工风险

在主变电所电气设备安装调试施工中,要防止昂贵的电气设备因为人为疏忽导致的短路、错接、接地不良等原因而发生损坏。在接地施工中,要按照实际情况确定接地形式并严格按照接地设计进行接地施工,保证线路开通后的正常运营并减少维护费用。

4.5 施工机械风险识别

施工机具的风险源有:

(1) 质量原因。①设备在设计选型、制作加工和材料选用等方面的失误。②设备制造中偷工减料或代料现象严重。③设备使用了伪劣零件。④设备无安全保护装置或装置不全。

(2) 安装原因。①没有专人指挥。②不熟悉安装过程。③参加安装工作的人员不能严格遵守安全技术规程。④各种连接螺栓、销轴损坏后未能及时更新。

(3) 维护及操作原因。①设备超载或违章使用。②贪图方便不执行各种安全措施。③赶进度造成机械疲劳作业，未能及时检修。④操作人员培训不够或素质太差。

(4) 自然原因。恶劣的气候，如大风、大雨、大雾等，雷击，以及其他不利的自然因素。

(5) 振动对周围环境的影响。地铁施工期作业产生振动的主要有：打桩、大型挖土、混凝土搅拌、重型运输、回填夯实等。

以下对常用机械进行风险识别分析见表 2.4-2。

施工机械风险识别 表 2.4-2

类 型	风 险 事 故	风 险 源
盾构机	刀盘、刀头磨损	长距离施工导致刀盘、刀头磨损较大
	主轴承断裂	由于磨损或受到较大的偏心力矩致使大轴承断裂
	前舱工作失效出现漏水	密封仓防水失效
	盾构机内漏水、漏砂	密封系统（铰结、盾尾）失效
	数据采集系统、传感器失灵	盾构工作面数据采集系统、传感器因恶劣条件失效
	注浆管路堵塞	浆液硬化
成槽机	工作中忽然停止	碰到不明地下障碍物
	导杆不能伸缩，抓斗不能张开	液压系统故障
	发动机停机	燃油滤清器堵塞
		供油系统漏气
	发动机过热	冷却水不足
		风扇皮带过松
		节稳器失效
		水泵失效
钻孔机	掉钻	卡钻时强提强拉、操作不当，使钻杆疲劳断裂
		马达接线错误，使不应反转的钻机反转，钻杆松脱
	钻杆折断	进尺太快，超负荷引起
		钻进中选用的钻速不当，使钻杆扭转或弯曲折断
		钻杆使用过久，连接处有损伤或接头磨损过甚
	回转马达不转	单向阀装反或脏物卡住阀芯
		系统压力低
		马达内部损坏
	系统无压力或压力不稳	油泵不转动或反向转动
		吸油管或吸油滤网堵塞
		油箱内油面过低
		主阀芯阻尼孔堵塞
		溢流阀芯阻尼孔堵塞
	系统压力降不下来	主阀芯卡住
		先导阀座端小孔堵塞

续表

类　型	风　险　事　故	风　险　源
搅拌机	在工作中忽然停止或无法启动	碰到不明地下障碍物
	管道堵塞	注浆管和喷嘴内有杂物
		发生故障或其他原因使浆液在注浆管内停留时间过长凝固
	搅拌轴折断	进尺太快，超负荷引起
		钻进中选用的钻速不当，使搅拌轴扭转或弯曲折断
		搅拌轴使用过久，连接处有损伤或接头磨损过甚
	高压泵压力上不去	安全阀的压力过低，或吸浆管内留有空气或密封圈泄漏
		栓塞油泵调压不够
	高压泵压力骤然上升	高压软管清洗不净，浆液沉淀或其他杂物堵塞影响管路畅通
		泵体或出浆管路有堵塞
		喷嘴堵塞
	高压泵压力不稳定	泵注塞杆行程过长或泵体组装时不严密、不平行
挖掘机	发动机不能启动或启动困难	启动线路短路
		启动机扭矩不足
		燃油内有空气
	工作中发动机停机	燃油用尽
		燃油滤清器堵塞
		供油系统漏气
	液压油输出压力不足	液压油泵故障
		液压油不足
	行走无力	液压泵及控制系统有故障
		主卸荷阀失调或被卡死
		行走控制系统有故障
		中心回转接头出现故障
	工作无力	液压泵发生故障或斜盘倾角摆得太大，与发动机功率不匹配
		先导油路压力不正常
		汽缸压力低，造成燃烧不好
	不能回转	回转马达或控制阀有故障
		停车制动器活塞泄漏
	转向迟缓	液压油渗漏
		空气进入液压转向系统
		转向缸密封件磨损或损坏
		转向器转阀工作面严重磨损

续表

类 型	风险事故	风险源
起重机	电气故障	电机故障
		继电器损坏
		接触器损坏
		滑触线及供电系统故障
		电阻器与其他电子元件损坏
	起升故障	提升机构故障
		回转机构故障
		小车变幅机构故障
	漏油	管道的连接零件松动
	安装故障	未按要求正确安装
起桩机	桩锤不能提升	液压系统故障
	掉桩锤	连接不牢
	打桩机不能行走	液压泵及控制系统有故障
		主卸荷阀失调或被卡死
		行走控制系统有故障
		行走马达及其阀组有故障
	工作中发动机停机	燃油用尽
		燃油滤清器堵塞
		供油系统漏气
	操纵杆操作费力	液压操纵阀嵌入异物
		液压阀门卡死
		连杆润滑不良

4.6 施工人员伤亡风险识别

4.6.1 施工安全风险分类

参照《企业职工伤亡事故分类》(GB 6441—1986)和国家"九五"科技攻关成果—事故分类标准研究，综合考虑起因物、引起事故的诱导性原因、致害物、伤害方式等将人员伤亡风险点进行如图 2.4-8 的分类：

4.6.2 风险识别

由于施工过程中各种风险都有可能发生，限于篇幅及重要性，这里基于分项工程列出最常发生及影响性最大的几项风险事故。

深基坑工程施工中主要的风险是基坑坍塌和失效，将导致重大的经济损失和负面社会影响，同时基坑坍塌也将导致重大的人员伤亡。基坑坍塌是深基坑施工中最重大的人员伤

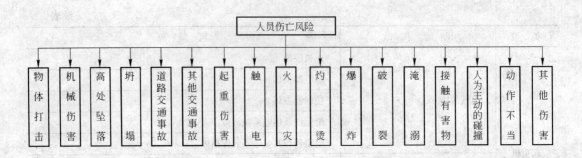

图 2.4-8 人员伤亡风险事故

亡风险源。

盾构工法施工中主要的可能危及人员生命和健康的施工环节有盾构安装作业、盾构进出洞作业、管片堆放作业和管片安装作业表 2.4-3。

盾构施工人员伤亡风险识别　　　　　　　表 2.4-3

类型	风险事故	风险源
盾构安装作业	物体打击，机械损伤起重伤害	起重机械未经验收合格，操作人员未持证上岗
		安装方案不完善，未经批准，安装后未经验收
	触电	安全用电管理混乱，设备用电未采用两级漏电保护
		同时焊接和气割5个作业点以上，防火监护人员监管不到位
	电机车出轨	结构施工与盾构安装交错作业
	高空坠落	高空作业点未采取有效防护措施
	动作不当	操作人员的违章和失误
	淹溺	承压水引起突然涌水回灌
		遭遇全断面流砂等灾害性地质
盾构进出洞作业	机械挤压伤亡	盾构进出洞方案不完善，未经批准，或未及时补充修改
	人员触电	安全用电管理混乱，设备用电未采用两级漏电保护电源线乱接乱拉现场使用碘钨灯
	火灾	现场长时间动火作业过程中防火监护人员监管不到位
	动作不当高处坠落	大量交叉施工作业协调监控不力
	坍塌	人员随意靠近暴露的不稳定的洞口土体
		拔除钢板桩的保险未做好，导致倒坍
管片堆放作业	物体打击	堆放场地不平整，导致管片堆放不稳
		未采用专用吊具，吊钩无保险或损坏
		进场管片过多堆放间距和高度违反标准
	道路交通事故	进出工地车辆无人管理
	高空坠物	行车司机和起重指挥人员未能密切配合，或吊运无指挥自行吊运
		作业人员站在吊运区死角，或作业人员从吊运的管片下部通过

续表

类型	风险事故	风险源
管片拼装作业	物体打击	举重臂制动装置失灵，使举重臂在旋转过程中失控
	高空坠物	管片拼装专用销未能就位，导致管片在旋转过程中被剪断而坠落
	起重伤害	管片预埋吊孔锈蚀不受力，导致管片在起吊过程中坠落
	动作不当	施工作业环境不良，闷热空气混浊场地狭小视线差，导致工人容易疲劳，心情烦躁
		操作人员的违章和失误

此外，各类专项施工作业过程中，也存在潜在的风险事故。

参考文献

[1] 郭振华，熊华，苏燕. 工程项目保险. 北京：经济科学出版社，2004
[2] 周健，王亚飞，池永，廖雄华. 现代城市建设工程风险与保险. 北京：人民交通出版社，2005
[3] 郭仲伟著. 风险分析与决策. 北京：机械工业出版社，1986
[4] 罗云，樊运晓，马晓春. 风险分析与安全评价. 北京：化学工业出版社，2004
[5] 张庆贺，朱合华，庄荣. 地铁与轻轨. 北京：人民交通出版社，2002
[6] 石礼安主编. 地铁一号线工程. 上海：上海科学技术出版社，1998
[7] 狄赞荣. 施工机械概论. 北京：人民交通出版社，1995
[8] 吴宗之，高进东，魏利军. 危险评价方法及其应用. 北京：冶金工业出版社，2002
[9] 杨咸启，常宗瑜. 机电工程控制基础. 北京：国防工业出版社，2005
[10] 陈龙，黄宏伟. 城市软土盾构隧道施工对环境影响风险分析与评估，现代隧道技术，(sup.)，2004：364~369
[11] 陈龙，黄宏伟. 地下工程风险评价及决策方法研究，同济大学枫林节专题，同济大学出版社，2004：239~246
[12] 廖雄华. 地铁与轻轨土建工程的风险和保险［博士后出站报告］. 上海：同济大学，2002
[13] 黄宏伟. 隧道与地下工程风险管理研究进展［A］. 2005全国地铁与地下工程技术风险管理研讨会论文集［C］. 北京，2005：16~26
[14] 陈桂香，黄宏伟. 对地铁项目全寿命风险管理的研究［A］. 2005全国地铁与地下工程技术风险管理研讨会论文集［C］. 北京，2005：214~220
[15] 陈龙. 城市软土盾构隧道施工期风险分析与评估研究：［博士学位论文］. 上海：同济大学，2004
[16] 陈桂香. 地铁工程项目的风险管理研究：［硕士学位论文］. 上海：同济大学，2004
[17] 朱其雄. 实施质量、环境和职业健康安全整合管理体系企业的绩效评价研究：［硕士学位论文］. 天津：天津大学，2004
[18] 杨卫涛. 职业健康安全管理体系中理论方法研究：［硕士学位论文］. 天津：天津大学，2004
[19] 赵懿秋. 质量、环境、职业健康安全管理体系一体化研究：［硕士学位论文］. 南京：南京理工大学，2003
[20] 胡湘洪. 质量、环境、职业健康安全综合管理体系的建立和审核：［硕士学位论文］. 广州：华南理工大学，2001

第三篇 建筑工程质量的风险控制

第一章 建筑工程质量风险控制的内容、方法和实施程序

1.1 建筑工程质量保险与建筑工程质量检查机构

建筑工程质量涉及到勘察、设计和施工阶段的质量，因此在实施建筑工程质量保险中，除了勘察、设计、施工和监理单位搞好本单位的质量管理保证其工作范围的质量外，建筑工程质量检查机构还应对建筑工程每个阶段进行检查，使建筑工程的质量风险控制在最低的范围内。

建筑工程全寿命的质量涉及规划、勘察、设计、施工等阶段的质量，同时与建筑工程建成投入使用后的正常使用和耐久性还与维护、是否改变原设计功能及用途等有关。所以，决定建筑工程全寿命的质量因素是多方面的，必须从多方面的影响因素进行质量控制，才能使建筑工程具有安全性、正常使用和耐久性的能力。

我国一直重视建筑工程的质量，制订了有关建筑工程质量管理的法律、法规和相应的技术标准，为保证建筑工程质量起到了巨大的作用。

我国建设工程的质量也有一个从计划经济向市场经济过渡的转变。在计划经济时期，建设工程质量管理是政府和企业一起共同搞好工程质量，责任不明，而且政府全过程参与一管到底。影响了工程质量责任的落实和政府监督管理工作机制的形成。

在总结建设工程质量管理经验教训的基础上，国务院于2000年1月颁布了《建设工程质量管理条例》（以下简称《条例》），是第一部与《建筑法》相配套的行政法规，也是中国第一部专门规范工程质量的行政法规。该《条例》确立了我国建设工程的质量管理体系，是我国工程建设领域必须建立的——适应市场要求的法规体系中一个重要组成部分。

该《条例》的实施，标志着我国的建设工程质量已逐步形成了政府监督、社会监理、参建各方主体负责工程质量以及施工图审查、工程保修制等管理体系。这几年的实践证明，该体系的建立对保证建设工程质量起到了很大的促进作用。

应该说我国目前的建筑工程质量管理体系是较为符合由计划经济向市场经济过渡时期的实际的，是以落实参与建设各方主体的质量行为，形成建设工程质量的责任保证体系为出发点和落脚点。并明确规定了在市场经济条件下，国家对工程质量的监督管理制度。主要是监督工程建设各方的行为和执行国家强制性技术标准，以及涉及建设工程中的地基基础、主体结构安全和功能。

我国市场经济的发展，要求建立符合市场经济的游戏规则，而游戏规则的正确实施是

以诚信体系的建立为基础的。党的十六大已提出建立我国市场经济的诚信体系。为了适应市场经济的发展，政府的管理职能也在改变，正在向服务型的政府转变。2004年7月10日实施的《行政许可法》为政府向服务型转变提供了法律支持。

建筑工程质量是涉及到规划、勘察、设计和施工各阶段的质量。在各阶段的质量都存在风险，各阶段的质量风险有自然风险、社会风险、经济风险和技术风险。通过政府监督、社会监理、参建各方主体负责工程质量以及施工图审查、工程保修制度等管理体系，能有效减少工程质量的风险，但不能根除。建筑工程质量风险是客观存在的。虽然近年来，特别是《建设工程质量管理条例》实施以来，我国涉及建筑工程重大安全质量事故逐年减少，但是居民对建筑工程质量的投诉仍然较多。

鉴于保险是风险管理的有效手段，国外已有法国等几十个国家实施工程质量内在缺陷保险的成功经验，在我国开展工程质量保险试点工作将有助于在建筑行业建立诚信体系和搞好建筑工程质量的风险管理。

1.1.1 建筑工程质量风险

建筑工程的各个阶段均存在着质量风险，其主要质量风险来自以下几个方面：

1. 勘察工作失误，勘察布点不满足规范要求造成土层性质判断失误，引起基础方案与地基土不相适应，以及勘察取样和试验结果评价有误，造成地基不均匀沉降，引起影响结构安全的损伤。

2. 设计错误或疏漏，新型结构体系的不断出现，对各类结构性能理解上的偏差，结构细部构造疏忽等，会造成影响结构安全的损伤。

3. 施工过程中的质量控制不严，所用建筑材料之间的适用性及其是否满足有关规范要求，建筑工程施工工序质量是否满足要求，深基坑施工是否有对周围建筑的保护措施等等。

4. 工程完工后，有的开发商和建设单位已不复存在，使建筑工程维修等难以实施。

1.1.2 建筑工程质量保险

建筑工程质量保险又称为建筑工程质量内在缺陷保险，该保险承包在验收时未发现的由于设计、施工、材料过失造成的内在缺陷，导致建筑物本身的损失。该保险是由以下两类保险构成的。

1. 建设单位（业主）则必须为建筑物10年内可能出现的损坏（内在结构缺陷）进行投保。

2. 参与建筑工程项目的机构必须投保10年期的责任保险，这些机构为建筑设计咨询单位、施工图设计单位、施工单位和质量检查控制单位。

这两类保险及其相互关系可用

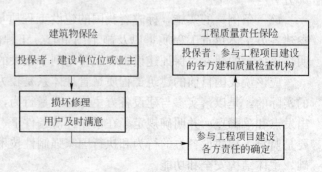

图 3.1-1　建筑工程质量保险的分类及其关系

图 3.1-1 表示。

1.1.3 建筑工程质量检查机构

建筑工程质量内在缺陷 10 年保险通过专业化的保险公司和再保险公司实施。对建筑工程质量控制则是保证该种保险正确实施的必要条件。这项工作由独立于设计和施工的第三方建筑工程质量检查机构实施，该检查机构要针对每个建筑工程的特点，从建筑工程的方案设计、施工图设计和施工过程的各个阶段进行质量控制，以降低建筑工程的质量风险。

建筑工程质量检查控制机构的作用是预防设计（包括方案设计和施工图设计）、施工过程中的技术风险，把建筑工程设计和建造过程中的质量风险降低到最小。

对于建筑工程质量检查控制机构，在法国应得到建设部批准的建筑工程检查机构认证委员会的资质认可。该建筑工程检查机构认证委员会由建设部组织成立，是独立的机构，其成员由建设部、教育部、人事部、保险公司和技术专家组成。建筑工程检查机构认证委员会负责对建筑工程检查机构单位资质和人员资格的认可。对于单位的资质条件包括管理要求和技术能力，其中技术能力应包括从事结构、消防、水电设备、地下、屋面、墙面防水、环境和建筑功能等五个专业的技术能力，仅有一、二个专业的公司则只能承担建筑工程质量检查的分包。

1.2 建筑工程质量风险控制的内容、方法和步骤

建筑工程质量检查机构所进行的建筑工程质量风险控制的内容应包括建筑工程的设计方案、勘察、设计和施工过程等各阶段的质量控制。

建筑工程质量检查机构应根据建筑工程勘察、设计和施工等各阶段的特点，采取组织专业检查人员按照规范要求和合同约定进行风险控制的方法。在初步设计、施工图设计阶段均要写出检查报告，把检查意见列出后，通过业主转发给有关方，有关方可以按检查报告的意见改也可以不改也可以，但不改的结果是若出了问题则责任由设计方负责。对于施工过程的质量控制，总承包商必须进行检查和自我控制，质量检查机构进行独立检查，并写出检查报告。总承包商对检查公司的报告可采用三种处理方法：改进施工工艺、修改原有设计和不改正。在最终验收前，建筑工程检查控制机构要写出从方案设计开始到竣工的整个情况的总结报告，对所有改正项目及其效果要列出，对没有改正的也要列出，并指出存在的风险，是否需要进一步全面检测等。建筑工程完工验收一年后仍有一次检查，检查所有提出的问题是否都已解决，是否还有新的问题出现以及是否得到处理等，并写出检查报告交给业主和保险公司。

经过建设工程质量检查机构参与确认的，参与该建筑工程的各方，在技术能力、质量管理和诚信方面已有保证。因此，建筑工程质量检查机构没有必要一直呆在工地。而是根据建筑工程项目的特点和预估的风险点以及关键的部位、工序等，作出选择性的随机的检查。其工作步骤为：

1. 项目初检和风险分析。项目立项开始，建筑工程质量检查机构应对项目立项和相关文件进行检查，并写出项目风险评估报告。该报告包括建筑选址、勘察和建筑工程概况、设计方案的选择、施工技术的难度、项目环境的影响、项目参与者的技术素质以及存

在的问题和潜在风险分析、控制风险的意见。

2. 制订项目质量控制计划。根据对该项目风险分析的结果，确定该项目技术控制等级、重点控制的阶段和部位，实地检查的频次和工作要求等。

3. 勘察、设计质量检查。对项目地质勘察报告进行文件检查，包括钻孔布点是否满足规范要求，所取土样试验和结果的符合性。建筑基础设计与地基的适应性，建筑结构体系、结构布置、结构受力和传力的合理性，建筑结构计算假定和简化是否符合结构的实际和特点，建筑结构构造是否满足规范要求等。

4. 建筑施工质量检查。对项目施工单位的施工组织设计进行检查，对施工组织设计中不符合项目实际和未涉及主要质量控制的应进行修改。选择影响地基基础、主体结构安全的控制部位，关键工序进行现场检查。

在施工阶段的检查还应包括建筑材料复验、见证取样送样检测方面。

施工阶段质量检查的方式为随机抽查，必要时还可参加项目的施工现场会议。每次检查均应写出施工现场巡视检查报告。

建筑工程项目施工完成后，建筑工程质量检查单位应依据勘察、设计和施工阶段质量控制情况和设计、施工单位整改的情况以及建筑工程项目的质量现状，写出竣工检查报告。该报告应包括质量的总体评价，设计、施工单位整改情况、遗留问题以及还存在的质量风险等。

5. 竣工投入使用一年后的质量检查。建筑工程质量内在缺陷的十年保险是从第二年至第十年，竣工投入使用的第一年为施工单位的保修期，在这一年内所发生的结构构件损伤均应由施工单位进行维修。在项目竣工投入使用一年后，建筑工程质量检查单位应进行一次检查，对竣工验收的遗留问题和一年内出现的问题是否都已经解决，是否还有新的质量问题出现及仍未解决等。

建筑工程质量检查机构各阶段的检查均应规范内容和格式写出检查报告。

1.3 建筑工程质量检查报告的统一格式要求

统一建筑工程质量检查报告的格式和基本信息、主要内容，对于保险公司汇总和建立建筑工程质量保险的有关信息是非常重要的。根据建筑工程质量检查的不同阶段可分为A类、B类、C类检查报告。A类检查报告又可分为A1、A2、A3，分别是项目初检和风险分析报告A1，项目质量控制检查计划报告A2，项目勘察、设计质量检查报告A3。B类检查报告又可分为施工组织设计检查报告B1，随机现场检查报告B2，竣工检查报告B3。C类检查报告为竣工验收投入使用一年后的检查报告。

（1）A类检查报告为建设工程项目的方案论证和勘察、设计阶段的检查报告。该阶段的检查应由建筑工程质量检查单位组成检查项目组进行，由检查项目组负责人负责，应在对该项目风险识别、分析和评估的基础上完成，当项目比较复杂时，检查机构可组织有关专家讨论，形成检查报告，并应经过检查单位技术负责人批准。

（2）B类检查报告为施工阶段检查报告。对该阶段的检查报告，有能力的检查机构应针对不同施工阶段进一步细化和突出重点。对项目竣工验收检查报告，应对该项目是否对监理、检查机构提出的问题进行了有效整改，是否存在质量隐患做出评价。其中，施工组织准备阶段和项目竣工验收检查报告需要检查单位审核、批准,施工过程质量检查报告则应由项目质量检查员直接签署报告。

(3) C类检查报告为建筑工程项目竣工一年后的质量检查报告,应由检查项目负责人组织实施检查,该检查报告应客观反映存在的质量缺陷和施工单位维修的情况。该检查报告应经过检查单位技术负责人批准。

对于A、C类检查报告的基本信息,包括有关单位和建筑工程项目的信息,检查主要内容均给予列出,供试点城市的建筑工程检查机构试用,在使用过程中发现的问题和修改意见,请及时反馈。对于B类检查报告,应充分发挥各检查机构的主观能动性,编制单位施工阶段检查报告的格式和内容。

_____项目风险分析报告(A1)

编号:

建设单位信息	名 称			地址			
	负责人		联系人		传真		
	电话		电话		E-mail		
方案论证单位信息	名 称			地址			
	负责人		项目负责人		传真		
	电话		电话		E-mail		
勘察单位信息	名 称		资质等级	地址			
	负责人		项目负责人		传真		
	电话		电话		E-mail		
设计单位信息	名 称		资质等级	地址			
	负责人		项目负责人		传真		
	电话		电话		E-mail		
监理单位信息	名 称		资质等级	地址			
	负责人		项目负责人		传真		
	电话		电话		E-mail		
施工总承包单位信息	名 称		资质等级	地址			
	负责人		项目负责人		传真		
	电话		电话		E-mail		
质量检查单位信息	名 称			地址			
	联系电话		传 真		E-mail		
建设项目基本信息	结构类型		总建筑面积	万 m²	总层数		地下层数
	总高度	m	基础型式		基础深度	m	地下水位高度 m
	建筑用途			施工场地情况			

续表

建设项目概况：包括平面图、材料强度等级、柱或墙距、跨度、层高等结构情况，建筑重要性类别、抗震设防烈度、风和雪荷载、楼面活荷载取值、构件截面尺寸及构造情况；建筑地下、厕浴及屋面防水情况；维护结构情况等。

项目方案选择和结构体系合理性及设计施工图情况分析

项目环境影响分析

项目施工技术难度分析

项目存在的问题及潜在风险分析

项目参与单位技术素质分析

其他	

检查单位技术负责人：　　　　项目检查负责人：　　　　检查员：

年　月　日

_____项目质量控制检查计划(A2)

编号：

建设单位信息	名 称				地 址			
	负责人		联系人		传真			
	电话		电话		E-mail			
质量检查单位信息	名 称				地 址			
	联系电话		传 真		E-mail			
建设项目基本信息	结构类型		总建筑面积	万 m²	总层数		地下层数	
	总高度	m	基础形式		基础深度	m	地下水位高度	m
	建筑用途				施工场地情况			
质量控制等级	设计阶段	A 需要专家论证　B 检查机构检查						
	基础施工	A 对周围建筑有影响加强检查　B 较成熟方案检查						
	主体结构施工	A 新材料，新结构体系　B 较成熟结构类型检查						
对潜在风险重点质量控制的阶段、部位和方法								
设计施工图检查控制方法								
施工阶段重点控制的部位、检查频次及抽查方法								
其他								

批准：　　　　　　　　审核：　　　　　　　　制订：

年　月　日

_____项目勘察质量检查报告(A31)

编号：

建设单位信息	名 称				地 址			
	负责人		联系人		传真			
	电话		电话		E-mail			
勘察单位信息	名 称		资质等级		地 址			
	负责人		项目负责人		传真			
	电话		电话		E-mail			
质量检查单位信息	名 称				地 址			
	联系电话		传 真		E-mail			
建设项目基本信息	结构类型		总建筑面积	万 m²	总层数		地下层数	
	总高度	m	基础形式		基础深度	m	地下水位高度	m
	建筑用途				施工场地情况			

续表

建筑场地描述：

钻孔布置情况：

勘探手段、方法及工艺：

取样(土样、岩样、水样)的质量、数量和方法：

室内试验的指标种类、试验方法和数量是否满足 GB 50021：

地层的划分是否合理：

地下水位的测量方法及地下水位、地下水类型和参数：

水的腐蚀性测试情况：

建筑场地类别划分：

场地液化判别方法和正确性：

不良地质作用的评价方法及勘察文件深度：

特殊土的评价方法及其勘察文件深度：

岩土参数分析和提供参数是否符合规范及设计要求：

建议的地基基础方案的合理性与可行性

其他	

批准：   审核：   检查：
                                 年   月   日

_____结构与防水　设计施工图检查报告（A32）

编号：

建设单位信息	名　称		地址			
	负责人		联系人		传真	
	电话		电话		E-mail	
设计单位信息	名　称		资质等级		地址	
	负责人		项目负责人		传真	
	电话		电话		E-mail	
质量检查单位信息	名　称			地址		
	联系电话		传　真		E-mail	
建设项目基本信息	结构类型		总建筑面积	万 m²	总层数		地下层数	
	总高度	m	基础形式		基础深度	m	地下水位高度	m
	建筑用途				施工场地情况			
违反建设工程标准强制性条文问题								
结构布置、结构体系的合理性及对安全的影响								
设计依据荷载（作用）取值、结构材料选用								
结构计算模型合理性								
结构构件承载力设计								
构造措施是否符合规范要求								
图纸及技术资料的深度								
基础选型与设计的合理性								
预应力设计及其他特殊设计								
防止和控制裂缝的措施								
地下、厕浴、屋面防水工程措施及合理性								
其他								

批准：　　　　　　　审核：　　　　　　　检查：

年　月　日

_____项目竣工一年后质量检查报告(C)

编号：

建设单位信息	名 称		地址			
	负责人		联系人		传真	
	电话		电话		E-mail	
勘察单位信息	名 称		资质等级		地址	
	负责人		项目负责人		传真	
	电话		电话		E-mail	
设计单位信息	名 称		资质等级		地址	
	负责人		项目负责人		传真	
	电话		电话		E-mail	
监理单位信息	名 称		资质等级		地址	
	负责人		项目负责人		传真	
	电话		电话		E-mail	
施工总承包单位信息	名 称		资质等级		地址	
	负责人		项目负责人		传真	
	电话		电话		E-mail	
质量检查单位信息	名 称				地址	
	联系电话		传 真		E-mail	
建设项目基本信息	结构类型		总建筑面积	万 m²	总层数	地下层数
	总高度	m	基础形式		基础深度　　m	地下水位高度　　m
	建筑用途				施工场地情况	
竣工遗留整改问题解决情况						
竣工使用一年内出现的质量损伤及解决情况						
仍存在的质量缺陷						
其他						

批准：　　　　　　　审核：　　　　　　　检查：

年　月　日

第二章 岩土工程勘察和建筑场地、地基与基础

2.1 岩土工程勘察和建筑场地、地基与基础中的有关问题

2.1.1 岩土工程勘察、建筑场地选择和地基参数等对基础方案和设计的重要性

建筑场地与建筑总高度、建筑结构类型的适宜性是很重要的。建筑场地不仅涉及地震动参数及其地震动的频谱特性，还涉及强烈地震作用下土层液化对建筑场的加重破坏，同时也涉及与建筑地基处理和基础选型所带来的经济投入的增加等。在抗震设计中，场地类别划分所指的场地为：工程群体所在地，具有相似的反应谱特征；其范围相当于厂区、居民小区和自然村或不小于 $1.0km^2$ 的平面面积。对于成片开发的小区，应依据《建筑抗震设计规范》(GB 50011—2001)进行建筑场地类别的划分。对于单幢建筑，则可按附近成片建筑场地的结果采用。

建筑基础方案的选择和确定，要依据所设计建筑、结构的布置、上部荷载大小和建筑工程地基土的各项参数综合比较确定。其中，建筑工程地基的各项参数是由岩土工程勘察来提供的，岩土工程勘察对基础方案的选择和基础设计是至关重要的。因岩土工程勘察失误造成的地基处理不当和结构损伤的教训，应当引起我们的高度重视。

1. 某工程的天然地基承载力为 200kPa。勘察单位对该工程的勘察报告错判为 150kPa，工程设计要求地基承载力为 180kPa，采用了振动沉管挤密碎石桩方案。成桩后经复合地基荷载试验检测，结果表明，复合地基承载力标准值为 150kPa，没有达到 180kPa 的要求。为了分析原因，先后作了六台天然地基静载荷试验，确认天然地基承载力标准值为 200kPa 的地基土，由于勘察报告的错误，设计人员因选用了不当的置换能力弱的碎石桩方案，在振动沉管机的动荷作用下，天然地基的结构强度破坏，密实土被震松，导致地基处理后的承载力反而降低 20%。

2. 某工程处在湿陷性黄土地区，勘察单位对该工程布了三个钻孔，一个钻孔失效未测得数据，则用二个钻孔数据判定为非自重式湿陷性黄土。虽然设计者对主体结构采取了防止地基土湿陷的措施，但由于回填土等施工不规范及下沉，导致供水管道断裂，造成该楼严重不均匀下沉。该地基不均匀下沉已影响到结构的安全，必须对该楼进行加固。

3. 某教室楼为三层砌体结构，二、三层为现浇钢筋混凝土大梁和预制楼板，屋盖为

木屋架、瓦屋面，西侧辅助房间及楼梯间为四层钢筋混凝土现浇楼盖。此楼设计时即发现基础落在不均匀土层上：东南角下为较坚实的亚黏土，而西北占总面积2/3范围内却有高压缩性有机土及泥炭层，厚2~3m。当时的处理措施是：对可能位于泥岩层上的基础都采用钢筋混凝土条形基础，并将地基承载力由120kN/m²降至于80kN/m²，同时在二、三层楼板下设置圈梁。此楼建成使用后第二年即多处开裂，房屋微倾，不得不停止使用，12年后进行加固。

事故原因是未处理好勘察、地基处理和建筑总平面的关系：①本楼位于古池塘边缘，泥炭层边线正处于房屋对角线上。如果该楼在规划设计时东移、西移或做穿越泥炭层的桩基、采用换土地基等措施，都能避免此事故。②对已发现局部超压缩性软弱地基的处理方案是错误的。仅采用降低地基承载力，加大钢筋混凝土基础底面积，在二、三层设置圈梁的做法，它们对于地基实际发生的不均匀变形基本上不能起抵御作用。

4. 某18层钢筋混凝土结构，建筑面积1.46万m²，房屋总高度56.6m。1995年1月桩基（夯扩桩）施工，4月初基坑挖土，9月中旬主体工程封顶，11月底工程完成。12月3日发现该楼向东北倾斜，顶端水平位移470mm。期间，采取向一侧加载、注浆、高压粉喷、增加锚杆静压桩等措施。但从12月21日起又突然向西北倾斜，12月25日顶端水平位移达2884mm，倾斜速率加快，不得不采取将上部6~18层定向爆破拆除措施。

事故原因是桩基整体失稳，失稳的原因是大量的工程桩偏斜，偏斜原因是桩型选用不当、基坑支护方案不满足开挖要求、基坑开挖未按原方案实施、建设单位错误地将地下室底板抬高2m，造成在歪桩上接桩，发现质量问题不做处理延误时机等多种因素综合影响的结果。

2.1.2　岩土勘察中的若干问题

在岩土工程勘察中存在着勘察分级不恰当、勘探点平面布置不合理、勘探深度不满足要求、取样数量不足和试验不规范等问题，这些问题严重影响了地基土各种参数的准确性。

1. 岩土工程勘察分级

降低岩土工程勘察等级，会造成勘察质量或精度达不到设计和规范的要求。《岩土工程勘察规范》（GB 50021—2001）关于"岩土工程的分析评价，应根据岩土工程勘察等级区别进行，对丙级岩土工程勘察可根据邻近工程经验，结合触探和钻探取样试验资料进行，对乙级岩土工程勘察，应在详细勘探、测试的基础上，结合邻近工程经验进行，并提供岩土的强度和变形指标；对甲级岩土工程勘察，除按乙级要求进行外，尚宜提供载荷试验资料，必要时应对其中的复杂问题进行专门研究，并结合监测对评价结论进行检验"。由于降低了岩土勘察的要求，从而不能满足《建筑地基基础设计规范》（GB 50007—2002）关于"设计等级为甲级的建筑物应提供载荷试验指标、抗剪强度指标、变形参数指标和触探资料；设计等级为乙级的建筑物应提供抗剪强度指标、变形参数指标和触探资料；设计等级为丙级的建筑物应提供触探及必要的钻探和土工试验资料"的规定。

2. 勘探点的平面布置

（1）不掌握建筑物的性质、规模、荷载、结构特点、基础形式等情况，致使勘察工作针对性差。

（2）高层建筑主楼角点没有按规范布置勘探点，不能满足高层建筑倾斜计算的要求。

(3) 多层住宅小区建筑群，按建筑群布置勘探点时，过分节约工作量，没有兼顾到单栋建筑物地基均匀性评价和沉降控制的要求。

(4) 对单栋建筑，只布置了一条勘探线。

(5) 勘探点控制范围小于工程建设范围。

(6) 勘探点间距超出规范允许范围。

(7) 对地层起伏较大时，没有加密勘探点。

(8) 对需要进行基坑设计的工程，勘探点的布置没有兼顾到基坑设计的需要。

3. 勘察深度

(1) 控制性钻孔深度不满足沉降计算深度要求及下卧层验算要求。一般性勘探点深度不能控制主要受力层。

(2) 桩基工程、勘察深度没有达到桩端标高以下一定深度，不满足规范要求。

(3) 对需要进行基坑设计的工程，勘探孔的深度不满足规范要求。

4. 现场测试和室内试验

(1) 现场取土样和进行原位测试的勘探点不满足规范要求。对于厚度大于500mm 的土夹层未进行测试。

(2) 对含水率、密度试验等物理项目，未作平行试验；对粉土未进行颗分试验。

(3) 对抗剪强度指标，采用了直剪试验，未做三轴试验。

2.1.3 建筑场地类别划分中的若干问题

1. 对层数超过10层且高度超过30m 的抗震设防类别为丙类的建筑，没有布置波速测试孔。

2. 对于6～9度的抗震设防区，其勘察报告未给出场地类别的划分。

3. 用于判别液化的勘探点少于3个，其液化地基勘探深度小于15m，不满足《建筑抗震设计规范》(GB 50011—2001)的规定。

2.2 岩土工程勘察文件的质量检查

对于每个建设工程项目，都应有满足建筑场地状况、建筑结构和基础形式等的勘探报告。其主要内容应包括：

1. 符合规范布孔要求的勘探点平面布置图、钻孔柱状图和地基剖面图；

2. 在所有钻孔中的1/3～2/3钻孔数所取土样的物理力学性能参数；

3. 地下水埋藏、侵蚀性和必要时的土层冰冻深度；

4. 对建设场地地基持力层、地基承载力和不良地基处理建设等地质情况综述；

5. 对6～9度抗震设防区，还应给出建筑场地类别和有无液化土层等。

为了规范建筑勘察单位的整个勘察工作，在总结经验的基础上，建设部制订了《岩土工程勘察文件审查要点(试行)》，该文件较详尽地规定了技术审查的内容和要求。可作为建筑工程质量检查单位进行岩土工程勘察检查的依据。《岩土工程勘察文件审查要点(试行)》列于附件1。

2.3 建筑场地、地基与基础设计文件的质量检查

2.3.1 质量检查要点

质量检查应包括场地选择、场地抗震性能评价、场地类别划分、地基和基础设计等内容。

2.3.2 场地

1. 场地岩土工程勘察，应根据实际需要划分对建筑有利、不利和危险的地段，提供建筑的场地类别和岩土地震稳定性评价（如滑坡、崩塌、液化和震陷特性等），对需要采用时程分析法补充计算的建筑，尚应根据设计要求提供土层剖面、场地覆盖层厚度和有关的动力参数。

2. 建设场地的抗震勘察应能准确提供场地条件，提出供结构抗震设计的可靠参数，质量检查重点如下：

（1）勘察工作质量

1）钻孔、取样和原位测试的数量、位置和深度是否符合有关规定；

2）土层剪切波速的测量，是否符合《建筑抗震设计规范》（GB 50011—2001）4.1.3 的规定；

3）土层等效剪切波速的计算，是否符合《建筑抗震设计规范》（GB 50011—2001）4.1.5 的规定；

4）建筑场地覆盖层厚度的确定，是否符合《建筑抗震设计规范》（GB 50011—2001）4.1.4 的规定；

5）液化土层中标贯试验的数量；

6）不利地段的勘察。

（2）勘察报告质量

1）建筑场地的类别划分，应以土层等效剪切波速和场地覆盖层厚度为准。场地类别划分，是否符合《建筑抗震设计规范》（GB 50011—2001）4.1.6 的规定；

2）液化、震陷评价的准确性；

3）边坡地震稳定性评价的合理性；

4）供时程分析用的土层动力参数的可靠性；

5）场地属于有利、不利和危险地段的划分；

6）对液化地基和不利地段的地基基础设计建议的合理性。

2.3.3 地基与基础

1. 对不进行天然地基和桩基抗震承载力验算的建筑，要按《建筑抗震设计规范》（GB 50011—2001）4.2.1 条和 4.4.1 条的规定，检查是否符合不验算的条件。

2. 需要进行天然地基基础抗震验算时，检查地震作用效应组合和调整系数，是否使用正确及验算结果的可靠性。

3. 地基基础设计应以上部结构形式和勘察成果为依据，保证地基承载力和稳定性满足要求，质量检查重点如下：

(1) 基础选型和地基处理

1) 是否依据勘察成果；

2) 有液化土层的地基，基础选型、埋深和布置是否合理；

3) 液化地基的处理方案、处理深度和检测结果是否正确。

(2) 承载力

1) 天然地基基础验算时，是否按抗震规范要求调整地基承载力；

2) 桩基验算时，是否按规范要求调整单桩承载力；

3) 液化土中的桩基承载力，是否满足抗震要求。

(3) 地基与边坡稳定性

1) 倾斜场地液化的抗滑动验算、抗滑动措施和结构抗裂措施；

2) 对可能发生地震滑移的边坡，是否按勘察成果进行处理。

(4) 构造

液化土中桩基的配筋范围和构造是否满足抗震要求。

4. 场地选择

(1) 选择建筑场地时，应根据工程需要，掌握地震活动情况、工程地质和地震地质的有关资料，对抗震有利地段、不利和危险地段作出综合评价。对不利地段，应提出避开要求；当无法避开时，应审查是否采取了有效措施；不应在危险地段建造甲、乙、丙类建筑。

(2) 对可能危及工程安全的场地，应审查评价论证材料的可靠性。对有断裂或地裂通过的场地，应重点审查其断裂的活动性及构造地裂的危害性论证材料和结论意见，若存在发震断裂，应按《建筑抗震设计规范》(GB 50011—2001)4.1.7条进行评价，对需考虑断裂影响，应提出相应的避让距离。

附件1：岩土工程勘察文件审查要点(试行)

一、总则

(一) 为指导建筑工程施工图设计文件审查工作，根据《建设工程质量管理条例》和《建设工程勘察设计管理条例》，特制定建筑工程施工图设计文件(以下简称施工图)审查要点。

(二) 本要点供施工图审查机构进行建筑工程、市政工程勘察文件的技术性审查时参考使用。

(三) 建设单位报审的资料应包括以下内容：

1. 经政府有关部门批准的作为勘察依据的文件及附件；

2. 岩土工程勘察文件(详勘阶段)，必要时应附原始资料及计算书；

3. 审查需要提供的其他资料。

(四) 勘察文件技术审查要点包括以下内容：

1. 是否符合《工程建设强制性条文》和其他有关工程建设强制性标准；

2. 提供的参数、结论与建议是否存在安全隐患；

3. 是否符合公众利益；

4. 是否达到勘察文件深度规定的要求;
5. 是否符合经政府有关部门批准的作为勘察依据的文件要求。

(五)本要点所涉及标准内容以现行规范规程内容为准。

(六)各省、自治区、直辖市人民政府建设行政主管部门可根据本地的具体情况,对本要点做出必要的补充规定。

二、审查要点(表 3.2-1)

表 3.2-1

序号	标题	审查内容
1	强制性条文	《工程建设强制性条文》中有关勘察和地基基础方面的强制性条文(具体条款略)是否严格执行
2	相关责任及签章	勘察单位的资格是否具备; 勘察文件(包括勘察报告、独立完成的专题报告及试验报告等)公章是否有效,勘察文件单位责任人、勘察项目责任人以及各类图表、原始记录责任人签章是否齐全、有效
3	勘察依据	
3.1	工程建设标准	选用的规范、规程是否有效、完备,是否适用于本工程。 工程勘察主要相关标准: 《岩土工程勘察规范》(GB 50021—2001) 《建筑地基基础设计规范》(GB 50007—2002) 《膨胀土地区建筑技术规范》(GBJ 112—87) 《湿陷性黄土地区建筑规范》(GB 50025—2004) 《建筑边坡工程技术规范》(GB 50330—2002) 《高层建筑箱形与筏形基础技术规范》(JGJ 6—99) 《建筑桩基技术规范》(JGJ 94—94) 《建筑基坑支护技术规程》(JGJ 120—99) 《建筑工程地质钻探技术标准》(JGJ 87—92) 《原状土取样技术标准》(JGJ 89—92) 《锚杆喷射混凝土支护技术规程》(GB 50086—2001) 《建筑地基处理技术规范》(JGJ 79—2002) 《建筑抗震设计规范》(GB 50011—2001) 《市政工程勘察规范》(JTJ 56—94) 《公路工程地质勘察规范》(JTJ 064—98) 《公路桥涵地基与基础设计规范》(JTJ 024—85) 其他相关标准(当标准更新时,应及时更换新标准)
3.2	勘察任务委托书	委托的勘察任务是否明确; 勘察文件是否满足任务委托要求
3.3	勘察文件深度	是否满足勘察文件深度规定的要求
4	拟建工程概述	拟建工程概况,如位置、拟建建筑物高度、层数(地上、地下)、结构与基础形式、基础埋深等是否明确;勘探点高程及座标引测依据是否明确
5	勘察工作的目的、任务与要求	勘察工作的目的、任务、要求是否明确
6	勘探与取样	
6.1	勘探孔数量、间距与深度	勘探点的布置原则(数量、间距、深度)是否满足《岩土工程勘察规范》(GB 50021—2001)等规范要求;控制性勘探点、采取试样及原位测试勘探点布置的比例是否适当(其中采取试样及原位测试勘探点的数量不应少于勘探点总数的1/3);

续表

序号	标 题	审 查 内 容
6.1	勘探孔数量、间距与深度	边坡工程尚应审查是否满足《建筑边坡工程技术规范》(GB 50330—2002)要求； 桩基工程尚应审查是否满足《建筑桩基技术规范》(JGJ 94—94)要求； 当在抗震设防烈度6度及6度以上地区勘察时，尚应审查是否满足《建筑抗震设计规范》(GB 50011—2001)的要求，当须进行液化判别时，应审查为判别液化布置的勘探点其数量及分布是否合理； 当拟建场地可能存在不良地质作用、特殊岩土时，尚应审查是否符合相关专用标准的要求； 市政工程是否满足《市政工程勘察规范》(JTJ 56—94)及《公路工程地质勘察规范》(JTJ 064—98)等规范的相关要求
6.2	勘探方法	勘探手段、方法及工艺是否适当
6.3	取样	取样(土样、岩样、水样)的质量、数量、方法是否符合规范、标准要求
7	测试	
7.1	原位测试	原位测试方法是否适当，测试数量是否满足《岩土工程勘察规范》(GB 50021—2001)等规范、标准要求； 市政工程是否符合《市政工程勘察规范》(JTJ 56—94)等规范、标准要求； 测试内容是否满足规范及勘察文件深度规定的要求
7.2	室内试验	室内试验的指标种类、试验方法、试验数量是否满足《岩土工程勘察规范》(GB 50021—2001)等规范、标准要求； 市政工程是否符合《市政工程勘察规范》(JTJ 56—94)等规范、标准要求
8	地层划分与描述	地层划分是否合理； 地层描述是否符合规范要求
9	地表水与地下水	
9.1	水位	地表水及地下水位的量测方法是否符合现行规范要求，勘察期间水位、地下水类形等阐述是否明确、合理
9.2	地下水参数	提供的地下水参数是否合理
9.3	水的腐蚀性测试与判别	水的腐蚀性测试与判别是否符合规范、标准要求； 判别方法是否符合拟建场地环境条件； 判别结果是否正确
10	场地和地基的地震效应	
10.1	抗震设防	提供的抗震设防烈度、设计地震基本加速度、设计地震分组是否正确
10.2	场地类别划分	场地类别划分的依据是否充分，资料是否真实、可靠； 场地类别划分结果是否正确
10.3	场地液化判别	液化判别的方法是否正确、有效，液化判别所选取的参数是否可靠、正确； 液化判别结果是否正确； 计算的液化指数是否正确； 场地液化综合判别结论是否合理
11	不良地质作用	不良地质作用的评价方法、结论及处理措施是否符合现行规范、相关专用标准及勘察文件深度规定的要求
12	特殊土	特殊土的评价方法、结论及处理措施是否符合规范、相关专用标准及勘察文件深度规定的要求

续表

序 号	标 题	审 查 内 容
13	岩土参数的分析与选定	岩土参数分析与选用的范围、数量、数值的取舍是否符合规范的要求； 提供的岩土参数是否满足规范及设计要求
14	地基与基础评价与建议	采用的公式是否可靠，依据是否明确，分析结果是否正确
14.1	地基基础方案	建议的地基基础方案是否合理、可行
14.2	天然地基	建议的天然地基承载力及变形参数是否合理
14.3	桩基础	建议的桩基础方案(包括桩端持力层的选择)是否可靠、合理； 提供的参数是否全面、合理
14.4	地基处理	建议的地基处理方案是否合理、可行； 提供的地基处理岩土参数是否全面、合理
14.5	基坑支护	基坑支护方案是否合理、可行； 提供的基坑支护岩土参数是否全面、合理
14.6	降水	建议的降水方法是否合理、可行； 提供的参数是否合理
15	环境影响	是否指出了施工可能对环境产生的不利影响； 提出的相关建议是否具有针对性，是否合理
16	图表	
16.1	试验、测试图表	是否提供了满足规范及设计要求的试验、测试图表； 各项指标之间的关系是否吻合
16.2	平面图	平面图是否满足规范、勘察文件深度规定的要求
16.3	剖面图	剖面图比例尺是否合理； 是否满足规范、勘察文件深度规定的要求
16.4	其他图件	其他图件是否满足规范、勘察文件深度规定的要求

2.4 控制地基不均匀沉降(裂缝)的措施

2.4.1 一般规定

1. 设计时，宜考虑上部结构和地基的共同作用。对建筑体型、荷载情况、结构类型和地质条件进行综合分析，确定合理的建筑措施、结构措施、施工措施和地基处理方法。

2. 采用天然地基和人工处理地基的建筑，除应进行持力层承载力的验算外，尚应进行软弱下卧层及地基变形的验算。建筑物的沉降值和局部倾斜值均应符合有关规范的规定。

3. 复合地基除应做复合地基静载荷试验外，尚应进行增强体强度的检验。复合地基静载荷试验，当按相对变形值确定地基承载力特征值时，同一场地、同一建筑物的各点试验所取的 s/b 值(沉降量 s 与荷载板宽度 b 之比)，必须是规范允许范围中的同一个数值。

4. 采用天然地基和人工处理地基的建筑，以及按规范规定需进行变形观测的建筑，尚应进行沉降监测。

2.4.2 地基处理措施

1. 地基处理应根据软弱地基的构成及特性,以及上部结构的设计要求,选用适宜的处理方法,达到提高地基承载力和减少变形、减少不均匀沉降的目的。

2. 对已选定的地基处理方法,宜按建筑物地基基础设计等级和场地复杂程度,在有代表性的场地上进行相应的现场试验或试验性施工,并进行必要的测试,以检验设计参数和处理效果。如达不到设计要求时,应查明原因,修改设计参数或调整地基处理方法。

3. 对软弱地基进行处理时,可分别采用下列方法:

(1) 机械压密、强夯、加载预压、振冲挤密等方法,提高地基土的密实度及地基的均匀性;

(2) 换土地基、化学加固等;

(3) 高压旋喷、搅拌桩、砂桩和水泥粉煤灰碎石桩等复合地基的处理措施。

4. 地基处理除应满足工程设计要求外,尚应做到因地制宜,就地取材,保护环境和节约资源等。

2.4.3 建筑措施

1. 在满足使用和其他要求的前提下,建筑物的体型应力求简单。对于砌体结构,建筑平面形状应尽量采用"一"字形;立面上,建筑物两个相邻单元的高差不宜超过一层。

2. 在满足使用和其他要求的前提下,对于砌体结构或内框架建筑,应采用较小的长高比。三层和三层以上的房屋,其长高比 L/H_f 宜小于或等于 2.5;当房屋长高比为 $2.5<L/H_f\leqslant3.0$ 时,宜做到纵墙不转折或少转折,并应控制其内横墙间距或增加基础刚度和强度。

3. 软弱地基上建筑物的下列部位,宜设置沉降缝:

(1) 建筑平面的转折部位;

(2) 高度差异或荷载差异处;

(3) 长高比过大的砌体承重结构或钢筋混凝土框架结构的适当部位;

(4) 地基土的压缩性有显著差异处;

(5) 建筑结构或基础类型不同处;

(6) 分期建造房屋的交界处。

沉降缝的宽度应符合有关规范的规定。

4. 相邻建筑物基础间的净距,应符合有关规范的规定。重型高耸建筑物及堆载较大的大面积堆场,应以地基压缩区不相重叠为原则,由变形计算核实其与周围建筑物的合理距离。

5. 应根据可能产生的不均匀沉降,采取下列相应措施调整建筑物各组成部分的标高。

(1) 室内地坪和地下设施的标高,应根据预估沉降量予以提高。建筑物各部分(或设备之间)有联系时,可将沉降较大者标高予以提高;

(2) 建筑物与设备之间,应留有净空。当建筑物有管道穿过时,应预留孔洞,或采用柔性的管道接头;

2.4.4 结构措施

1. 为减轻建筑物的沉降和不均匀沉降，可采用下列措施：
（1）采用轻质高强、尺寸稳定性好、收缩值小的墙体材料；
（2）选用结构重量较轻，如预应力钢筋混凝土结构，轻型钢结构；屋盖板采用彩钢夹心板、玻璃钢等轻型屋面板。

2. 对于砌体结构，宜内外纵墙贯通和采用较小的横墙间距，并采用下列措施：
（1）当预估沉降量大于120mm时，应设置二道内纵墙。内纵墙应贯通设置，轴线上宜对齐，开洞率不应大于35%，且洞口处过梁（圈梁或底板肋梁）应加强；
（2）首层外墙窗台下第一皮砖下，应设置4ϕ6通长钢筋或做现浇配筋窗台板，其伸入墙内长度不应小于120mm；
（3）顶层外墙窗台下，应设置配筋砌体带，钢筋应伸入构造柱内，长度不应小于120mm；
（4）地圈梁和顶层圈梁，应沿每个轴线均设置，截面高度不应小于180mm。

3. 条形基础或筏形基础，当采用天然地基或人工处理地基时，在±0.000m标高处，应在纵横向内外墙设置贯通的钢筋混凝土地圈梁。在相应平面位置，基础应采用肋梁式。并在适当位置设置短构造柱，将±0.000m处的地圈梁与基础底板肋梁拉结，与基础墙连成组合梁。

4. 减小或调整基底的附加压力，可采用下列措施：
（1）设置地下室或半地下室；
（2）按沉降控制的要求，选择和调整基础底面积、布置桩的位置和数量；
（3）采用梁、板式基础，扩大基础支承面积。

5. 对单层厂房、仓库和其他公共建筑物，可采用对不均匀沉降欠敏感的结构，如排架结构、三铰拱结构、上部刚度较好的框架结构、框剪结构等。

2.4.5 施工措施

1. 施工中，应采取下列保持地基土的原状结构的措施：
（1）雨期施工时，在基槽开挖后，严禁雨水浸泡基底；
（2）冬期施工时，应做好基底土的防冻害措施；
（3）基槽开挖时，应避免人为破坏地基持力层的原状结构；可在基底保留20cm左右厚的原状土，待基础施工开始时再挖除；
（4）当地基土已被扰动时，可采用先铺一层中粗砂，再铺卵石或块石，予以压实处理。

2. 在施工中，应合理安排施工
建筑物各部分荷载差异大时，施工顺序宜先建重、高部分，后建轻、低部分。

3. 一般建筑可在基础完工后或地下室砌完后，按有关规范规定的位置、数量设置沉降观测点；大型、高层建筑可在基础垫层或基础底部完成后，设置沉降观测点，开始观测。主体建筑施工期间，建筑物沉降观测的周期为：高层建筑每增加1～2层应观测1次；其他建筑的观测总次数，不应少于5次。竣工后的观测周期，可根据建筑物的稳定情况确定。

第三章 建筑工程结构设计

3.1 建筑工程结构设计的有关问题

3.1.1 建筑工程结构设计的质量事故

建筑工程设计质量关系到建筑工程质量的全局和关键,而建筑结构设计更是直接关系到建筑工程的安全。虽然因建筑结构设计失误引发的恶性事故在逐年减少,但也应引起我们足够的重视。

1. 某厂钢筋混凝土除尘支架工程,南北向长 16m,东西向长 10.5m,共五层。各层楼面标高分别为+3.0m、+8.7m、+14.5m、+18.2m、+21.8m。在 18.2m 平台上原使用要求为搁置 16 个金属除尘罐,后因故改为花岗岩除尘罐。但材料变更后,设计未做相应更改,只是要求+21.8m 顶板与罐体同时施工。在罐体施工完毕后即发现支承罐体的 18.2m 平台上三个 500mm×1100mm 截面主梁发生大量裂缝。其中尤以②轴线主梁为最:裂缝多达 15 条,裂缝宽度 0.2mm~0.37mm,裂缝围绕梁两侧中下部和梁底发生,说明这些裂缝基本上已穿透梁截面,梁两端的裂缝呈 45°倾角并波及 F~G 轴框架柱。这种开裂现象(大量梁端斜裂缝的出现、裂缝宽度基本超过允许值、裂缝穿透截面、柱头出现斜裂缝)表明该楼层框架虽尚未破坏,但已不能继续施加荷载,无法使用,必须进行加固处理。图 3.3-1 示出该除尘支架平剖面及主梁裂缝情况。

2. 某三层轻工业厂房,砖混结构,预制楼板,现浇两跨钢筋混凝土连续梁,内砖柱承重。砖柱截面 490mm×490mm,采用 MU10 砖、M10 水泥混合砂浆砌筑。基础为三七灰土,上砌毛石,砖墙基础底面 1.3m 宽,砖柱基础底面积为 1.4m×1.4m,地基承载力 $f=150kN/m^2$(图 3.3-2a、b)。该房屋主体结构完工时,几个底层砖柱发生严重的竖向裂缝,其中最严重的位于⑧轴线,裂缝最宽处达 8mm~10mm,长 1.5m 左右,说明该砖柱已濒临破坏(图 3.3-2c)。

3. 某大学教学楼阶梯教室为三层半圆形框架结构,层高 7.6m,最大的框架梁跨度为 20.8m、高度为 2.0m、宽度为 0.3m,框架柱截面为 ϕ600mm 及 600mm×600mm。该框架结构因梁的线刚度比柱的线刚度大 16 倍以上,梁按简支梁、柱按中心受压构件取计算简图。混凝土强度等级原设计为 200 号,因考虑混凝土后期强度,设计者允许梁按 150 号混凝土进行施工,柱按 200 号混凝土进行施工。实测梁的混凝土只达 100~150 号,柱的混凝土可达 200 号。受力筋采用 5 号钢筋,箍筋采用 3 号钢筋。

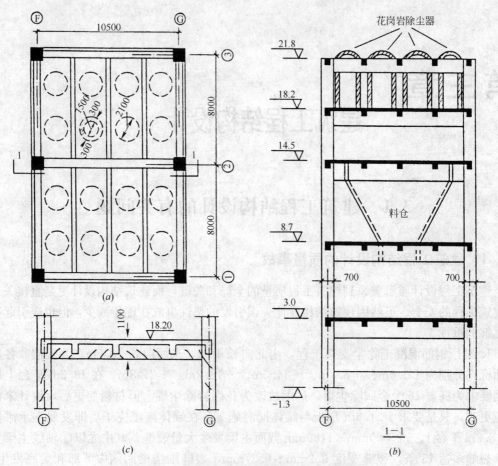

图 3.3-1 某除尘支架平剖面及主梁裂缝情况
(a)平面；(b)剖面；(c)18.2m 标高②轴线主梁开裂情况

此工程主体结构完工后，装饰工程因故暂停。三年后复工时发现 20.8m 跨梁上有很多裂缝(图 3.3-3c、d)。多数裂缝在 0.5mm～0.7mm 之间，最宽的达 1.0mm。裂缝大体可分四种：①几乎贯通梁全高，中间宽两头细，间距大体相近；②位于梁端部的斜裂缝，大体呈 45°；③沿梁主筋位置的竖缝，较短，间距大体相近；④柱顶部和底部的水平裂缝。

通过检测和鉴定，认为该工程损伤主要原因是设计计算简图选用错误造成框架柱承载力不足，设计选用的混凝土强度等级低、梁的腰筋配置过稀也是引起损伤的原因；梁实际混凝土强度等级也没有达到设计要求是加速和加重结构损伤的原因。

3.1.2 建筑工程结构设计的若干问题

建筑工程结构设计中存在影响结构可靠性的问题主要有，结构布置不合理、结构体系受力不明确，结构计算假定与简图不符合结构受力情况，结构构造不满足要求等。

1. 底层部分框架、部分砌体墙承重，形成半框架或局部框架，不符合《建筑抗震设计规范》(GB 50011—2001)对底层框架抗震墙砖房结构体系的要求。

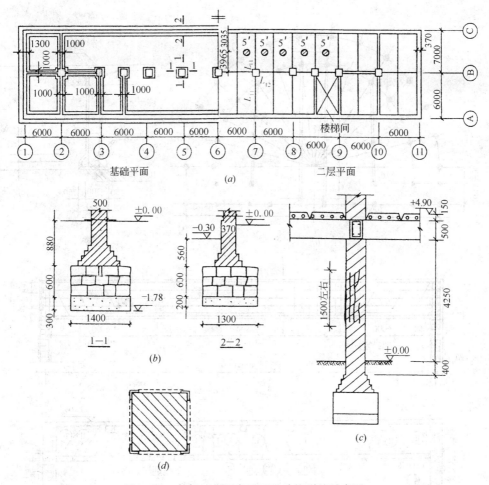

图 3.3-2 某轻工业厂房平面及砖柱裂缝示意图
(a)平面和基础平面布置；(b)柱和墙面基础剖面；(c)⑧轴线柱开裂情况；(d)曾考虑过的加固方案

2. 在框架结构（包括底部框架抗震墙砖房的底部楼层）或框架抗震墙结构，有的结构布置为一侧单根柱另一侧则支撑在梁上的受力体系，形不成较为完整的框架体系。

3. 具有突出面建筑的抗震计算，振型数选择太少。如一幢 12 层框架抗震墙结构，屋顶上设置一个 20m 高的通信铁塔，设计人员在设计时，仅取 3 个振型。虽然结构平面布置较为规则，但突出屋面建筑对主体结构的影响，则在高振型中才能反映出来。

4. 梁扭转刚度系数取值不合理，把梁周围无楼板与之连接或弧形梁均按与楼板整浇的梁一样对待是不合理，会出现抗扭钢筋配置不足的情况。

5. 梁的计算结果需要配置受扭纵筋时，未在梁侧配置受扭纵筋。

6. 计算简图与结构实力受力不符合。比如把底部两层框架-抗震墙砖房中底部两层高宽比大于 1.5 钢筋混凝土抗震墙仍按高宽比小于 1.0 的抗震墙看待，未考虑钢筋混凝土墙的弯曲变形。

7. 砌体结构中起承重作用的柱按构造柱对待，造成柱配筋不足和局部下沉。

8. 钢结构压杆计算不注意平面外的稳定，平面外计算长度取值错误会造成安全隐患等。

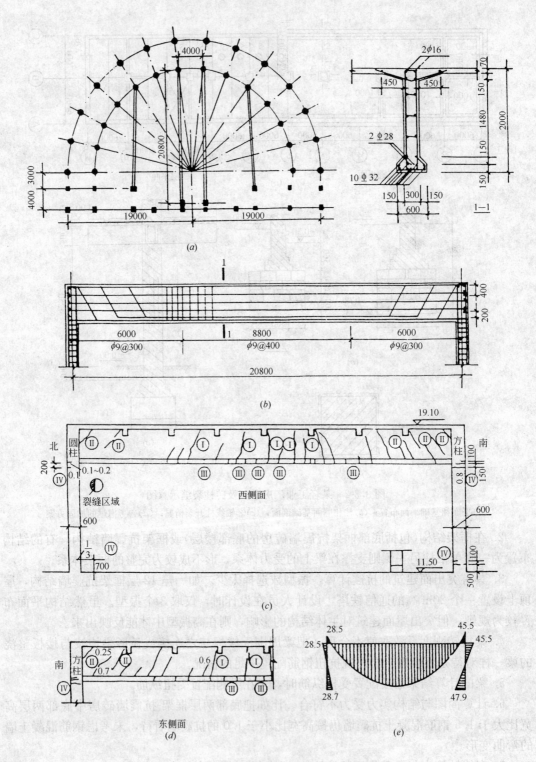

图 3.3-3 某教学楼工程大梁配筋及裂缝情况

(a)阶梯教室平面；(b)20.8m跨屋面大梁及柱头配筋示意；(c)、(d)大梁、柱裂缝图
(0.1～0.7 指裂缝宽度，单位为 mm)；(e)框架受载弯矩图（单位为 t·m）

3.2 抗震设防标准和抗震设计基本要求

3.2.1 检查要点

抗震设防标准的检查，应包括抗震设防烈度的确定、建筑抗震设防类别的划分、建筑场地类别划分、地震作用和抗震措施等。抗震设计基本要求的检查应包括场地选择、地基和基础设计、建筑结构布置、规则性、结构体系、结构分析、非结构构件、隔震和消能减震设计、结构材料与施工等。

3.2.2 抗震设防标准

1. 一般情况下，抗震设防烈度可采用中国地震动参数区划图的地震基本烈度(或与《建筑抗震设计规范》(GB 50011—2001)设计基本地震加速度值对应的烈度值)。对已编制抗震设防区划的城市，可按批准的抗震设防烈度或设计地震动参数采用。

2. 全国主要城镇(县级及县级以上城镇)中心地区的抗震设防烈度、设计基本地震加速度和所属的设计地震分组，可按《建筑抗震设计规范》(GB 50011—2001)附录A采用。

3. 建筑抗震设防类别的划分(甲、乙、丙、丁类)应符合国家标准《建筑工程抗震设防分类标准》(GB 50223—2004)的规定。

4. 各抗震设防类别建筑的抗震设防标准，应符合下列要求：

(1) 甲类建筑，地震作用应高于本地区抗震设防烈度的要求，其值应按批准的地震安全性评价结果确定；抗震措施，当抗震设防烈度为6～8度时，应符合本地区抗震设防烈度提高一度的要求。

(2) 乙类建筑，地震作用应符合本地区抗震设防烈度的要求；抗震措施，一般情况下，当抗震设防烈度为6～8度时，应符合本地区抗震设防烈度提高一度的要求；地基基础的抗震措施，应符合有关规定。

对较小的乙类建筑，当其结构采用抗震性能较好的结构类型时，应允许仍按本地区抗震设防烈度的要求采取抗震措施；

(3) 丙类建筑，地震作用和抗震措施均应符合本地区抗震设防烈度的要求；

(4) 丁类建筑，一般情况下，地震作用仍应符合本地区抗震设防烈度的要求；抗震措施应允许比本地区抗震设防烈度的要求适当降低，但抗震设防烈度为6度时不应降低。

5. 建筑场地为Ⅰ类时，甲、乙类建筑应允许仍按本地区抗震设防烈度的要求采取抗震构造措施；丙类建筑应允许按本地区抗震设防烈度降低一度的要求采取抗震构造措施，但抗震设防烈度为6度时仍应按本地区抗震设防烈度的要求采取抗震构造措施。

6. 建筑场地为Ⅲ、Ⅳ类时，对设计基本地震加速度为0.15g和0.30g的地区，除《建筑抗震设计规范》(GB 50011—2001)另有规定外，宜分别按抗震设防烈度8度(0.20g)和9度(0.40g)时各类建筑的要求采取抗震构造措施。

3.2.3 抗震设计基本要求

1. 审查应从场地选择、地基和基础设计、建筑设计和建筑结构的规则性、结构体系、非结构构件、隔震和消能减震设计、结构材料与施工等逐项进行。

2. 审查是否满足《建筑抗震设计规范》(GB 50011—2001)关于抗震设计基本要求的有关规定，尤其是强制性条文的规定。

3. 建筑方案和结构布置应符合抗震概念设计的要求，检查重点如下：

(1) 建筑方案和布置

1) 是否符合规则性要求；

2) 对不规则的建筑结构，应重点检查其计算模型和采用方法与不规则类型是否相适应；地震作用计算和内力调整是否满足规范的要求；

3) 一般不规则时是否按规范采取加强措施；

4) 特别不规则时是否采取比规范要求更强的有效抗震措施。

(2) 结构体系

1) 结构应设计成双向抗侧力体系，同一楼层不应采用不同结构材料混合承重的抗侧力体系；

2) 复杂结构应有合理的地震作用传递途径；

3) 应采取措施防止局部构件的地震破坏导致整个结构丧失对重力的承载力；

4) 对抗震薄弱部位的判断和措施是否合理。

4. 结构抗震计算应重点审查下列内容：

(1) 基本计算参数

1) 设防烈度、设计基本地震加速度、设计地震分组、场地类别正确；

2) 计算模型和主要荷载取值。

(2) 计算结果的分析判断

1) 关键部位计算机输出结果的判断和不当结果的处理；

2) 人工计算的假定、公式和分项系数。

(3) 设计说明、施工图与计算结果相符合的程度。

5. 非结构的抗震构造，应重点检查下列内容：

(1) 非结构对结构整体刚度的影响，应在计算分析中予以考虑；

(2) 填充墙、女儿墙、隔墙和其他非结构构件与主体结构的拉结措施；

(3) 设备管道在墙体和楼盖的洞口应有相应的加强措施。

3.3 建筑工程施工图文件检查

对于建筑工程施工图文件检查，建设部已制订了《建筑工程施工图设计文件审查要点(试行)》，对于建筑工程防火和结构设计检查可参考使用。该审查要点列于附件2。

附件2：建筑工程施工图设计文件审查要点(试行)

一、总则

(一) 为指导建筑工程施工图设计文件审查工作，根据《建设工程质量管理条例》和《建设工程勘察设计管理条例》，特制定建筑工程施工图设计文件(以下简称施工图)审查要点。

(二) 本要点供施工图审查机构进行民用建筑工程施工图技术性审查时参考使用。工业建筑工程的施工图，可根据工程的实际情况参照本要点进行审查。

（三）建设单位报请施工图技术性审查的资料应包括以下主要内容：

1. 作为设计依据的政府有关部门的批准文件及附件。
2. 审查合格的岩土工程勘察文件（详勘）。
3. 全套施工图（含计算书并注明计算软件的名称及版本）。
4. 审查需要提供的其他资料。

（四）施工图技术性审查应包括以下主要内容：

1. 是否符合《工程建设标准强制性条文》和其他有关工程建设强制性标准。
2. 地基基础和结构设计等是否安全。
3. 是否符合公众利益。
4. 施工图是否达到规定的设计深度要求。
5. 是否符合作为设计依据的政府有关部门的批准文件要求。

（五）本要点所涉及标准内容以现行规范规程内容为准。

（六）各省、自治区、直辖市人民政府建设行政主管部门可根据本地的具体情况，对本要点作出必要的补充规定。

二、建筑专业审查要点（表3.3-1）

表 3.3-1

序 号	项 目	审 查 内 容
2.1	编制依据	建设、规划、消防、人防等主管部门对本工程的审批文件是否得到落实，如人防工程平战结合用途及规模、室外出口等是否符合人防批件的规定；现行国家及地方有关本建筑设计的工程建设规范、规程是否齐全、正确，是否为有效版本
2.2	规划要求	建筑工程设计是否符合规划批准的建设用地位置，建筑面积及控制高度是否在规划许可的范围内
2.3	施工图深度	
2.3.1	设计说明基本内容	(1) 编制依据：主管部门的审批文件、工程建设标准。 (2) 工程概况：建设地点、用地概貌、建筑等级、设计使用年限、抗震设防烈度、结构类型、建筑布局、建筑面积、建筑层数与高度。 (3) 主要部位材料做法，如墙体、屋面、门窗等（属于民用建筑节能设计范围的工程可与《节能设计》段合并）。 (4) 节能设计： 　严寒和寒冷地区居住建筑应说明建筑物的体形系数、耗热量指标及主要部位围护结构材料做法、传热系数等； 　夏热冬冷地区居住建筑应说明建筑物体形系数及主要部位围护结构材料做法、传热系数、热惰性指标等。 (5) 防水设计： 　地下工程防水等级及设防要求、选用防水卷材或涂料材质及厚度、变形缝构造及其他截水、排水措施； 　屋面防水等级及设防要求、选用防水卷材或涂料材质及厚度、屋面排水方式及雨水管选型； 　潮湿积水房间楼面、地面防水及墙身防潮材料做法、防渗漏措施。 (6) 建筑防火： 　防火分区及安全疏散； 　消防设施及措施：如墙体、金属承重构件、幕墙、管井、防火门、防火卷帘、消防电梯、消防水池、消防泵房及消防控制中心的设置、构造与防火处理等。 (7) 人防工程：人防工程所在部位、防护等级、平战用途、防护面积、室内外出入口及进、排风口的布置。 (8) 室内外装修做法。 (9) 需由专业部门设计、生产、安装的建筑设备、建筑构件的技术要求，如电梯、自动扶梯、幕墙、天窗等。 (10) 其他需特殊说明的情况，如安全防护、环保措施等

续表

序号	项 目	审 查 内 容
2.3.2	图纸基本要求	（1）总平面图： 　　标示建设用地范围、道路及建筑红线位置、用地及四邻有关地形、地物、周边市政道路的控制标高； 　　明确新建工程（包括隐蔽工程）的位置及室内外设计标高、场地道路、广场、停车位布置及地面雨水排除方向。 （2）平、立、剖面图纸完整、表达准确。其中屋顶平面应包含下述内容：屋面检修口、管沟、设备基座及变形缝构造；屋面排水设计、落水口构造及雨水管选型等。 （3）关键部位的节点、大样不能遗漏，如楼梯、电梯、汽车坡道、墙身、门窗等。图中楼梯、上人屋面、中庭回顾、低窗等安全防护设施应交待清楚。 （4）建筑物中留待专业设计完善的变配电室、锅炉间、热交换间、中水处理间及餐饮厨房等，应提供合理组织流程的条件和必要的铺助设施
2.4	强制性条文	《工程建设标准强制性条文》（房屋建筑部分）2002版中有关建筑设计、建筑防火等建筑专业的强制性条文（具体条款略）
2.5	建筑设计重要内容	
2.5.1	室内环境设计	（1）《民用建筑节能设计标准（采暖居住建筑部分）JGJ 26—95 第3.0.5（附录A）条。结合本地区节能实施细则规定的实施范围，确定建筑耗热量指标。 （2）《民用建筑设计通则》GB 50352—2005 第4.7.1（三）条。严寒及寒冷地区厕所、浴室，特别是公共厕浴，应有良好的通风、排气，即使有外窗，也应设置排气设施。 （3）各类建筑物中重点噪声源，如空调机房、通风机房、电梯井道等的隔声、减振措施
2.5.2	防水设计	防水设计包括地下工程、屋面工程、潮湿积水房间的防水、防潮做法三部分 （1）《地下工程防水技术规范》GB 50108—2001 第3.3.1条、4.3.4条、4.4.6条。地下工程防水卷材及涂料防水层的厚度要求。 （2）《屋面工程质量验收规范》GB 50207—2002 第3.0.1条、4.1.4条、4.3.6条及5.3.4条、6.1.1条。屋面工程防水设计内容应包括：防水等级、设防要求及选用材料的技术指标。 《民用建筑设计通则》GB 50352—2005 第4.4.2（二）条。屋面排水方式正确的选择。 屋面排水设计合理性的衡量，如排水是否顺畅，雨水口分布是否均匀，汇水面积与雨水管径是否配套。 （3）潮湿积水房间楼面、地面及墙面、顶棚的防水、防潮措施
2.5.3	无障碍设计	《城市道路和建筑物无障碍设计规程》JGJ 50—2001 第5.2.2条、7.2.4条、7.5.1条。成片开发建设的低层、多层居住区、宿舍区宜考虑无障碍住房套型；室内外高差较大的建筑不宜采用无台阶入口，如入口仅设坡道，坡道坡度应符合最大限值的规定；从三级起台阶应设扶手。 中、高层设残疾人坡道的住宅应保证至各层电梯厅、地下停车库的无障碍通行要求
2.5.4	托儿所、幼儿园	《托儿所、幼儿园建筑设计规范》JGJ 39—87 第2.1.1条、3.1.7条、3.1.8（表3.1.8）条、3.7.3（一）条、4.2.3条。托儿所、幼儿园应有独立的建筑基地，相应的室外游戏场地及安全防护设施；幼儿生活用房应有良好的朝向，满足房间采光、通风的基本要求；窗台距地小于0.6m时，楼层无室外阳台应设护栏，距地1.3m内不应设平开窗
2.5.5	中、小学校	《中、小学校建筑设计规范》GBJ 99—86 第2.3.4条、3.2.1（二）、（三）条、4.2.3条、4.2.11条、7.1.1条、7.3.2条。教室布置应考虑保护视力的基本要求，应具有良好的采光、通风条件；教职工厕所应与学生厕所分设；男、女生宿舍应分区域或分单元布置

续表

序号	项目	审查内容
2.5.6	商店	《商店建筑设计规范》JGJ 48—88 第 3.2.12(三)条。大、中型商店应设顾客卫生间
2.5.7	饮食建筑	《饮食建筑设计规范》JGJ 64—89 第 3.3.7(二)、(三)条、3.4.1条。厨房应有为工作人员独立设置的交通及卫生设施；未做详细设计的厨房不能遗漏通风、排气设施
2.5.8	汽车库	《汽车库建筑设计规范》JGJ 100—98 第 3.2.1 条、3.2.11 条、4.1.7(表4.1.7)条、4.1.8 条、4.1.9 条、4.1.13 条、4.1.19 条、4.2.14 条。为保证人行与车行安全，汽车库室内最小净高、汽车坡道纵坡、缓坡设置及汽车通道转弯半径应符合规定；楼地面应有排水坡度，并设置相应的排水系统；为减少地下汽车库废气对周边环境的污染，排风口应满足出地坪的高度要求
2.5.9	医院	《综合医院建筑设计规范》JGJ 49—88 第 3.1.5(二)、(三)条、3.6.5(三)条。医院主楼梯的平台宽度不宜小于 2m；注意满足设无影灯的手术室对室内净高的特殊要求
2.5.10	住宅	《住宅设计规范》GB 50096—1999 第 3.2.4 条、3.8.1 条、4.1.8 条、4.5.2条、5.1.4 条、5.1.5 条、5.3.3 条。暗厅面积应有所限制；良好通风、隔声是保证住宅环境功能质量的重要因素；住宅套内平面布置应方便家具搬运；设置单台电梯的高层单元式住宅应具备相邻单元借用电梯的条件；住宅建筑内不宜布置餐饮店。 住宅外窗设计，应考虑玻璃清洁工作的安全问题
2.6	建筑防火重要内容	
2.6.1	多层建筑防火	《建筑设计防火规范》GBJ 16—87(2001年版) (1) 第 5.1.2 条。多层建筑设置中庭或自动扶梯超过防火分区允许的建筑面积，应采取防火分隔措施(当采用防火卷帘阻断人行疏散通道时，应设置可自行关闭的防火小门)。 (2) 第 5.2.3 条。燃油、燃气锅炉房防火间距应执行工业厂房(丁类)防火间距的规定。 (3) 第 6.0.1 条。当建筑物沿街部分长度超过 150m，或总长度超过 220m 时，应设置消防通道。 (4) 第 7.1.1 条。建筑物屋盖为耐火极限低于 0.5h 的非燃烧体、高层工业建筑屋盖为耐火极限低于 1.0h 的非燃烧体时，防火墙应高出屋面 40cm。 (5) 第 7.1.5 条。紧靠防火墙两侧门窗洞口之间水平距离不应小于 2m，如防火墙设置任转角处，内转角门、窗洞口之间最近的水平距离不应小于 4m。 (6) 第 10.3.3 条。附设在建筑物内的消防控制室宜设在底层或地下一层，应采用防火隔墙与其他部位隔开，并应设置直通室外的安全出口
2.6.2	高层建筑防火	《高层民用建筑设计防火规范》GB 50045—95(2001年版) (1) 第 3.0.1 条。高层建筑应根据其使用性质、火灾危险性、疏散和扑救难度等进行分类。 (2) 第 3.0.8(2.3)条。高层建筑玻璃幕墙内不同防火分区楼层间应设置高度不低于 0.8m 的不燃烧实体裙墙；幕墙与楼板、隔墙处缝隙应采用不燃烧材料严密填实。 (3) 第 4.1.4 条。消防控制室宜设在首层或地下一层，应设置防火分隔措施，并应设置直通室外的安全出口。 (4) 第 4.1.9 条。高层建筑使用可燃气体的房间或部位宜靠外墙设置。 (5) 第 4.3.1 条。当高层建筑沿街长度超过 150m，或总长度超过 220m 时，应设置消防通道。 (6) 第 5.2.1 条。防火墙设在转角附近时，内转角两侧墙上的门、窗洞口之间最近边缘水平距离不应小于 4m。

续表

序号	项目	审 查 内 容
2.6.2	高层建筑防火	(7) 第5.2.3条：防火墙上必须开设门窗洞口时，应设置能自行关闭的甲级防火门、窗。 (8) 第5.2.8条。地下室内存放可燃物平均重量超过30kg/m² 的房间应设置防火墙和甲级防火门。 (9) 第5.4.4条。采用防火卷帘作防火分区的分隔，其耐火极限不应低于3.0h（当采用防火卷帘阻断人行疏散通道时，应设置可自行关闭的防火小门）。 (10) 第6.2.7条。除允许设一座疏散楼梯及顶层为外通廊式住宅的高层建筑，通向屋顶的疏散楼梯不宜少于两座，且不应穿越其他房间。 (11) 第6.3.3(2、3、6、11)条。消防电梯前室面积：居住建筑不应小于4.5m²；公共建筑不应小于6.0m²。当与防烟楼梯间合用前室时，其面积：居住建筑不应小于6.0m²；公共建筑不应小于10.0m²。 消防电梯前室首层应设置直通室外的出口，或经过长度不超过30m的通道通向室外。 消防电梯井、机房与相邻其他电梯井、机房之间应设置防火分隔，隔墙上的洞口应设置甲级防火门。 消防电梯井底应设排水设施。 (12) 第7.5.1条、7.5.2条。在高层建筑内设置消防水泵房时，应设防火隔墙，隔墙上的洞口应设置甲级防火门。 当消防水泵房设在首层时，其出口宜直通室外，当设在地下室或其他楼层时，其出口应直通安全出口
2.6.3	内装修防火	《建筑内部装修设计防火规范》GB 50222—95 第3.4.1(表3.4.1)条，有关地下建筑内部装修材料燃烧等级的规定
2.6.4	汽车库、修车库、停车场	《汽车库、修车库、停车场设计防火规范》GB 50067—97 (1) 第5.3.3条。汽车坡道两侧应用防火墙与停车区隔开，坡道出入口应采用水幕或设置甲级防火门、防火卷帘等措施与停车区隔开。 (2) 第6.09条、6.0.10条。汽车疏散坡度的宽度不应小于4m，双车道不应小于7m；两个汽车疏散出口之间的间距不应小于10m，毗邻设置应设防火隔墙
2.6.5	中、小学	《中、小学校建筑设计规范》GBJ 99—86 第6.2.1条。中、小学校教学楼走道最小净宽的规定
2.6.6	图书馆	《图书馆建筑设计规范》JGJ 38—99 第6.2.7条。书库楼板不得任意开洞，所有提升设备及竖井井壁均应采用非燃烧体材料制成，井壁上的传递洞口应安装防火闸门
2.6.7	剧场	《剧场建筑设计规范》JGJ 57—2000 第8.1.1条、8.1.2条、8.1.3条、8.1.4条、8.1.5条、8.1.7条、8.1.8条、8.1.9条、8.1.10条、8.1.11条、8.1.12条及8.2.2条。剧场建筑与其他建筑合建或毗连时，应形成独立的防火分区；剧场舞台与后台部分的隔墙及舞台下部台仓周围的墙体均应采用防火隔墙，主台通向各处的洞口应设置甲级防火门或水幕；舞台上部屋顶或侧墙上应设置通风排烟设施；舞台内严禁设置燃气加热装置，后台使用燃气装置时应设防火隔墙和甲级防火门；高低压配电室与舞台、侧台、后台相连时，必须设置前室及甲级防火门；观众厅出口门、疏散外门及后台疏散门应符合有关宽度、踏步设置等规定；观众厅吊顶、检修马道及各界面构造均应采用不燃材料
2.6.8	旅馆	《旅馆建筑设计规范》JGJ 162—90 第4.0.4条。集中式旅馆的每一个防火分区应有2个独立的安全出口
2.6.9	商店	《商店建筑设计规范》JGJ 48—88 第4.2.4条、4.2.5条。大型商店营业厅在五层以上时，宜设置不少于2座直通屋顶平台的楼梯间；商店营业部分疏散人数应按规定计算，并以此确定疏散外门、楼梯、走道的宽度

续表

序号	项目	审查内容
2.7	国家及地方法令、法规	
2.7.1	国家法令、法规	(1)《中华人民共和国建筑法》第五十七条。建筑设计单位对设计文件选用的建筑材料、建筑构配件和设备，不得指定生产厂、供应商。 (2)《中华人民共和国大气污染防治法》第四十四条。城市饮食服务业的经营者，必须采取措施，防治油烟对附近居民的居住环境造成污染。 (3) 建设部关于建设领域推广应用新技术、新产品，严禁使用淘汰技术与产品的《技术与产品公告》
2.7.2	地方法令、法规	由各省市自行补充

三、结构专业审查要点(表3.3-2)

表 3.3-2

序号	项目	审查内容
3.1	强制性条文	《工程建设标准强制性条文》(房屋建筑部分)2002年版(具体条款略)
3.2	设计依据	
3.2.1	工程建设标准	使用的设计规范、规程，是否适用于本工程，是否为有效版本
3.2.2	建筑抗震设防类别	建筑抗震设计所采用的建筑抗震设防类别，是否符合国家标准《建筑工程抗震设防分类标准》(GB 50223—2004)的规定
3.2.3	建筑抗震设计参数	(1) 是否正确使用岩土工程勘察报告所提供的岩土参数，是否正确采用岩土工程勘察报告对基础形式、地基处理、防腐蚀措施(地下水有腐蚀性时)等提出的建议并采取了相应措施。 (2) 建筑抗震设计采用的抗震设防烈度、设计基本地震加速度和所属设计地震分组，是否按《建筑抗震设计规范》GB 50011—2001附录A采用；对已编制抗震设防区划的城市，是否按批准的抗震设防烈度或设计地震参数采用；对于在规范上未明确的地区，地震动参数的取值应由勘察单位依据 GB 50011—2001 第 1.0.4、1.0.5 条提供
3.2.4	岩土工程勘察报告	(1) 是否正确使用岩土工程勘察报告所提供的岩土参数，是否正确采用岩土工程勘察报告对基础形式、地基处理、防腐蚀措施(地下水有腐蚀性时)等提出的建议并采取了相应措施。 (2) 需考虑地下水位对地下建筑影响的工程，设计及计算所采用的防水设计水位和抗浮设计水位，是否符合《岩土工程勘察报告》所提水位。 注：根据《岩土工程勘察规范》GB 50021—2001 第 4.1.13 条规定，岩土工程勘察时应提供设计所需的地下水位
3.3	结构计算书	
3.3.1	软件的适用性	(1) 所使用的软件是否通过有关部门的鉴定。 (2) 计算软件的技术条件，是否符合现行工程建设标准的规定，并应阐明其特殊处理的内容和依据
3.3.2	计算书的完整性	结构设计计算书应包括输入的结构总体计算总信息、周期、振型、地震作用、位移、结构平面简图、荷载平面简图、配筋平面简图；地基计算；基础计算；人防计算；挡土墙计算；水池计算；楼梯计算等

续表

序 号	项 目	审 查 内 容
3.3.3	计算分析	(1) 计算模型的建立，必要的简化计算与处理，是否符合工程的实际情况。 (2) 所采用软件的计算假定和力学模型，是否符合工程实际。 (3) 复杂结构进行多遇地震作用下的内力和变形分析时，是否采用了不少于两个不同的力学模型的软件进行计算，并对其计算结果进行分析比较。 (4) 所有计算机计算结果，应经分析判断确认其合理、有效后方可用于工程设计
3.3.4	结构构件及节点	(1) 结构构件是否具有足够的承载能力，是否满足《建筑结构荷载规范》GB 50009—2001 第 3.2.2 条、《混凝土结构设计规范》GB 50010—2002 第 3.2.3 条及其他规范、规程有关承载力极限状态的设计规定。 (2) 结构连接节点及变截面悬臂构件各截面承载力是否满足规范、规程的要求
3.4	结构设计总说明	着重审查设计依据条件是否正确，结构材料选用、统一构造做法、标准图选用是否正确，对涉及使用、施工等方面需作说明的问题是否已作交待。审查内容一般包括： (1) 建筑结构类型及概况，建筑结构安全等级和设计使用年限，建筑抗震设防分类、抗震设防烈度(设计基本地震加速度及设计地震分组)、场地类别和钢筋混凝土结构抗震等级，地基基础设计等级，砌体结构施工质量控制等级，基本雪压和基本风压，地面粗糙度，人防工程抗力等级等。 (2) 设计±0.000 标高所对应的绝对标高、持力层土层类型及承载力特征值，地下水类型及标高、防水设计水位和抗浮设计水位，场地的地震动参数，地基液化、湿陷及其他不良地质作用，地基土冻结深度等描述是否正确，相应的处理措施是否落实。 (3) 设计荷载，包括规范未做出具体规定的荷载均应注明使用荷载的标准值。 (4) 混凝土结构的环境类别、材料选用、强度等级、材料性能(包括钢材强屈比等性能指标)和施工质量的特别要求等。 (5) 受力钢筋混凝土保护层厚度，结构的统一做法和构造要求及标准图选用。 (6) 建筑物的耐火等级、构件耐火极限、钢结构防火、防腐蚀及施工安装要求等。 (7) 施工注意事项，如后浇带设置、封闭时间及所用材料性能、施工程序、专业配合及施工质量验收的特殊要求等
3.5	地基和基础	
3.5.1	基础选型与地基处理	(1) 基础选型、埋深和布置是否合理，基础底面标高不同或局部未达到勘察报告建议的持力层时结构处理措施是否得当。 (2) 人工地基的处理方案和技术要求是否合理，施工、检测及验收要求是否明确。 (3) 桩基类型选择、桩的布置、试桩要求、成桩方法、终止沉桩条件、桩的检测及桩基的施工质量验收要求是否明确。 (4) 是否要进行沉降观测，如要进行观测，沉降观测的措施是否落实，是否正确。 (5) 深基础施工中是否提出了基础施工中施工单位应注意的安全问题，基坑开挖和工程降水时有无消除对毗邻建筑物的影响及确保边坡稳定的措施。 (6) 对有液化土层的地基，是否根据建筑的抗震设防类别、地基液化等级，结合具体情况采取了相应的措施；液化土中的桩的配筋范围是否符合 GB 50011—2001 第 4.4.5 条的要求
3.5.2	地基和基础设计	(1) 地下室顶板和外墙计算，采用的计算简图和荷载取值(包括地下室外墙的地下水压力及地面荷载等)是否符合实际情况，计算方法是否正确；有人防地下室时，要注意审查基础结构是人防荷载控制还是建筑物的荷载控制。 (2) 存在软弱下卧层时，是否对下卧层进行了强度和变形验算。

续表

序号	项目	审查内容
3.5.2	地基和基础设计	(3) 单桩承载力的确定是否正确,群桩的承载力计算是否正确;桩身混凝土强度是否满足桩的承载力设计要求;当桩周土层产生的沉降超过基桩的沉降时,应根据 JGJ 94—94 第 5.2.14 条考虑桩侧负摩阻力。 (4) 筏形基础的设计计算方法是否正确,见 GB 50007—2002 第 8.4.10～8.4.13 条。 (5) 地基承载力及变形计算、桩基沉降验算、高层建筑高层部分与裙房间差异沉降控制和处理是否正确。 (6) 基础设计(包括桩基承台),除抗弯计算外,是否进行了抗冲切及抗剪切验算以及必要时的局部受压验算,见 GB 50007—2002 第 8.2.7 条、8.3.1 条、8.3.2、8.5.15～8.5.20 条及 8.4 节等。 (7) 人防地下室结构选型是否正确,设计荷载取值、计算和构造是否符合规范规定。 (8) 天然地基基础是否按《建筑抗震设计规范》GB 50011—2001 第 4.2.2 条进行抗震验算。 (9) 地下室墙的门(窗)洞口是否按计算设置了地梁;地下室设置的隔墙是否进行了计算,其计算简图、荷载取值、受力传力路径是否明确合理
3.6	混凝土结构	
3.6.1	结构布置	(1) 房屋结构的高度是否在规范、规程规定的最大适用高度以内;超限高层建筑(适用最大高度超限、适用结构类型超限及体型规则性超限的建筑)是否执行了省、自治区、直辖市人民政府建设行政主管部门在初步设计阶段的抗震设防专项审查意见。 (2) 结构平面布置是否规则,抗侧力体系布置、刚度、质量分布是否均匀对称;对平面不规则的结构(扭转不规则、凹凸不规则、楼板局部不连续等)是否采取了有效措施;不应采用严重不规则的设计方案。 (3) 结构竖向高宽比控制、竖向抗侧力构件的连续性及截面尺寸、结构材料强度等级变化是否合理;对竖向不规则结构(侧向刚度不规则、竖向抗侧力构件不连续、楼层承载力突变、竖向局部水平外伸或内缩及出屋面的小屋等)是否采取了有效措施。 (4) 主楼与裙房的连接处理是否正确;结构伸缩缝、沉降缝、防震缝的设置和构造是否符合规范要求;当主楼与裙房间不设缝时是否进行了必要的计算并采取了有效措施。 (5) 转换层结构选型是否合理,转换层结构上下层楼板及抗侧力构件是否按规范要求进行了加强。 (6) 建筑及设备专业对结构的不利影响,例如建筑开角窗及设备在梁上开洞等,是否已采取可靠措施。 (7) 房屋局部采用小型钢网架、钢桁架、钢雨篷等钢结构时,与主体结构的连接应安全可靠,结构计算、构造、加工制作及施工安装应符合规范要求。 (8) 填充墙、女儿墙和其他非结构构件及其与主体结构的连接是否符合规范的规定,是否安全可靠。 (9) 框架结构抗震设计时,不应采用部分由砌体墙承重的混合形式;框架结构中楼、电梯间及局部出屋顶的电梯机房、楼梯间、水箱间等,应采用框架承重,不得采用砌体墙承重;抗震设计时,高层框架结构不宜采用单跨框架。 (10) 框架及框架-剪力墙结构应设计成双向抗侧力体系;抗震设计时,框架-剪力墙结构两主轴方向均应布置剪力墙。 (11) 抗震设计的框架结构中,当仅布置少量钢筋混凝土剪力墙时,其设计计算和抗震构造措施应符合 JGJ 3—2002 第 6.1.7 条的要求。 (12) 采用短肢剪力墙结构时,应符合 JGJ 3—2002 第 7.1.2 条的规定。 (13) 框架-核心筒结构的周边柱间必须设置框架梁。 (14) 复杂高层建筑结构的适用范围、结构布置、抗震措施是否符合 JGJ 3—2002 第 10 章的有关规定

续表

序号	项目	审查内容
3.6.2	结构计算	(1) 结构平面简图和荷载平面简图是否正确。 (2) 抗震设计时，地震作用计算原则是否符合规范 GB 50011—2001 第 5.1 节的要求。 (3) 需进行时程分析时，岩土工程勘察报告是否提供了相关资料，地震波和加速度有效峰值等计算参数的取值是否正确。 (4) 薄弱层和薄弱部位的判别、验算及加强措施是否正确及有效。 (5) 转换层上下部结构和转换层结构的计算模型和所采用的软件是否正确；转换层上下层结构侧向刚度比是否符合规范、规程规定；转换层结构(框支梁、柱、落地剪力墙底部加强部位及转换层楼板)的截面尺寸、配筋和构造是否符合规范要求。 (6) 结构计算的分析判断： 结构计算总信息参数输入是否正确，自振周期、振型、层侧向刚度比、带转换层结构的等效侧向刚度比、楼层地震剪力系数、有效质量系数等是否在工程设计的正常范围内并符合规范、规程要求；层间弹性位移(含最大位移与平均位移的比)、弹塑性变形验算时的弹塑性层间位移、首层墙、柱轴压比、混凝土强度等级及断面变化处的墙、柱轴压比、柱有效计算长度系数等是否符合规范规定。 抗震设计的框架-剪力墙结构，在基本振型地震作用下，框架部分承受的地震倾覆力矩大于结构总地震倾覆力矩的 50%时，其框架部分的抗震等级应按框架结构确定。 剪力墙连梁超筋、超限是否按规范 JGJ 3—2002 第 7.2.25 条的要求进行调整和处理。 (7) 预应力混凝土结构构件，是否根据使用条件进行了承载力计算及变形、抗裂、裂缝宽度、应力及端部锚固区局部承压等验算；是否按具体情况对制作、运输及安装等施工阶段进行了验算。 (8) 板柱节点的破坏往往是脆性破坏，在设计无梁楼盖板柱节点时，必须按 GB 50010—2002 附录 G 进行计算，并留有必要的余地
3.6.3	配筋与构造	(1) 梁、板、柱和剪力墙的配筋应满足计算结果及规范的配筋构造要求(包括抗震设计时框架梁、柱箍筋加密等)。 (2) 框架-剪力墙结构的剪力墙，当有边框柱而无边框梁时应设暗梁，当无边框柱时还应设边缘构件。 (3) 剪力墙厚度及剪力墙和框支剪力墙底部加强部位的确定应符合规范、规程的规定。 (4) 采用预应力结构时，应遵守有关规范的规定。 (5) 剪力墙开洞形成独立小墙肢按柱配筋时，其箍筋配置除符合框架柱的要求外，还应符合剪力墙水平筋的配筋要求。 (6) 楼面梁支承在剪力墙上时，应按 JGJ 3—2002 第 7.1.7 条的要求采取措施增强剪力墙出平面的抗弯能力；应避免楼面梁垂直支承在无翼墙的剪力墙的端部。 (7) 剪力墙结构设角窗时，该处 L 形连梁应按双悬跳梁复核，该处墙体和楼板应专门进行加强。 (8) 受力预埋件的锚筋、预制构件和电梯机房等处的吊环，严禁使用冷加工钢筋。 (9) 跨高比≥5 的连梁宜按框架梁进行设计；不宜将楼面主梁支承在剪力墙之间的连梁上。 (10) 筒体结构的内筒的抗震构造措施是否符合规范、规程的规定。 (11) 带转换层结构的转换层设置高度、落地剪力墙间距、框支柱与落地剪力墙的间距，是否符合 JGJ 3—1002 第 10.2 节的有关规定。 (12) 结构伸缩缝的最大间距超过规范规定时，是否采取了减少温度作用和混凝土收缩对结构影响的可靠措施
3.6.4	钢筋锚固、连接	混凝土结构构件的钢筋锚固、连接是否满足《混凝土结构设计规范》GB 50010—2002 及其他有关规范、规程关于钢筋锚固、连接的规定

续表

序号	项 目	审 查 内 容
3.6.5	钢筋混凝土楼盖	钢筋混凝土楼盖中，当梁、板跨度较大，或楼面梁高度较小(包括扁梁)，或悬臂构件悬挑长度较大时，除验算其承载力外，应验算其挠度和裂缝是否满足规范的要求
3.6.6	预应力混凝土结构	有抗震设防要求的工程采用部分预应力混凝土结构时，应注意是否符合《混凝土结构设计规范》GB 50010—2002 第 11.8.3 条～11.8.5 条及《建筑抗震设计规范》GB 50011—2001 附录 C 的规定，并配置了足够数量的非预应力钢筋
3.6.7	耐久性	混凝土结构的耐久性设计是否符合《混凝土结构设计规范》GB 50010—2002 第 3.4.1 条～3.4.8 条的有关规定
3.7	多层砌体结构	
3.7.1	结构布置	(1) 墙体材料(包括±0.000 以下的墙体材料)、房屋总高度、层数、层高、高宽比和横墙最大间距应符合规范要求；墙体材料还应符合工程所在地墙改政策的规定。 (2) 平面布置宜简单对称，应优先采用横墙承重或纵横墙共同承重方案，墙体构造应满足规范规定。 (3) 纵横墙上下应连续，传力路线应清楚；横墙较少的多层普通砖、多孔砖住宅楼的总高度和层数接近或达到《建筑抗震设计规范》GB 50011—2001 表 7.1.2 规定限值，加强措施应符合《建筑抗震设计规范》GB 50011—2001 第 7.3.14 的要求。 (4) 楼、屋盖与墙体的连接、楼梯间墙体的拉结连接(包括出屋顶部分)、楼、屋盖圈梁和构造柱(芯柱)的布置应符合规范要求。 (5) 在抗震设防地区，楼板面有高差时，其高差不应超过一个梁高(一般不超过 500mm)，超过时，应将错层当两个楼层计入房屋的总层数中。 (6) 抗震设计时，不宜采用砌体墙增加局部少量钢筋混凝土墙的结构体系，如必须采用，则应双向设置，且各楼层钢筋混凝土墙所承受的水平地震剪力不宜小于该楼层地震剪力的 50%，见《国家建筑标准设计图集》97G329(五)。 (7) 在抗震设防地区，多层砌体房屋墙上不应设转角窗
3.7.2	结构计算	(1) 多层砌体房屋的抗震验算和静力计算，应按规范规定进行。 (2) 抗震设防地区的砌体结构审查砌体抗剪强度是否满足规范要求外，还要注意审查门窗洞边形成的小墙垛承压强度是否满足规范要求。 (3) 悬挑结构构件，除进行承载力计算外，还应进行抗倾覆和砌体局部受压承载力验算。 (4) 应按规范规定验算梁端支承处砌体的局部受压承载力。 (5) 在墙体中留洞、留槽、预埋管道等使墙体削弱，必要时应验算削弱后的墙体的承载力
3.7.3	构造	(1) 圈梁、构造柱(芯柱)截面尺寸和配筋构造(包括构造柱箍筋加密、纵筋的搭接和锚固等)应满足规范要求，并在图纸上表示清楚；圈梁兼作过梁时，过梁部分的钢筋(包括箍筋)应按计算用量单独配置。 (2) 悬挑构件应采取可靠的锚固措施；现浇栏板、檐口等构件及现浇坡屋面，受力应明确，配筋应合理，锚固要可靠；女儿墙等构件选型要合理，构造措施要可靠。 (3) 按规定在梁支承处砌体中设置混凝土或钢筋混凝土垫块，当墙中设圈梁时，垫块与圈梁宜浇成整体。 (4) 对混凝土砌块墙体，如未设圈梁或混凝土垫块，在钢筋混凝土梁、板的支承面下，应按 GB 50003—2001 第 6.2.13 条的规定用不低于 C_b20 的灌孔混凝土，将一定高度和一定长度范围内的孔灌实。 (5) 应正确选用预制构件标准图，预制构件支承部分应满足计算和构造要求。 (6) 墙梁的材料、计算和构造要求应符合规范 GB 50003—2001 第 7.3 节的规定。

续表

序 号	项 目	审 查 内 容
3.7.3	构造	(7) 砌体结构是否根据《砌体结构设计规范》GB 50003—2001 第 6.3.1～6.3.9 条的规定采取了防止或减轻墙体开裂的措施。工程经验表明，砌体结构长度未超过规范规定的伸缩缝最大间距时，也应注意适当采取防止或减轻墙体开裂的措施。 (8) 后砌非承重隔墙、无法分皮错缝搭砌的砌块砌体墙，应按规范要求在水平灰缝中设置钢筋网片。 (9) 在墙体中留设槽、洞及埋设管道等使墙体削弱时，应严格遵守规范的规定，并采取相应的加强措施
3.8	底部框架砌体结构	
3.8.1	结构布置	(1) 房屋总高度、层数、层高、高宽比、材料强度等级（墙体材料及混凝土）应符合规范规定。 (2) 房屋的纵横两个方向，层侧向刚度比应符合规范的规定。 (3) 上部砌体的开洞要求同砌体结构
3.8.2	结构计算	(1) 房屋的抗震计算应按规范规定的方法进行。 (2) 底部框架砌体房屋的地震作用效应应按规范要求的方法确定，并按规范的规定进行调整
3.8.3	构造	(1) 砌体部分应按砌体房屋结构设计；混凝土结构部分应按混凝土房屋结构设计。 (2) 底部框架砌体房屋的钢筋混凝土部分，框架和抗震墙的抗震等级，以及相应的抗震措施应符合规范的有关要求。 (3) 房屋的楼盖、屋盖、托墙梁和抗震墙，其截面尺寸和配筋构造要求应符合规范的规定。 (4) 房屋过渡层构造柱的设置，上部抗震墙构造柱的设置，圈梁的设置，以及相关的构造要求，应符合规范的规定
3.9	普通钢结构	(1) 钢结构设计图中是否注明了所采用的钢材的牌号和质量等级（必要时尚应注明钢材的力学性能和化学成分等附加保证项目）、连接材料型号，以及所要求的焊缝质量等级，是否注明了钢结构的耐火等级、除锈等级及涂装要求。 (2) 采用的钢材和连接材料的强度设计值是否符合规范规定。 (3) 结构构件或连接计算时，单面连接的单角钢及施工条件较差的高空安装焊缝，是否按规范要求将强度设计值乘了相应的折减系数，见《钢结构设计规范》GB 50017 第 3.4.2 条。 (4) 在建筑物的每一个温度区段内、是否按规范 GB 50017 第 8.1.4 条的要求设立了独立的空间稳定支撑系统。 (5) 拉弯构件和压弯构件，除强度计算外，还应进行平面内和平面外的稳定性计算。 (6) 柱脚设计时。不得用柱脚锚栓来承受柱脚底部的水平反力，见 GB 50017 第 8.4.13 条。 (7) 柱脚锚栓埋置在基础中的深度，是否符合规范 GB 50017 第 8.4.14 条的要求。 (8) 构件拼接时，拼接设计弯矩的取值是否符合规范 GB 50017 第 9.3.4 条的要求。 (9) 受弯构件设计时，除强度计算外，还应进行局部稳定和整体稳定计算，以及挠度计算，并满足规范的相关规定和构造。 (10) 受压构件（轴心受压构件和压弯构件）的局部稳定应符合 GB 50017 第五章第四节的规定。 (11) 钢管构件应注意钢管外径与壁厚之比及钢管节点的构造是否符合规范 GB 50017 第 10.0.2 条、10.0.3 条的要求。 (12) 钢管结构主管与支管的连接焊缝设计计算和构造要求应符合规范 GB 50017 第 10.0.5～10.0.7 条的规定。

续表

序号	项目	审查内容
3.9	普通钢结构	(13) 钢构件的焊接连接设计中，应注意角焊缝的焊脚尺寸和板件厚度的关系、焊缝长度及节点板的设计计算和构造是否符合规范要求。 (14) 钢构件的螺栓连接设计中，除节点板设计外，应注意螺栓的最大、最小容许间距（中心间距、边距和施工安装净距）是否符合规范要求。 (15) 钢结构（包括薄壁型钢结构、网架结构和高层建筑钢结构等）施工详图是否满足钢结构设计制图深度的要求；如为设计图，则其深度应达到编制施工详图的条件，除设计总说明、布置图、构件截面、节点及构造做法等图外，还应提供必要的受力构件的内力设计值
3.10	薄壁型钢结构	(1) 结构设计图中，是否注明所采用的钢材的牌号和质量等级（必要时尚应注明钢材的力学性能和化学成分等附加保证项目）及连接材料型号；是否注明了钢结构的耐火等级、除锈等级及涂装要求。 (2) 设计刚架、屋架、檩条和墙梁时，是否考虑由于风吸力作用引起构件内力变化的不利影响（如檩条自由翼缘的稳定性等），此时永久荷载的分项系数应取1.0。天沟及跨度较大、坡度较小的轻钢结构屋面是否考虑了积水荷载、或积灰荷载的作用。 (3) 采用的钢材和连接材料的强度设计值是否符合规范的规定。 (4) 结构构件或连接计算时，在 GB 50018—2002 第 4.1.7 条所列举的五种情况下，是否按规范要求对强度设计值乘了相应的折减系数。 (5) 屋盖是否设置了支撑体系；当支撑为圆钢时，是否设置了拉紧装置。 (6) 门式刚架是否设置了支撑体系，在设置柱间支撑的开间是否同时设置了屋盖横向水平支撑；当支撑体系设置在第二开间时，第一开间的相应位置是否设置了刚性系杆；刚架转折处（边柱柱顶和屋脊处）及多跨房屋相应位置的中间柱顶，是否沿房屋纵向全长设置了刚性系杆；屋盖横向水平支撑的竖腹杆是否按刚性系杆设置并满足承载力要求；当柱间支撑采用圆钢时，是否设置了拉紧装置。 (7) 当坡屋面檩条跨度大于 4.0m 时，是否按规范规定在檩条间设置了拉条（包括斜拉条和撑杆）；墙梁亦宜参照上述要求设置拉条。 (8) 在刚架横梁的受压翼缘及刚架柱顶内侧翼缘受压区，是否按规范规定设置了隅撑。 (9) 受压板件和压弯板件是否考虑了有效宽度。 (10) 构件端板连接是否采用了高强度螺栓，端板厚度是否进行了设计计算
3.11	网架结构	(1) 网架结构在抗震设防烈度为 8 度和 9 度的地区，应按 JGJ 7—91 第 3.4.1 条和 3.4.2 条的规定分别进行竖向抗震验算和水平抗震验算；网架结构计算时，应考虑实际支座构造的约束影响。 (2) 网架杆件计算长度和长细比应分别符合 JGJ 7—91 第 4.1.2 条和 4.1.3 条的规定。 (3) 空心球节点，空心球的受压和受拉承载力计算应按 JGJ 7—91 第 4.3.2 条的规定进行。 (4) 螺栓球节点设计（包括采用的高强度螺栓、锥头等）应符合 JGJ 7—91 第四章第四节的规定。 (5) 支座节点的设计应符合 JGJ 7—91 第四章第五节的规定。 (6) 网架结构的材料选用要求，制作和拼装要求，耐火等级、除锈等级、涂装和焊缝质量等级等要求，应遵守 GBJ 17—88 和 JGJ 7—91 的有关规定
3.12	高层建筑钢结构	(1) 图纸设计总说明中，应注明所采用的钢材的牌号和质量等级以及相应的连接材料的型号，同时还应注明对钢材强屈比、伸长率、可焊性、冷弯试验和冲击韧性等性能的要求，当钢板厚度≥40mm 且承受沿板厚方向的拉力时，钢材厚度方向截面收缩率不应小于 GB 50313 关于 Z15 级规定的容许值；也应注明对钢结构的制作、安装、耐火等级、除锈等级及涂装提出的相应要求。 (2) 结构的体系和布置是否符合 JGJ 99—98 第三章及 GB 50011—2001 第 8.1.4～8.1.9 条的规定。

续表

序号	项目	审查内容
3.12	高层建筑钢结构	（3）抗震设计时，钢结构房屋应根据烈度、结构类型和房屋高度，采用不同的地震作用效应调整系数，并采取不同的抗震构造措施，见 GB 50011—2001 第 8.1.3 条。 （4）抗震验算时，任一楼层的水平地震剪力应符合 GB 50011—2001 第 5.2.5 条的规定。 （5）结构的层间位移应符合 GB 50011—2001 表 5.5.1 或表 5.5.5 的要求。 （6）框架-支撑结构中，框架结构底部总地震剪力，应符合 GB 50011—2001 第 8.2.3 条第 2 款的规定。 （7）框架梁和框架柱板件的宽厚比应符合 GB 50011—2001 第 8.3.2 条的规定。 （8）中心支撑杆件的长细比和支撑杆件板件的宽厚比，非抗震设防时应分别符合 JGJ 99—98 第 6.4.2 和 6.4.3 条的规定，抗震设防时应符合 GB 50011—2001 第 8.4.2 条的规定。 （9）框架柱的长细比，非抗震设防时应符合 JGJ 99—98 第 6.3.6 条的规定，抗震设防时应符合 GB 50011—2001 第 8.3.1 条的规定。 （10）梁柱连接节点处，柱在梁上下翼缘对应位置处应设置水平加劲肋，其稳定性和构造要求应符合 JGJ 99—98 第 6.3.5～8.3.8 条的要求，抗震设计时，应符合 GB 50011—2001 第 8.3.4 条～8.3.6 条的规定。 （11）箱形焊接柱、十字形焊接柱，箱形柱在工地上的焊接接头，其构造要求应分别符合 JGJ 99—98 第 8.4.2 条和 8.4.6 条的规定。 （12）埋入式柱脚埋深等构造要求应符合 JGJ 99—98 第 8.6.2 条的规定。 （13）抗剪支撑节点设计应符合 JGJ 99—98 第 8.7.1 条的要求。 （14）耗能梁段设计应符合 JGJ 99—98 第 6.5.2 条～6.5.5 条、6.5.8 条、及 8.7.4 条至 8.7.7 条的规定。 （15）钢结构组合梁和组合楼板的设计及构造要求应符合 JGJ 99—98 第 7.2.14 条及第七章第四节的规定。 （16）在多遇地震效应组合作用下，人字形支撑、V 形支撑、十字形交叉支撑和单斜杆支撑的斜杆内力应按规范 JGJ 99—98 第 6.4.5 条的规定乘以增大系数；偏心支撑框架的斜杆、框架梁及框架柱，应按 GB 50011—2001 第 8.2.3 条规定对内力设计值乘以增大系数
3.13	其他	不应在结构设计中采用机动体系

3.4 建筑结构设计中防止裂缝措施

建筑工程的裂缝，按裂缝形成的原因可分为荷载（作用）产生的裂缝和非荷载（作用）产生的裂缝。由荷载（作用）引起的裂缝则表明该构件承载能力不足，存在严重的安全隐患；由荷载引起的裂缝对结构构件安全造成的影响，则因裂缝的类别及其裂缝程度不同会有较大的差异。比如，每个工程都有不同程度的地基不均匀沉降，但若沉降速度快使结构产生较大较多裂缝，影响结构的稳定性，则对结构安全的影响是非常严重的；楼板混凝土的收缩裂缝，一般对结构构件安全、承载不会造成影响，但影响正常使用和结构构件的耐久性；女儿墙的温度和冻融裂缝轻者不致引起女儿墙偏斜，严重者则不仅偏斜还有倒塌的危险；若悬挑板根端上部的裂缝得不到及时处理，引起上部钢筋锈蚀则降低悬挑板的承载力，严重者有倒塌的危险。

近年来，在住户对商品房质量投诉中，建筑工程的裂缝问题占了相当大的比例。因此，应当引起我们足够的重视。

建筑工程裂缝产生的因素与勘察、设计、建筑材料选择，施工工艺及其养护以及使用荷载和维护等有关。因此，建筑工程裂缝的防止与控制应从上述方面综合考虑，也就是要综合治理。其中，建筑工程的设计对裂缝的防止与控制是非常重要的。在《混凝土结构设计规范》GB 50010—2002 和《砌体结构设计规范》GB 50003—2001 中已规定了一些防治、控制裂缝的措施，这是应当遵守的。但上述两本规范中对有些措施还不够详细、具体。为了使建筑工程质量保险的项目减少裂缝损伤，使建筑工程设计者重视通过设计措施防止和控制裂缝，我们引用了由国家建筑工程质量监督检验中心为主编单位，上海建筑科学研究院、甘肃建筑科学研究院等单位共同参编的《建筑工程裂缝防治指南》中的有关内容。

3.4.1　基本要求

1. 建筑工程的基础和主体结构设计，应采取加强结构整体性的方案，对于建造在软弱地基土上的建筑，宜采取整体性能好的基础形式或采取加强基础整体性的措施。

2. 在抗震设防区，建筑工程的场地选择、液化土和软土地基的处理，应符合《建筑抗震设计规范》GB 50011—2001 的有关规定。

3. 建筑基础的选型，应考虑上部结构重力荷载所引起沉降及其可能的不均匀沉降，并应尽量减少建筑基础的不均匀沉降。

4. 建筑工程的基础设计依据的地质勘察报告，必须为具有相应资料的勘察单位提供，并能满足设计和《岩土工程勘察规范》GB 50021—2001 的要求。

5. 当新建工程附近存在已有建筑时，新建建筑工程的设计，应考虑新建工程的沉降对已有建筑的影响，并应根据已有建筑的类型和基础沉降的影响程度，采取留置足够的距离或采取相对邻建筑物沉降量影响小的基础形式，必要时应进行基坑支护。

6. 建筑工程的平、立面布置宜规则，对于平面凸凹引起的应力集中楼板的部位，应采取防止和减轻裂缝的技术措施。

7. 建筑工程的伸缩缝设计应满足《混凝土结构设计规范》GB 50010—2002 和《砌体结构设计规范》GB 50003—2001 的有关规定，否则应采取有充分依据的技术措施。

8. 建筑工程楼(屋)盖的裂缝控制设计，应考虑温度变化、混凝土收缩对构件和结构变形、开裂的影响。

9. 建筑工程屋盖宜进行热工性能计算和选择适合本地区特点并符合建筑节能设计标准的保温隔热措施，并应对顶层两个边单元的构件采取增强抗温度应力或释放温度应力的构造措施。

10. 建筑工程中现浇钢筋混凝楼板的混凝土强度不宜过高，提倡采用能满足结构设计要求的较小强度等级的混凝土。

3.4.2　控制混凝土结构裂缝的设计措施

1. 一般规定

(1) 混凝土结构应按《混凝土结构设计规范》GB 50010—2002 的规定，根据荷载效应验算构件的抗裂性能及裂缝宽度，并符合有关裂缝控制的要求。

(2) 混凝土结构应按设计规范的要求设置伸缩缝，其最大间距应符合有关规定。当采取可靠措施后，可适当放宽设置伸缩缝的长度。

(3) 应用预制构件时,应通过有效的构造措施消除拼接裂缝。

(4) 混凝土结构设计时应充分考虑下列偶然作用和非设计工况所引起的效应,并在相关部位采取合理的加强措施。

1) 按简支设计,但实际上具有一定程度嵌固受力的结构部位;

2) 按自由边界考虑,但变形、位移较大时,仍能起到约束作用的结构部位;

3) 曲率半径很小而容易引起应力集中的结构凹角部位;

4) 混凝土结构体积过大,水化热难以散失的结构部位;

5) 混凝土结构长度较大,且中部有凹进峰腰的部位;

6) 采用泵送免振等方法施工的混凝土结构;

7) 地质情况复杂,容易引起基础不均匀沉降的混凝土结构;

8) 施工周期较长的跨季节(尤其是冬、春季)或气候干燥蒸发量大、温差大等环境下施工的混凝土结构;

9) 现浇混凝土施工缝的接槎部位;装配式结构的拼缝部位;混凝土结构与其他结构或构件交界的部位。

2. 钢筋混凝土板

(1) 板中受力钢筋间距:当板厚 $h \leqslant 150mm$ 时,不宜大于 200mm;当板厚 $h > 150mm$ 时,不宜大于 $1.5h$,且不宜大于 250mm。

(2) 在现浇简支板的支座部位,板面宜配适量的负弯矩板面钢筋,以避免支座约束可能产生的负弯矩裂缝。

(3) 周边支承的现浇混凝土嵌固板,其支座负弯矩钢筋向跨内延伸的长度应能覆盖负弯矩区域并满足钢筋锚固的要求;跨中的正弯矩钢筋宜全部伸入支座;沿长边方向应布置足够的横向构造钢筋。

(4) 处于温度-收缩应力较大区域的混凝土连续板,其板底伸入支座正弯矩钢筋的锚固长度宜在 $5d$ 的基础上适当增加。

(5) 当现浇板的受力钢筋与梁平行时,应沿梁长度方向配置间距不大于 200mm 且与梁垂直的上部构造钢筋,其直径不宜小于 8mm,且单位长度内的总截面面积不宜小于板中单位宽度内受力钢筋截面面积的三分之一。该构造钢筋伸入板内的长度从梁边算起每边不宜小于板计算跨度的四分之一。

(6) 对与支承结构整体浇筑或与混凝土墙整体浇筑的混凝土板,应在板边上部设置垂直于板边的构造钢筋,其直径不宜小于 8mm,且单位长度内的总截面面积不宜小于跨中相应方向纵向钢筋截面面积的三分之一;该钢筋自梁边或墙边伸入板内的长度,在单向板中不宜小于受力方向板计算跨度的四分之一,在双向板中不宜小于板短跨方向计算跨度的四分之一。

(7) 嵌固在砌体墙内的现浇混凝土板,其上部与板边垂直的构造钢筋直径应不小于8mm、间距不大于 200mm。伸入板内的长度,从墙边算起不宜小于板短边跨度的七分之一;在两边嵌固于墙内的板角部分,应配置双向上部构造钢筋,该钢筋伸入板内的长度从墙边算起不宜小于板短边跨度的四分之一;沿板的受力方向配置的上部构造钢筋,其截面面积不宜小于该方向跨中受力钢筋截面面积的三分之一;沿非受力方向配置的上部构造钢筋,可根据经验适当减少。

(8) 当柱角或墙的阳角突出到板内且尺寸较大时，板边上部构造钢筋伸入板内的长度应从柱边或墙边算起，且应按受拉钢筋锚固在梁内、墙内或柱内。

(9) 单向板应沿垂直力方向布置分布钢筋，单位长度上分布钢筋的截面面积不宜小于单位宽度上受力钢筋截面面积的 15%，且不宜小于该方向板截面面积的 0.15%；分布钢筋的间距不宜大于 250mm，直径不宜小于 6mm；对集中荷载较大的情况，分布钢筋的截面面积应适当增加，其间距不宜大于 200mm。

(10) 在温度、收缩应力较大的现浇板区域内，钢筋间距宜取为 150~200mm，并应在板的未配筋表面布置温度收缩钢筋。板的上、下表面沿纵、横两个方向的配筋率均不宜小于 0.1%。

(11) 阳台板宜采用挑梁式而不宜采用悬臂板形式。

3. 钢筋混凝土梁、柱

(1) 当在梁的负弯矩区切断钢筋时，如 $V>0.7f_tbh_0$ 且断点仍在负弯矩区内，支座截面负弯矩纵向受拉钢筋应延伸至按正截面受弯承载力计算不需要该钢筋的截面以外的延伸长度 l_{d2} 应不小于 $1.3h_0$ 且不小于 $20d$ 处截断；且从该钢筋强度充分利用截面伸出的延伸长度 l_{d1} 应不小于 $1.2l_a+1.7h_0$。

(2) 在钢筋混凝土悬臂梁中，应有不少于两根上部钢筋伸至悬臂梁外端，并向下弯折不小于 $12d$；其余钢筋不应在梁的上部截断，而应按规范要求向下弯折 45°或 60°，并按规范的要求在梁的下边锚固，锚固长度不小于 $10d$。

(3) 当梁端实际受到部分约束但按简支计算时，应在支座区上部设置纵向构造钢筋，其截面面积不应小于梁跨中下部纵向受力钢筋计算所需截面面积的四分之一，且不应少于两根；该纵向构造钢筋自支座边缘向跨内伸出的长度不应小于 $0.2l_0$，此处，l_0 为该跨的计算跨度。

(4) 当梁的腹板高度 $h_w \geqslant 450$mm 时，在梁的两个侧面应沿高度配置纵向构造钢筋，每侧纵向构造钢筋（不包括梁上、下部受力钢筋及架立钢筋）的截面面积不应小于腹板截面面积 bh_w 的 0.1%，且间距不宜大于 200mm。

(5) 当梁、柱中纵向受力钢筋的混凝土保护层厚度大于 40mm 时，应对保护层采取有效的防裂构造措施（如配置构造钢筋网片）。

4. 钢筋混凝土剪力墙

(1) 钢筋混凝土剪力墙的水平和竖向分布钢筋的配筋率 $\rho_{sh}[\rho_{sh}=A_{sh}/(bs_v)$，$s_v$ 为水平分布钢筋的间距] 和 $\rho_{sv}[\rho_{sv}=A_{sv}/(bs_h)$，$s_h$ 为竖向分布钢筋的间距] 不应小于 0.2%；剪力墙中温度、收缩应力较大的部位，水平分布钢筋的配筋率宜适当提高；钢筋混凝土剪力墙水平及竖向分布钢筋的直径不应小于 8mm，间距不应大于 300mm。

(2) 厚度大于 160mm 的剪力墙应配置双排分布钢筋网；厚度不大于 160mm 的剪力墙宜在其重要部位配置双排分布钢筋网。双排分布钢筋网应沿墙的两个侧面布置，且应采用拉筋连系；拉筋直径不宜小于 6mm，间距不宜大于 700mm；对重要部位的剪力墙宜适当增加拉筋的数量。

(3) 剪力墙洞口上、下两边的水平纵向钢筋除应满足洞口连梁正截面受弯承载力要求外，尚不应少于 2 根直径不小于 12mm 的钢筋；钢筋截面面积分别不宜小于洞口截断的水平分布钢筋总截面面积的一半。纵向钢筋自洞口边伸入墙内的长度不应小于规范规定的受拉钢筋锚固长度。

（4）剪力墙洞口连梁应沿全长配置箍筋，箍筋直径不宜小于6mm，间距不宜大于150mm。在顶层洞口连梁纵向钢筋伸入墙内的锚固长度范围内，应设置间距不大于150mm的箍筋，箍筋直径宜与该连梁跨内箍筋直径相同。同时，门窗洞边的竖向钢筋应按受拉钢筋锚固在顶层连梁高度范围内。

5. 预制板缝、接头等处理

（1）预制板的侧边形式宜采用双齿边或其他能够传递剪力的形式。板间的拼缝应采用不低于C20的细石混凝土灌筑，拼缝的上口宽度不宜小于30mm，在拼缝中可适当配置构造钢筋。

（2）计算考虑传递内力时，装配式构件接头，其灌筑接缝的细石混凝土强度等级不宜低于C30，并应采取措施减少灌缝混凝土的收缩。

梁与柱之间的接缝宽度不宜小于80mm。

计算时不考虑传递内力的构件接头，应采用不低于C20的细石混凝土灌筑。

（3）对预制混凝土屋面板和容易遭受温度变化影响的部位，应采取保温隔热措施，并满足建筑节能设计标准的规定。

（4）对于搁置在进深梁上的预制板，应在沿进深梁长度方向的预制板端上部水泥砂浆抹灰层内，设置$\phi 6$焊接钢筋网片，网片伸入板内的范围不宜小于600mm。

（5）有条件时，可在预制板上加设钢筋混凝土现浇层。

（6）对于设置结构缝的部位，应采取有效的防水、防渗构造措施和必要的建筑处理。

3.4.3 控制砌体结构裂缝的设计措施

1. 砌体结构应按《砌体结构设计规范》GB 50003—2001的规定设置伸缩缝，并符合有关裂缝控制的要求。

2. 砌体结构中除采用伸缩缝外，当房屋体形比较复杂、刚度较大时，还可在墙高、墙厚变化处设置控制缝。

3. 外廊式砌体结构较长（一般$L \geqslant 40m$），且外廊为现浇钢筋混凝土梁板式结构时，宜在沿混凝土外廊每15～20m设置控制缝。

4. 对于厚度较大（一般内外墙均为240mm，总厚度$b \geqslant 720mm$）的空心墙组合砌体结构，当钢筋混凝土圈梁及挑檐的宽度及厚度较大时，大厚度空心墙砌体结构伸缩缝的距离不宜大于40m。

5. 砌体结构温度裂缝控制，除满足《砌体结构设计规范》GB 50003—2001的规定外，尚应采取下列措施：

（1）顶层屋面板下设置现浇混凝土圈梁时，应沿内外墙拉通，不应在横墙上采用"半圈梁"（即圈梁不拉通）；

（2）顶层山墙，端部二开间内外纵墙及横墙处设置抗裂柱（即构造柱）。在温差较大的地区，还可以在端部开间门窗洞口两侧设置抗裂柱；顶层山墙、端部两个开间内外纵墙和横墙沿高度，每隔500mm在灰缝中设通常加强拉结钢筋；

（3）顶层窗台下，宜设置一皮砖厚的钢筋混凝土带。

6. 当门窗洞口宽度不小于1800mm时，应在易产生收缩和温度应力集中的部位增设加强钢筋或钢丝网分散收缩和温度应力,在门窗洞口两侧增设抗裂柱或钢筋混凝土门窗框;对混凝土小型空心砌块结构宜在门窗洞口两侧加混凝土芯柱。当窗洞口不小于2100mm时,除采取上述措施外,尚应在窗台板下设配筋带。

7. 阳台挑梁设计应采用各自承担本层的永久荷载和可变荷载的构造方案,当阳台悬挑梁尽端设置钢筋混凝土构造柱将各层挑梁相连时,设计计算时应考虑各上层荷载对底层挑梁受力的影响,或将各层构造柱顶层留出15~20mm缝隙,缝内嵌填柔性材料。

8. 进深梁跨度大于9m,纵墙承重的多层房屋,应按两端固结单跨梁计算梁端弯矩,考虑到节点变形,应将固端弯矩乘以修正系数γ,然后按线刚度分配到上层墙体和下层墙体顶部,其γ值按下式采用,$\gamma=0.2(a/h)^{0.5}$,式中a为梁的支承长度,h为支承墙厚,当有壁柱时取h_T,h_T为T形截面折算厚度。

9. 砌体结构各层外纵墙及山墙的钢筋混凝土圈梁不宜外露,应将圈梁包砌在墙体内,有条件时宜设置保温隔热层。

10. 当砌体结构的承重墙梁上开偏门洞,且洞距a小于规范值时,应在洞边设置加强构造柱,配筋不小于4ϕ16,且将墙梁的截面高度适当增大或在梁端加腋,并适当加强斜截面抗剪配筋。

11. 支承在砌体结构上跨度大于4.8m的混凝土梁,不得直接搁置在混凝土构造柱上,应在梁下设置梁垫,当墙中设有圈梁,梁垫与圈梁应浇成整体。

12. 墙面抹灰的砂浆强度等级应与填充墙材料强度相匹配,砂浆强度等级过高、水泥用量过大,容易产生收缩裂缝,有条件时,宜采用水泥双灰粉砂浆或纤维砂浆进行墙面抹灰。

13. 窗台下安放散热器处的裂缝控制措施:

(1) 在非外保温墙体的"窗肚墙"处(即在散热器与"窗肚墙"间隙部分)放置聚苯铝箔反射板或岩棉或玻璃棉镀锌铁皮反射板。

(2) 在"窗肚墙"部位砌体灰缝中每隔500mm设置ϕ4焊接钢筋网片或每500mm间距设置2ϕ6拉结钢筋。

14. 对砌体冻融(胀)裂缝的控制,可采取下列措施:

(1) 将基础埋至当地冰冻线以下;

(2) 做好房屋四周地面排水设计,减少地基土含水量;

(3) 做好厕所、卫生间、踏步防水措施,踏步一旦出现冻涨裂缝应及时修复,以防不断恶化。

15. 对砖砌女儿墙裂缝的控制,可采取下列措施:

(1) 做好屋面保温隔热措施;

(2) 将保温屋面和找平层与女儿墙交界处留有适当缝隙,隙内嵌填柔性材料;

(3) 将钢筋混凝土构造柱伸至女儿墙内,并在女儿墙上增设钢筋混凝土压顶,且沿长度方向每隔10~20m设一控制缝。

16. 控制砌体结构中混凝土构件裂缝的设计措施可采取本节3.4.2有关措施。

第四章 建筑工程施工质量控制

4.1 建筑工程施工质量的有关问题

一个单位建筑工程包含地基基础、主体结构、装修、供水、供电系统和空调、电梯等分部工程，在每个分部工程中又包含若干分项工程等等。分项工程又可分为若干检验批。这是对建筑工程施工质量验收而言的。作为建筑工程的施工则是由一道一道工序来完成的。而建筑工程的施工质量则取决于各道工序的质量及其工序间的交接质量。由于建筑工程、特别是砌体工程的手工作业非常多，所以施工操作者的技术水平和素质及其对他们的管理就显得尤为重要。

建筑工程施工质量、特别是地基基础和主体结构的施工质量对建筑结构安全有着直接的重要的影响。

4.1.1 建筑结构施工质量对结构安全性能的影响

建筑工程施工质量对建筑工程的安全性、耐久性、正常使用和建筑功能等均有一定的影响，地基基础和主体结构的施工质量则直接影响建筑工程的安全，而屋面防水、保温隔热等则涉及到建筑工程的功能，建筑工程的功能还涉及供水、供电、燃气等方面。地基基础的施工质量涉及基础承载力是否满足上部结构重力作用的要求，在地震和风荷载作用下的倾覆、地基不均匀下沉引起的结构构件开裂甚至丧失承载能力等。这里在分析建筑结构施工质量对结构安全的影响中，仅涉及主体结构的施工质量。

1. 影响结构安全性能的建筑结构施工质量分类

影响结构安全性能的结构施工质量类型，从大的方面分，可分为建筑材料、结构构件和结构构件的连接以及结构施工质量水平的匀质性等。这些大的方面又可分为许多更细的方面，比如建筑材料有钢型材、钢筋、砌体、砂浆、混凝土、木材等；而结构构件有截面尺寸、构件长度、构件内部质量、构件外观质量、构件轴线偏差等。对钢、混凝土、砌体和木结构等各类结构，还有着不同内容及其质量控制、评定和验收的要求。

2. 建筑材料对建筑结构安全性能的影响

建筑材料是构成建筑结构构件最基本的要素，因此对建筑结构安全性能的影响也就比较大。比如混凝土中的氯离子含量过高，将会引起钢筋的锈蚀，降低承载能力和影响结构的耐久性等。近年来建筑工程实行的建筑材料进场验收和见证取样送样制度，有利于控制建筑工程所用材料的质量。在施工质量验收中均应有该工程所用材料的出厂合格证明及检验报告。

3. 建筑结构构件施工质量对建筑结构安全性能的影响

建筑结构构件是组成建筑结构的基本单位,其质量好坏直接影响建筑结构的安全,一般讲,建筑结构构件是由多道工序构成的。比如钢筋混凝土结构构件,则由钢筋、模板和现浇混凝土等工序组成,各道工序对构件质量均有影响。在《混凝土结构工程施工质量验收规范》GB 50204—2002 中对各分项、检验批的验收都作出了规定,对各道工序的检验评定以及工序间的交接检验等均给出了要求。

4. 结构构件联结件施工质量对建筑结构安全性能的影响

在建筑结构中,构件之间的联结件的承载能力应大于构件的承载能力,也就是说,在构件承载能力失效之前其联结件不应失效。在结构抗震设计中要求框架节点的承载力于相应的梁柱构件,预埋件的承载力大于相应的联结件的承载能力。因此,构件联结件的施工质量对建筑结构的安全性能是非常重要的。

4.1.2 建筑工程施工质量的若干问题

近年来,我国建设工程进入快速发展的时期,2001 年全国房屋建筑施工面积达 18832.7 万 m^2,竣工面积为 97699.0 万 m^2。建筑工程的施工质量总体上是好的,特别是《建设工程质量管理条例》颁布以来,其建筑工程的施工质量提高得更快一些。但也应该看到,建筑工程施工操作者的技术水平和素质相对比较差,总包单位的质量管理不落实就会出现这样那样的问题,其施工质量水平有待进一步提高。对此,我们应有清醒的认识。下面先例举一些建筑工程的施工质量事故,再简述建筑工程施工质量存在的一些问题。

1. 建筑工程的施工质量事故

(1)一幢五层砖混结构宿舍和一幢八层钢筋混凝土框架结构的办公楼,地基均用灰土桩加固。场地土质情况和灰土桩设计施工情况如下:

场地土质情况:表层为耕土层,局部有杂填土,以下为湿陷性褐黄色亚黏土。地质报告建议地基承载力取 80kPa。设计采用 1:8 灰土桩加固地基,桩径 ϕ350,桩长 5m,要求加固后地基承载力达到 150kPa。桩孔采用洛阳铲成孔,灰土夯实,采用自制 4.5kN 桩锤,每层灰土的虚填厚度为 350~400mm,要求灰土夯实后干密度为 1.5~1.6t/m^3,检查干密度抽样率为 2%。

宿舍楼为条形基础,共打灰土桩 809 根;办公楼采用片筏基础,共打灰土桩 1399 根。

灰土桩施工结束后开挖基槽、基坑,组织验收时发现以下问题:

① 宿舍楼部分桩内有松散的灰土,809 根桩中有 27 根桩顶标高低于设计标高 20~57cm,有 18 根桩放线漏放,有一根桩已成孔,但未夯填灰土,另一根桩全为松散土,未夯实,有的桩上部松散,挖下 1.1m 后才见灰土层,有的桩虚填土较厚,达 60~80cm,有的灰土未搅拌均匀。检查中,将 30 根灰土桩挖至上部 2m 范围,在 2m 范围内全部密实的只有 6 根,其余均不符合要求。综上所述,宿舍楼灰土桩施工质量低劣,质量问题严重。

② 办公楼灰土桩检查验收时,先在办公楼边部开挖了 1、2、3 号坑,检查了 12 根灰土桩,没有发现问题。以后又挖 4 号坑,从挖出的 12 根灰土桩的情况看,灰土有的较密实,有的不够密实。为彻底查清质量情况,按数理统计抽样的检查 5% 的桩,再挖 5、6、7 号坑,共挖出 42 根桩进行检查,并对每个坑挖出的 4 根桩按每挖下 800mm 取样,做干密度试验,共取 53 个试验。

根据数理统计确定，$\rho_d=1.5\sim1.65t/m^3$ 定为合格，$\rho_d=1.4\sim1.49t/m^3$ 定为较密实的，$\rho_d=1.15\sim1.39t/m^3$ 定为不够密实的。虽然办公楼灰土桩从施工到检查时，已超过半年，干密度增加，强度增大，但仍有12.1%的桩未达到设计干密度($1.5\sim1.6t/m^3$)的要求。

(2) 某大厦坐落在软黏土基地上。其主楼部分为二层地下室，基坑深10m；裙房部分为一层地下室，基坑深5m。平面位置如图3.4-1(a)所示。基坑支护墙采用水泥土重力挡土墙，主楼及裙房基坑支护墙的计算开挖深度均取5m，它们的剖面如图3.4-1(b)。

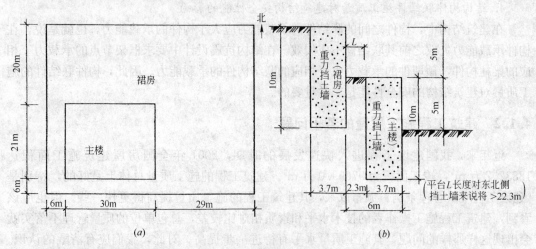

图3.4-1 某大厦基坑做法
(a)主楼和裙房总平面；(b)西、南侧基坑挡土墙剖面示意

当裙房和主楼部分基坑挖至地平面以下5m深时，挡土墙变形很小，开挖顺利。但当主楼部分基坑继续挖至地面以下8m左右时，主楼西、南侧支护墙包括裙房支护墙均产生整体失稳破坏，而东、北两侧支护坡则完好无损，变形很小。西南侧支护墙失效造成主楼部分桩位严重移动。

事故原因是支护墙结构计算简图错误，即对主楼西、南两侧支护墙均与裙房支护墙一样按开挖深度5m计算是错误的。当总挖深超过5m后，作用在主楼支护墙上的主动土压力远大于计算土压力，提供给裙房支护墙上的被动土压力远小于计算被动土压力。当开挖深度接近8m时，势必产生整体失稳失效。东、北两侧未产生破坏，是由于该两侧主楼和裙房支护墙之间有较长的平台L。该两侧主楼的支护墙足以承担总开挖深度$8\sim10m$(实际只有$3\sim5m$)的主动土压力。

(3) 某变压器间长15m，宽4m，由五个开间构成，混合结构，毛石条形基础。近年来因基础不均匀下沉，致使纵横墙交接处附近墙体严重开裂。

事后对该楼房地基进行开挖和钻探取样试验，查明在基础底面以上为松软杂填土，基底以下$1.5\sim3.0m$范围内为黄色黏土，孔隙比和含水量都比较大，黄色黏土以下为风化破碎的石灰岩。由于该楼房地处山坡，房屋周围没有排水沟，地表水渗透较严重，同时地下水的主要流向是从楼房基底通过，使房屋一侧抽水井与基底形成水头差，造成基底土颗粒流失形成空洞，引起该房屋基础不均匀下沉和墙体开裂。

(4) 1997年7月12日浙江省常山县某职工住宅楼突然整体倒塌，造成36人死亡，3人受伤，是建设部1997年向全国通报的另一起一级重大事故。

该工程为五层半的砖混结构，建筑面积2476m²，工程造价219元/m²（不含水电）。结构情况是砖砌承重墙、基础墙，混凝土条形基础，预应力圆孔板楼面、屋面，底层为2.15m高的自行车库，上部五层单元住宅，檐口标高16.95m。

该楼是在瞬间倒塌的。倒塌后已成一片废墟。经将基础全面开挖后发现，不少基础墙的砖和砂浆已呈粉末状，说明结构整体倒塌是从基础砖墙粉碎性压垮开始。基础砖墙为轴心受压，故此事故是典型的因砖砌体轴心受压承载力不足造成的。

经对原设计文件检查、复核，承重砖砌体均能满足规范规定的承载力要求，但由于架空层部分的承重砖砌体开有洞口，使一些短墙肢成为薄弱部位。经验算实际承载力只达到轴向力设计值的40%～54%。

因此，可以判定本楼房整体倒塌的直接原因有两个：

一是基础墙质量十分低劣，砖砌体的抗压强度极低，基础墙在轴心受压状态下失效；二是基础墙长期受积水浸泡，强度大幅度下降；同时因一侧无回填土支撑，对基础墙的稳定性和抗冲击能力也有影响。

（5）因施工技术方案失误（实际受力与设计不符）造成的质量事故

1）工程和事故情况

某工业企业新建的加工车间为一5层建筑物，平面及剖面示意如图3.4-2，建筑面积3236m²。该工程施工期间发生了结构整体倒塌的重大恶性事故。造成46人伤亡，其中死亡15人、重伤13人、轻伤18人。

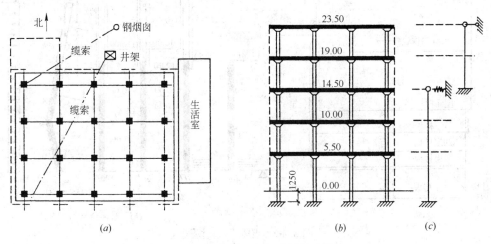

图3.4-2 新建加工车间平剖面示意
(a)平面图（虚线为后砌墙，附施工现场缆索）；(b)剖面图；(c)柱的设计计算简图

此加工车间的主体建筑为钢筋混凝土升板结构，生活间和楼梯间为砖混结构。主体建筑的建筑面积有2350m²，采用天然地基，筏板基础，柱网5.5m×5.5m，东西4跨，南北3跨，柱截面一律400mm×400mm。柱采用两种做法：三层及三层以下为预制柱，混凝土强度等级为300号，配筋4Φ25；四、五层为现浇柱，混凝土200号，配筋4Φ16；预制柱插入杯口，杯口位于地下1.25m处。底层层高5.5m，二层以上各层层高均为4.5m，建筑总高度23.5m。楼板为钢筋混凝土板，厚180mm。

升板的提升设备为爬升式蜗轮蜗杆电动提升机，电动机功率每台为3kW，丝杆长度

2m，提升速度1.8m/h，提升机自重500kg，每台提升能力为30tf。

该工程于某年12月开始施工，主要进度为：

① 次年5月10日吊装完下面三层的预制柱；

② 次年6月25日将屋面板提升至预制柱顶部；

③ 次年7月7日浇筑完四、五层的现浇柱；

④ 次年7月12日开始在现浇柱上提升各层楼板；

⑤ 次年7月20日前二、三层楼板就位，分别搁置在5.5m和10.0m标高的钢承重销上；四层楼板、五层楼板、屋面板分别搁置在12.7m、16.0m、19.0m标高休息孔的钢销上；这时，柱帽都未施工，柱板间无连接措施。

7月20日晨7时半开始提升；8时20分将屋面板从19.0m标高提升至20.5m，用钢销临时搁置；8时45分准备将四层楼板从12.7m标高向上提升就位时，整个结构发生摇晃、倾斜，数秒钟之内五层升板结构全部倒塌。事故现场平面及各层楼板倒塌前就位过程见图3.4-3。

从倒塌现场观察，倒地后楼板间水平距离大体接近倒塌前楼板间的高差。二层板朝南位移4.05m，以上各层板均朝北偏西位移，见图3.4-3(a)。柱子折断处估计在二层板下承重销的部位（因这里有明显折痕，且折断处钢筋向南弯曲），致使底层柱向南倾，以上各层柱向北倾（图3.4-3b）。

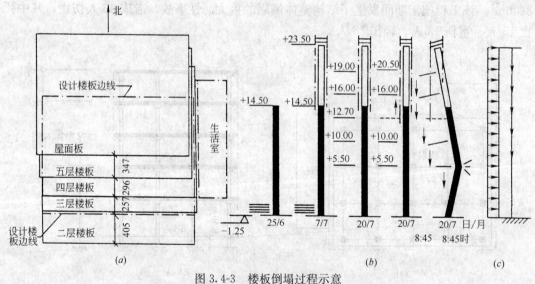

图3.4-3 楼板倒塌过程示意

(a)事故现场平面图；(b)各层楼板倒塌前就位过程（黑体柱为预制柱；白体柱为现浇柱）；
(c)柱在施工阶段的受力情况

2) 事故原因分析

施工时结构受力状况与设计假定不符是倒塌的主要原因。

本工程设计时将五层柱分两阶段验算其强度和稳定性。第一阶段，计算下面三层，这时柱下端为固定端而上端为弹性铰支承；第二阶段，计算上面两层，这时柱下端（第四层楼面处）为固定端而上端为不动铰支承（图3.4-3c）。这两种计算结果在施工和使用阶段都不会出现失稳现象。原设计意图是待三层固定后（即做完柱帽形成可靠的刚接接头时）再在上面建造两层；原结构设计图纸说明中也提出柱子的构造问题要设计与施工单位协商解决。

但是，本工程的施工单位未理会设计意图，采用一次提升完毕的实施方案，实施前并未与设计单位共同研究施工时的技术措施。实际施工中的柱子，是一根根独立的长细比很大（$H_c/d=(23.5+1.25)/0.4=62>50$）的悬臂柱，承受了各层楼板传来的轴向压力和水平风力（图 3.4-3c）。这种施工时结构的受力状态与设计假定完全不符。

2. 建筑工程质量检验中遇到的主要工程质量问题

国家建筑工程质量监督检验中心除了承担法院委托仲裁检验和建设部下达的重大事故检验外，还承担了客户委托的建筑工程质量检验。通过总结近几年的建筑工程质量检验，从另一侧面也可以看出建筑工程质量存在的一些问题。其简要归纳列于表 3.4-1。

工程质量检验中接触到的工程质量问题 表 3.4-1

分 类		主 要 质 量 问 题
地基与基础		不均匀沉降；边坡塌方；回填土下沉等。 桩身断裂；桩顶破碎；桩身倾斜；沉桩最终贯入达不到设计要求；放钢筋加泥，孔底不清理干净。 施工中降水和流砂造成周围房屋倾斜和开裂
建筑材料		钢筋性能缺陷，水泥含氯离子超标，砂中含泥量大，砖强度达不到要求，防水材料不合格等
主体结构	混凝土结构	钢筋接头，锚固不符合规范要求；钢筋配置不满足设计要求；混凝土保护层厚度不满足要求；混凝土强度等级低且离散性大；混凝土构件断面几何尺寸大于允许偏差值；混凝土构件表面蜂窝、麻面、露主筋，内部不密实和孔洞；梁、柱节点处出现缝隙及夹渣层；混凝土构件裂缝等
	砌体工程	砌体材料强度低；砂浆强度等级不满足要求；水平及竖向砂浆饱满度差；砌体构件裂缝；砌体结构中混凝土构件质量缺陷；砌体结构外纵墙开洞过大、内纵墙不贯通、不满足抗震设计规范要求等
	钢结构工程	单层厂房屋架支撑布置不满足规范要求；钢结构构件连接焊缝夹渣、未满焊等
门窗幕墙工程		门窗水密性达不到设计要求；幕墙工程立柱和横梁设计不符合要求；玻璃破碎等

其中最典型的质量事故举例如下。

（1）某多层混凝土小型空心砌块房屋，总层数为五层，建筑场地Ⅱ类，建造在抗震设防烈度为 8 度地区，在设计中纵、横向轴线层层设置圈梁，在纵、横墙交接处设置了灌实 5~7 个孔的芯柱，为了防止和控制裂缝在外纵墙和山墙上又增加了每隔 1 个孔洞灌实 1 个孔的芯柱。该房屋竣工后采用非破损方法对芯柱混凝土密实程度进行了检测，结果发现有 10% 左右芯柱没有灌混凝土，有 20% 左右孔洞所灌的混凝土不密实。

（2）某六层内浇外砌住宅楼，建造在 8 度抗震设防区。该房屋竣工后由于屋面渗漏，屋面保温、隔热层失效，致使顶层的外纵向砖墙和内横墙、内纵墙均出现了贯通的裂缝。经过对该房屋内浇钢筋混凝土墙进行检查，其混凝土强度等级为 C10 左右，与设计 C20 相差太远。

（3）某 23 层剪力墙结构，采用滑模施工，1990 年竣工，1994 年第四层内装修时发现墙面有空鼓。经检测该四层内剪力墙存在一定数量的疏松层，混凝土中的中砂、水泥浆与石子松散，范围距第四层地面高度为 0.3~1.5m。这是一起非常严重的施工质量事故。

（4）某 8 层钢筋混凝土框架结构，用途为办公楼。建造在抗震设防 8 度区，建筑场地为Ⅲ类。框架柱混凝土强度等级为 1~3 层为 C25，其余为 C20，于 1980 年施工，同年竣工。该楼框架梁抗节点筋存在严重不放和漏放的情况，严重影响了结构的抗震安全性。

4.2 建筑工程施工质量基本要求

建筑工程施工质量应满足设计文件(设计施工图和设计变更)和《建筑工程施工质量验收统一标准》GB 50300—2001以及相应的建筑工程专业验收规范的要求。当建设方与施工单位的施工合同有约定高于建筑工程施工质量验收标准时，其施工质量应符合合同约定的要求。

施工阶段的质量控制可以分为以下三个环节。

1. 施工准备阶段

指在各工程对象正式施工活动开始前，对各项准备工作及影响质量的各因素进行控制，这是确保施工质量的先决条件。

2. 施工过程控制

指在施工过程中对实际投入的生产要素质量及作业技术活动的实施状态和结果所进行的控制，包括作业者发挥技术能力过程的自控行为和来自有关管理的监控行为。

3. 竣工验收控制

它是指对于通过施工过程所完成的具有独立的功能和使用价值的最终产品(单位工程或整个工程项目)及有关方面(例如质量文档)的质量进行控制。

上述三个环节的质量控制系统及其所涉及的主要方面如图3.4-4所示。

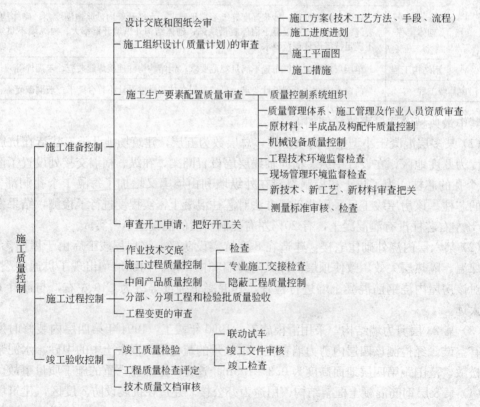

图 3.4-4 施工阶段质量控制的系统

4.3 施工准备阶段的质量控制

4.3.1 参与工程建设有关单位的资质核查

1. 包括施工总承包单位、专业承包单位、劳务分包单位的资质核查；
2. 施工总承包单位项目管理部的质量管理体系；
3. 监理单位的资质核查和监理规划。

4.3.2 施工组织设计审查

1. 施工组织设计应掌握的原则

（1）施工组织设计的编制、审查和批准应符合规定的程序；

（2）施工组织设计应符合国家的技术政策，充分考虑承包合同规定的条件、施工现场条件及法规条件的要求，突出"质量第一、安全第一"的原则；

（3）施工组织设计的针对性：承包单位是否了解并掌握了本工程的特点及难点，施工条件是否分析充分；

（4）施工组织设计的可操作性：承包单位是否有能力执行并保证工期和质量目标；该施工组织设计是否切实可行；

（5）技术方案的先进性：施工组织设计采用的技术方案和措施是否先进适用，技术是否成熟；

（6）质量管理和技术管理体系，质量保证措施是否健全且切实可行；

（7）安全、环保、消防和文明施工措施是否切实可行并符合有关规定；

（8）在满足合同和法规要求的前提下，对施工组织设计的审查，应尊重总承包单位的自主技术决策和管理决策。

2. 施工组织设计审查的注意事项

（1）重要的分部、分项工程的施工方案，承包单位在开工前，向监理工程师提交详细说明为完成该项工程的施工方法、施工机械设备及人员配备与组织、质量管理措施以及进度安排等，报请监理工程师审查认可后方能实施。

（2）在施工顺序上应符合先地下、后地上；先土建、后设备；先主体、后围护的基本规律。所谓先地下、后地上是指地上工程开工前，应尽量把管道、线路等施工设施和土方与基础工程完成，以避免干扰，造成浪费、影响质量。此外，施工流向要合理，即平面和立面上都要考虑施工的质量保证与安全保证；考虑使用的先后和区段的划分，与材料、构配件的运输不发生冲突。

（3）施工方案与施工进度计划的一致性。施工进度计划的编制应以确定的施工方案为依据，正确体现施工的总体部署、流向顺序及工艺关系等。

（4）施工方案与施工平面图布置的协调一致。施工平面图的静态布置内容，如临时施工供水供电供热、供气管道、施工道路、临时办公房屋、物资仓库等，以及动态布置内容，如施工材料模板、工具器具等，应做到布置有序，有利于各阶段施工方案的实施。

4.3.3 现场施工准备的质量控制

1. 工程定位及标高基准控制

工程施工测量放线是建设工程产品由设计转化为实物的第一步。施工测量的质量好坏，直接影响工程产品的综合质量，并且制约着施工过程中有关工序的质量。例如，测量控制基准点或标高有误，会导致建筑物或结构的位置或高程出现差错，从而影响整体质量；又如长隧道采用两端或多端同时掘进时，若洞的中心线测量失准发生较大偏差，则会造成不能准确对接的质量问题；永久设备的基础预埋件定位测量失准，则会造成设备难以正确安装的质量问题等。因此，工程测量控制可以说是施工量控制的一项基础工作，它是施工准备阶段的一项重要内容。

2. 材料构配件采购订货的控制

工程所需的原材料、半成品、构配件等都将构成为永久性工程的组成部分。所以，它们的质量好坏直接影响到未来工程产品的质量，因此需要事先对其质量进行严格控制。

4.3.4 开工手续和条件审核

根据建设工程监理规范的规定，开工条件应具备以下要求：
1. 施工许可证已获建设行政主管部位批准；
2. 征地拆迁工作能满足工程进度的需要；
3. 施工组织设计已获总监理工程师批准；
4. 承包单位现场管理人员已到位，机具、施工人员已进场，主要工程材料已落实；
5. 进场道路及水、电、通讯等已满足开工要求。

4.3.5 监理规划细则和监理项目部的组织

建立并完善项目监理机构的质量监控体系，做好监控准备工作，使之能适应工程项目质量监控的需要，这是监理工程师做好质量控制的基础工作之一。在工程开工的准备阶段监理项目部应根据工程特点和承包单位的施工组织设计等编制该工程的监理规划，各专业监理工程师应编制好针对本工程各专业特点的监理细则。

4.4 施工过程的质量控制

4.4.1 作业技术准备状态的控制

所谓作业技术准备状态，是指各项施工准备工作在正式开展作业技术活动前，是否按预先计划的安排落实到位的状况，包括配置的人员、材料、机具、场所环境、通风、照明、安全设施等等。

1. 质量控制点的设置

质量控制点是指为了保证作业过程质量而确定的重点控制对象、关键部位或薄弱环节。设置质量控制点是保证达到施工质量要求的必要前提。对施工中的工序、薄弱环节是否设置为质量控制点，主要是视其对质量特性影响的大小、危害程度以及其质量保证的难度大小而定。表 3.4-2 为建筑工程质量控制点设置的示例。表 3.4-3 建筑工程质量控制点的控制要点。

建筑工程质量控制点设置　　　　　　　　　　　　　表 3.4-2

分项工程	质量控制点
工程测量定位	标准轴线桩、水平桩、龙门板、定位轴线、标高
地基、基础（含设备基础）	基坑（槽）尺寸、标高、土质、地基承载力，基础垫层标高，基础位置、尺寸、标高，预留洞孔、预埋件的位置、规格、数量，基础标高、杯底弹线
砌体	砌体轴线，皮数杆，砂浆配合比，预留洞孔、预埋件位置、数量，砌块排列
模板	位置、尺寸、标高，预埋件位置，预留洞孔尺寸、位置，模板强度及稳定性，模板内部清理及润湿情况
钢筋混凝土	水泥品种、强度等级，砂石质量，混凝土配合比，外加剂比例，混凝土振捣，钢筋品种、规格、尺寸、搭接长度，钢筋焊接，预留洞孔及预埋件规格、数量、尺寸、位置，预制构件吊装或出场（脱模）强度，吊装位置、标高、支承长度、焊缝长度
吊装	吊装设备起重能力、吊具、索具、地锚
钢结构	翻样图、放大样
焊接	焊接条件、焊接工艺

建筑工程质量控制点的质量控制要点　　　　　　　　表 3.4-3

序号	分部工程名称	子分部工程	质量控制要点
1	地基与基础	基坑开挖及支护工程	降水方案、降水标高控制
			施工设备、人员准备工作
			护坡桩、土钉墙施工监控
			基坑开挖深度、分段、分层、放坡
			护坡桩边坡支护及周边位移，桩定位、放线、桩深、桩、浇筑过程控制
		筏板大体积混凝土	混凝土坍落度、入模温度
			混凝土浇筑和振捣
			混凝土测温点的设置
			混凝土冷却水管系统的设置
			混凝土强度试块、抗渗试块的制作
			后浇带设置、后浇带混凝土浇筑
			混凝土养护措施、养护条件、降温措施

续表

序号	分部工程名称	子分部工程	质量控制要点
1	地基与基础	防水工程	材料、类型、厚度、专项施工方案
			检查防水卷材材质、厚度
			防水面层：粘结牢固，接缝严密，无损伤，铺贴方法和搭接尺寸，无空鼓
			防水保护层
		地下室外墙抗渗混凝土	钢筋工程同主体结构
			试配申请单：对试验室的资质进行考察
			计量情况：配合比、计量准确，外加剂掺量准确
			施工缝处理（止水钢板或膨胀条安装）
			穿墙螺栓、穿墙套管焊接止水环
			抗渗试件的制作
2	主体结构	钢筋混凝土结构	钢筋出厂质量证明和复试报告、钢筋焊接试验报告
			钢筋规格、数量、锚固长度、接头位置、钢筋绑扎质量、混凝土保护层
			钢筋绑扎
			模板强度、刚度、稳定性、隔离剂涂刷、标高、截面尺寸
			剪力墙、梁柱节点尺寸、预埋件位置、数量
			混凝土强度配合比、坍落度、浇筑、振捣、表面平整、无蜂窝麻面
3	装饰工程	门窗工程	承包商的门窗设计方案
			承包商施工组织设计
			喷塑断桥铝合金窗的工厂加工
			门窗材料配件品种、规格、材质、颜色、涂膜、性能符合要求
			原材料封样试验
			密封胶粘结牢固，填嵌密实，宽度、厚度符合要求
			喷塑断桥铝合金型材表面洁净无损、无划痕、玻璃无划伤、擦伤
			风压变形、雨水渗漏、空气渗透等性能
			防火、防雷系统
			门窗与结构连接预埋件及周边结构及封口构造、窗开启处
4	建筑给排水及消防	建筑给水系统	水泵基础面标高、预埋件位置、标高、数量
			上水设置位置、标高
			冷热水管道的安装、阀门及部件的安装水泵及附属设备安装、管道与设备的防腐与防结露、卫生器具的安装、系统调试
		给水管道工程	对口质量、焊口质量
			给水水质、管道冲洗、消毒处理
			管道试压、压力值、时间
		建筑排水系统	排水系统的管道安装、排水管道的防腐处理、透气管、地漏、隔油池等附属设施的安装、排水系统的通球试验

续表

序号	分部工程名称	子分部工程	质量控制要点
4	建筑给排水及消防	排水管道工程	立管垂直度、水平坡度
			灌水试验、通水试验、通球试验
			管道支吊架
		建筑消防	制备、附件和原材料：合格证、检测报告
			焊工资质、焊口质量、焊口防锈处理
			管道附件位置、方向、支吊件固定
			管道试压、压力值、压力差
			消防验收检查准确、灵敏
		建筑消防水系统	消防系统的管道安装、阀门及部件的安装、水泵及附属设备安装、消防栓箱的安装、管道与设备的防腐、消防水系统的调试
		建筑中水系统	管道安装、阀门及部件的安装、水泵及附属设备安装、管道与设备的防腐与防结露、中水处理设备的安装、系统调试、中水片段设备试运转
5	建筑电气	照明系统	设备、材料及附件的进场检查
			配电箱(盘)的型号、质量、容量和安装
			管线敷设的检查(含室内、外照明支路)
			有吊顶处，当安装高度低于2.4m时的措施
			系统试运行
		供配电系统	设备、材料及附件的进场检查
			高低区成套配电装配、型号、质量、台数、动行方式、安装调试(包括电容器柜)
			硬母线、封闭插接线、电缆竖井及电缆桥架的敷设
			电气设备、工作接地及保护接地、重复接地敷设、阻值测定
			系统调试和试运行
		防雷接地系统	建筑物防雷、避雷针(网)的材料规格、安装、间距、位置、网络尺寸、保护角、防腐
			避雷引下线的规格、焊接、数量、测试点或断线卡的制作、位置、数量、安装
			等电位接地安装及防静电接地安装
			防侧击雷均压环的敷设及金属管道、门窗接地的焊接
			防雷接地电阻的测定
6	智能建筑	通讯网络系统(CNS)	各系统主机产品质量保证资料
			传输线路产品质量保证资料
			终端产品质量保证资料
			防护产品质量保证资料
			支撑产品质量保证资料
			设备,材料及附件的进场检查

续表

序号	分部工程名称	子分部工程	质量控制要点
6	智能建筑	综合布线系统(CGS)	设备，材料及附件的进场检查
			缆线的敷设
			线槽及镀锌钢管的敷设
			缆线的终接
		消防及报警系统	对设备、材料、附件的合格证，检测报告、准用证明、资质证明、商检证明(限进口设备)的检查
			火灾自动报警系统及联动系统布线
			火灾探测器的安装
			手动火灾报警按钮的安装，消防控制设备的安装
			系统接地装置的安装
			系统调试
		智能化集成系统	设备，材料及附件的进场检查
			与各信息管理系统的接口
			线缆(含光纤)敷设
			网络设备的安装(含服务器，交换机，路由器等)
			与各类有线，无线通讯系统接口处理
			系统集成
			系统调试
		楼宇自动化系统	设备、材料及附件的进场检查
			网络回路和电源回路必须分别敷设
			系统设备安装
			主要输入设备的安装(主要与各种传感器及变送器等)
			主要输出设备的安装(各类驱动阀门和执行器)
			系统调试
		安全防范系统	对设备、材料、附件的合格证，检测报告、准用证明、商检证明(限进口设备)的检查
			报警传感器的安装
			系统的供电与接地
			摄象机的安装
			线路的敷设
			监控室设备的安装
			监视器的安装
			系统调试

续表

序号	分部工程名称	子分部工程	质量控制要点
7	通风与空调	空调通风系统	风道材质、尺寸、加工质量、材质单、合格证
			风道法兰卷边平整、宽度适当
			风口、风阀等配件：合格证、检测报告
			风道安装位置、标高、支吊架牢固
			风道法兰连接处安装
			风阀位置、方向、操作性
			风道严密性检查、漏光试验
			风管与配件制作、部件制作、风管系统安装、空气处理设备安装、消声设备制作与安装、风管与设备防腐、风机安装、风管与设备绝热、系统调试
8	电梯工程	电梯安装工程	机房、井道预检、设备、材料及附件的进场检查
			承重梁安装、引主机、引绳张力、引绳头制作、导轨、轿厢、层门的安装、轿厢上方空程
			安全装置安装、限速器绳轮、导向轮、钢带轮安装、轨距偏差和导轨相互偏差、制动器闸瓦调整、导轨的进一步制导行程、导轨架安装、层门地坎及门套安装偏差
			悬挂装置、随行电缆、补偿装置安装
			供电电源线单独敷设、电气装置安装、绝缘电阻、供电电源、接地（接零）随行电缆安装、机房内配电、控制屏、柜、盘安装、防腐处理、电气装置安装偏差
			电梯调试和试运行

2. 作业技术交底

承包单位做好技术交底，是取得好的施工质量的条件之一。为此，每一分项工程开始实施前均要进行交底。作业技术交底是对施工组织设计或施工方案的具体化，是更细致、明确、更加具体的技术实施方案，是工序施工或分项工程施工的具体指导文件。为做好技术交底，项目经理部必须由主管技术人员编制技术交底书，并经项目总工程师批准。技术交底的内容包括施工方法、质量要求和验收标准，施工过程中需注意的问题，可能出现意外的措施及应急方案。技术交底要紧紧围绕和具体施工有关的操作者、机械设备、使用的材料、构配件、工艺、工法、施工环境、具体管理措施等方面进行，交底中要明确做什么、谁来做、如何做、作业标准和要求、什么时间完成等。

关键部位，或技术难度大，施工复杂的检验批、分项工程施工前，承包单位的技术交底书（作业指导书）要报监理工程师。经监理工程师审查后，如技术交底书不能保证作业活动的质量要求，承包单位要进行修改补充。没有做好技术交底的工序或分项工程，不得进入正式实施。

3. 进场材料和构配件的复验和见证取样送样检测

建筑材料力学性能将直接影响结构构件的承载能力和结构的安全，建筑材料的化学性能及其有害物质含量以及外加剂与水泥等材料的适应性，将直接影响工程质量和结构的耐久性能。因此，建筑材料的性能检验是保证所有建筑材料满足设计要求和工程质量的重要环节。在我国建筑材料的质量控制由二个环节组成，一是生产厂的生产过程质量控制和在出厂前对建筑材料进行检验，确认符合有关规范要求后才能出厂，对每批产品均应有检验合格证明书；二是对每批进入工地现场的建筑材料根据有关规范的要求进行复验，经过复验合格后才能允许在建筑工程中使用，其中涉及主体结构安全的建筑材料应进行见证取样检测。所谓见证取样检测，就是在监理单位或建设单位监督下，由施工单位有关人员现场取样，并送至具备相应资质的检测单位进行的检测。根据建设部建建［2000］211号文规定，下列试块、试件和材料必须实施见证取样和送检：

（1）用于承重结构的混凝土试块；

（2）用于承重墙体的砌筑砂浆试块；

（3）用于承重结构的钢筋及连接接头试块；

（4）用于承重结构的砖和混凝土小型砌块；

（5）用于拌制混凝土和砌筑砂浆的水泥；

（6）用于承重结构的混凝土中使用的掺加剂；

（7）地下、屋面、厕浴间使用的防水材料；

（8）国家规定必须实行见证取样和送检的其他试块、试件和材料。

其见证取样的数量不得低于有关技术标准中规定应取样数量的30%。

对于进场的半成品或构配件，均应有产品合格证和技术说明书以及按有关标准规范规定的检验报告。

4.4.2 作业技术活动过程控制

工程施工质量是在施工过程中形成的，而不是最后检验出来的；施工过程是由一系列相互联系与制约的作业活动所构成，因此，保证作业活动的效果与质量是施工过程质量控制的基础。

1. 承包单位自检与专检工作的监控

（1）承包单位的自检系统

承包单位是施工质量的直接实施者和责任者。监理工程师的质量监督与控制就是使承包单位建立起完善的质量自检体系并运转有效。

承包单位的自检体系表现在以下几点：

1）作业活动的作业者在作业结束后必须自检；

2）不同工序交接、转换必须由相关人员交接检查；

3）承包单位专职质检员的专检。

为实施上述三点，承包单位必须有整套的制度及工作程序；具有相应的试验设备及检测仪器，配备数量满足需要的专职质检人员及试验检测人员。

（2）监理工程师的检查

监理工程师的质量检查与验收，是对承包单位作业活动质量的复核与确认；监理工程师的检查决不能代替承包单位的自检，而且，监理工程师的检查必须是在承包单位自检并确认合格的基础上进行的。

2. 技术复核工作监控

凡涉及施工作业技术活动基准和依据的技术工作，都应该严格进行专人负责的复核性检查，以避免基准失误给整个工程质量带来难以补救的或全局性的危害。例如：工程的定位、轴线、标高，预留孔洞的位置和尺寸，预埋件，管线的坡度、混凝土配合比，变电、配电位置，高低压进出口方向、送电方向等。技术复核是承包单位应履行的技术工作责任，其复核结果应报送监理工程师复验确认后，才能进行后续相关的施工。监理工程师应把技术复验工作列入监理规划及质量控制计划中，并看作是一项经常性工作任务，贯穿于整个的施工过程中。

3. 隐蔽工程验收

隐蔽工程是指将被其后工程施工所隐蔽的分项、分部工程，在隐蔽前所进行的检查验收。它是对一些已完分项、分部工程质量的最后一道检查，由于检查对象就要被其他工程覆盖，给以后的检查整改造成障碍，故显得尤为重要，它是质量控制的一个关键过程。

4. 工序交接验收

工序是指作业活动中一种必要的技术停顿，作业方式的转换及作业活动效果的中间确认。上道工序应满足下道工序的施工条件和要求。对相关专业工序之间也是如此。通过工序间的交接验收，使各工序间和相关专业工程之间形成一个有机整体。

5. 检验批、分项、分部工程的验收

检验批的质量应按主控项目和一般项目验收。

一个检验批(分项、分部工程)完成后，承包单位应首先自行检查验收，确认符合设计文件、相关验收规范的规定，然后向监理工程师提交申请，由监理工程师予以检查、确认。监理工程师按合同文件的要求，根据施工图纸及有关文件、规范、标准等，从外观、几何尺寸、质量控制资料以及内在质量等方面进行检查、审核。如确认其质量符合要求，则予以确认验收。如有质量问题则指令承包单位进行处理，待质量符合要求后再予以检查验收。对涉及结构安全和使用功能的重要分部工程应进行抽样检测。

6. 单位工程或整个工程项目的竣工验收

在一个单位工程完工后或整个工程项目完成后，施工承包单位应先进行竣工自检，自验合格后，并向建设单位提交工程验收报告。

4.5　建筑工程裂缝控制的施工技术措施

4.5.1　控制混凝土结构裂缝的施工措施

1. 一般规定

(1) 施工单位应有健全的质量管理、质量控制和检验体系，施工人员经过岗位培训并取得相应的资格。在设计图纸会审阶段，认真分析抗裂构造设计；在编制施工组织设计、技术方案和技术交底时，有减少和控制混凝土裂缝的具体技术措施。

(2) 对重要工程的混凝土宜对水泥安定性、骨料的碱活性、混凝土原材料及混凝土的抗裂性能进行检测，宜对混凝土原材料进行抗裂性能的优化选择；对混凝土配合比应进行抗裂性能优化设计，在满足强度及泵送要求的情况下，选择抗裂性能最佳的混凝土。

(3) 支撑现浇混凝土结构的模板必须通过模板设计使其具有足够的强度、刚度和稳定性，上下层模板支架的立柱应对准，并铺设垫板。如支撑设于天然地基上，应保证基础均匀受力并防止下沉。拆模时的混凝土强度、模板拆除的顺序及拆模后的支顶加固措施，均应符合有关标准规范及施工技术方案的要求。

(4) 采取有效控制钢筋位置的措施，防止浇捣混凝土时楼板上部钢筋移位。

(5) 严格控制施工荷载，若施工时的荷载效应比正常使用的荷载效应更为不利时，应对该构件的承载能力、刚度和可能出现的裂缝宽度进行核算，必要时应在该构件下方设置临时支撑。当上一层楼板正在浇筑混凝土时，其下层的模板或支撑不得拆除。

(6) 混凝土结构的各类钢筋保护层必须有可靠的控制措施，混凝土板、墙中预埋管线应置于两层钢筋之间，宜在其外侧加置防裂钢筋网片。混凝土板、墙中的预留孔、预留洞周边应配有足够的加强钢筋并保证足够的锚固长度。

(7) 严格控制现浇混凝土楼板上人、上料时间，必须根据结构设计、混凝土强度发展和支撑情况确定楼板堆载及施工荷载，且应均匀堆放或沿周边堆放。

2. 混凝土施工

(1) 混凝土拌制应有详细的技术要求，商品混凝土应严格记录每车混凝土的搅拌时间、出站时刻、进场时刻、开始浇筑时刻、浇筑完成时刻，并分批汇总分析。

(2) 拌制混凝土应严格按照施工配合比（根据原材料的含水率等对设计配合比进行调整）进行各种原材料的计量，一般情况下混凝土的入模坍落度不宜大于 160mm，且严禁在搅拌机以外二次加水搅拌。

(3) 混凝土施工时，注意振捣的时间和位置，防止过振、欠振和漏振，严禁振捣棒撬拨钢筋或用振动钢筋的方法振捣混凝土。对已初凝的混凝土不应再次进行振捣，避免破坏已形成的混凝土结构强度，而应待其充分凝固以后按施工缝的接槎进行处理。

(4) 对于断面相差较大的构件或结构，应先浇较深的部分，根据气候条件静停 0.5~1.5h 再与较薄的部分一起浇筑。

(5) 楼板混凝土浇筑完毕初凝前建议用平板振捣器二次振捣，终凝前应将表面进行二次搓毛和抹压，避免出现早期失水裂缝。

(6) 在装配式结构的板间拼缝及梁柱连接处，不得采用水泥砂浆灌缝，而应采用混凝土强度等级高于被连接构件的细石混凝土灌缝，灌缝宜采用膨胀混凝土。灌缝混凝土达到 1.2MPa 时，方可施加施工荷载。

(7) 后浇带（缝）两侧的梁板支撑模板应加强，且宜形成独立的支持体系并有足够的刚度和在后浇带混凝土强度达到设计强度标准值 100% 后方可拆除。

(8) 对混凝土结构中容易产生裂缝的部位如预应力钢筋的锚固区域、凹角、洞口、孔边等应力集中处，可采用掺入纤维（钢纤维、聚丙烯纤维等）的方法控制混凝土结构的裂缝。

3. 混凝土施工缝施工

(1) 施工缝的留置位置在混凝土浇筑前按照设计要求和施工技术方案确定，并宜留置在结构受剪力较小且便于施工的部位，尽量利用设计的伸缩缝或沉降缝。施工缝不宜用钢丝网堵挡混凝土，可用小木板拼接，便于拆卸、清理。

(2) 施工缝处理时，应连浇筑 2h 后进行且已浇筑的混凝土的抗压强度不应小于

$1.2N/mm^2$。硬化的混凝土表面上,应清除表面浮浆和松动石子以及软弱混凝土层,加以充分湿润和冲洗干净,且不得有积水,并在施工处铺一层水泥浆。

(3) 平面体形较大的混凝土结构应设置后浇带或膨胀加强带,分割的单元长度一般不大于30m,膨胀加强带随相邻结构同时浇筑,宽度2m左右,浇筑有微膨胀功效的同一强度等级混凝土。

(4) 结构后浇带必须按设计位置留置,设计没有明确要求时应留置成宽度800~1000mm的企口型,两个混凝土结合面全部按施工缝处理,达到规定的时间后选用提高一个强度等级的微膨胀混凝土浇注并充分保水养护。

4. 养护与成品保护

(1) 混凝土初凝后应及时洒水保湿养护,重要部位养护宜采用保水较好的草袋、麻袋或编织物湿润接触覆盖,对于表面积较大的板类构件或大体积混凝土,可采用蓄水养护,混凝土表面不便浇水或采用覆盖养护时,宜涂刷养护剂。

(2) 冬期施工应提前制定施工方案,采用暖棚法施工时混凝土养护期应始终使混凝土处于潮湿状态,覆盖材料以保湿保温良好的材料为宜。雨季混凝土施工应根据天气情况,尽量避开下雨天混凝土施工,防止刚浇筑完的混凝土被雨水浇淋。

(3) 混凝土强度未达到1.2MPa前,不得在其上踩踏或安装模板及支架。拆模或进行其他作业时,严禁撞击混凝土构件。混凝土楼地面装修需要打孔钻眼时,应有设计认可的施工方案。

(4) 在干燥、高温、暴晒或风力较大的环境条件下浇筑预拌、泵送混凝土楼板时,应在浇筑混凝土后立即覆盖塑料薄膜保湿养护,并在混凝土初凝2h后洒水养护。

5. 大体积混凝土和预应力混凝土

(1) 大体积混凝土

混凝土结构实体最小尺寸等于或大于1m或预计会因水泥水化热引起混凝土内外温差过大而导致裂缝的混凝土结构,统称为大体积混凝土结构。大体积混凝土结构裂缝控制主要是控制混凝土内部绝热温升、抗裂配筋设计和混凝土体量等。控制混凝土内部最高温度与表面温度差不大于25℃,拆除模板或表面覆盖时混凝土表面温度与环境温度差不宜大于15℃。采用设置后浇带(缝)的方法控制单块结构长厚比不大于40、长宽比不大于4,且单块长度不宜超过30m。

1) 按国家有关规范规定掺用粉煤灰的混凝土60d、90d等后期强度作为混凝土结构强度评定值,以减少混凝土水泥用量,减少水化热和收缩。

2) 根据混凝土的绝热温升值、环境温度,制定必要的控制砂、石料、拌和用水温度和运输过程的技术措施,以调整混凝土入模温度。

3) 选用低水化水泥和凝结时间较长的混凝土,如低热矿渣硅酸盐水泥、中热硅酸盐水泥、矿渣硅酸盐水泥、粉煤灰硅酸盐水泥、火山灰质硅酸盐水泥等;在满足混凝土配比强度及浇筑工艺的条件下,尽量选择粒径较大的骨料、中粗砂,粗骨料宜采用连续级配,通过试验确定掺和料及外加剂型号和数量以减少水、水泥用量。

4) 严格控制坍落度,优先选择分层连续浇筑,并采取有效措施防止表面泌水。

5) 大体积混凝土温度监测以能够真实反映出混凝土内外温度差、降温速度及环境温度为原则。测温点布设于混凝土的上表面、中部、下表面,对温度测试数据,及时进行整理分析。

6) 如混凝土内外温差、降温速度不符合计算要求，应根据实际情况采取温控措施。

7) 控温养护的持续时间，应根据内外部温度情况确定，应保持混凝土表面的湿润。控温覆盖的拆除应分层逐步进行，不得采取强制、不均匀的降温措施。

（2）预应力混凝土结构

1) 在满足设计强度和施工工艺要求的情况下，尽量减少水泥的用量和坍落度。水灰比控制在 0.5 以下，适当延长养护时间，增强混凝土的抗裂能力。

2) 尽量减少预应力束在梁端的偏心程度（即减小 e/h）；降低预压应力，即减少张拉应力或增大梁端面的宽度；增加抵抗横向应力的钢筋网片，增强抗裂能力。

4.5.2 控制砌体结构裂缝的施工措施

1. 一般规定

（1）砌体结构的施工应满足验收规范的要求。

（2）砌体结构所采用的砖和砌块，砌筑砂浆所用的水泥、砂、石灰粉（膏）、粉煤灰以及掺入的外加剂和拌合水，应符合国家现行标准规范的有关规定。

（3）砌体结构所采用的烧结普通砖、烧结多孔砖、蒸压灰砂砖、混凝土小型砌块、蒸压加气混凝土砌块，其含水量的控制及停放时间，应符合《砌体工程施工质量验收规范》GB 50203 的规定。上房砌块的生产龄期不应少于 28d，在湿度较大或温度较低的环境下，宜适当延长。

（4）砌完基础后，应及时双侧回填，单侧回填土应在砌体达到侧向承载力后进行。

（5）不得在下列墙体或部位中设置脚手眼。

1) 过梁上与过梁成 60°角的三角形范围及过梁净跨 1/2 的高度范围内；
2) 宽度小于 1m 的窗间墙；
3) 砖砌体门窗洞口两侧 200mm 和转角处 450mm 的范围内；
4) 梁或梁垫下及其左右各 500mm 范围内；
5) 设计不允许设置脚手眼的部位。

（6）相邻工作段的砌筑高度差不得超过一层楼的高度，也不宜大于 4m；砌体临时间断处的高差，不得超过一步脚手架的高度，构造柱之间的墙体，当墙长小于 1.2m，墙高大于 3m 时，在未浇混凝土之前，宜进行临时支撑。

（7）砌体施工时，楼面和屋面堆载不得超过楼、屋面板的允许荷载值，施工层进料口楼板下，宜采取临时加撑措施。

（8）蒸压灰砂砖、粉煤灰砖及混凝土小型空心砌块，雨天不宜施工。

（9）砌体结构±0.0 以下应采用水泥砂浆，±0.0 以上应采用水泥混合砂浆，混凝土小型空心砌块宜采用专用砂浆，当采用水泥砂浆代替水泥混合砂浆时，应按《砌体结构设计规范》GB 50003 的有关规定，考虑砌体强度降低的影响，重新确定砂浆强度等级，并以此设计配合比。

（10）砌体结构的转角处和交接处应同时砌筑，严禁无可靠措施的内外墙分砌施工，对不能同时砌筑而又必须留置临时断面处，应砌成斜槎，施工中不能留斜槎时，除转角处外，可留直槎，但直槎必须做成凸槎，并应加设拉结钢筋，抗震设防烈度为 8 度和 9 度的地区砌筑工程不得留直槎。

（11）减轻砌体结构中混凝土构件施工裂缝的措施可按本篇 4.5.1 的有关规定执行。

2. 控制砌体结构温度、收缩裂缝的施工措施

（1）主体结构封顶后，应尽早进行屋面保温层和防水层的施工，在安排施工进度时，如有可能，尽量避开在严寒和酷暑期施工，以降低温差和减少温度应力。

（2）在进行框架填充墙施工时，应严格按设计规定，设置墙柱拉结筋，并确保与柱交界处的砂浆饱满、密实；填充墙框架梁底的空隙，应预停一段时间，待填充墙体沉缩基本完成后（一般七天左右），再用斜砖（或块）填实顶紧并确保砂浆饱满密实。

（3）在进行框架填充墙抹灰时，如填充墙厚度小于梁、柱厚度时，应先抹墙面灰再抹梁面和柱面灰，以使钢筋混凝土梁柱与填充墙交界面可能出现的裂缝，隐藏在梁、柱抹灰层的内部；当填充墙与梁、柱同厚度时（如异型框架梁、柱），则可在填充墙与梁、柱交界处，用专用工具抹出凹槽，并嵌填柔性好的密封膏，使可能出现的裂缝限制在凹槽内，或在上述部位设置钢丝网，防止在交界处抹灰层裂缝。

（4）可采取下列措施控制砌体结构抹灰层干缩裂缝：

1）墙体砌筑完成后宜 60d 后再进行抹灰，最短不应小于 30d；

2）抹灰层应按三遍抹至设计厚度并进行喷水养护，外墙抹灰应分格留缝，以减少收缩裂缝；

3）外保温饰面抹灰层，除采取上述措施外，宜加适量的聚丙烯短纤维，以提高抹灰层的抗裂性。

（5）砌体填充墙中的蒸压加气混凝土砌块、轻骨料混凝土小型空心砌块不应与其他块材混砌。蒸压加气混凝土砌块、轻骨料混凝土小型砌块砌筑时，其产品龄期应超过 28d。

第五章 建筑地下室、卫生间、屋面和外墙防水工程

5.1 建筑地下室、卫生间、屋面和外墙防水工程的质量问题

建筑地下室、卫生间、屋面和外墙防水工程的质量关系到建筑能否正常使用，由于建筑渗漏水导致装修污损、墙皮脱落甚至电器短路伤人毁物的事故经常发生，应引起我们足够的重视。

1. 建筑地下室出现渗漏的主要部位及原因

(1) 穿墙管处渗漏：原因是穿墙管与防水层密封不严，密封材料和施工方法不符合要求；

(2) 室外雨落管排水口对应的墙内侧渗漏：原因是雨落管排水口未装散水，大量的雨水汇集在墙根处，积水容易渗漏进墙内侧；

(3) 从开裂处渗漏：原因是地基不均匀沉降导致基槽开裂，开裂处的防水层被拉损后出现渗漏。

2. 卫生间出现渗漏的主要部位及原因

(1) 穿楼板管处渗漏：原因是穿楼板管与防水层密封不严，密封材料和施工方法不符合要求。地面套管高度太低也导致穿楼板管处渗漏；

(2) 地漏处渗漏：原因是地漏与防水层密封不严，密封材料和施工方法不符合要求；

(3) 门口处渗漏：原因是卫生间泛水坡度小或倒泛水，排水不畅出现的积水容易从门口处防水高度低的部位进入房间并从墙体渗漏到楼下；

(4) 淋浴间外渗漏：原因是淋浴间内墙防水层高度太低，溅到淋浴间内墙上的水渗入墙体并进入房间和楼下。

3. 屋面和外墙出现渗漏的主要部位及原因

(1) 穿屋顶管处渗漏：原因是穿屋顶管与防水层密封不严，管外附加防水层高度太低和施工方法不符合要求导致穿屋顶管处渗漏；

(2) 水落口处渗漏：原因是水落口与防水层密封不严，密封材料和施工方法不符合要求；

(3) 从屋顶开裂处渗漏：原因是屋顶板开裂，开裂处的防水层被拉损后出现渗漏；

(4) 女儿墙下渗漏：原因是屋面防水层在女儿墙处的泛水收头太低或收头密封形式不

符合要求，如果屋面水落口少，排水不畅出现的积水容易从泛水收头处渗漏到楼下。另外，女儿墙压顶处防水处理不当也容易导致雨水从墙体渗漏到下面的房间；

（5）外墙窗口渗漏：原因是外墙窗与墙体间密封不严、外窗台排水坡度小、密封胶漏涂或开裂，雨水从窗口渗漏进房间。

5.2 建筑地下室、卫生间、屋面和外墙防水工程设计基本要求

5.2.1 建筑地下工程防水设计审查要点

地下工程的防水设计，应考虑地表水、地下水、毛细管水等的作用，以及由于人为因素引起的附近水文地质改变的影响。单建式的地下工程应采用全封闭、部分封闭防排水设计；附建式的全地下或半地下工程的防水设防高度，应高出室外地坪高程500mm以上。防水设计应包括建筑地下工程防水等级和设防要求；防水混凝土的抗渗等级和其他技术指标，质量保证措施；其他防水层选用的材料及其技术指标，质量保证措施；工程细部构造的防水措施，选用的材料及其技术指标，质量保证措施；工程的防排水系统，地面挡水、截水系统及工程各种洞口的防倒灌措施。

5.2.2 建筑地下工程防水设防标准

按国家标准《地下工程防水技术规范》GB 50108—2001和《地下防水工程质量验收规范》GB 50208—2002的规定，地下工程防水等级分为4级，各级标准应符合表3.5-1的规定，地下工程的防水设防要求，应按表3.5-2和表3.5-3选用。处于侵蚀性介质中的工程，应采用耐侵蚀的防水混凝土、防水砂浆、卷材或涂料等防水材料；处于冻土层中的混凝土结构，其混凝土抗冻融循环不得少于100次；结构刚度较差或受振动作用的工程，应采用卷材、涂料等柔性防水材料。

地下工程防水等级标准　　　　表3.5-1

防水等级	标　　准
1级	不允许渗水，结构表面无湿渍
2级	不允许漏水，结构表面可有少量湿渍 工业与民用建筑：湿渍总面积不大于总防水面积的1%，单个湿渍面积不大于0.1m²，任意100m²防水面积不超过一处 其他地下工程：湿渍总面积不大于防水面积的6%，单个湿渍面积不大于0.2m²，任意100m²防水面积不超过4处
3级	有少量漏水点，不得有线流和漏泥砂 单个湿渍面积不大于0.3m²，单个漏水点的漏水量不大于2.5L/d，任意100m²防水面积不超过7处
4级	有漏水点，不得有线流和漏泥砂 整个工程平均漏水量不大于2L/m²·d，任意100m²防水面积的平均漏水量不大于4L/m²·d

明挖法地下水工程防水设防 表 3.5-2

工程部位		主体					施工缝				后浇带			变形缝、诱导缝				
防水措施		防水混凝土	防水砂浆	防水卷材	防水涂料	塑料防水板	金属板	遇水膨胀止水条	中埋式止水带	外贴式止水带	外抹式防水砂浆	外涂防水涂料	膨胀混凝土	遇水膨胀止水条	外贴式止水带	防水嵌缝材料	中埋式止水带	外贴式止水带	可卸式止水带	防水嵌缝材料	外贴防水卷材	外涂防水涂料	遇水用止水条
防水等级	1级	应选	应选一到二种					应选二种					应选	应选二种			应选	应选二种					
	2级	应选	应选一种					应选一到二种					应选	应选一到二种			应选	应选一到二种					
	3级	应选	应选一种					宜选一到二种					应选	宜选一到二种			应选	宜选一到二种					
	4级	宜选	—					宜选一种					应选	宜选一种			应选	宜选一种					

明挖地下水设防 表 3.5-3

工程		主体				内衬砌施工缝					内衬砌变形缝、诱导缝				
防水措施		复合式衬砌	离壁式衬砌、衬套	贴盛装式衬砌	喷射混凝土	外贴式止水带	遇水膨胀止水条	防水嵌缝材料	中埋式止水带	外涂防水涂料	中埋式止水带	外贴式止水带	可卸式止水带	防水嵌缝材料	遇水膨胀止水条
防水等级	1级	应选一种			—	应选二种					应选	应选二种			
	2级	应选一种				应选一到二种					应选	应选一到二种			
	3级	—	应选一种			宜选一到二种					应选	宜选一到二种			
	4级		应选一种			宜选一种					应选	宜选一种			

5.2.3 建筑卫生间防水设防标准

建筑住宅卫生间防水应符合国家标准《住宅装饰装修工程施工规范》GB 50327—2001 的规定。

卫生间防水宜采用涂膜防水做法，防水层应从地面延伸到墙面，高出地面 100mm，浴室墙面的防水层不得低于 1800mm，

5.2.4 建筑屋面和外墙防水设防标准

建筑屋面和外墙防水工程设计应符合国家标准《屋面工程质量验收规范》GB 50207—2002 的规定。

屋面工程应根据建筑物的性质、特点、重要程度、地区自然条件、使用功能要求以及防水层合理使用年限，按不同等级进行设防，并应符合表 3.5-4 的要求。按照屋面防水等级的设防要求，进行防水构造设计，重要部位应有详图；对屋面保温层的厚度，应通过计算确定。

第五章　建筑地下室、卫生间、屋面和外墙防水工程

屋面防水等级和设防要求　　　　　表3.5-4

项　目	屋　面　防　水　等　级			
	Ⅰ	Ⅱ	Ⅲ	Ⅳ
建筑物类别	特别重要或对防水有特殊要求的建筑	重要的建筑和高层建筑	一般的建筑	非永久性的建筑
防水层合理使用年限	25年	15年	10年	5年
防水层选用材料	宜选用合成高分子防水卷材、高聚物改性沥青防水卷材、金属板材、合成高分子防水涂料、细石混凝土等材料	宜选用高聚物改性沥青防水卷材、合成高分子防水卷材、金属板材、合成高分子防水涂料、高聚物改性沥青防水涂料、细石混凝土、平瓦、油毡瓦等材料	宜选用三毡四油沥青防水卷材、高聚物改性沥青防水卷材、合成高分子防水卷材、金属板材、高聚物改性沥青防水涂料、合成高分子防水涂料、细石混凝土、平瓦、油毡瓦等材料	可选用二毡三油沥青防水卷材、高聚物改性沥青防水涂料等材料
设防要求	三道或三道以上防水设防	二道防水设防	一道防水设防	一道防水设防

5.3　建筑防水设计中防渗漏措施

5.3.1　建筑地下工程防渗漏措施

建筑地下工程受地基不均匀沉降影响很容易导致基槽开裂，开裂处的防水层被拉损后出现渗漏，一旦出现渗漏问题很难在背对渗水面进行堵漏处理，严重影响地下室正常使用，因此，必须在设计阶段采取加强结构整体性的方案，防止基槽开裂，防止裂缝措施参见本篇第3章第四节"建筑结构设计中防止裂缝措施"的有关内容。在采取防止裂缝措施的同时，地下工程的防水设计还应充分考虑地下室的用途、重要性，考虑地表水、地下水、毛细管水等的作用，以及由于人为因素引起的附近水文地质改变的影响。选择更适合的防水材料和施工做法。严把防水材料质量关，明确管根等工程细部构造的防水措施。

5.3.2　建筑卫生间防渗漏措施

建筑卫生间空间小，管道多、用水和排水频繁，很容易出现渗漏问题。卫生间防水设计时要遵循防排结合、合理选材、技术先进、确保质量的原则，根据不同工程类别与使用标准，设计不同建筑工程类型的厕浴间防水层构造。针对卫生间渗漏多发生在阴阳角、管根、地漏、设备与地面（或墙面）连接处、淋浴墙面、盆浴墙面等不同部位，优先选用防水涂料，防水涂料对异形部位涂刷更灵活方便，覆盖到位，所形成的涂膜防水层无接缝，整体防水效果好，防水质量高。要明确管根、地漏等工程细部构造的防水措施。

5.3.3 建筑屋面和外墙防渗漏措施

1. 针对穿屋顶管和水落口等处易渗漏的现象，必须明确提出管根等工程细部构造的防水措施，要有详细的构造设计图，并要求认真执行。

2. 为防止屋顶开裂渗漏，除了采取建筑结构防止裂缝措施外，应选用弹性较好的防水卷材，要在防水卷材上面采取保护措施，防止材料受阳光照射老化出现裂纹，失去弹性。

3. 为防止女儿墙下渗漏，屋面防水层在女儿墙处的泛水收头做法和女儿墙压顶处防水处理要有详细的构造设计图。屋面水落口数量、位置、汇水面积等要核算准确，避免出现排水不畅使屋面积水。

4. 为防止外墙窗口渗漏，外墙窗与墙体间必须密封严密，铝合金推拉窗接缝要密封，外排水要通畅，外窗台要有排水坡度，不能积水，外窗台与下窗框交接处要用耐老化的密封胶密封。

5.4 建筑防水施工中防渗漏措施

5.4.1 外露防水层的施工工序要求

外露防水层是指防水层表面涂浅色涂料，直接暴露在大气中，施工工序为：

1. 对于高低跨屋面相连接的建筑物，应先在高跨屋面上进行防水施工，待高跨屋面上的防水层施工完毕后，再在低跨屋面上进行防水施工。

2. 对于同跨度屋面、卫生间或地下室，应先在距离施工入口处较远的部位施工，再向入口处后退施工；防止施工人员在已完工的防水层表面往返走动和搬动施工机具损坏防水层，导致渗漏，对于涂膜防水层来说更应如此。

3. 防水施工时先细部后大面，应先对细部构造节点（如阴阳角、板缝、分格缝、变形缝、水落口、天沟、管道出口等）用附加卷材（或涂料）进行附加增强处理后再进行大面积防水层的施工。最后，再对末端进行密封收头固定处理。

4. 对于卷材防水屋面，当屋面坡度小于3%时，卷材宜平行屋脊铺贴；当屋面坡度在3%~15%时，卷材可平行或垂直屋脊铺贴；当屋面坡度大于15%或屋面受震动时，沥青防水卷材应垂直屋脊铺贴，高聚物改性沥青防水卷材和合成高分子防水卷材可平行或垂直屋脊铺贴；当坡度大于25%时，应采取固定措施。固定点应密封严密。

5.4.2 刚性材料保护层的防水层施工工序要求

1. 屋面上做完防水层并经检查合格后，先做低跨屋面上的刚性保护层，待低跨屋面上的刚性保护层能上人以后，再做高跨屋面上的刚性保护层。

2. 对于同跨度屋面做刚性保护层时，宜从施工入口处开始施工，作业人员站在已施工完的刚性保护层上进行操作，逐渐向远处延伸，尽量避免站在防水层上进行施工。

3. 地下室如用防水涂膜做防水层时，应在涂膜防水层上干铺一层纸胎油毡柔性保护层，再浇筑细石混凝土保护层。

5.4.3 严格施工质量监督

在防水施工中，应严禁施工单位用偷工减料的施工方法进行施工。防止施工队为了节约材料，采取防水卷材少搭接、少粘胶，防水涂料少涂刷等手法蒙混过关。这种偷工减料的做法会导致建筑工程的大面积渗漏事故。很难修复。

在用双组分防水涂料进行施工时，有些施工单位不按规定的配比进行配制，加入了过量的稀释剂或填料，使涂层过薄或强度过低；有的施工单位为了赶工期，减少涂刷防水涂料的遍数，涂层厚薄不均，甚至漏涂，这些都是导致建筑物大面积渗漏的直接原因。

屋面、地下室、厕浴间等防水层施工完毕后，应按质量验收规范要求逐项进行检查验收。特别是对于屋面防水工程的细部构造、收头部位，地下室、厕浴间的穿地槽或楼板管道部位更应重点检查，这些部位都是防水的薄弱环节，如果处理不好，就会出现渗漏。

第六章 建筑工程损伤检测鉴定

建筑工程的检测鉴定涉及面比较广，包括新建工程的质量检测鉴定和已有建筑的可靠性检测鉴定，这些检测鉴定既包括地基基础、主体结构，又包括装修防水工程、室内空气污染控制，还包括电气工程、供水工程、空调工程以及建筑智能系统等。围绕建筑工程质量保险所进行的检测鉴定，主要是建筑工程中与结构安全有关的地基基础与主体结构的损伤以及屋面、地下室等渗漏检测鉴定。

6.1 建筑工程损伤检测鉴定工作程序和基本要求

建筑工程损伤检测鉴定的目的是对损伤的程度、结构安全的影响及其原因等做出结论。其实施程序为对损伤的现状等进行调查，包括现状检查和资料调查，在调查的基础上确定应进行检测鉴定的工作内容、采用的方法和实施步骤，即制订检测鉴定方案，并与委托方签订合同，然后实施现场检测，根据检测结果对结构进行验算与鉴定，对损伤的原因及其对结构安全的影响作出结论。因此，建筑工程损伤检测鉴定的工作程序是非常重要的，涉及到对损伤工程检测鉴定工作的完善管理和整个过程的质量控制。该检测鉴定工作程序，可概况为图3.6-1的框图。

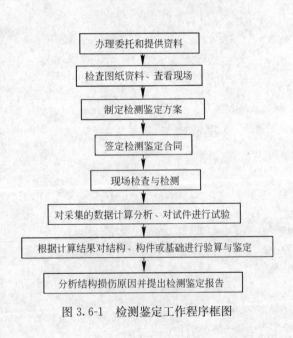

图 3.6-1 检测鉴定工作程序框图

6.1.1 查看现场和收集有关资料

对出现损伤的建筑工程，做好检测鉴定最基础的工作是搞好现场查看和收集有关资料。现场查看，可以大体了解损伤的范围、严重程度，以便合理的制订检测鉴定方案。根据建筑工程损伤的情况、类型来确定检测鉴定应收集的有关资料，这些资料包括建筑结构设计竣工图和所需要的施工资料等。对于因改变建筑用途而造成的结构损伤，还应收集有关改变建筑用途等审批资料和有关设计资料等。当缺乏有关资料时，应向有关人员进行调查。

6.1.2 制定检测鉴定方案

建筑工程损伤的检测鉴定方案应根据结构损伤的现状调查结果和委托的内容进行制定，宜包括概况、检测鉴定目的、依据、内容和项目，选用的检测方法和检测数量，是否需要进行结构或构件承载力计算等。

该检测鉴定方案应征得客户（保险公司和业主）的认可。

6.1.3 现场检查与检测

对建筑工程损伤的现场检查与检测，是确定损伤程度和原因的关键，一定要检查与检测到位，所谓到位就是要把所有损伤部位都检查到，不能遗漏，对需要采用深入检测的应依据有关检测标准选用适当的方法，检测抽样数量也要满足要求，所用的检测设备应满足该检测项目的精度要求并在检定周期内，现场检查和检测记录应记在具有基本信息的专用记录表中，并应有检查与检测人员和校核人员的签名。

6.1.4 检测数据的计算分析

应按照建筑工程检测标准给出的计算公式和数据处理方法进行，不得随意取舍检测数据。当采用两种方法进行检测时，应根据所检测对象对检测方法的适应性确定以哪种方法为准，另一种方法则为校验性的，不应随意改变。

对于检测中的离群数据，可按《数据的统计处理和解释 正态样本异常值的判断和处理》GB 4883 规范的规定进行。

6.1.5 结构构件和基础承载力验算

根据检查检测数据和对结构构件的材料强度、构件截面尺寸等检测结果，可对损伤结构构件的实际承载能力进行分析。在结构构件和基础的承载力验算中，所采用的设计规范应是该建筑工程建造年代所执行的标准、规范和规程，不能用最新改版的标准、规范去衡量是改版前建造工程的承载能力。损伤结构荷载取值原则上也应采取建造年代有关标准的规定，只有当结构使用功能改变其实际荷载较建筑年代有关标准的规定提高了时，才应使用实测的荷载。

6.1.6 分析结构损伤的原因并提出检测鉴定报告

建筑工程损伤原因的判别是一个复杂的问题，所以应深入调查的基础上，确定应重点检查（包括检测、设计复核、构件承载力验算）的方面和要求，在进行现场检测取得有关实测数据后，根据实测结果进行构件实际承载力计算；当损伤原因与设计施工图有关时，应按国家现行有关标准进行核算；当涉及到施工质量问题时，除现场检查、检测外，还应收集有关设计变更和施工资料。不仅如此，还应把检查、检测和分析贯穿起来，全面综合分析结构损伤的原因。

6.2 建筑地基基础现场检测

建筑地基基础起支承上部结构及其构件的作用,一般情况下均会产生因压实地基而产生的沉降、甚至是不均匀沉降,但这些沉降和不均匀沉降应在《建筑地基基础设计规范》GB 50007 允许的范围内。所以,在建筑地基基础设计中应根据建筑物所在场地土层的情况,选择合适的基础及其基础的埋深等。这种选择对于软弱的土层以及高层建筑,则需要在对场地地质勘察的基础上,进行地基沉降是和不均匀沉降量的计算和基础方案的比较,以使实际结构的地基沉降和不均匀沉降均在不使结构产生过大倾斜、结构构件开裂等。然而,在实际工程中由于建筑场地土的勘察结果与实际土层的差异,基础设计与上部结构荷载不相适应等等,还有少量的建筑工程出现地基不均匀沉降和倾斜的情况。

建筑工程的损伤,凡与地基基础无关的损伤或未发现明显的地基基础沉降及建筑整体倾斜者,可不进行地基基础的检测。

对于基础下沉沉降是较大或整体倾斜超过其总高度的 1/300 或基础不均匀沉降使底部楼层墙体、梁等构件产生沉降引起的裂缝时,应对地基基础进行检测。

对地基基础的检测,应根据需要检测内容,确定相应的检测方法。

1. 由于基础不均匀沉降引起的建筑物倾斜、结构裂缝、装修及管线破损、电梯运行障碍等的调查和检测;基础不均匀沉降尚在发展时,应进行不均匀沉降的观测。

对于基础不均匀沉降,可用水准仪检测;沉降观测操作应遵守《建筑变形测量规程》JGJ/T 8 的规定;结构基础的累计沉降差,可由首层的基准线推算。

2. 当地基土层、土性资料不全时,应根据环境条件进行必要的补充勘探;其勘探可根据建筑物的重要性和原工程勘察资料情况,适当补充勘探孔或原位测试孔,查明土层分布及土的物理力学性质,孔位应靠近基础,测点数不宜少于 3 处。

3. 当有必要对基础进行检验时,可通过开挖验证基础类型、尺寸及埋置深度,检查基础开裂或损伤程度。用非破损法估算混凝土强度或用钻芯法测定混凝土强度,测点数不宜少于 3 处。

4. 对桩基工程宜收集原有地质勘探、桩基设计和施工资料,并通过对总沉降量和倾斜值的量测,对桩基的质量做出综合评价。

6.3 建筑结构损伤检测

建筑结构损伤检测应根据结构的类型、损伤的类别以及与确定损伤程度和原因等情况来确定现场检测的内容、重点和所选用的方法。下面分结构类型对可能出现损伤类别的检测方法给予概要介绍。

6.3.1 钢筋混凝土结构

钢筋混凝土结构损伤现场检测的内容和所采用的方法应根据钢筋混凝土结构损伤的状况、类别和损伤原因涉及的内容、范围等进行确定,其主要现场检测内容为混凝土强度、混凝土构件质量缺陷、构件尺寸、变形与损伤，钢筋的配置、锈蚀和强度等。

1. 混凝土强度

（1）结构混凝土抗压强度的检测，可采用回弹法、超声回弹综合法、后装拔出法或钻芯法等方法，检测操作与强度推定应分别遵守相应技术规程的规定。

（2）混凝土抗压强度检测方法的选择应符合下列规定：

1）所选方法应满足相应技术规程的要求；

2）当被检测混凝土的表层质量不具有代表性时，应采用钻芯法；当被检测混凝土的龄期或抗压强度超过回弹法、超声回弹综合法或后装拔出法等相应技术规程限定的范围时，应采用钻芯修正的方法检测；

3）用钻芯法对非破损检测方法进行修正时，芯样直径不宜小于 90mm，钻芯数量不应少于 6 个；芯样在进行抗压试验前需对其平整度和垂直度进行测量，对不满足要求的芯样在端面应进行磨平或补平处理；

4）对于已竣工一年以上的建筑工程，在同一建筑中，不同楼层的混凝土设计强度等级相同时，允许用同一修正系数对不同楼层的构件进行修正，当梁、柱构件的混凝土设计强度等级相同时，允许用梁（柱）的修正系数对相同强度等级的柱（梁）进行修正。

（3）非破损方法检测混凝土强度时，宜用随机抽样的方法，且抽检构件数量不应小于《建筑结构检测技术标准》给出的最小值。

（4）回弹法检测混凝土强度时，每个构件的测区数不宜少于 10 个（对于门过梁、窗过梁、圈梁等小构件，测区数不应少于 5 个）。

（5）受到环境侵蚀或遭受火灾、高温等影响构件中未受到影响部分混凝土的强度，可采用下列方法检测：

1）采用钻芯法检测，在加工芯样试件时，应将芯样上混凝土受影响层切除；混凝土受影响层的厚度可依据具体情况分别按最大碳化深度、混凝土颜色产生变化的最大厚度、明显损伤层的最大厚度确定，也可按超声测缺的方法确定损伤层的最大厚度；

2）当混凝土受影响层能剔除时，可采用回弹法或回弹结合钻芯修正的方法检测，但回弹测区的质量应符合相应技术规程的要求。

2. 混凝土构件质量缺陷

（1）混凝土构件外观质量与缺陷的检测可分为蜂窝、麻面、孔洞、夹渣、露筋、裂缝、疏松区和不同时间浇筑的混凝土结合面质量等项目。

（2）混凝土构件外观缺陷，可采用目测与尺量方法检测。

（3）对结构或构件裂缝的检测，应遵守下列规定：

1）检测项目，应包括裂缝的位置、长度、宽度、深度、形态和数量；裂缝宜采用图形或照片的形式记录；

2）裂缝深度，可采用超声法检测，必要时可钻取芯样予以验证；

3）对于仍在发展的裂缝应进行定期的观测，提供裂缝发展速度的数据；

4）裂缝的观测，应按《建筑变形测量规程》JGJ/T 8 的有关规定进行。

（4）混凝土内部缺陷的检测，可采用超声法、冲击反射法等非破损方法；必要时可采用局部破损方法对非破损的检测结果进行验证。采用超声法检测混凝土内部缺陷时，可参照《超声法检测混凝土缺陷技术规程》CECS 21 的规定执行。

(5) 检查混凝土构件外观质量时，悬挑梁(板)、底层柱、顶层梁应作为检查重点。

(6) 钢筋混凝土结构中的非承重墙及饰面砖、女儿墙有损伤(裂缝、剥落、倾斜等)时，应检查其损伤状况，并提出相应的处理意见。

3. 构件尺寸

(1) 构件的尺寸可按《混凝土结构工程施工质量验收规范》GB 50204 的规定方法进行检测，抽样检验时同类构件的抽检数不宜少于总数的 10％，且不少于 3 件。

(2) 对于受到环境侵蚀和灾害影响的构件，其截面尺寸应在损伤最严重的部位量测，在检测报告中应提供量测的位置和必要的说明。

4. 变形与损伤

(1) 混凝土结构或构件变形的检测可分为构件的挠度、结构的倾斜和基础不均匀沉降等项目。

(2) 混凝土构件的挠度，可用激光测距仪、水准仪或拉线等方法检测。

(3) 混凝土构件或结构的倾斜，可用经纬仪、三轴定位仪或吊锤等方法检测，宜区分倾斜中施工偏差造成的倾斜、变形造成的倾斜、灾害造成的倾斜等。

(4) 对混凝土结构受到的损伤进行检测时，宜确定损伤对混凝土结构的安全及耐久性影响的程度，对于不同原因造成的损伤，可按下列规定进行检测：

1) 对环境侵蚀，应确定侵蚀源、侵蚀程度和侵蚀速度；

2) 对火灾等造成的损伤，应确定灾害影响区域和受灾害影响的构件，确定影响程度；

3) 对于人为的损伤，应确定损伤程度。

(5) 混凝土中性化(碳化或酸性物质的影响)的深度，可用浓度为 1％的酚酞酒精溶液(含 20％的蒸馏水)测定，将酚酞酒精溶液滴在新暴露的混凝土面上，以混凝土变色与未变色的交接处作为混凝土中性化的界面。

5. 钢筋的配置、锈蚀和强度

(1) 钢筋配置的检测可分为钢筋的位置、保护层厚度、直径、数量等项目。

(2) 钢筋位置、保护层厚度和钢筋数量，宜采用非破损的电磁感应法或雷达法进行检测，抽样检验时同类构件的抽检数不宜少于总数的 10％，且不少于 3 件。必要时可凿开混凝土进行钢筋直径的验证或保护层厚度的验证。

(3) 当有相应检测要求时，可对框架柱与墙体的拉结筋进行检测。

(4) 钢筋锈蚀状况的检测可根据测试条件和测试要求选择剔凿检测方法、电化学测定方法或综合分析判定方法。

(5) 钢筋锈蚀状况的剔凿检测方法，为剔凿出钢筋直接测定钢筋的剩余直径。

(6) 钢筋锈蚀状况的电化学测定方法和综合分析判定方法，宜采用剔凿检测方法进行验证。

(7) 钢筋锈蚀状况的电化学测定可采用极化电极原理的检测方法，测定钢筋锈蚀电流和测定混凝土的电阻率，也可采用半电池原理的检测方法，测定钢筋的电位。

(8) 当对钢筋强度有怀疑时可凿开混凝土，截取钢筋试样，对钢筋进行力学性能试验。同一规格的钢筋应抽取 2 根，每根钢筋再切成 2 根试件，其中 2 根试件作拉伸试验，另外 2 根试件作冷弯试验。

(9) 对悬挑构件除应进行钢筋的位置、直径和数量检测外，尚应重点检测混凝土保护层厚度。悬挑板保护层厚度的检测数量每层不少于 3 件。

6.3.2 砌体结构的检测

砌体结构损伤现场检测的内容和所采用的方法,应根据砌体结构损伤的状况、类别和损伤原因涉及的内容、范围等进行确定,其主要现场检测内容为砌筑块材和砂浆、砌筑质量与构造、变形与损伤等。

1. 砌筑块材和砂浆

(1) 砌筑块材强度的检测,应将块材品种相同、强度等级相同、质量相近、环境相似的砌筑构件划为一个检测批。

(2) 砌筑块材的强度,可采用取样法、回弹法、取样结合回弹的方法检测。

(3) 当鉴定工作需要依据砌筑块材强度和砌筑砂浆强度确定砌体强度时,砌筑块材强度的检测位置宜与砌筑砂浆强度的检测位置相对应。

(4) 砌筑砂浆的强度,可采用推出法、筒压法、砂浆片剪切法、点荷法、回弹法等检测,检测操作与强度评定应遵守《砌体工程现场检测技术标准》GB/T 50315 的规定。

(5) 回弹法检测砌筑砂浆强度时,同一检测批内,抽检墙段数不宜少于 6 面;每面墙的测区数不宜少于 5 个。

2. 砌筑质量与构造

(1) 砌筑构件的砌筑质量检测可分为砌筑方法、灰缝质量、砌体偏差和留槎及洞口等项目。砌体结构的构造检测可分为砌筑构件的高厚比、梁垫、壁柱、预制构件的搁置长度、大型构件端部的锚固措施、圈梁、构造柱或芯柱、砌体局部尺寸和拉结筋等项目。

(2) 已有砌筑构件砌筑方法、留槎、砌筑偏差和灰缝质量等,可采取剔凿表面抹灰的方法检测。当构件砌筑质量存在问题时,可降低该构件的砌体强度。

(3) 砌筑方法的检测,应检测上、下错缝,内、外搭砌等是否符合要求。

(4) 砌体偏差的检测可分为砌筑偏差和放线偏差。砌筑偏差中的构件轴线位移和构件垂直度的检测方法和评定标准,可按《砌体工程施工质量验收规范》GB 50203 的规定执行。对于无法准确测定构件轴线绝对位移和放线偏差的已有结构,可测定构件轴线的相对位移或相对放线偏差。

(5) 砌体中的钢筋,可按本章 6.3.1 节给出的方法检测。砌体中拉结筋的间距,应取 2~3 个连续间距的平均间距作为代表值。

(6) 砌筑构件的高厚比,其厚度值应取构件厚度的实测值。

(7) 跨度较大的屋架和梁支承面下的垫块和锚固措施,可采取剔除表面抹灰的方法检测。

(8) 预制钢筋混凝土板的支承长度,可采用剔凿楼面面层及垫层的方法检测。

(9) 跨度较大门窗洞口的混凝土过梁的设置状况,可通过测定过梁钢筋状况判定,也可采取剔凿表面抹灰的方法检测。

(10) 砌体墙梁的构造,可采取剔凿表面抹灰和用尺量测的方法检测。

(11) 圈梁、构造柱或芯柱的设置,可通过测定钢筋状况判定;圈梁、构造柱或芯柱和悬挑板阳台的混凝土施工质量,可按本章 6.3.1 节的相关规定进行检测。

3. 变形与损伤

(1) 砌体结构变形与损伤的检测可分为裂缝、构件倾斜、基础不均匀沉降、环境侵蚀损伤及人为损伤等项目。

(2) 砌体结构裂缝的检测应遵守下列规定：

1) 对于结构或构件上的裂缝，应测定裂缝的位置、裂缝长度、裂缝宽度和裂缝的数量；

2) 必要时应剔除构件抹灰确定砌筑方法、留槎、洞口、线管及预制构件对裂缝的影响。

(3) 砌筑构件或结构的倾斜，可用经纬仪、三轴定位仪或吊锤等方法检测，宜区分倾斜中砌筑偏差造成的倾斜、变形造成的倾斜、灾害造成的倾斜等。

(4) 对砌体结构受到的损伤进行检测时，宜确定损伤对砌体结构安全性的影响。对于不同原因造成的损伤可按下列规定进行检测：

1) 对环境侵蚀，应确定侵蚀源、侵蚀程度和侵蚀速度；

2) 对于人为的损伤，应确定损伤程度。

6.3.3 钢结构的检测

钢结构损伤现场检测的内容和所采用的方法，应根据钢结构损伤的状况、类别和损伤原因涉及的内容、范围等确定，其主要检测内容为钢材强度、连接、构件尺寸、变形与损伤和构造等。

1. 钢材强度

当对钢材的力学性能检验有怀疑时，可采用表面硬度的测方法，也可在构件上截取试样，但应确保结构构件的安全。对结构构件钢材的力学性能检验可分为屈服强度、抗拉强度、伸长率、冷弯性能和冲击功等项目。

2. 连接

(1) 对设计上要求全焊透的一、二级焊缝的超声波探伤和焊缝内部缺陷分级，应按《钢焊缝手工超声波探伤方法和探伤结果的分级》GB 11345 的规定执行。

(2) 高强度大六角头螺栓连接副的材料性能检验应按《钢结构用高强度大六角头螺栓、大六角螺母、垫圈技术条件》GB/T 1231、《钢结构工程施工质量验收规范》GB 50205 和《钢结构高强度螺栓连接的设计、施工及验收规范》JGJ 82 的规定执行。

(3) 对接焊缝外观质量可采取抽样检测的方法。焊缝的外形尺寸和外观缺陷检测方法和评定标准，应按《钢结构工程施工质量验收规范》GB 50205—2001 的规定执行。

3. 构件尺寸

钢构件尺寸的检测应符合下列规定：

1) 同类构件的抽检数不应少于构件总数的 5%，且不小于 3 件；

2) 尺寸检测的范围，应检测所抽样构件的全部尺寸，每个尺寸在构件的 3 个部位量测，取 3 处测试值的平均值作为该尺寸的代表值；

3) 钢材的厚度，可用超声测厚仪测定。

4. 变形与损伤

(1) 钢结构损伤的检测可分为裂纹、局部变形和锈蚀等项目。

1) 钢构件的裂纹,可采用观察和渗透方法检测;
2) 钢材锈蚀量,可采用超声测厚仪或游标卡尺检测。
(2) 构件的弯曲变形和板件凹凸等变形情况,可用观察和尺量的方法检测。
5. 构造
(1) 钢结构的杆件长细比的检测与核算,可按本节规定测定杆件的尺寸方法,应以实际尺寸核算杆件的长细比。
(2) 支撑体系构件的尺寸应按设计图纸或相应设计规范进行核实或评定。
(3) 根据测定构件截面尺寸,核算构件截面宽厚比。

6.4 建筑工程损伤鉴定

建筑工程损伤鉴定是一个较为复杂的问题,应在现场调查、必要检测的基础上,进行有关构件及整体承载力核算等工作,有些还要进行施工资料核查及材料配合比等检查,整个建筑工程损伤鉴定应该是综合的和全面的。当然,不同类别的损伤鉴定所涉及的鉴定内容会有所不同,但综合全面分析给出包括损伤原因的鉴定结论是共同的。

6.4.1 建筑工程设计复核

尽管建筑工程的损伤原因较为复杂,但归根结底不外于建筑材料选择不当、设计考虑欠缺、施工质量存在问题以及周围环境的影响等。在建筑工程出现损伤后的鉴定中,建筑结构的设计复核是其中的一个环节。建筑结构的设计复核应根据结构损伤的状况进行结构布置、结构体系、构造措施和构件承载能力(包括抗震承载能力)。对于结构布置和结构体系以及构造措施的鉴定,主要是依据该建筑工程建造年代所采用的设计规范进行,对于不符合相关设计要求除指出外,还应和构件承载能力验算结果一起,综合评价引起结构损伤的原因和对结构整体安全性的影响。

结构承载力(含抗震承载力)验算应注意选用的标准,在建筑工程质量保险中,其内在质量缺陷的保险期限为 10 年,在这期间的有关设计规范和专业施工质量验收规范可能会有变化,但作为对建筑结构损伤的评价应以相应建造年代的标准、规范为依据。其基本原则可概况为以下几点:

1. 验算采用的结构分析方法,应符合相应建造年代的国家设计规范或鉴定标准;
2. 验算使用的计算模型,应符合其实际受力与构造情况;
3. 结构上的作用应经调查或检测核实;
4. 结构构件上作用效应的确定,应符合下列要求:
(1) 作用的组合、作用的分项系数及组合值系数,应按相应建造年代的国家标准《建筑结构荷载规范》、《建筑抗震设计规范》及其他相关规范的规定执行;
(2) 当结构受到温度、变形等作用,且对其承载力有显著影响时,应计入由此产生的附加内力。
5. 材料强度的标准值,应根据结构的实际状态按下列原则确定:
(1) 原设计文件有效,且不怀疑结构有严重的性能劣化或者发生设计、施工偏差的,可采用原设计的标准值;

(2) 调查表示实际情况不符合上款要求的,应进行现场检测。

6. 结构或构件的几何参数应采用实测值,并应计入锈蚀、腐蚀、风化、局部缺陷或缺损以及施工偏差等的影响。

在利用结构分析与设计软件进行结构验算时,所选结构分析模型与设计参数,应符合结构的实际工作情况。应用程序时应熟悉和理解程序的说明,且应在正确理解结构和计算参数的物理概念基础上,根据工程的实际情况及规范相关要求经分析后确定。如在计算地震作用时,周期折减系数需根据结构型式与填充墙的情况选取合适的系数;如考虑现浇钢筋混凝土楼板对梁的作用时,可将现浇楼面中梁的刚度放大。

6.4.2 建筑工程施工质量检查鉴定

建筑工程损伤鉴定,除设计不合理、不满足相应设计要求外,建筑工程施工缺陷是导致结构损伤的因素之一,所以对建筑工程施工质量的检查鉴定,往往是建筑工程损伤鉴定的范围。

建筑工程施工质量要满足设计文件(包括设计施工图和设计变更)、《建筑工程施工质量验收统一标准》和建筑地基基础、主体结构施工质量验收规范的要求。所以对建筑施工质量的检查与检测及其结果的评价均应以上述文件和标准为准,包括检测抽样的数量和抽样要求等。当然,还要根据建筑结构损伤的情况,选择有目的性的重点检测部位,不能毫无目的扩大检测范围,例如把某个构件的损伤扩大到整个结构的检测范围是不可取的,这是对现场检测而言,对于建筑结构现状的检查,则除重点检查损伤部位外,还应针对同类构件和对损伤构件相近及对称构件进行检查。

对于通过检测发现有些构件的材料强度等级不满足设计要求时,还应进行构件承载力核算,这种核算应输入构件材料实测强度等级的相应数值。

6.4.3 建筑工程裂缝鉴定

近些年来,建筑物的裂缝问题反映强烈,引起了工程界和社会各界的关注。建筑工程中的裂缝容易造成渗漏,影响建筑物的基本使用功能。可见裂缝还会引起用户的不安全感。

对于混凝土结构和砌体结构,引起裂缝的因素是多方面的。其中,荷载作用引起的裂缝为受力裂缝,混凝土收缩、温度影响、地基不均匀下降等问题作用引起的裂缝为间接裂。以上两种裂缝对于结构承载力以及使用功能的影响大不相同。因此,仔细进行现场检查,准确地分析裂缝形成的原因,判断裂缝的类型和形成的原因,才能得出正确的结论。

6.5 建筑工程损伤检测鉴定报告

对建筑工程损伤,在现场调查、必要检测和核算、鉴定等基础上,找出了建筑结构损伤的原因,明确了对结构构件安全的影响,就应及时提出建筑工程损伤的检测鉴定报告。作为参加了建筑工程质量保险的工程,建筑工程质量检测鉴定或检查鉴定机构除应向业主和保险公司出具详细的检测鉴定报告外,还应向建筑工程质量保险协调委员会或下属建筑工程质量保险网站提供简要的检测鉴定报告。

6.5.1 向业主和保险公司出具的检测鉴定报告

1. 该检测鉴定报告应结论准确、用词规范、文字简练，对于当事方容易混淆的术语和概念可书面给予解释。

2. 检测鉴定报告应包括以下内容：

（1）委托单位名称；

（2）建筑工程概况，包括工程名称、结构类型、规模、施工日期及现状等；

（3）建筑工程参建单位，包括建设单位、勘察单位、设计单位、施工单位、监理单位和检查单位；

（4）检测目的及以往检测情况概述；

（5）检测项目、检测方法及检测鉴定依据的标准；

（6）抽样方案及数量；

（7）检测日期，检测鉴定报告完成日期；

（8）检测项目的主要分类检测数据和汇总结果，检测结果；

（9）检测鉴定结论原因分析及处理建议；

（10）主检、审核和批准人员的签名；

（11）盖有"检验鉴定章"或检验单位公章。

检测鉴定报告应包含的内容可分为三类，第1类为基本信息（前7项），涉及到建筑工程的基本状况和检测鉴定的项目、抽样方案等；第2类为检测项目的分类检测数据和结果及检测鉴定结论，这是检测鉴定报告的核心内容，这部分内容应尽量详尽，对于检测项目的分类检测数据和汇总结果，包括结构损伤范围和程度等是对检测鉴定结论的支承，决不能忽视；没有数据支持的检测鉴定结论是难以使人信服的；第3类为参与检测鉴定单位的人员签名和机构盖章。

6.5.2 简要的检测鉴定报告

为了掌握建筑工程质量保险中各类损伤事故出现的情况和为控制减少损伤事故服务，必须汇总分析总结所有的损伤事故的情况、事故原因及其相关单位的责任，建立和不断完善建筑工程保险信息系统。该系统的建立和完善，不仅对保险公司积累、评估各投保单位的管理和技术及风险控制能力有帮助，而且对参与建筑工程的有关单位总结经验教训，引以为戒，不再重复自己或别人的错误等也是非常有帮助的。

为了便于汇总，其简要的检测鉴定报告，应统一格式。具体格式和内容列于表3.6-1。对于表中结构损伤严重程度，可分为轻微、一般、严重和立即采取措施四种。轻微和一般是指对结构安全不够成影响，不需或需简单处理，严重为影响构件承载力应处理，立即采取措施为构件有破坏倒塌危险。

建筑工程损伤检测鉴定简要报告　　　　　　　　　　表 3.6-1

建设工程基本信息	结构类型		总建筑面积	m² 万	总层数	
	总高度	m	基础型式		基础深度	
	建筑用途		竣工日期	年　月	地下层数	

	单　位　名　称	地　　址	联系电话
建设单位			
勘察单位			
设计单位			
施工总承包单位			
施工主要分包单位			
监理单位			
检查机构			

结构损伤部位及其严重程度（必要时附平面简图）	
损伤原因分析	
建议采取的处理方案	
其　　他	

批准：　　　　　　　审核：　　　　　　　　　　　　检查鉴定：

　　　　　　　　　　　　　　　　　　　　　　　　　　　年　月　日

参考文献

[1] 徐波、赵宏彦、高小旺、李中锡. 法国建筑工程质量保险体系和实施情况. 工程质量，2004.4
[2] 岩土工程勘察文件审查要点（试行），建设部工程质量安全监督与行业发展司. 2003.1
[3] 建筑工程施工图设计文件审查要点，建设部工程质量安全监督与行业发展司. 2003.1
[4] 中国建设监理协会组织编写. 建筑工程质量控制. 北京：中国建筑工业出版社，2003
[5] 何星华、高小旺主编. 建筑工程裂缝防治指南. 北京：中国建筑工业出版社，2005
[6] 罗福午主编. 建筑工程质量缺陷事故分析及处理. 湖北：武汉工业大学出版社，1999
[7] 高小旺、高炜. 建筑结构施工质量水平与结构安全性能. 工程质量，2003
[8] 中国建筑科学研究院主编.《建筑结构检测技术标准》，2004
[9] 工程质量保险实施研究，国家建筑工程质量监督检验中心研究报告，2004

第四篇 建设工程风险管理制度探讨与实践

第一章
建设工程风险管理制度提出的背景

1.1 建设工程质量安全管理沿革的简要回顾

我国经济体制的深入改革和社会经济的高速发展，建筑市场越来越多地呈现出投资主体多元化、技术工艺复杂化、建筑材料新型化和企业独立自主化、建设项目规模大型化等特点，建设工程所面临的风险也越来越大。这些对建设工程管理也提出了更高的要求。建设工程的安全、质量管理工作，更是建设工程管理的重中之重。

根据党中央关于牢固树立科学发展观，实现我国国民经济平衡、协调和全面发展的精神；顺应中国对世界贸易组织的承诺而加快融入全球经济一体化的步伐，满足我国已经初步建立的社会主义市场经济进一步完善和向健康和成熟发展的要求，借鉴发达国家和地区的成功管理经验，结合我们的具体情况，探索建立具有中国特色、时代特征的建设工程质量、安全管理新模式，是一项重要任务。

延续着计划经济体制运行的惯性，在很长一段时间内，建设工程的质量和安全管理工作过多的由政府代替企业所担负。政府隶属的各级（各专业）质量、安全监督管理部门对所有在建工程进行着具体的管理工作，或是核验工程质量等级评定工程优劣，或是介入人身伤亡事故处理并进行赔付。政企不分，责任不明。政府往往直接面对项目而倍受无辜诘责。

建筑领域先后有了《建筑法》、《质量管理条例》、《安全管理条例》等法律法规。通过不断地总结经验，还建立并推行了施工图审查、工程项目管理工程监理、质量保修以及施工现场安全保证体系等制度和一系列配套的规章、规范性文件。现行工程质量、安全管理制度具有现实意义，也基本符合社会主义市场经济初建时的运行需要。一段时间的实践证明，管理制度、方法、手段都是有效的，对提高工程质量，减少安全事故起到了积极的促进作用，保证了建设工程质量和安全水平处于基本受控状态。

1.2 建筑规模扩大和新技术的大量采用带来更大的技术风险和次生风险

上世纪90年代以来，建筑业快速发展。例如上海市2004年末建筑总产值达到1738亿元。建设工程，尤其是大型基础设施工程，具有投资规模大、周围环境复杂的特点，一旦发生事故，造成的损失和影响非常大，例如上海市轨道交通四号线和外环线越江隧道事故就是明显的例子。工程风险虽然难以回避，但通过建立和推行建筑工程风险管理制度，可实现有效防御，避免或减少损失的发生。

1.3 建筑业管理政府职能转变需要引入建筑工程风险管理制度

多年以来，建筑市场已经形成了政府监督、社会监理、参与各方共同负责的工程质量和安全管理体系。但是，距上海市委和市政府提出建立一个责任政府、法制政府和服务政府的目标仍有一定的差距。同时，工程质量和安全管理工作中的一些问题也未得到根本性解决。

勘察、设计、施工和保修等各个实施阶段都分别借鉴和学习了不少成功的管理经验，但往往是分段割裂的，没有考虑各个阶段的有机连接，更没能以系统工程的思想为指导设计出一个管理模式体系，对建设工程的质量安全进行系统的全过程控制。

建筑质量中的一些通病、常见病仍时有发生。事主在发现问题后往往还是直接找政府。人民政府为人民，政府不可能推脱，经常介入调查处理，处于各种矛盾和纠纷之中。而工程发生事故，特别是一些重大事故时，政府又往往首当其冲，陷入解决具体问题的事务堆中，牵制了政府的大量精力，从而也影响了政府的正常工作。

究其原因，在于根本缺乏一个符合市场经济运行要求的解决机制。根据政府职能转变的要求，政府应该逐渐从具体的微观管理中抽身出来，将市场可以调控的事项交由社会中介承担。同时，从切实落实建设工程质量安全责任主体，进一步提高建设工程质量出发，建设工程风险管理的市场机制亟需逐步建立，以突破实现政府职能的转变的这一机制性瓶颈。

1.4 中国加入世界贸易组织要求建筑市场进一步开放

按照中国加入世界贸易组织的进程时间表，建筑市场和建筑服务市场的开放时日已屈指可数。市场经济是规则经济，建筑业管理，包括工程质量和安全管理也应该有其规则是不言自明的。国际上发达国家为保证建筑工程和建筑产品的质量，已建立起一套较为完善的风险管理制度。中国加入世界贸易组织后，建筑市场和建筑服务市场逐渐与国际惯例接轨，因此应借鉴成熟的国际通用的规则，并根据本身特点制定适合自己的规则。建设工程风险管理研究探索已提上议事日程。建设部于1999年提出要积极探索以建立建设工程担保和保险为主要内容的建设工程风险管理制度。2005年8月5日，建设部和保监会又联合下发了《关于推进建设工程质量保险工作的意见》，并要求各地进行试点。抓住契机，寻找到合适的切入口，迅速建立起建筑业的诚信体系迫在眉睫，缺了这一环，即使市场放开了，也是一个不完整和不成熟的市场。

1.5 已具备推行风险管理的实践基础

近20年来，建筑安装工程险、建筑意外伤害险、建筑设计职业责任险等都已进入到建筑活动中,保险理念逐渐为社会接受,运作方式初步成型。上海市的轨道交通四号线事故及其理赔工作,既说明了保险带来的积极效应,也再一次警示了忽视风险控制所带来的消极后果,进一步深化了建筑业的保险意识,为进一步推进风险管理提供了正反两方面的借鉴。

第二章 建设工程风险管理制度概述

2.1 建设工程风险管理的地位

从传统的项目管理来看,投保建设工程保险,即为转移风险,一旦发生事故,在保单责任内,保险人将给予补偿,建设工程就可以避免或减少事故带来的损失。而从整个社会的角度上看,虽然建设工程得到了保障,风险转移到给保险人,但是保险人的出险理赔,仍然是一种社会资源的损失,这种损失也应降低和减少,因此建设工程风险管理应与建设工程保险作为一个完整的体系。

整个建设工程质量安全管理系统,由施工现场安全保证体系、建设工程质量保证体系和建设工程风险管理体系三个板块构成。现场安全保证体系已有效运行,质量保证体系即将出台,而建设工程风险管理体系以及其与现行管理关系的调整和完善正是目前的重点。

2.2 建设工程风险管理的目标

建设工程保险与风险管理一方面通过建设工程参与各方与保险公司订立建设工程保险合同,将建设工程中由于自然灾害、意外事故和约定责任导致经济损失的风险根据合同约定向保险公司转移。另一方面,通过风险管理机构进行建设工程的风险管理,来降低和避免因事故造成的经济损失。

建设工程风险管理制度的实施将使市场与现场联动、各类要素融贯、新旧资源整合、管理流程再造,从而实现建设工程与社会双重效益。

在建设工程风险管理制度下,建设工程保险投承保双方以及工程建设其他参与各方对建设工程实施的全过程、全方位、各个环节进行管理和控制,遏制事故萌芽,降低出险概率和损失。

2.3 建设工程风险管理制度的基本原则

建设工程风险管理制度以"共同投保、共同保障、共同控制、相互制衡"为原则实施建设工程风险管理制度。

2.3.1 共同投保原则

建设工程风险管理制度的共同投保，即在建设工程保险与风险管理中，参与工程建设的建设单位、勘察设计单位、施工承包单位共同投保建设工程保险，确保工程建设和竣工后一段时期内的质量安全事故和缺陷损失能获得经济补偿。

建设工程购买保险是一个有较长历史的传统方法。我国《建筑法》明确规定了从事危险作业必须购买保险。实践中，建筑安装工程一切险和意外伤害保险建设工程设计责任保险和建设工程监理责任保险等也已展开。建设工程保险的安排与风险管理着眼于整个建设工程项目的全寿命周期，不应只强调施工阶段，在工程前期阶段以及工程竣工后阶段都要考虑保险和风险管理。建设工程保险涉及到建设工程项目的勘察、设计、施工、竣工使用等参与各方，即由建设单位、设计单位、施工单位和业主顾问等组成共同投保体，简称"共投体"，联合投保建设工程保险。

2.3.2 共同保障原则

建设工程风险管理制度的共同保障，即在建设工程保险与风险管理中，由保险公司及其委托的风险管理机构组成共同保障体，简称"共投体"，对建设工程进行质量安全风险管理，共同保障工程质量安全，并对出险给予及时足额理赔。

保险公司能够对建筑工程的经济损失给予及时补偿，但对于建设工程质量安全管理存在不熟悉、不连续、不专业等问题，并不可避免保险中的道德风险，而由保险公司及其委托的风险管理机构共同对建设工程进行质量安全风险管理则使得建设工程质量安全管理具有专业性、公正性、独立性，并有效化解保险中的道德风险。

目前的风险管理公司由一些监理公司、质量检测机构或审图公司等转化而来，具有很强的专业背景，并能够独立于业主，具有公正和独立性，真正能把工作重点全部放在工程质量和安全监督上，从而能够对建设工程项目和保险公司承担起建设工程质量安全责任。

保险学中的道德风险理论认为，投保人一旦投保，投保人（被保险人）对投保标的物发生意外的关心程度会有所下降。特别是发生事故或可能发生事故的情况下，投保人（被保险人）的态度可能是消极的。比如，投保情况下发生火灾时的抢救投入与未保险情况下是不同的；再如，投保情况下楼房可能倒塌的补救措施投入与未保险情况下也是不同的。这时，被保险人可能会由于可以从保险公司得到理赔而不愿增加额外的投入。而在建设过程中，由风险管理公司对保险人负责，对工程风险进行控制管理就必将减少道德风险的发生。

2.3.3 共同控制原则

建设工程风险管理制度的共同控制，即在建设工程保险与风险管理中，共同投保单位和共同保障单位，共同参与建设工程现场质量安全风险控制。

在现行管理模式中，各个阶段的监督检查制度已经建立，比如施工图审查、施工过程旁站、质量保修期等等。但是各个阶段缺乏有机连接，"铁路警察，各管一段"，形成事实上的割裂。未能实现从头到尾的整个过程的有机、有效控制，而管理工作的重点又仅放在施工阶段。

共同控制要求共同投保单位和共同保障单位一起对工程进行全过程管理，使工程管理一头向前延伸，从方案设计抓起，纳入管理范围；另一头向后延伸，实施保修期质量保险制度。

2.3.4 相互制衡原则

建设工程风险管理制度的相互制衡，即在建设工程保险与风险管理中，引入保险制度，通过经济手段将建设工程质量、安全的部分监督管理责任转移至保险公司和风险管理机构，对建设、设计和施工单位的质量、安全控制行为形成第三方制衡机制，互相制约，共同规范市场。

引入保险机制后，通过委托关系的改变，形成了施工现场共同投保体和共同保障体双重控制机制，以及业主、工程承包、保险公司（风险管理机构）三方制衡的关系，使市场配置资源的功能得以充分发挥，同时政府管理也从工程质量安全的直接管理向间接管理转变。

另外，以建设工程风险管理制度的建立为契机，建立起建筑业的诚信评价体系，通过将诚信评价结果与经济上的奖罚有机结合的办法，来约束建设工程参与各方的行为。

第三章 建设工程风险管理制度试点方案

3.1 建设工程风险管理制度试点概述

3.1.1 建设工程风险管理制度试点的目的

为了加强建设工程质量和安全生产的监督管理,保证建设工程质量,避免和减少建设工程事故的发生,建立建设工程风险管理制度,有必要先进行建设工程保险与风险管理试点。

建设工程保险与风险管理的目的在于保障建设工程所有权人因工程缺陷获得经济补偿,保障建设从业人员因工伤事故(或者意外伤害)和住院医疗获得经济补偿,保障工程建设参与各方因工程事故获得经济补偿,提高建设工程风险管理意识,提高建设工程管理水平,促进风险控制和事故预防,分散和转移建设工程风险,实行建设工程保险。

3.1.2 建设工程风险管理制度试点的保险公司的介入

建设工程保险与风险管理模式改变了建设单位与保险人之间简单的保险与被保险关系。建设参与各方对建设工程实施全过程、全方位、各个环节的管理,形成了一体化的运作体系。而在这个体系中保险公司的介入非常关键。

保险公司介入的时间为方案设计阶段,保险服务结束时间为工程保修期结束后十年末。其服务的时间范围如图 4.3-1 所示。根据工程各阶段风险不同的特点,保险公司可聘

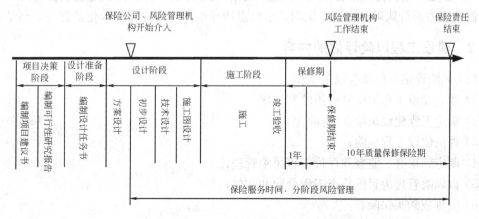

图 4.3-1 建设工程保险阶段示意图

请不同类型的风险管理公司进入工程进行风险管理。风险管理机构介入的时间,从项目初步设计起到竣工后满一年止的工程建设全过程。

3.1.3 建设工程风险管理制度试点的范围

(1)建设工程保险与风险管理试点工程主要选择政府投资项目或者政府主导的公共建设工程项目,这样,一是有利于操作,另外,政府工程作为自愿参加,可以在新制度方面进行探索;二是政府工程社会影响一般比较大,可以对社会工程起到积极的引导示范作用。

(2)经过试点后,建设工程风险管理制度的实行范围将包括:1)国家重点建设工程;2)大中型公用事业工程;3)成片开发建设的住宅小区工程;4)利用外国政府或者国际组织贷款、援助资金的工程;5)其他工程。

(3)建设工程质量安全鉴定机构负责鉴定建设工程保险期内发生的质量安全事故、质量缺陷和保险责任事故。经认定的质量安全鉴定机构可以参与工程风险管理制度试点。

3.2 建设工程风险评估

3.2.1 建设工程风险评估的概述

(1)建设工程开工前,建设单位或保险人委托风险评估单位在承包单位选定后对建设工程以及工程建设参与各方进行风险评估。建设单位或保险人与其委托的风险评估单位应当订立书面委托合同。

风险评估是对建设工程可能出现的风险因素、风险出现的概率及其所造成的损失进行分析、预测,找出各风险所在和主要风险点(危险源),并据此提出风险管理计划和防范风险的技术措施,为最终实施风险管理创造条件,并将工程实施中的风险和可能发生的赔付大小告诉投保人和保险人,在此基础上,设计合理的保单和确定较为公正的保险费率。

(2)风险评估单位可以是具有建设工程风险评估经验的保险经纪人、施工现场安全保证体系审核认证中心等中介服务机构。

(3)各地方建设行政主管部门和保监局成立风险评估单位资质认定委员会,对风险评估单位的能力进行认可。在试点期间,由试点指导小组对风险评估单位的能力进行认可。

3.2.2 建设工程风险评估的内容

(1)风险评估单位从事以下工作:
1)建立建设工程风险管理策略和程序;
2)确定工程建设风险点(危险源);
3)评估建设工程风险;
4)制定、审查、监督和评价工程风险管理计划;
5)以风险管理为目的检查工程合同和文件;
6)安排或购买保险;
7)安排非投保赔偿计划。

(2) 风险评估的主要步骤
1) 现场踏勘及资料收集；
2) 进行建设工程风险评估；
3) 编写风险评估报告。
(3) 风险评估报告的主要内容
1) 标的简介；
2) 风险严重性与出险概率划分标准；
3) 主要工程风险因素与评定，以及施工单位现场安全管理能力和现状的评定；
4) 确定工程出险事故发生地段及保险覆盖的范围；
5) 列出主要防范风险和安全事故的技术措施；
6) 确定可保风险项目，提出风险转移的措施；
7) 评估总体意见与建议。
(4) 风险评估费用包含在建设单位向保险人缴纳的保险费内。
(5) 建设单位、承包单位和其他工程建设参与各方组成共同投保体（简称"共投体"）。对共投体综合评价的方法如所附"建设工程保险共投体综合评价"所述，综合评价结果与风险系数对应的关系如表 4.3-1、表 4.3-2 所示。

建设工程保险共投体风险系数表　　　　　　　　表 4.3-1

共投体综合评价结果	AAAA	AAA	AA	A	0
共投体风险系数	0.5	0.8	1.0	1.4	1.7

(6) 建设工程保险建设工程基本风险指数如所附"建设工程基本风险评价"所述，建设工程风险指数与风险系数对应关系如表 2。

建设工程风险系数表　　　　　　　　表 4.3-2

风险指数	1	2	3	4	5	6	7	8	9	10
风险系数	0.5	0.6	0.7	0.8	0.9	1	1.1	1.3	1.5	1.8

3.3　建设工程保险的投保与承保

3.3.1　建设工程保险的组成

建设工程保险采取以项目为核心的投保方式，基本涵盖工程建设期间的质量安全风险以及竣工以后十年内的质量缺陷风险。该保险包括建设工程质量保修保险、建设从业人员工伤（或者意外伤害）和住院医疗保险和建筑与安装工程一切险。

在具体操作上采取多险合一的捆绑式投保方式，由建设单位、承包单位和其他工程建设参与各方组成的共同投保体向保险人投保。这样既可以降低投保成本和减少出险后共投体之间的相互扯皮，同时也避免了保险公司对共投体成员的代位追偿，在操作上较为简便。

3.3.2 建设工程质量保修保险

(1) 建设工程质量保修保险承保被保险财产因设计错误、材料缺陷或工艺不善等原因造成的在竣工验收时未发现的，在保险期限内由于结构工程(承重构件)缺陷、屋面、外墙和楼地面渗漏而造成的建筑物的任何物质损失。

(2) 保险期从竣工满一年后开始起算，最低保险期限为：
1) 基础设施工程、房屋建筑的地基基础工程和主体结构工程，为10年；
2) 屋面防水工程、有防水要求的卫生间、房间和外墙面的防渗漏，为5年；
3) 供热与供冷系统，为2个采暖期、供冷期；
4) 电气管线、给排水管道、设备安装和装修工程，为2年；
5) 其他项目的保险期限由双方约定。

(3) 建设工程质量保修保险的被保险人为对该建设工程具有所有权的个人、法人、其他组织及其合法继承人和受让人。合法继承人和受让人必须得到保险人书面同意后才具有被保险人资格，并在保单上进行批注。

(4) 建设工程质量保修保险的保险金额是保险财产在保险责任起始日起的重置金额，可按照有关条款进行调整。

(5) 建设工程质量保修保险的保险费率为主体结构部分的保险费率、地下渗漏保险费率、屋面和外墙渗漏保险费率及通货膨胀条款费率之和。其中主体结构部分的保险费率为4‰，地下渗漏保险费率为1.5‰，屋面和外墙渗漏保险费率为2‰，通货膨胀条款费率为5‰，可根据投保当时的通货膨胀率确定比例。这些保险费率为基础费率，实际费率可视具体风险状况，在基础费率上进行上下30%的浮动。建设工程质量保修保险不设置免赔额。

3.3.3 建设从业人员的工伤(或者意外伤害)和住院医疗保险

(1) 建设从业人员的工伤(或者意外伤害)和住院医疗保险是为了保障与所承保工程直接相关的建设从业人员因遭受事故伤害或者患职业病获得医疗救治和经济补偿，保障与所承保工程直接相关的外来建设从业人员因住院获得医疗救治和经济补偿，并促进工伤预防和职业康复。

(2) 建设从业人员的工伤(或者意外伤害)和住院医疗保险采用不计名、不计数方式，其基本保险费率为工程合同造价的4.4‰。

(3) 建设从业人员的工伤(或者意外伤害)和住院医疗保险的工伤职工将依照国家《工伤保险条例》和各地工伤保险实施办法的有关规定享受保险待遇。

3.3.4 建筑与安装工程一切险

(1) 建筑与安装工程一切险承保被保险财产在保险期限和工地范围内，因自然灾害或意外事故造成的物质损失。其附加的第三者责任险承保在保险期限内，因发生与所承保工程直接相关的意外事故引起工地内及邻近区域的第三者人身伤亡、疾病或财产损失，依法应由被保险人承担的经济赔偿责任。

建筑与安装工程一切险的被保险人包括建设单位、总承包单位、分包单位、设计单位、材料和设备供应单位、技术顾问以及提供资金的金融机构等相关利益各方。

(2) 必须投保建筑与安装工程一切险的建设工程包括隧道、地铁、地下管道、地下厂房、桥梁、码头、机场、水电站、火电站、核电站、石油化工工程等。其他项目可自愿选择投保建筑与安装工程一切险。

(3) 建筑与安装工程一切险保险金额应不低于：

1) 建筑工程完成时的总价值；

2) 施工用机器、装置和机械设备重置费用；

3) 保险人与保险公司商定的其他保险项目。

第三者责任险的保险金额应根据工程的风险情况，按工程造价的一定比例确定，也可按最大可能损失投保。

(4) 建筑与安装工程一切险基本费率如表 4.3-3 所示。

建筑与安装工程一切险基本费率表(C) 表 4.3-3

序 号	工 程 类 别	C 值
1	隧 道	3‰
2	水 电 站	1.7‰
3	桥 梁	1.4‰
4	普通机械工业工程	3.5‰
5	码 头	2.4‰
6	机 场	1.7‰
7	火电站、核电站	3.3‰
8	化工石油工业工程	1‰
9	高速公路	2.5‰
10	非工业用 8 层以下房屋建筑	1.5‰
11	非工业用 8～20 房屋建筑	1.6‰
12	非工业用 20 层以上房屋建筑	1.8‰
13	非高速公路	1.6‰
14	地铁、地下管道、地下厂房	2.6‰

(5) 建筑与安装工程一切险的投保实行浮动费率。费率浮动因素包括共投体风险系数和建设工程风险系数，以及免赔额及特种危险的赔偿限额的高低、保险人以往对此类工程的赔付情况和国际再保险市场行情。

3.3.5 建设工程保险合同的签订

(1) 建设工程保险可由一家保险公司承保，也可由几家保险公司共保。保险人应具有类似建设工程风险管理和保险经验。

(2) 各地方建设行政主管部门和保监局根据保险公司的偿付能力、以往承保建设工程保险的经验、具有建设工程风险管理知识和经验的人员、风险管理水平、保险赔付等建立保险公司名录。试点工程的投保人在投保时，在该名录中选择保险人。

（3）建设工程方案设计评审后，建设单位根据保险公司的管理水平、偿付能力、信誉水平、类似工程保险经验、风险管理服务水平、基本费率，通过比选等方式自主选择试点保险公司，并签订保险意向书。

（4）建设单位确定勘察、设计、施工承包单位后，保险公司委托保险中介机构等具有风险评价能力的单位实施工程项目的风险评价，该保险中介机构应得到建设单位的认可。保险中介机构在风险评价后出具风险评价报告，风险评价包括共同投保体风险评价和工程风险评价。风险评价所确定的共同投保体风险系数和工程风险系数作为确定建设工程保险费率浮动的依据。

（5）共同投保体根据该建设工程的风险评估报告与保险公司商定保险费率，并签订保险合同。共同投保体办理投保手续后，应将投保有关信息及时上报上海市建设和交通委员会。

（6）建设工程保险投保流程如图 4.3-2 所示。

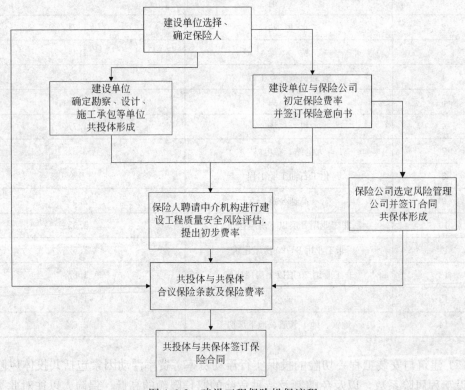

图 4.3-2　建设工程保险投保流程

3.3.6　建设工程保险的保险费

（1）建设工程保险费＝建设工程合同价×建设工程保险综合费率＋附加风险管理费。

（2）建设工程保险综合费率＝[建设工程质量保修保险基本费率＋建设从业人员工伤（或意外伤害）和住院医疗保险基本费率＋建筑与安装工程一切险基本费率]×（共投体风险

系数×65%+工程风险系数×35%)。

(3) 建设工程各种保险费率=[建设工程保险各基本费率×(共投体风险系数×65%+工程风险系数×35%)。

(4) 建设单位向保险公司支付的费用包括建设工程保险费和风险管理费。风险管理费的计算详见本篇"3.4 建设工程风险管理委托"一节。

(5) 建设工程保险的保险费根据共投体成员的责任实行分担制,其中建筑和安装工程一切险建设单位一般分担80%左右,设计单位一般分担20%左右。人身伤害险建设单位一般分担30%左右,施工承包单位一般分担70%左右。建设工程质量保修保险建设单位一般分担20%左右,施工承包单位一般分担80%左右。附加风险管理费全部由建设单位承担。

(6) 投保建设工程保险的建设单位在领取施工许可证之前应缴纳40%的建设工程质量保修保险费、100%的建筑从业人员工伤(或意外伤害)和住院医疗保险费和建筑与安装工程一切险保险费。在领取建设工程竣工证明之前缴纳60%的建设工程质量保修保险费。

在领取施工许可证时,应提供保单、保费付款凭证和保险公司的偿付能力证明等资料。

(7) 建设单位不再预留建设工程质量保证金(保修金)。

(8) 已投保设计职业责任险的设计单位,在实行工程建设保险和风险管理时按具体工程情况适当减少保费。

3.3.7　建设工程保险的保险费率的浮动机制

建设工程保险的保险费率采取浮动费率机制,在基本费率的基础上根据共同投保体风险系数和工程风险系数实行相应浮动。保险公司聘请评估公司对工程本体风险和共投体的组织风险进行评估,根据评估结果确定费率,事故少、业绩好、出险低的设计、施工单位,其组织风险越小,信誉度高,保险费率低,反之则高。浮动费率机制促使建设单位为降低保险成本,必须重视工程质量安全,选择好的设计、施工单位,形成优胜劣汰的市场选择机制,从而促进整个建筑市场的诚信建设。

3.3.8　建设工程保险的保险合同

(1) 建设工程保险合同包括保险责任、除外责任、保险费及费率、保险期限、被保险人义务、风险控制、保险理赔等主要内容。

(2) 建设工程保险合同条款主要由以下部分构成:

1) 建设工程质量保修保险条款;
2) 建设从业人员工伤(或意外伤害)和住院医疗保险条款;
3) 建筑与安装工程一切险条款,包括第三者责任保险及有关的其他扩展条款;
4) 建设工程设计责任保险条款;
5) 其他保险条款。

(3) 保险合同自领取施工许可证之日或投保工程动工之日、自保险工程材料、设备运抵工地时起生效。

3.4 建设工程风险管理委托

(1) 建设单位在投保建设工程保险后，保险人应当委托工程风险管理机构进行工程风险管理和事故防范。风险管理机构受保险公司委托后，对建设工程潜在的安全和质量事故损失风险因素实施辨识、评估、控制、处理，促进工程质量的提高，减少和避免质量安全事故的发生。

(2) 保险人应委托工程风险管理单位进行工程风险管理。保险人委托风险管理单位的方式可采用公开招标、邀请招标和直接委托等方式，保险人委托工程风险管理单位应遵循国家、各地方相关的法律和法规进行。

保险人应与工程风险管理单位签订工程风险管理合同，目前可参照工程监理合同。

保险人向建设单位承担工程风险管理责任和工程保险责任。工程风险管理单位在工作过程由于工程风险管理单位自身的原因造成的建设单位损失，该损失由保险人承担。工程风险管理单位不再投保责任险。

(3) 保险人、建设单位所委托的工程风险管理单位需满足工程对风险管理单位资质的要求。参与风险管理制度试点的风险管理机构应符合下列基本条件：

1) 具备甲级监理资质；
2) 具备施工图审图资格；
3) 具备工程检测资格。

试点期间，尚不同时具备上述条件的，可以以监理公司为主采取委托形式联合具有相应资质的设计审图机构和检测机构，共同参与工程风险管理。鼓励现有的工程监理、设计审图机构、检测机构通过改组、合并等方式发展成为风险管理机构。试点工程的工程监理单位应逐步成立风险管理部门。提倡部分工程监理单位向专业化、社会化的风险管理单位转化。

经认定的风险管理机构可以参与工程风险管理制度试点。为了适应风险管理的需求，风险管理单位从事风险管理工作的人员应经过相应的培训。

(4) 风险管理的工作内容，具体如下：

1) 工程风险管理单位应根据工程具体特点，编制风险管理实施方案和程序，并报建设单位和保险人备案。

2) 工程风险管理单位应定期(一个月)以书面形式向建设单位和保险人报告风险管理状况或者按工程的实施阶段提供服务范围内的专项报告。

3) 加强风险的预控和预警工作。在项目实施过程中，要不断地收集和分析各种信息和动态，捕捉风险的前奏信号，以便更好地准备和采取有效的风险对策，以对抗可能发生的风险，并且把相关的情况及时向保险人反映。

在风险发生时，及时采取措施控制风险发生的损失。

4) 在风险发生后，尽力保证工程的顺利实施，迅速恢复生产，按原计划保证完成预定的目标，防止工程中断和成本超支，抓住一切机会对已发生和还可能发生的风险进行良好的控制。

5) 要对工程建设参与各方尤其是施工单位加强风险管理的教育，促使施工单位加强风险防范的意识。

(5) 建设工程风险管理费包括设计阶段质量风险管理费，及施工阶段和竣工后一年的质量安全风险管理费，计算方法如下：

建设工程风险管理费＝设计阶段风险管理费＋施工阶段和竣工后一年的风险管理费

试点阶段参照各地建设工程监理与咨询服务收费政府指导价中设计、施工、保修三个阶段的监理取费标准再增加10％安全管理费。

(6) 工程风险管理费的支付办法。

建设工程风险管理费、保险费由建设单位支付给保险人。建设工程风险管理费由保险人支付给风险管理单位。

3.5 建设工程风险管理

3.5.1 建设工程风险管理的概述

(1) 建设工程风险管理单位在现场直接为建设单位提供风险管理服务，并接受保险人在风险管理方面的指导。实行项目风险经理负责制，试点期间由项目总工程师负责风险管理。与建设单位协商后，保险人有权确认风险经理和更换其他参与风险管理的人员。

(2) 建设工程风险管理单位应按照所签订的工程风险管理合同，本着为建设单位和保险人服务，向建设单位和保险人热情、谨慎、主动地提供咨询和服务。

3.5.2 建设工程风险管理的期间和方法

(1) 风险管理机构的风险控制应贯穿于从项目初步设计起到竣工后满一年止的工程建设全过程。

(2) 风险管理机构根据工程具体特点，以建设工程保险合同和风险管理委托合同为依据，编制风险管理大纲、各阶段风险管理实施方案和程序、事故应急预案，加强风险的预控和预警工作。

(3) 风险管理机构对初步设计进行风险指导和质量预控，对施工图设计进行审查，并出具施工图审查报告。

(4) 风险管理机构建立风险预防清单，确定风险控制对策，及时建立视像监控平台和信息处理平台等技术监控手段，通过现场跟踪管理，实现风险动态管理和节点控制。

3.5.3 建设工程风险管理机构的权利

(1) 风险管理机构认为施工不符合工程设计要求、施工技术标准和合同约定的，或者可能产生工程质量、安全隐患的，有权要求建筑施工企业改正。对影响工程主体结构质量和安全的建筑材料、构配件和设备，未经风险管理机构签字认可，不得在工程上使用。

(2) 风险管理机构出具的工程评估报告，应当作为工程竣工验收备案的必备资料。建设单位申请办理工程竣工验收备案时未提交工程评估报告的，建设工程质量监督机构不予受理。

3.5.4 建设工程风险管理中其他单位的配合

建设工程风险管理合同签订以后，建设单位应该及时向建设工程风险管理单位提供相关资料，并支持风险管理工作的进行。各承包单位也应该按要求提供有关数据和资料，主动配合风险管理工作。

3.6 建设工程保险的理赔

3.6.1 建设工程保险理赔原则

在发生保险责任事故时，投保人、被保险人应提高保险索赔意识，积极向保险人索赔，使被保险人能够得到及时、足额的赔付，以充分发挥保险的保障作用。保险公司应按照保险合同约定，以统一理赔标准、缩短理赔周期的原则进行建设工程保险理赔。

保险事故的责任确定产生纠纷时，最终根据保险合同约定采取协商、仲裁或诉讼的方式解决。

3.6.2 建设工程保险理赔流程

投保人和保险人应及时确认保险事故所造成的损失。有必要时，保险人可委托保险中介组织和工程咨询组织核定保险事故损失，但该保险中介组织和工程咨询组织应得到被保险人的认可。具体建设工程保险理赔流程如图 4.3-3 所示。

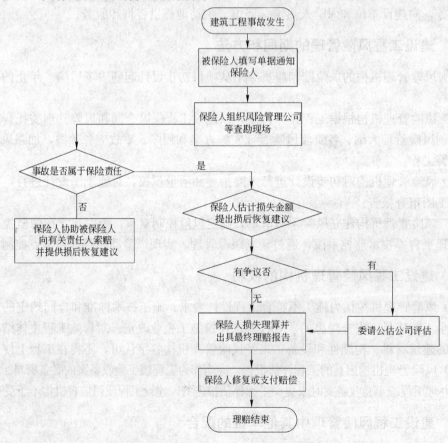

图 4.3-3　建设工程保险理赔流图

3.6.3 建设工程保险各类保险责任的理赔

（1）保险事故属于建设工程质量保修保险责任时，保险人应给予被保险人赔偿。建设工程在竣工验收后的第一年出现质量缺陷，由施工单位负责维修，维修费用由施工单位承担；在竣工验收第一年后的保险期内出现质量缺陷，由承保的保险公司负责维修，维修费用由承保的保险公司承担。建设工程在竣工验收后的第一年内出现质量缺陷，施工单位不及时负责维修，经催告仍不履行责任的，承保的保险公司负责维修，维修费用由施工单位承担。

（2）保险事故属于建设从业人员的工伤（或者意外伤害）和住院医疗保险的责任范围时，建设从业人员将依照国家《工伤保险条例》和各地方工伤保险实施办法的有关规定享受保险待遇。

（3）保险事故属于建筑与安装工程一切险（包括第三者责任险）的保险责任范围时，保险人应给予被保险人赔偿。具体赔偿金额应根据具体损失金额、保险额、赔偿限额、免赔额等确定，并按照建筑与安装工程一切险的保险合同的赔偿处理条款给予赔付。

（4）设计错误产生损失时，保险人应赔偿给建设单位由于设计错误而产生的相应损失，以建设工程保险中附加的设计责任保险分项的保险额为限。

3.7 建设工程风险管理制度中各方的责任和义务

3.7.1 建设工程保险投保人的责任和义务

（1）建设工程保险投保人即共同投保体，共同投保体成员应依法承担建设工程质量和安全管理责任。

（2）共同投保体应严格按照合同约定支付建设工程保险费。

（3）在发生建设工程质量和安全事故时，共同投保体应及时采取一切必要措施防止损失扩大并将损失减少到最低程度。

（4）建设工程在竣工后一年内出现质量缺陷的，由施工承包单位负责维修，维修费用由施工承包单位承担。

3.7.2 保险公司的责任和义务

（1）保险公司对合同约定的建设工程保险责任负有经济赔偿义务。

（2）保险公司收到共同投保体赔偿或者给付保险金的请求后，应当及时作出核定；对属于保险责任的，应及时赔偿或者给付保险金。对应理赔的金额超过500万元的重大赔案，在赔偿限额内应及时预付赔款。

（3）保险公司应严格按照风险管理委托合同向风险管理机构支付风险管理费。

（4）保险公司应制定工程防灾防损制度、事故应急预案、重大损失报告制度、预付赔款制度和保险理赔绿色通道制度。

（5）保险公司应对建设工程保险单独核算，对出险和赔付情况进行统计分析，定期向上海市建设工程风险管理试点工作推进小组上报当年的赔付情况。

3.7.3 风险管理机构的责任和义务

(1) 风险管理机构应对建设工程质量安全承担监督和控制责任。

(2) 在风险发生时,风险管理机构应及时采取措施防止损失扩大,对已发生和还可能发生的风险进行有效的控制。

(3) 风险管理机构不按照委托合同约定履行风险控制义务,给保险公司造成损失的,应当承担相应的赔偿责任。

3.7.4 检测机构的责任和义务

检测机构应对工程现场检测对象负责,加强对现场材料和重要试块、试件的现场取样,对样本的生产厂家和代表性进行确认。

3.7.5 质量安全鉴定机构的责任和义务

质量安全鉴定机构从事质量安全事故、质量缺陷和保险责任事故的认定,应当遵守法律、法规和相关规定,坚持客观、公正、公平的原则。质量安全鉴定机构因自身过错对保险当事人造成损害的,应当承担相应的经济赔偿责任。

第四章 上海市建设行政主管部门建设工程风险管理工作实践

保险与风险管理制度经过一年来的试点,建设行政主管部门对于风险管理制度试点的管理模式的核心从指导思想、组织机构、实施方案和管理机制四个方面进行了总结,整个试点的管理模式可简述为"一个一"、"两个两"、"三个三"、"四个四"四部分。

4.1 建设工程风险管理制度的指导思想

建设工程风险管理制度的指导思想的"一个一"就是确立一个理念,即"政府部门淡出,保险公司进入,中介现场服务"的理念。

这一理念是贯穿整个课题研究的基本思想,核心是实现政府职能由"权重威严"的刚性管理向"有效服务"的柔性管理转变;实现行业"垂直封闭"型管理向"社会开放"型管理转变。

4.2 建设工程风险管理制度的组织

建设工程风险管理制度的组织的"两个两"就是构建两个组织,实施两个评价,即构建共投体、共保体两个组织,实施工程本体风险和共投体组织风险两个评价。这是开展风险管理的基础,通过经济利益的制衡和经济杠杆的调控,解决组织机构各方责任落实和自觉能动作用的发挥。

4.2.1 构建共投体、共保体两个组织

共投体和共保体成为风险控制同一目标的两大控制体系,成为"殊途同归"的合作者,形成两个对立体的互动互利,现场质量安全的双重控制。

4.2.2 实施工程本体风险评价和共投体组织风险评价

工程本体风险评价和营造各方绩效评价是制定工程费率的依据。尤其是运用模糊数学,建立共投体组织风险评价模型,确定风险系数,为实施量化考核打下了基础。

4.3 建设工程风险管理制度的实施

建设工程风险管理制度的实施的"三个三"就是凸现三个险种，转变三层关系，兼顾三个阶段。这是整个管理模式的核心构架，在风险管理的模式下，通过对工程现场保障机制的梳理，优化组合保险险种；通过划清责任界面，重构相互关系，达到资源的有机整合；通过实施关口前移，打通全过程管理流程的各个阶段，实现风险控制。

4.3.1 凸现三个险种

凸现三个险种就是强调建安一切险附加第三者责任险、人身伤害险和工程质量保险的投保，以工程项目为核心，拓展了工程质量保险，优化了保险的经济保障作用，并赋予了以保险为代表的市场配置手段的新含义，形成了建设工程风险管理的基本险种，进一步将保险公司纳入工程现场的管理。

4.3.2 转变投保、现场监督、中介的三层关系

转变投保、现场监督、中介的三层关系，即由参建各方分头投保转变为由业主牵头的共投体投保；由业主单方委托监理转变为业主委托项目顾问方和保险公司委托风险管理公司；建设单位委托审图机构和承包单位委托检测机构转变为由由风险管理公司统一委托。

三个关系的整合转变，催化了市场资源的独立公正，为各个市场主体提升服务能级提供了基础，同时为贯通建设工程各个阶段的管理提供了保证。有利于中介机构对现场工程质量安全的责任体现和有效服务。

4.3.3 兼顾勘察设计、工程施工、使用保修三个阶段

兼顾勘察设计、工程施工、使用保修三个阶段即在勘察设计阶段将审图向前向后扩展到方案设计和施工设计修改，更贴近工程；在施工阶段设立数字控制平台和视像控制平台，形成动态监控；在使用保修阶段内，竣工后一年内由承包方维修，一年后由保险公司负责维修。

由于关系的转变，将三个阶段归并到风险管理机构的统一构架下，有效地实现了设计审图、质量安全监理和工程材料检测等资源的优化整合和功能延伸，促进管理利益趋向一致，使得原先割裂的控制流程实现了有机的连接融贯，使管理更好地贴近工程现场。

4.4 建设工程风险管理制度的内容

建设工程风险管理制度的内容中"四个四"就是引入四个机构，制定四个程序，强化四个机制，注重四个绩效。这是风险管理制度课题研究向市场实际运作转化的关键环节，具体回答了"谁来做"、"做什么"、"怎么做"、"怎么看"的问题。通过扶植培育具体操作的中介机构，制定有梯次的操作程序，形成互动共融的长效机制，判别对照标准的绩效，调整和完善整个管理模式。

4.4.1 引入四个机构

引入四个机构即引入保险经纪机构、保险联合体、风险管理机构和质量鉴定机构。四个机构的引入和健康发展从现代建筑服务业的要求出发，结合建设工程的特点，汇集管理高端人才，促进管理服务能级的提高，促进风险制度日趋完善。

4.4.2 制定四个程序

制定四个程序即制定风险转移程序、降低风险程序、风险控制程序和保险理赔程序。从风险转移到风险控制直到保险理赔的程序是一个严密的体系，是确保共投体、共保体利益关系的控制点，形成一个保险全面介入、凸现风险控制的管理模式。

4.4.3 强化四个机制

强化四个机制即强化质量安全保证机制、信息机制、诚信机制和互动机制。四个机制是推行风险管理制度并使之长期有效的保证。强化了现场管理的措施，实现了建筑市场、保险市场和工程现场的三场联动。

4.4.4 注重四个绩效

注重四个绩效即注重行为监管的绩效、开放独立的绩效、服务能级的绩效和诚信自律的绩效。

行为监管的绩效实现了政府对项目的直接管理向对参与各方行为管理的转换；完成了主管部门充当"运动员"、"守门员"转为"裁判员"的角色变化；推动了政府职能转变的行政改革。

开放独立的绩效冲破了现有行业内封闭管理模式；引入社会力量，保证了中介机构管理服务工作的独立自主；形成了把规范建设单位行为纳入健康发展的有效途径。

服务能级的绩效进一步明确了各参与主体的职能与责任；通过先进管理理论指导和方法运用，丰富和细化了现场的具体管理措施；进一步贴近项目现场，提升了各自的管理和服务能级，以确保管理目标的实现。

诚信自律的绩效唤醒和增强了各参与主体的诚信意识；注重对诚信资讯的收集和积累；进一步引导对各自诚信行为的自律和社会形象的维护，有利于建筑市场的规范和发展。

注重四个绩效是对实现管理目标的判别，是对照工作内容的检验，也是对管理模式建成的后评估标准。

诚信自律的绩效唤醒和增强了各参与主体的诚信意识；注重对诚信资讯的收集和积累；进一步引导对各自诚信行为的自律和社会形象的维护，有利于建筑市场的规范和发展。

注重四个绩效是对实现管理目标的判别，是对照工作内容的检验，也是对管理模式建成的后评估标准。

附 录

1. 商用写字楼工程保险案例

某商用写字楼项目，建筑面积 5 万 m^2，合同预算造价人民币 1 亿元，2006 年 1 月 1 日开工。预计销售价格 1.2 亿元（不包括国有土地使用权转让的相关费用，下同），2007 年 12 月 31 日通过竣工验收交付使用，完工实际造价为 1.3 亿元，实际销售总价格为 1.5 亿元。

此项目的相关保险主要险种条件，介绍如下（有关各险种的保险责任范围等内容在这里不再重复，请参看本书有关内容）。

1. 在工程立项交付设计者设计时，如果设计方没有"建设工程设计责任保险"保单，委托方可以要求设计方投保"单项建设工程设计责任保险"。这一险种的基本条件如下：

(1) 投保人：工程设计方或工程建设方均可；
(2) 被保险人：工程设计方；
(3) 赔偿限额：每次事故赔偿限额和累计赔偿限额均为预算金额即 2 亿元；
(4) 保险期限：从项目动工开始至工程竣工验收合格期满三年之日终止；
(5) 保险费：(1)保险费率 0.60‰，保险费 6 万元；(2)保险费率 0.30‰，保险费 3 万元；
(6) 免赔额：(1)每次事故 3 万元或损失金额的 10%，以高者为准；(2)每次事故 150 万元或损失金额的 10%，以高者为准。

2. 建设方可以在项目确定后，就向保险人投保"建设工程质量保证保险"。由保险人认可的工程质量检测机构，全程跟踪项目建设过程，为项目提供全面的风险管理服务。通过工程质量检测机构的评估，此保险方才生效。这一险种主要条件如下：

(1) 投保人：工程建设方；
(2) 被保险人：对建筑物具有所有权的单位或个人及其合法继承人和受让人；
(3) 保险金额：总保险金额＝建筑物的平均销售价格（元/m^2）×建筑物总面积－建筑物的土地使用权转让价，本项目总保险金额应预定为 1.2 亿元，竣工时调整为 1.5 亿元（均已扣除国有土地使用权转让相关费用）；每建筑平米的保险金额为 3000 元；
(4) 保险期限：自竣工验收合格满一年之日起十年，即 2009 年 1 月 1 日起，至 2018 年 12 月 31 日止；
(5) 保险费：保险费率 6‰（含附加渗漏扩展责任），预收保险费 72 万元；竣工造价调整后，实收保费调整为 90 万元；

(6) 免赔额：每一保险凭证每次事故免赔 2000 元。

3. 工程确定承包人和施工方案后，在开工前就应当考虑投保建筑工程一切险或安装工程一切。此项保险的一般条件如下：

(1) 投保人：一般为工程建设方或总承包商；

(2) 被保险人：建设方、承包人、分包人、贷款人等等（可参看本书有关部门内容）；

(3) 保险金额和赔偿限额

| 项 目 | 保险金额 |

1) 第一部分建筑工程（包括永久和临时工程及所用材料）：

① 工程承包价： RMB100 000 000.00

（实际总造价调整后应变更为 RMB130 000 000.00）

② 清除残骸费用： RMB300 000 00.00

③ 专业费用： RMB20 000 000.00

第一部分总保险金额： RMB150 000 000.00

特种危险赔偿限额：

| 危险种类 | 赔偿限额 |

① 地震，海啸： RMB120 000 000.00

② 洪水，风暴，暴雨： RMB120 000 000.00

2) 第二部分第三者责任

每次事故赔偿限额： RMB10 000 000.00

其中：人身伤亡 RMB5 000 000.00

财产损失 RMB5 000 000.00

累计赔偿限额： RMB10 000 000.00

每次事故：指不论一次事故或一个事件引起的一系列事故。

(4) 保险期限：与预定的建筑期相同（以"土建工程施工合同条件"之限定为准，如有变动，应及时通知保险公司批改）；保证期：12 个月。

(5) 保险费：按照工期计算保费，第一部分保险费率为 1.4‰，预收保费为 2.1 万元，造价调整后应调整为 2.73 万元；第二部分保险费率为 3‰，保险费为 3 万元；总保险费为 5.73 万元。

(6) 免赔额：第一部分免赔额为：

1) 自然灾害：RMB5000；

2) 其他事故：RMB2500。

第二部分免赔额：每次事故 RMB3000（仅对财产损失）。

4. 在开工前，各承包商可以分头或在建设方的统一组织下，投保雇主责任保险（已经参加社会工伤保险的单位可以投保工伤保险）

(1) 投保人：承包商、分包商等分头为自己投保，也可以由建设方统一组织投保。

(2) 被保险人：用人单位。

(3) 赔偿限额（同时参加施工工作的人员不超过 100 人）

1) 伤亡责任限额：每人 6 万元，累计 600 万元；

2) 医疗费用责任限额：每人 2 万元，累计 200 万元；

总累积责任限额 800 万元。

(4) 保险期限：12 个月，期满后续保。

(5) 保险费：伤亡责任限额保险费率为 0.7‰，保险费为 4.2 万元；医疗费用责任限额保险费率为 1.5‰，保险费为 3 万元；总保险费为 7.2 万元。

(6) 免赔额：每次事故每人医疗费用免赔额 100 元。

5. 建设方在招标时，可以要求相关单位投保不同种类的责任保险，以更好地实施风险控制：工程监理责任保险，建设工程勘察责任保险，建设工程项目咨询责任保险，承运人责任保险，等等。由于相关险种一般不按照单一工程项目运作，因此不再一一展开介绍，请参看本书相关内容。

2. 建筑工程一切险条款

一、第一部分 物质损失

(一) 责任范围

1. 在本保险期限内，若本保险单明细表中分项列明的保险财产在列明的工地范围内，因本保险单除外责任以外的任何自然灾害或意外事故造成的物质损坏或灭失（以下简称"损失"），本公司按本保险单的规定负责赔偿。

2. 对经本保险单列明的因发生上述损失所产生的有关费用，本公司亦可负责赔偿。

3. 本公司对每一保险项目的赔偿责任均不得超过本保险单明细表中对应列明的分项保险金额以及本保险单特别条款或批单中规定的其他适用的赔偿限额。但在任何情况下，本公司在本保险单项下承担的对物质损失的最高赔偿责任不得超过本保险单明细表中列明的总保险金额。

定义

自然灾害：指地震、海啸、雷电、飓风、台风、龙卷风、风暴、暴雨、洪水、水灾、冻灾、冰雹、地崩、山崩、雪崩、火山爆发、地面下陷下沉及其他人力不可抗拒的破坏力强大的自然现象。

意外事故：指不可预料的以及被保险人无法控制并造成物质损失或人身伤亡的突发性事件，包括火灾和爆炸。

(二) 除外责任

本公司对下列各项不负责赔偿：

1. 设计错误引起的损失和费用；

2. 自然磨损、内在或潜在缺陷、物质本身变化、自燃、自热、氧化、锈蚀、渗漏、鼠咬、虫蛀、大气（气候或气温）变化、正常水位变化或其他渐变原因造成的保险财产自身的损失和费用；

3. 因原材料缺陷或工艺不善引起的保险财产本身的损失以及为换置、修理或矫正这些缺点错误所支付的费用；

4. 非外力引起的机械或电气装置的本身损失，或施工用机具、设备、机械装置失灵造成的本身损失；

5. 维修保养或正常检修的费用；

6. 档案、文件、账簿、票据、现金、各种有价证券、图表资料及包装物料的损失；

7. 盘点时发现的短缺；

8. 领有公共运输行驶执照的，或已由其他保险予以保障的车辆、船舶和飞机的损失；

9. 除非另有约定，在保险工程开始以前已经存在或形成的位于工地范围内或其周围的属于被保险人的财产的损失；

10. 除非另有约定，在本保险单保险期限终止以前，保险财产中已由工程所有人签发完工验收证书或验收合格或实际占有或使用或接收的部分。

二、第二部分　第三者责任险

（一）责任范围

1. 在本保险期限内，因发生与本保险单所承保工程直接相关的意外事故引起工地内及邻近区域的第三者人身伤亡、疾病或财产损失，依法应由被保险人承担的经济赔偿责任，本公司按下列条款的规定负责赔偿。

2. 对被保险人因上述原因而支付的诉讼费用以及事先经本公司书面同意而支付的其他费用，本公司亦负责赔偿。

3. 本公司对每次事故引起的赔偿金额以法院或政府有关部门根据现行法律裁定的应由被保险人偿付的金额为准。但在任何情况下，均不得超过本保险单明细表中对应列明的每次事故赔偿限额。在本保险期限内，本公司在本保险单项下对上述经济赔偿的最高赔偿责任不得超过本保险单明细表中列明的累计赔偿限额。

（二）除外责任

本公司对下列各项不负责赔偿：

1. 本保险单物质损失项下或本应在该项下予以负责的损失及各种费用；

2. 由于震动、移动或减弱支撑而造成的任何财产、土地、建筑物的损失及由此造成的任何人身伤害和物质损失；

3. 分为四点：

① 工程所有人、承包人或其他关系方或他们所雇用的在工地现场从事与工程有关工作的职员、工人以及他们的家庭成员的人身伤亡或疾病；

② 工程所有人、承包人或其他关系方或他们所雇用的职员、工人所有的或由其照管、控制的财产发生的损失；

③ 领有公共运输行驶执照的车辆、船舶、飞机造成的事故；

④ 被保险人根据与他人的协议应支付的赔偿或其他款项，但即使没有这种协议，被保险人仍应承担的责任不在此限。

三、总除外责任

在本保险单项下，本公司对下列各项不负责赔偿：

（一）分为三点：

1. 战争、类似战争行为、敌对行为、武装冲突、恐怖活动、谋反、政变引起的任何

损失、费用和责任;

2. 政府命令或任何公共当局的没收、征用、销毁或毁坏;

3. 罢工、暴动、民众骚乱引起的任何损失、费用和责任。

(二) 被保险人及其代表的故意行为或重大过失引起的任何损失、费用和责任;

(三) 核裂变、核聚变、核武器、核材料、核辐射及放射性污染引起的任何损失、费用和责任;

(四) 大气、土地、水污染及其他各种污染引起的任何损失、费用和责任;

(五) 工程部分停工或全部停工引起的任何损失、费用和责任;

(六) 罚金、延误、丧失合同及其他后果损失;

(七) 保险单明细表或有关条款中规定的应由被保险人自行负担的免赔额。

四、保险金额

(一) 本保险单明细表中列明的保险金额应不低于:

1. 建筑工程——保险工程建筑完成时的总价值,包括原材料费用、设备费用、建造费、安装费、运输费和保险费、关税、其他税项和费用,以及由工程所有人提供的原材料和设备的费用;

2. 施工用机器、装置和机械设备——重置同型号、同负载的新机器、装置和机械设备所需的费用;

3. 其他保险项目——由被保险人与本公司商定的金额。

(二) 若被保险人是以保险工程合同规定的工程概算总造价投保,被保险人应:

1. 在本保险项下工程造价中包括的各项费用因涨价或升值原因而超出原保险工程造价时,必须尽快以书面通知本公司,本公司据此调整保险金额;

2. 在保险期限内对相应的工程细节做出精确记录,并允许本公司在合理的时候对该项记录进行查验;

3. 若保险工程的建造期超过三年,必须从本保险单生效日起每隔十二个月向本公司申报当时的工程实际投入金额及调整后的工程总造价,本公司将据此调整保险费;

4. 在本保险单列明的保险期限届满后三个月内向本公司申报最终的工程总价值,本公司据此以多退少补的方式对预收保险费进行调整。

否则,针对以上各条,本公司将视为保险金额不足,一旦发生本保险责任范围内的损失时,本公司将根据本保险单总则中第(六)款的规定对各种损失按比例赔偿。

五、保险期限

(一) 建筑期物质损失及第三者责任保险:

1. 本公司的保险责任自保险工程在工地动工或用于保险工程的材料、设备运抵工地之时起始,至工程所有人对部分或全部工程签发完工验收证书或验收合格,或工程所有人实际占有或使用或接收该部分或全部工程之时终止,以先发生者为准。但在任何情况下,建筑期保险期限的起始或终止不得超出本保险单明细表中列明的建筑期保险生效日或终止日。

2. 不论安装的保险设备的有关合同中对试车和考核期如何规定,本公司仅在本保险单明细表中列明的试车和考核期限内对试车和考核所引发的损失、费用和责任负责赔偿;

若保险设备本身是在本次安装前已被使用过的设备或转手设备,则自其试车之时起,本公司对该项设备的保险责任即行终止。

3. 上述保险期限的展延,须事先获得本公司的书面同意,否则,从本保险单明细表中列明的建筑期保险期限终止日起至保证期终止日止期间内发生的任何损失、费用和责任,本公司不负责赔偿。

(二)保证期物质损失保险:

保证期的保险期限与工程合同中规定的保证期一致,从工程所有人对部分或全部工程签发完工验收证书或验收合格,或工程所有人实际占有或使用或接收该部分或全部工程时起算,以先发生者为准。但在任何情况下,保证期的保险期限不得超出本保险单明细表中列明的保证期。

六、赔偿处理

(一)对保险财产遭受的损失,本公司可选择以支付赔款或以修复、重置受损项目的方式予以赔偿,但对保险财产在修复或重置过程中发生的任何变更、性能增加或改进所产生的额外费用,本公司不负责赔偿。

(二)在发生本保险单物质损失项下的损失后,本公司按下列方式确定赔偿金额:

1. 可以修复的部分损失——以将保险财产修复至其基本恢复受损前状态的费用扣除残值后的金额为准。但若修复费用等于或超过保险财产损失前的价值时,则按下列第2项的规定处理;

2. 全部损失或推定全损——以保险财产损失前的实际价值扣除残值后的金额为准,但本公司有权不接受被保险人对受损财产的委付;

3. 发生损失后,被保险人为减少损失而采取必要措施所产生的合理费用,本公司可予以赔偿,但本项费用以保险财产的保险金额为限。

(三)本公司赔偿损失后,由本公司出具批单将保险金额从损失发生之日起相应减少,并且不退还保险金额减少部分的保险费。如被保险人要求恢复至原保险金额,应按约定的保险费率加缴恢复部分从损失发生之日起至保险期限终止之日止按日比例计算的保险费。

(四)在发生本保险单第三者责任项下的索赔时:

1. 未经本公司书面同意,被保险人或其代表对索赔方不得作出任何责任承诺或拒绝、出价、约定、付款或赔偿。在必要时,本公司有权以被保险人的名义接办对任何诉讼的抗辩或索赔的处理;

2. 本公司有权以被保险人的名义,为本公司的利益自付费用向任何责任方提出索赔的要求。未经本公司书面同意,被保险人不得接受责任方就有关损失作出的付款或赔偿安排或放弃对责任方的索赔权利,否则,由此引起的后果将由被保险人承担;

3. 在诉讼或处理索赔过程中,本公司有权自行处理任何诉讼或解决任何索赔案件,被保险人有义务向本公司提供一切所需的资料和协助。

(五)被保险人的索赔期限,从损失发生之日起,不得超过两年。

七、被保险人的义务

被保险人及其代表应严格履行下列义务:

附　录

（一）在投保时，被保险人及其代表应对投保申请书中列明的事项以及本公司提出的其他事项作出真实、详尽的说明或描述；

（二）被保险人或其代表应根据本保险单明细表和批单中的规定按期缴付保险费；

（三）在本保险期限内，被保险人应采取一切合理的预防措施，包括认真考虑并付诸实施本公司代表提出的合理的防损建议，谨慎选用施工人员，遵守一切与施工有关的法规和安全操作规程，由此产生的一切费用，均由被保险人承担；

（四）在发生引起或可能引起本保险单项下索赔的事故时，被保险人或其代表应：

1. 立即通知本公司，并在七天或经本公司书面同意延长的期限内以书面报告提供事故发生的经过、原因和损失程度；

2. 采取一切必要措施防止损失的进一步扩大并将损失减少到最低程度；

3. 在本公司的代表或检验师进行勘查之前，保留事故现场及有关实物证据；

4. 在保险财产遭受盗窃或恶意破坏时，立即向公安部门报案；

5. 在预知可能引起诉讼时，立即以书面形式通知本公司，并在接到法院传票或其他法律文件后，立即将其送交本公司；

6. 根据本公司的要求提供作为索赔依据的所有证明文件、资料和单据。

（五）若在某一保险财产中发现的缺陷表明或预示类似缺陷亦存在于其他保险财产中时，被保险人应立即自付费用进行调查并纠正该缺陷。否则，由类似缺陷造成的一切损失应由被保险人自行承担。

八、总则

（一）保单效力

被保险人严格地遵守和履行本保险单的各项规定，是本公司在本保险单项下承担赔偿责任的先决条件。

（二）保单无效

如果被保险人或其代表漏报、错报、虚报或隐瞒有关本保险的实质性内容，则本保险单无效。

（三）保单终止

除非经本公司书面同意，本保险单将在下列情况下自动终止：

1. 被保险人丧失保险利益；

2. 承保风险扩大。

本保险单终止后，本公司将按日比例退还被保险人本保险单项下未到期部分的保险费。

（四）权益丧失

如果任何索赔含有虚假成分，或被保险人或其代表在索赔时采取欺诈手段企图在本保险单项下获取利益，或任何损失是由被保险人或其代表的故意行为或纵容所致，被保险人将丧失其在本保险单项下的所有权益。对由此产生的包括本公司已支付的赔款在内的一切损失，应由被保险人负责赔偿。

（五）合理查验

本公司的代表有权在任何适当的时候对保险财产的风险情况进行现场查验。被保险人应提供一切便利及本公司要求的用以评估有关风险的详情和资料。但上述查验并不构成本公司对被保险人的任何承诺。

(六) 比例赔偿

在发生本保险物质损失项下的损失时，若受损保险财产的分项或总保险金额低于对应的应保险金额(见四、保险金额)，其差额部分视为被保险人所自保，本公司则按本保险单明细表中列明的保险金额与应保险金额的比例负责赔偿。

(七) 重复保险

本保险单负责赔偿损失、费用或责任时，若另有其他保障相同的保险存在，不论是否由被保险人或他人以其名义投保，也不论该保险赔偿与否，本公司仅负责按比例分摊赔偿的责任。

(八) 权益转让

若本保险单项下负责的损失涉及其他责任方时，不论本公司是否已赔偿被保险人，被保险人应立即采取一切必要的措施行使或保留向该责任方索赔的权利。在本公司支付赔款后，被保险人应将向该责任方追偿的权利转让给本公司，移交一切必要的单证，并协助本公司向责任方追偿。

(九) 争议处理

被保险人与本公司之间的一切有关本保险的争议应通过友好协商解决。如果协商不成，可申请仲裁或向法院提出诉讼。除事先另有协议外，仲裁或诉讼应在被告方所在地进行。

3. 安装工程一切险条款

一、第一部分——物质损失

(一) 责任范围

1. 在本保险期限内，若本保险单明细表中分项列明的保险财产在列明的工地范围内，因本保险单除外责任以外的任何自然灾害或意外事故造成的物质损坏或灭失(以下简称"损失")，本公司按本保险单的规定负责赔偿。

2. 对经本保险单列明的因发生上述损失所产生的有关费用，本公司亦可负责赔偿。

3. 本公司对每一保险项目的赔偿责任均不得超过本保险单明细表中对应列明的分项保险金额以及本保险单特别条款或批单中规定的其他适用的赔偿限额。但在任何情况下，本公司在本保险单项下承担的对物质损失的最高赔偿责任不得超过本保险单明细表中列明的总保险金额。

定义

自然灾害：指地震、海啸、雷电、飓风、台风、龙卷风、风暴、暴雨、洪水、水灾、冻灾、冰雹、地崩、山崩、雪崩、火山爆发、地面下陷下沉及其他人力不可抗拒的破坏力强大的自然现象。

意外事故：指不可预料的以及被保险人无法控制并造成物质损失或人身伤亡的突发性

附 录

事件,包括火灾和爆炸。

(二) 除外责任

本公司对下列各项不负责赔偿:

1. 因设计错误、铸造或原材料缺陷或工艺不善引起的保险财产本身的损失以及为换置、修理或矫正这些缺点错误所支付的费用;

2. 由于超负荷、超电压、碰线、电弧、漏电、短路、大气放电及其他电气原因造成电气设备或电气用具本身的损失;

3. 施工用机具、设备、机械装置失灵造成的本身损失;

4. 自然磨损、内在或潜在缺陷、物质本身变化、自燃、自热、氧化、锈蚀、渗漏、鼠咬、虫蛀、大气(气候或气温)变化、正常水位变化或其他渐变原因造成的保险财产自身的损失和费用;

5. 维修保养或正常检修的费用;

6. 档案、文件、账簿、票据、现金、各种有价证券、图表资料及包装物料的损失;

7. 盘点时发现的短缺;

8. 领有公共运输行驶执照的,或已由其他保险予以保障的车辆、船舶和飞机的损失;

9. 除非另有约定,在保险工程开始以前已经存在或形成的位于工地范围内或其周围的属于被保险人的财产的损失;

10. 除非另有约定,在本保险单保险期限终止以前,保险财产中已由工程所有人签发完工验收证书或验收合格或实际占有或使用或接收的部分。

二、第二部分——第三者责任险

(一) 责任范围

1. 在本保险期限内,因发生与本保险单所承保工程直接相关的意外事故引起工地内及邻近区域的第三者人身伤亡、疾病或财产损失,依法应由被保险人承担的经济赔偿责任,本公司按下列条款的规定负责赔偿。

2. 对被保险人因上述原因而支付的诉讼费用以及事先经本公司书面同意而支付的其他费用,本公司亦负责赔偿。

3. 本公司对每次事故引起的赔偿金额以法院或政府有关部门根据现行法律裁定的应由被保险人偿付的金额为准。但在任何情况下,均不得超过本保险单明细表中对应列明的每次事故赔偿限额。在本保险期限内,本公司在本保险单项下对上述经济赔偿的最高赔偿责任不得超过本保险单明细表中列明的累计赔偿限额。

(二) 除外责任

本公司对下列各项不负责赔偿:

1. 本保险单物质损失项下或本应在该项下予以负责的损失及各种费用;

2. 分为四点:

1) 工程所有人、承包人或其他关系方或他们所雇用的在工地现场从事与工程有关工作的职员、工人以及他们的家庭成员的人身伤亡或疾病;

2) 工程所有人、承包人或其他关系方或他们所雇用的职员、工人所有的或由其照管、

控制的财产发生的损失;

3) 领有公共运输行驶执照的车辆、船舶、飞机造成的事故;

4) 被保险人根据与他人的协议应支付的赔偿或其他款项,但即使没有这种协议,被保险人仍应承担的责任不在此限。

三、总除外责任

(一) 在本保险单项下,本公司对下列各项不负责赔偿:

1. 战争、类似战争行为、敌对行为、武装冲突、恐怖活动、谋反、政变引起的任何损失、费用和责任;

2. 政府命令或任何公共当局的没收、征用、销毁或毁坏;

3. 罢工、暴动、民众骚乱引起的任何损失、费用和责任。

(二) 被保险人及其代表的故意行为或重大过失引起的任何损失、费用和责任;

(三) 核裂变、核聚变、核武器、核材料、核辐射及放射性污染引起的任何损失、费用和责任;

(四) 大气、土地、水污染及其他各种污染引起的任何损失、费用和责任;

(五) 工程部分停工或全部停工引起的任何损失、费用和责任;

(六) 罚金、延误、丧失合同及其他后果损失;

(七) 保险单明细表或有关条款中规定的应由被保险人自行负担的免赔额。

四、保险金额

(一) 本保险单明细表中列明的保险金额应不低于:

1. 安装工程——保险工程安装完成时的总价值,包括原设备费用、原材料费用、安装费、建造费、运输费和保险费、关税、其他税项和费用,以及由工程所有人提供的原材料和设备的费用;

2. 施工用机器、装置和机械设备——重置同型号、同负载的新机器、装置和机械设备所需的费用;

3. 其他保险项目——由被保险人与本公司商定的金额。

(二) 若被保险人是以保险工程合同规定的工程概算总造价投保,被保险人应:

1. 在本保险项下工程造价中包括的各项费用因涨价或升值原因而超出原保险工程造价时,必须尽快以书面通知本公司,本公司据此调整保险金额;

2. 在保险期限内对相应的工程细节作出精确记录,并允许本公司在合理的时候对该项记录进行查验;

3. 若保险工程的安装期超过三年,必须从本保险单生效日起每隔十二个月向本公司申报当时的工程实际投入金额及调整后的工程总造价,本公司将据此调整保险费;

4. 在本保险单列明的保险期限届满后三个月内向本公司申报最终的工程总价值,本公司据此以多退少补的方式对预收保险费进行调整。

否则,针对以上各条,本公司将视为保险金额不足,一旦发生本保险责任范围内的损失时,本公司将根据本保险单总则中第(六)款的规定对各种损失按比例赔偿。

五、保险期限

（一）安装期物质损失及第三者责任保险：

1. 本公司的保险责任自保险工程在工地动工或用于保险工程的材料、设备运抵工地之时起始，至工程所有人对部分或全部工程签发完工验收证书或验收合格，或工程所有人实际占有或使用或接收该部分或全部工程之时终止，以先发生者为准。但在任何情况下，按工期保险期限的起始或终止不得超出本保险单明细表中列明的按工期保险生效日或终止日。

2. 不论安装的保险设备的有关合同中对试车和考核期如何规定，本公司仅在本保险单明细表中列明的试车和考核期限内对试车和考核所引发的损失、费用和责任负责赔偿；若保险设备本身是在本次安装前已被使用过的设备或转手设备，则自其试车之时起，本公司对该项设备的保险责任即行终止。

3. 上述保险期限的展延，须事先获得本公司的书面同意，否则，从本保险单明细表中列明的按工期保险期限终止日起至保证期终止日止期间内发生的任何损失、费用和责任，本公司不负责赔偿。

（二）保证期物质损失保险：

保证期的保险期限与工程合同中规定的保证期一致，从工程所有人对部分或全部工程签发完工验收证书或验收合格，或工程所有人实际占有或使用或接收该部分或全部工程时起算，以先发生者为准。但在任何情况下，保证期的保险期限不得超过本保险单明细表中列明的保证期。

六、赔偿处理

（一）对保险财产遭受的损失，本公司可选择以支付赔款或以修复、重置受损项目的方式予以赔偿，但对保险财产在修复或重置过程中发生的任何变更、性能增加或改进所产生的额外费用，本公司不负责赔偿。

（二）在发生本保险单物质损失项下的损失后，本公司按下列方式确定赔偿金额：

1. 可以修复的部分损失——以将保险财产修复至其基本恢复受损前状态的费用扣除残值后的金额为准。但若修复费用等于或超过保险财产损失前的价值时，则按下列第2项的规定处理；

2. 全部损失或推定全损——以保险财产损失前的实际价值扣除残值后的金额为准，但本公司有权不接受被保险人对受损财产的委付；

3. 任何属于成对或成套的设备项目，若发生损失，本公司的赔偿责任不超过该受损项目在所属整对或整套设备项目的保险金额中所占的比例；

4. 发生损失后，被保险人为减少损失而采取必要措施所产生的合理费用，本公司可予以赔偿，但本项费用以保险财产的保险金额为限。

（三）本公司赔偿损失后，由本公司出具批单将保险金额从损失发生之日起相应减少，并且不退还保险金额减少部分的保险费。如被保险人要求恢复至原保险金额，应按约定的保险费率加缴恢复部分从损失发生之日起至保险期限终止之日止按日比例计算的保险费。

（四）在发生本保险单第三者责任项下的索赔时：

1. 未经本公司书面同意，被保险人或其代表对索赔方不得作出任何责任承诺或拒绝、出价、约定、付款或赔偿。在必要时，本公司有权以被保险人的名义接办对任何诉讼的抗辩或索赔的处理；

2. 本公司有权以被保险人的名义，为本公司的利益自付费用向任何责任方提出索赔的要求。未经本公司书面同意，被保险人不得接受责任方就有关损失作出的付款或赔偿安排或放弃对责任方的索赔权利，否则，由此引起的后果将由被保险人承担；

3. 在诉讼或处理索赔过程中，本公司有权自行处理任何诉讼或解决任何索赔案件，被保险人有义务向本公司提供一切所需的资料和协助。

（五）被保险人的索赔期限，从损失发生之日起，不得超过两年。

七、被保险人的义务

被保险人及其代表应严格履行下列义务：

（一）在投保时，被保险人及其代表应对投保申请书中列明的事项以及本公司提出的其他事项作出真实、详尽的说明或描述；

（二）被保险人或其代表应根据本保险单明细表和批单中的规定按期缴付保险费；

（三）在本保险期限内，被保险人应采取一切合理的预防措施，包括认真考虑并付诸实施本公司代表提出的合理的防损建议，谨慎选用施工人员，遵守一切与施工有关的法规和安全操作规程，由此产生的一切费用，均由被保险人承担；

（四）在发生引起或可能引起本保险单项下索赔的事故时，被保险人或其代表应：

1. 立即通知本公司，并在七天或经本公司书面同意延长的期限内以书面报告提供事故发生的经过、原因和损失程度；

2. 采取一切必要措施防止损失的进一步扩大并将损失减少到最低程度；

3. 在本公司的代表或检验师进行勘查之前，保留事故现场及有关实物证据；

4. 在保险财产遭受盗窃或恶意破坏时，立即向公安部门报案；

5. 在预知可能引起诉讼时，立即以书面形式通知本公司，并在接到法院传票或其他法律文件后，立即将其送交本公司；

6. 根据本公司的要求提供作为索赔依据的所有证明文件、资料和单据。

（五）若在某一保险财产中发现的缺陷表明或预示类似缺陷亦存在于其他保险财产中时，被保险人应立即自付费用进行调查并纠正该缺陷。否则，由类似缺陷造成的一切损失应由被保险人自行承担。

八、总则

（一）保单效力

被保险人严格地遵守和履行本保险单的各项规定，是本公司在本保险单项下承担赔偿责任的先决条件。

（二）保单无效

如果被保险人或其代表漏报、错报、虚报或隐瞒有关本保险的实质性内容，则本保险单无效。

（三）保单终止

除非经本公司书面同意，本保险单将在下列情况下自动终止：

1. 被保险人丧失保险利益；
2. 承保风险扩大。

本保险单终止后，本公司将按日比例退还被保险人本保险单项下未到期部分的保险费。

（四）权益丧失

如果任何索赔含有虚假成分，或被保险人或其代表在索赔时采取欺诈手段企图在本保险单项下获取利益，或任何损失是由被保险人或其代表的故意行为或纵容所致，被保险人将丧失其在本保险单项下的所有权益。对由此产生的包括本公司已支付的赔款在内的一切损失，应由被保险人负责赔偿。

（五）合理查验

本公司的代表有权在任何适当的时候对保险财产的风险情况进行现场查验。被保险人应提供一切便利及本公司要求的用以评估有关风险的详情和资料。但上述查验并不构成本公司对被保险人的任何承诺。

（六）比例赔偿

在发生本保险物质损失项下的损失时，若受损保险财产的分项或总保险金额低于对应的该保险金额（见四、保险金额），其差额部分视为被保险人所自保，本公司则按本保险单明细表中列明的保险金额与该保险金额的比例负责赔偿。

（七）重复保险

本保险单负责赔偿损失、费用或责任时，若另有其他保障相同的保险存在，不论是否由被保险人或他人以其名义投保，也不论该保险赔偿与否，本公司仅负责按比例分摊赔偿的责任。

（八）权益转让

若本保险单项下负责的损失涉及其他责任方时，不论本公司是否已赔偿被保险人，被保险人应立即采取一切必要的措施行使或保留向该责任方索赔的权利。在本公司支付赔款后，被保险人应将向该责任方追偿的权利转让给本公司，移交一切必要的单证，并协助本公司向责任方追偿。

（九）争议处理

被保险人与本公司之间的一切有关本保险的争议应通过友好协商解决。如果协商不成，可申请仲裁或向法院提出诉讼。除事先另有协议外，仲裁或诉讼应在被告方所在地进行。

九、特别条款

下列特别条款适用于本保险单的各个部分，若其与本保险单的其他规定相冲突，则以下列特别条款为准。

4. 中国人民财产保险股份有限公司建筑工程质量保险条款

总　则

第一条　本保险合同由保险条款、保险单、保险凭证、批单及投保单组成。凡涉及本保险合同的约定，均应采用书面形式。

第二条　凡获得国家或当地建设主管部门资质认可的建筑开发商均可作为本保险合同的投保人，于工程开工前就其开发的住宅商品房及写字楼工程（以下简称建筑物）投保本保险。

第三条　对上述建筑物具有所有权的自然人、法人或其他组织为本保险合同的被保险人。

保 险 责 任

第四条　本保险合同中载明的、由投保人开发的建筑物，按规定的建设程序竣工验收合格满一年后，经保险人指定的建筑工程质量检查控制机构检查通过，在正常使用条件下，因潜在缺陷在保险期间内发生下列质量事故造成建筑物的损坏，经被保险人向保险人提出索赔申请，保险人按照本保险合同的约定负责赔偿修理、加固或重置的费用：

（一）整体或局部倒塌；
（二）地基产生超出设计规范允许的不均匀沉降；
（三）阳台、雨篷、挑檐等悬挑构件坍塌或出现影响使用安全的裂缝、破损、断裂；
（四）主体结构部位出现影响结构安全的裂缝、变形、破损、断裂。

正常使用：指按照建筑物的原设计条件使用，包括但不限于：（1）不改变建筑物主体结构；（2）不改变使用用途；（3）不超过设计荷载。

潜在缺陷：指在竣工验收合格满一年后，保险人指定的建筑工程质量检查控制机构检查时未能发现的引起建筑物损坏的缺陷，包括勘察缺陷、设计缺陷、施工缺陷和建筑材料缺陷。

建筑物的损坏：指投保人交付给被保险人的建筑物出现结构损坏或渗漏。投保人交付时的建筑物包含装修、设备、设施的，该装修、设备、设施因前述结构损坏或渗漏造成的损坏，也在建筑物的损坏范围内。

主体结构部位：指建筑物的基础、墙体、柱、梁、楼盖、屋盖等。

修理、加固费用：包括材料费、人工费、专家费、残骸清理费等必要、合理的费用。

责 任 免 除

第五条　下列原因造成建筑物的损坏，保险人不负责赔偿：
（一）投保人、被保险人的故意行为；
（二）战争、敌对行动、军事行动、武装冲突、罢工、骚乱、暴动、恐怖活动；
（三）行政行为或司法行为；
（四）被保险人使用不当或改动结构、设备位置和原防水措施；
（五）核辐射、核裂变、核聚变、核污染及其他放射性污染；
（六）雷电、暴风、台风、龙卷风、暴雨、洪水、雪灾、海啸、地震、崖崩、滑坡、泥石流、地面塌陷等自然灾害；
（七）火灾、爆炸；
（八）外界物体碰撞、空中运行物体坠落；
（九）建筑物附近施工影响。

第六条　对于下列各项，保险人不负责赔偿：

（一）在对建筑物进行修复过程中发生的功能改变或性能提高所产生的额外费用；
（二）人身伤亡；
（三）被保险人在入住后添置的包括装修在内的任何财产的损失；
（四）任何性质的间接损失；
（五）本保险合同载明的免赔额。

第七条 其他不属于保险责任范围内的一切损失和费用，保险人也不负责赔偿。

保险合同成立、生效与保险期间

第八条 凡符合本保险合同第二条约定的投保人，于工程开工前投保本保险，保险人同意承保，本保险合同成立。

第九条 建筑物竣工验收合格满一年后，投保人应就其开发的建筑物，向保险人指定的建筑工程质量检查控制机构申请质量检查，上述机构检查通过后，本保险合同自检查通过之日起生效。

第十条 保险期间为十年，自保险合同生效之日起算。保险期间开始前，保险人不承担保险责任。

保险金额、保险费与免赔额

第十一条 保险金额包括总保险金额、单位建筑面积保险金额和每张保险凭证的保险金额。

总保险金额＝保险合同生效时建筑物的平均销售价格（元/平方米）×实际建筑物总面积－建筑物的土地使用权转让价

单位建筑面积保险金额＝总保险金额/建筑物总面积

每张保险凭证的保险金额＝被保险人所购买单元的建筑物的建筑面积×单位建筑面积保险金额

对于投保人尚未出售的建筑物的保险金额也按照本条每张保险凭证的保险金额的约定计算。

第十二条 保险合同成立时，保险人依据投保人确定的预计平均销售价格与预计建筑物总面积计收预付保险费。在保险合同生效后，投保人应向保险人提供保险合同生效时建筑物的平均销售价格和实际建筑物总面积，保险人据此计算总保险金额和实际保险费。预付保险费低于实际保险费的，投保人应补足差额；预付保险费高于实际保险费的，保险人退回高出的部分。

第十三条 免赔额为每张保险凭证的每次事故的免赔额，由投保人与保险人在签订保险合同时协商确定，并在保险合同中载明。

投保人、被保险人义务

第十四条 投保人应履行如实告知义务，如实回答保险人就投保建筑物及投保人的有关情况提出的询问，并如实填写投保单。

投保人故意隐瞒事实，不履行如实告知义务的，或者因过失未履行如实告知义务，足以影响保险人决定是否同意承保或者提高保险费率的，保险人有权解除保险合同，保险合同自保险人的解约通知书到达投保人时解除。

投保人故意不履行如实告知义务的，保险人对于保险合同解除前发生的保险事故，不承担赔偿责任，并不退还保险费。

投保人因过失未履行如实告知义务，对保险事故的发生有严重影响的，保险人对于保险合同解除前发生的保险事故，不承担赔偿责任，但可退还保险费。

第十五条 保险合同生效时，投保人应向保险人提供竣工验收合格证书，工程施工承包单位出具的工程质量保修书、建筑物使用说明书，保险人指定的建筑工程质量检查控制机构在竣工验收时对投保建筑物出具的建筑工程竣工验收质量评估报告和在竣工验收合格满一年后对投保建筑物出具的建筑工程质量检查通过的报告等文件。

若投保人无法或不提供前述文件，保险人有权解除本保险合同。

第十六条 投保人应在保险合同成立时一次性交清预付保险费，并在保险合同生效时补足预付保险费与实际保险费的差额。实际保险费交清前发生的保险事故，保险人不承担赔偿责任。

第十七条 本保险合同生效前，投保人向社会公众就投保本保险事宜进行宣传或报道时，其内容必须事先得到保险人的书面认可，不得利用本保险欺骗或误导社会公众。

若投保人违反前述约定擅自进行宣传，保险人有权解除本保险合同，且保险人对于投保人对社会公众所做的欺骗或误导性宣传不承担任何赔偿责任，同时，保险人有权就因此产生的损失向投保人索赔。

第十八条 投保人应接受并积极配合保险人指定的建筑工程质量检查控制机构对投保建筑物在施工期间和竣工验收一年后进行的质量检查工作。

第十九条 投保人应严格遵守有关建筑工程质量的法律、法规以及国家及政府有关部门制定的其他相关法律、法规及规定，加强管理，采取合理的预防措施，尽力避免或减少工程质量事故的发生；被保险人应严格按照建筑物使用说明书的要求使用建筑物。

保险人可以对投保人、被保险人遵守前款约定的情况进行检查，向投保人、被保险人提出消除不安全因素和隐患的书面建议，投保人、被保险人应该认真付诸实施。

投保人、被保险人未遵守上述约定而导致保险事故的，保险人不承担赔偿责任；投保人、被保险人未遵守上述约定而导致损失扩大的，保险人对扩大部分的损失不承担赔偿责任。

第二十条 在保险期间内，如建筑物发生转让的，转让人和受让人应及时书面通知保险人，经保险人在保险凭证上进行批注后，该受让人成为被保险人，享有被保险人在本保险合同下的相应权益。

第二十一条 在保险期间内，如建筑物的用途及其他可能导致建筑物危险程度增加的重要事项变更，被保险人应及时书面通知保险人，保险人有权要求增加保险费或者解除合同。保险人要求解除保险合同的，保险人按照保险责任开始之日起至合同解除之日止与保险期间的日比例计收保险费后，退还剩余部分保险费。

被保险人未履行上述通知义务，因建筑物危险程度增加而导致保险事故发生的，保险人不承担赔偿责任。

第二十二条 发生本保险责任范围内的事故，被保险人应该：

（一）尽力采取必要、合理的措施，防止或减少损失，否则，对因此扩大的损失，保险人不承担赔偿责任；

（二）立即通知保险人，并书面说明事故发生的原因、经过和损失情况；对因未及时通知导致保险人无法对事故原因进行合理查勘的，保险人不承担赔偿责任；对因未及时通知导致保险人无法核实损失情况的，保险人对无法核实部分不承担赔偿责任；

（三）保护事故现场，允许并且协助保险人进行事故调查；对于拒绝或者妨碍保险人进行事故调查导致无法认定事故原因或核实损失情况的，保险人不承担赔偿责任。

第二十三条　被保险人向保险人请求赔偿时，应提交保险单或保险凭证、索赔申请、损失清单、房产所有权证明文件、建筑工程质量保修书，以及保险人合理要求的有效的、作为请求赔偿依据的其他证明材料。

被保险人未履行前款约定的单证提供义务，导致保险人无法核实损失情况的，保险人对无法核实部分不承担赔偿责任。

第二十四条　被保险人在请求赔偿时应当如实向保险人说明与本保险合同保险责任有关的其他保险合同的情况。对未如实说明导致保险人多支付保险金的，保险人有权向被保险人追回多支付的部分。

第二十五条　发生保险责任范围内的损失，应由投保人之外的有关责任方负责赔偿的，被保险人应行使或保留向该责任方请求赔偿的权利。

保险事故发生后，保险人未履行赔偿义务之前，被保险人放弃对该责任方请求赔偿的权利的，保险人不承担赔偿责任。

在保险人向该责任方行使代位请求赔偿权利时，被保险人应当向保险人提供必要的文件和其所知道的有关情况。

由于被保险人的过错致使保险人不能行使代位请求赔偿的权利的，保险人相应扣减赔偿金额。

赔偿处理

第二十六条　被保险人与保险人之间就建筑物的损坏是否由于保险责任范围内的质量事故所致，或就损坏的建筑物是否需要加固或重建存在争议时，应以双方共同认可的建筑工程质量检测鉴定机构的检测鉴定结果为准。

如检测鉴定结果认定建筑物损坏全部或部分属于本保险合同约定的保险责任范围，保险人承担全部或相应部分的检测鉴定费用；如检测鉴定结果认定建筑物损坏不属于本保险合同约定的保险责任范围，保险人不承担检测鉴定费用。

第二十七条　建筑物发生保险责任范围内的质量事故，需要进行修理或加固的，保险人在每张保险凭证的保险金额范围内根据实际发生的修理或加固费用扣除每张保险凭证的每次事故免赔额进行赔偿。在保险期间内，保险人在每一保险凭证项下的赔偿金额不论对于一次事故还是对于多次事故累计均以每张保险凭证的保险金额为限。

建筑物发生保险责任范围内的质量事故，需要重建的，保险人在每张保险凭证的保险金额范围内根据实际重建费用扣除每张保险凭证的每次事故免赔额进行赔偿。保险人将相当于每张保险凭证的保险金额的赔款支付给被保险人后，保险合同终止。

在保险期间内，保险人所承担的赔偿金额累计不超过总保险金额。

第二十八条　被保险人对建筑物进行修理或加固必须得到保险人的书面认可。否则，保险人不承担赔偿责任。

第二十九条 保险事故发生时，如果存在保障相同的保险，保险人按照本保险合同的相应保险金额与所有有关保险合同的相应保险金额或责任限额总和的比例承担赔偿责任。

其他保险人应承担的赔偿金额，本保险人不负责垫付。

第三十条 保险人收到被保险人的赔偿请求后，应当及时作出核定，并将核定结果通知被保险人；对属于保险责任的，在与被保险人达成有关赔偿金额的协议后十日内，履行赔偿义务。

第三十一条 被保险人对保险人请求赔偿的权利，自其知道保险事故发生之日起二年不行使而消灭。

争议处理

第三十二条 因履行本保险合同发生的争议，由当事人协商解决。协商不成的，提交保险合同载明的仲裁机构仲裁；保险合同未载明仲裁机构或者争议发生后未达成仲裁协议的，可向人民法院起诉。

第三十三条 本保险合同的争议处理适用中华人民共和国法律。

其他事项

第三十四条 若投保建筑物竣工验收满一年后，未经保险人指定的建筑工程质量检查控制机构检查通过，或者发生本条款第十五条第二款或第十七条第二款约定情形的，保险人可解除本保险合同，投保人应当向保险人支付相当于预付保险费10%的手续费，保险人应当退还剩余部分预付保险费。

第三十五条 本保险合同成立后，未经被保险人书面同意，投保人不得解除本保险合同；经全体被保险人书面同意，投保人方可解除保险合同。

保险责任开始前，投保人要求解除保险合同的，自通知保险人之日起，保险合同解除，投保人应当向保险人支付相当于实际保险费10%的手续费，保险人应当退还剩余部分预付保险费；保险责任开始后，投保人要求解除保险合同的，自通知保险人之日起，保险合同解除，保险人按照附表规定的短期费率计算收取自保险责任开始之日起至合同解除之日止期间的保险费，并退还剩余部分保险费。

附表：短期费率表

保险期间(年)	1年	2年	3年	4年	5年	6年	7年	8年	9年	10年
保险费率的百分比(%)	35	60	72	79	85	90	94	97	99	100

注：保险期间不足一年的部分，按一年计算。

中国人民财产保险股份有限公司建筑工程质量保险附加渗漏扩展条款

经保险合同双方特别约定，鉴于投保人向保险人出具了保险合同中载明建筑物的防渗漏工程已达到国家相关验收标准的证明文件，且投保人已支付相应附加保险费，本保险合同扩展承保在本附加险条款保险期间内，因屋面、外墙面、厨房和卫生间地面、地下室、管道防渗漏工程的潜在缺陷发生渗漏所产生的修理、加固或重置费用。

本附加险条款的保险期间为五年,自建筑物竣工验收合格满一年后,经保险人指定的建筑工程质量检查控制机构对建筑物的质量检查通过之日起算。

保险责任开始后,投保人要求解除保险合同的,自通知保险人之日起,保险合同解除,保险人按照附表规定的短期费率计算收取自保险责任开始之日起至合同解除之日止期间的保险费,并退还剩余部分保险费。

本附加险条款与主险条款相抵触之处,以本附加险条款为准;其他未尽事项以主险条款为准。

附表:短期费率表

保险期间(年)	1年	2年	3年	4年	5年
保险费率的百分比(%)	40	70	85	95	100

注:保险期间不足一年的部分,按一年计算。

5. 建设工程勘察责任保险条款

保 险 对 象

第一条 凡经建设行政主管部门批准,取得相应资质并经工商行政管理部门登记注册,依法设立的建设工程勘察单位,均可作为本保险的被保险人。

保 险 责 任

第二条 被保险人在本保险单明细表中列明的保险期限或追溯期内完成勘察(出具勘察成果文件之日为完成勘察之日)的、位于中华人民共和国境内(不包括港、澳、台地区)的建设工程,由于被保险人勘察工作中的过失发生工程质量事故造成下列损失,在本保险期限内,由建设单位向被保险人首次提出索赔申请,依据中华人民共和国法律应由被保险人承担赔偿责任时,保险人根据本保险单的约定负责赔偿:

(一)建设工程本身的损坏;

(二)第三者的人身伤亡和财产损失。

第三条 下列费用,保险人也负责赔偿:

(一)仲裁或诉讼费用及事先经保险人书面同意支付的律师费用;

(二)保险责任事故发生时,被保险人为控制或减少损失所支付的必要的、合理的费用。

第四条 对于每次事故,保险人就上述第二条、第三条(一)项下的赔偿金额和第三条(二)项下的赔偿金额分别不超过本保险单明细表中列明的每次事故赔偿限额;对于每人人身伤亡,保险人的赔偿金额不超过本保险单明细表中列明的每人人身伤亡赔偿限额;在保险期限内,保险人的累计赔偿金额不超过本保险单明细表中列明的累计赔偿限额。

责 任 免 除

第五条 下列原因造成的损失、费用和责任，保险人不负责赔偿：

（一）战争、类似战争行为、敌对行为、军事行动、武装冲突、恐怖活动、罢工、骚乱、暴动；

（二）国家机关的行政行为或执法行为；

（三）核反应、核子辐射和放射性污染；

（四）地震、雷击、暴雨、洪水、台风等自然灾害；

（五）火灾、爆炸。

第六条 下列原因造成的损失、费用和责任，保险人也不负责赔偿：

（一）被保险人或其代表的故意行为；

（二）建设单位提供的资料、文件的毁损、灭失或丢失；

（三）他人冒用被保险人的名义进行工程勘察；

（四）被保险人将工程勘察业务转包或违法分包给其他单位或者个人；

（五）被保险人承接超越其国家规定的资质等级许可范围的工程勘察业务；

（六）被保险人被吊销《工程勘察资质证书》后或被责令停业整顿期间继续承接工程勘察业务。

第七条 对于下列各项，保险人不负责赔偿：

（一）被保险人未签订《建设工程勘察合同》进行勘察的建设工程发生的任何损失；

（二）因被保险人延迟交付勘察成果文件所致的任何性质的损失；

（三）由于保险责任事故造成的任何性质的间接损失；

（四）被保险人或其雇员的人身伤亡及其所有或管理的财产损失；

（五）罚款、罚金、惩罚性赔款；

（六）精神损害赔偿责任；

（七）本保险单明细表或有关条款中列明的免赔额。

第八条 其他不属于保险责任范围内的损失、费用和责任，保险人不负责赔偿。

投保人、被保险人义务

第九条 投保人应履行如实告知的义务，并如实回答保险人提出的询问。

投保人故意隐瞒事实，不履行如实告知义务的，或者因过失未履行如实告知义务，足以影响保险人决定是否同意承保或者提高保险费率的，保险人有权解除保险合同。

投保人故意不履行如实告知义务的，保险人对于保险合同解除前发生的保险事故，不承担赔偿或者给付保险金的责任，并不退还保险费。

投保人因过失未履行如实告知义务，对保险事故的发生有严重影响的，保险人对于保险合同解除前发生的保险事故，不承担赔偿或者给付保险金的责任，但可以退还保险费。

第十条 投保人应按照本保险单明细表中列明的交费日期一次性交清全部保险费。

第十一条 在本保险期限内，保险单明细表中列明的事项发生变更的，被保险人应及时书面通知保险人。

第十二条 被保险人获悉索赔方可能会向法院提起诉讼时，或在接到法院传票或其他法律文书后，应立即以书面形式通知保险人。

第十三条 发生本保险责任范围内的事故时，被保险人应采取必要的措施，控制或减少损失；立即通知保险人，并书面说明事故发生的原因、经过和损失程度。

第十四条 被保险人应遵守国家及政府有关部门制定的相关法律、法规及规定，加强管理，采取合理的预防措施，尽力避免或减少工程勘察责任事故的发生。

第十五条 本保险期限届满时，被保险人应将在本保险期限内签订的所有《建设工程勘察合同》的副本送交保险人备案。

第十六条 投保人或被保险人如果不履行上述第十条至第十五条约定的各自应尽的任何一项义务，保险人均有权不承担赔偿责任，或从解约通知书送达投保人时解除本保险合同。

赔 偿 处 理

第十七条 发生保险责任范围内的事故时，未经保险人书面同意，被保险人或其代表对索赔方不得作出任何承诺、拒绝、出价、约定、付款或赔偿。必要时，保险人可以被保险人的名义对仲裁或诉讼进行抗辩或处理有关索赔事宜。

第十八条 由被保险人勘察的建设工程发生工程质量事故的，保险人以中华人民共和国人民法院判决的、仲裁机构裁决的或政府建设行政主管部门裁定的应由被保险人承担的赔偿责任作为赔偿的依据。

第十九条 被保险人向保险人申请赔偿时，应提交保险单正本、索赔申请、损失清单、证明事故责任人与被保险人存在雇佣关系的证明材料、事故责任人的执业资格证书、赔偿责任认定文件、与委托人签订的《建设工程勘察合同》正本以及其他必要的有效单证材料。

第二十条 发生本保险责任范围内的损失，应由有关责任方负责赔偿的，被保险人应立即以书面形式向该责任方提出索赔，并积极采取措施向该责任方进行索赔。保险人自向被保险人赔付之日起，取得在赔偿金额范围内代位追偿的权利。保险人向有关责任方行使代位追偿时，被保险人应当积极协助，并提供必要的文件和有关情况。

第二十一条 收到被保险人的赔偿请求后，保险人应及时做出核定，对属于保险责任的，保险人应在与被保险人达成有关赔偿协议后10日内，履行赔偿义务。

第二十二条 保险人进行赔偿后，累计赔偿限额应相应减少。被保险人需增加时，应补交保险费，由保险人出具批单批注。应补交的保险费为：原保险费×保险事故发生日至保险期限终止日之间的天数/保险期限(天)×增加的累计赔偿限额/原累计赔偿限额。

第二十三条 本保险单负责赔偿损失、费用或责任时，若另有其他保障相同的保险存在，不论是否由被保险人或他人以其名义投保，也不论该保险赔偿与否，本保险单仅负责按比例分摊赔偿的责任。其他保险人应承担的赔偿份额，本保险人不负责垫付。

第二十四条 被保险人对保险人请求赔偿的权利，自其知道保险事故发生之日起二年不行使而消灭。

争 议 处 理

第二十五条 本保险合同的争议解决方式由投保人、被保险人与保险人从下列两种方式选择一种，并列明于本保险单明细表中：

（一）因履行本保险合同发生争议，由投保人、被保险人与保险人协商解决。协商不成的，提交仲裁委员会仲裁；

（二）因履行本保险合同发生争议，由投保人、被保险人与保险人协商解决。协商不成的，依法向人民法院起诉。

第二十六条 本保险合同的争议处理适用中华人民共和国法律。

其 他 事 项

第二十七条 本保险合同生效后，投保人可随时书面申请解除本保险合同，保险人亦可提前15日向投保人发出解约通知书解除本保险合同，保险费按日平均计收。

6. 建筑工程设计责任条款

保 险 对 象

第一条 凡经国家建设行政主管部门批准，取得相应资质证书并经工商行政管理部门注册登记依法成立的建设工程设计单位，均可作为被保险人。

保 险 责 任

第二条 被保险人在本保险单明细表中列明的追溯期或保险期限内，在中华人民共和国境内(港、澳、台地区除外)完成设计的建设工程，由于设计的疏忽或过失而引发的工程质量事故造成下列损失或费用，依法应由被保险人承担经济赔偿责任的，在本保险期限内，由该委托人首次向被保险人提出赔偿要求并经被保险人向保险人提出索赔申请时，保险人负责赔偿：

（一）建设工程本身的物质损失；

（二）第三者人身伤亡或财产损失。事先经保险人书面同意的诉讼费用，保险人负责赔偿。

但此项费用与上述第（一）、（二）项的每次索赔赔偿总金额不得超过本保险单明细表中列明的每次索赔赔偿限额。发生保险责任事故后，被保险人为缩小或减少对委托人的经济赔偿责任所支付的必要的、合理的费用，保险人负责赔偿。

责 任 免 除

第三条 下列原因造成的损失、费用和责任，保险人不负责赔偿：
（一）被保险人及其代表的故意行为；
（二）战争、敌对行为、军事行为、武装冲突、罢工、骚乱、暴动、盗窃、抢劫；
（三）政府有关当局的行政行为或执法行为；
（四）核反应、核子辐射和放射性污染；
（五）地震、雷击、暴雨、洪水等自然灾害；
（六）火灾、爆炸。

第四条 下列原因造成的损失、费用和责任，保险人也不负责赔偿：
（一）委托人提供的账册、文件或其他资料的损毁、灭失、盗窃、抢劫、丢失；
（二）他人冒用被保险人或与被保险人签订劳动合同的人员的名义设计的工程；
（三）被保险人将工程设计任务转让、委托给其他单位或个人完成的；
（四）被保险人承接超越国家规定的资质等级许可范围的工程设计业务；
（五）被保险人的注册人员超越国家规定的执业范围执行业务；
（六）未按国家规定的建设程序进行工程设计；
（七）委托人提供的工程测量图、地质勘察等资料存在的错误。

第五条 被保险人的下列损失、费用和责任，保险人不负责赔偿：
（一）由于设计错误引起的停产、减产等间接经济损失；
（二）因被保险人延误交付设计文件所致的任何后果损失；
（三）被保险人在本保险单明细表中列明的追溯期起始日之前执行工程设计业务所致的赔偿责任；
（四）未与被保险人签订劳动合同的人员签名出具的施工图纸引起的任何索赔；
（五）被保险人或其雇员的人身伤亡及其所有或管理的财产的损失；
（六）被保险人对委托人的精神损害；
（七）罚款、罚金、惩罚性赔款或违约金；
（八）因勘察而引起的任何索赔；
（九）被保险人与他人签定协议所约定的责任，但依照法律规定应由被保险人承担的不在此列；
（十）直接或间接由于计算机 2000 年问题引起的损失；
（十一）本保险单明细表或有关条款中规定的应由被保险人自行负担的每次索赔免赔额。

第六条 其他不属于本保险责任范围的一切损失、费用和责任，保险人不负责赔偿。

被 保 险 人 义 务

第七条 被保险人应履行如实告知义务，提供与其签订劳动合同的工程设计人员名单，并如实回答保险人就有关情况提出的询问。

第八条 被保险人应按约定如期缴付保险费，未按约定缴付保险费的，保险人不承担赔偿责任。

第九条 在本保险期限内，保险重要事项变更或保险标的危险程度增加的，被保险人应及时书面通知保险人，保险人应办理批改手续或增收保险费。

第十条 发生本保险范围内的事故时，被保险人应尽力采取必要的措施，缩小或减少损失；立即通知保险人，并书面说明事故发生的原因、经过和损失程度。否则，对扩大部分的赔偿责任保险人不负责赔偿。

第十一条 被保险人获悉可能引起诉讼时，应立即以书面形式通知保险人；接到法院传票或其他法律文书后，应及时送交保险人。

第十二条 被保险人应遵守政府有关部门制定的各项规定，采取合理的预防措施，减少建设工程设计事故和建设工程设计差错的发生。

第十三条 本保险期限届满时，被保险人应如实将在本保险期限内已完成设计任务的所有建设工程的《建设工程设计合同》和设计文件副本送交保险人。对未通知保险人的建设工程，一旦发生工程质量事故，保险人不负责赔偿。

第十四条 被保险人如果不履行第六条至第十三条规定的各项义务，保险人不负赔偿责任，或从解约通知书送达十五日后终止本保险。

赔偿处理

第十五条 建设工程发生损失后，应由政府建设行政主管部门按照国家有关建设工程质量事故调查处理的规定作出鉴定结果。

第十六条 发生保险责任事故时，未经保险人书面同意，被保险人或其代表自行对索赔方作出的任何承诺、拒绝、出价、约定、付款或赔偿，保险人均不承担责任。必要时，保险人可以被保险人的名义对诉讼进行抗辩或处理有关索赔事宜。

第十七条 保险人对被保险人每次索赔的赔偿金额以法院或政府有关部门依法裁定的或经双方当事人及保险人协商确定的应由被保险人偿付的金额为准，但不得超过本保险单明细表中列明的每次索赔偿限额及所含人身伤亡每人赔偿限额。在本保险期限内，保险人对被保险人多次索赔的累计赔偿金额不得超过本保险单明细表中列明的累计赔偿限额。

第十八条 保险人根据上述第二条的规定，对每次索赔中被保险人为缩小或减少对委托人的经济赔偿责任所支付的必要的、合理的费用及事先经保险人书面同意支付的诉讼费用予以赔偿。

第十九条 被保险人向保险人申请赔偿时，应提交保险单正本、《建筑工程设计合同》和设计文件正本、发图单、工程设计人员与被保险人签订的劳动合同、索赔报告、事故证明或鉴定书、损失清单、裁决书及其他必要的证明损失性质、原因和程度的单证材料。

第二十条 必要时，保险人有权以被保险人的名义向有关责任方提出索赔要求。未经保险人书面同意，被保险人自行接受有关责任方就有关损失作出的付款或赔偿安排或放弃向有关责任方索赔的权利，保险人可以不负赔偿责任或解除本保险。

第二十一条 发生本保险责任范围内的损失，应由有关责任方负责赔偿的，被保险人应采取一切必要的措施向有关责任方索赔。保险人自向被保险人赔付之日起，取得在赔偿金额范围内代位行使被保险人向有关责任方请求赔偿的权利。在保险人向有关责任方行使代位请求赔偿权利时，被保险人应积极协助，并提供必要的文件和所知道的有关情况。

第二十二条 保险事故发生后，如被保险人有重复保险存在，保险人仅负按比例赔偿的责任。

争议处理

第二十三条 合同争议解决方式由当事人在合同约定从下列两种方式中选择一种：

（一）因履行本合同发生的争议，由当事人协商解决，协商不成的，提交仲裁委员会仲裁；

（二）因履行本合同发生的争议，由当事人协商解决，协商不成的，依法向人民法院诉讼。

其他事项

第二十四条 本保险生效后,被保险人可随时书面申请解除本保险,保险人亦可提前十五天发出书面通知解除本保险,保险费按日平均计收。

7. 单项建设工程设计责任保险条款

保险对象

第一条 凡经国家建设行政主管部门批准,取得相应资质证书并经工商行政管理部门注册登记成立的建设工程设计单位,均可作为被保险人。

保险责任

第二条 本保险单明细表中列明的建设工程项目,在保险合同期限内,因被保险人设计的疏忽或过失而引发工程质量事故造成下列损失或费用,依法应由被保险人承担的经济赔偿责任,保险人负责赔偿:

(一)建设工程本身的物质损失;

(二)第三者人身伤亡或财产损失;

(三)事先经保险人书面同意的诉讼费用。

上述第(一)、(二)和(三)项每次事故赔偿总金额不得超过本保险单明细表中列明的每次事故赔偿限额。

发生保险责任事故时,被保险人为减少对委托人或第三者的经济赔偿责任所支付的必要的、合理的费用,保险人也负责赔偿。本项费用每次事故赔偿总金额不得超过本保险单明细表中列明的每次事故赔偿限额。

责任免除

第三条 下列原因造成的损失、费用和责任,保险人不负责赔偿:

(一)被保险人及其代表的故意行为;

(二)战争、敌对行为、军事行为、武装冲突、罢工、骚乱、暴动、盗窃、抢劫;

(三)政府有关当局的行政或执法行为;

(四)核反应、核子辐射和放射性污染;

(五)超过国家建筑设计防范等级标准的地震、雷击、暴雨、洪水等自然灾害;

(六)超过国家建筑设计防范等级标准的火灾、爆炸。

第四条 下列原因造成的损失、费用和责任,保险人也不负责赔偿:

(一)委托人提供的账册、文件或其他资料的损毁、灭失、盗窃、抢劫、丢失;

(二)他人冒用被保险人或与被保险人签订劳动合同的人员的名义设计的工程;

(三)被保险人将工程设计任务转让、委托给其他设计单位或个人完成的;

(四)被保险人承接超越国家规定的资质等级许可范围的工程设计业务;

(五)被保险人的注册人员超越国家规定的执业范围执行业务;

(六）未按国家规定的建设程序进行工程设计，但不包括国家、市建设行政主管部门特许的重点建设项目；

(七）委托人提供的工程测量图、地质勘察等资料存在错误。

第五条 被保险人的下列损失、费用和责任，保险人不负责赔偿：

（一）由于设计错误引起的停产、减产等间接经济损失；

（二）因被保险人延误交付设计文件所致的任何后果损失；

（三）因施工质量不合格或未经设计部门同意擅自改变设计图纸造成的损失；

（四）未与被保险人签订劳动合同的人员签名出具的施工图纸引起的任何索赔；

（五）被保险人或其雇员的人身伤亡及其所有或管理的财产的损失；

（六）被保险人对委托人或第三者的精神损害；

（七）罚款、罚金、惩罚性赔款或违约金；

（八）因勘察而引起的任何索赔；

（九）被保险人与他人签定协议所约定的责任，但依照法律规定应由被保险人承担的不在此列；

（十）直接或间接由于计算机 2000 年问题引起的损失；

（十一）本保险单明细表或有关条款中规定的应由被保险人自行负担的每次事故免赔额。

第六条 其他不属于本保险责任范围的一切损失、费用和责任，保险人不负责赔偿。

赔偿限额

第七条 本保险合同以建设工程项目的预算金额为准确定每次事故赔偿限额和累计赔偿限额(两者相等）。

保险期限

第八条 本保险责任自被保险人所设计的工程项目在工地动工或用于被保险人所设计的工程项目的材料、设备运抵工地之时起始，至工程竣工验收合格期满三年之日终止。但在任何情况下，本保险期限的起始或终止不得超出本保险单明细表中列明的保险生效日或终止日。除非另有约定，本保险的保险期限不得超过八年。

投保人、被保险人义务

第九条 投保人应履行如实告知义务，提供与其签订劳动合同的工程设计人员名单，并如实回答保险人就有关情况提出的询问。

第十条 投保人应按约定如期缴付保险费，未按约定缴付保险费的，保险人不承担赔偿责任。

第十一条 在本保险期限内，保险重要事项变更或保险标的危险程度增加的，投保人、被保险人应及时书面通知保险人，保险人应办理批改手续或增收保险费。

第十二条 被保险人应遵守政府有关部门制定的各项规定，采取合理的预防措施，减少建设工程设计事故和建设工程设计差错的发生。

第十三条 投保时，被保险人应将该工程的《建设工程设计合同》和设计文件副本递交保险人。工程竣工并验收合格后,被保险人应将《工程验收合格证书》提供给保险人。

第十四条 发生本保险责任范围内的事故时,被保险人应尽力采取必要的措施,缩小或减少损失;立即通知保险人,并书面说明事故发生的原因、经过和损失程度。否则,对扩大部分的赔偿责任保险人不负责赔偿。

第十五条 被保险人获悉可能引起诉讼时,应立即以书面形式通知保险人;接到法院传票或其他法律文书后,应及时送交保险人。

第十六条 投保人、被保险人如不履行第九条至第十三条、第十五条规定的任何一项义务,保险人不负赔偿责任,或从解约通知书送达投保人时解除本保险合同。

赔 偿 处 理

第十七条 建设工程发生损失后,应由政府建设行政主管部门按照国家有关建设工程质量事故调查处理的规定作出鉴定结果。

第十八条 发生保险责任事故时,未经保险人书面同意,被保险人或其代表自行对索赔方作出的任何承诺、拒绝、出价、约定、付款或赔偿,保险人均不承担责任。必要时,保险人可以被保险人的名义对诉讼进行抗辩或处理有关索赔事宜。

第十九条 保险人对被保险人每次事故的赔偿金额以法院或政府有关部门依法裁定的或经双方当事人及保险人协商确定的应由被保险人偿付的金额为准,但该赔偿金额与事先经保险人书面同意的诉讼费用之和,不得超过本保险单明细表中列明的每次事故赔偿限额及所含人身伤亡每人赔偿限额;在本保险合同期限内多次事故的累计赔偿总金额,不得超过本保险单明细表中列明的累计赔偿限额。

第二十条 保险人对每次事故中被保险人为缩小或减少对委托人或第三者的经济赔偿责任所支付的必要的、合理的费用,在规定的限额内予以赔偿。

第二十一条 被保险人向保险人申请赔偿时,应提交保险单正本、《建设工程设计合同》和设计文件正本、发图单、工程设计人员与被保险人签订的劳动合同、索赔报告、事故证明或鉴定书、损失清单、裁决或仲裁书、由县级以上(含县级)医疗机构出具的医疗证明及其他必要的证明损失性质、原因和程度的单证材料。

第二十二条 必要时,保险人有权以被保险人的名义向有关责任方提出索赔要求。未经保险人书面同意,被保险人自行接受有关责任方就有关损失作出的付款或赔偿安排或放弃向有关责任方索赔的权利,保险人可以不负赔偿责任或解除本保险合同。

第二十三条 发生本保险责任范围内的损失,应由有关责任方负责赔偿的,被保险人应采取一切必要的措施向有关责任方索赔。保险人自向被保险人赔付之日起,取得在赔偿金额范围内代位行使被保险人向有关责任方请求赔偿的权利。在保险人向有关责任方行使代位请求赔偿权利时,被保险人应积极协助,并提供必要的文件和所知道的有关情况。

第二十四条 收到被保险人的赔偿请求后,保险人应及时做出核定,对属于保险责任的,保险人应在与被保险人达成有关赔偿协议后10日内,履行赔偿义务。

第二十五条 保险事故发生后,如被保险人有重复保险存在,保险人仅负按比例赔偿的责任。

第二十六条 被保险人请求赔偿的权利,自其知道事故发生之日起二年不行使而消灭。

争 议 处 理

第二十七条 有关本保险合同争议解决方式由当事人从下列两种方式中选择第_____种：

（一）有关本保险合同的争议，由当事人协商解决。协商不成的，提交仲裁委员会仲裁；

（二）有关本保险合同的争议，由当事人协商解决。协商不成的，依法向人民法院起诉。

第二十八条 本保险合同适用中华人民共和国法律。

其 他 事 项

第二十九条 本保险合同生效后，被保险人可随时书面申请解除本保险合同；保险人亦可向投保人发出解约通知书解除本保险合同，保险费按日平均计收。

8. 工程监理责任保险条款

保 险 对 象

第一条 凡经建设行政主管部门批准，取得相应资质证书并经工商行政管理部门登记注册，依法设立的工程建设监理企业，均可作为本保险的被保险人。

保 险 责 任

第二条 在本保险单明细表中列明的保险期限或追溯期内，被保险人在中华人民共和国境内（不包括港、澳、台地区）开展工程监理业务时，因过失未能履行委托监理合同中约定的监理义务或发出错误指令导致所监理的建设工程发生工程质量事故，而给委托人造成经济损失，在本保险期限内，由委托人首次向被保险人提出索赔申请，依法应由被保险人承担赔偿责任时，保险人根据本保险合同的约定负责赔偿。

第三条 下列费用，保险人也负责赔偿：

（一）事先经保险人书面同意的仲裁或诉讼费用及律师费用；

（二）保险责任事故发生时，被保险人为控制或减少损失所支付的必要的、合理的费用。

第四条 对于每次事故，保险人就上述第二条、第三条（一）和第三条（二）项下的赔偿金额分别不超过本保险单明细表中列明的每次事故赔偿限额；在保险期限内，保险人的累计赔偿金额不超过本保险单明细表中列明的累计赔偿限额。

责 任 免 除

第五条 下列原因造成的损失、费用和责任，保险人不负责赔偿：

（一）战争、类似战争行为、敌对行为、军事行动、武装冲突、恐怖活动、罢工、骚乱、暴动；

（二）政府有关部门的行政行为或执法行为；

（三）核反应、核子辐射和放射性污染。

第六条 下列原因造成的损失、费用和责任，保险人也不负责赔偿：

（一）被保险人的故意行为；

（二）泄露委托人的商业秘密；

（三）委托人提供的资料、文件的毁损、灭失或丢失；

（四）他人冒用被保险人的名义承接工程监理业务；

（五）被保险人将工程监理业务转让给其他单位或者个人；

（六）被保险人承接超越其国家规定的资质等级许可范围的工程监理业务；

（七）被保险人被收缴《监理许可证书》或《工程监理企业资质证书》后或被勒令停业整顿期间继续承接工程监理业务；

（八）被保险人的监理工程师被吊销执业资格后或被勒令暂停执业期间继续执行业务。

第七条 对于下列各项，保险人不负责赔偿：

（一）被保险人未签订《建设工程委托监理合同》进行监理的建设工程发生的任何损失；

（二）由于保险责任事故造成的任何性质的间接损失；

（三）被保险人或其雇员的人身伤亡及其所有或管理的财产的损失；

（四）罚款、罚金、惩罚性赔款；

（五）本保险单明细表或有关条款中列明的免赔额。

第八条 其他不属于保险责任范围内的损失、费用和责任，保险人不负责赔偿。

投保人、被保险人义务

第九条 投保人应履行如实告知的义务，提供全部在册从业人员名单，并如实回答保险人提出的询问。

第十条 投保人应按保险单中的约定交付保险费。

第十一条 在本保险期限内，保险单明细表中列明的事项发生变更的，被保险人应及时书面通知保险人，并根据保险人的要求办理变更手续。

第十二条 被保险人获悉索赔方可能会提起诉讼或仲裁时，或在接到法院传票或其他法律文书后，应立即以书面形式通知保险人。

第十三条 发生本保险责任范围内的事故时，被保险人应采取必要的措施，控制或减少损失；立即通知保险人，并书面说明事故发生的原因、经过和损失程度。

第十四条 被保险人应遵守国家及政府有关部门制定的相关法律、法规及规定，加强管理，采取合理的预防措施，尽力避免或减少工程监理责任事故的发生。

第十五条 本保险期限届满时，被保险人应将在本保险期限内签订的所有《建设工程委托监理合同》的副本送交保险人备案。

第十六条 投保人或被保险人如果不履行上述第九条至第十五条约定的各自应尽的任何一项义务，保险人均不负赔偿责任，或从解约通知书送达投保人时解除本保险合同。

赔 偿 处 理

第十七条 发生保险责任范围内的事故时，未经保险人书面同意，被保险人或其代表对索赔方不得作出任何承诺、拒绝、出价、约定、付款或赔偿。必要时，保险人可以被保险人的名义对仲裁或诉讼进行抗辩或处理有关索赔事宜。

第十八条 由被保险人监理的建设工程发生工程质量事故的，保险人以法院、仲裁机构或政府建设行政主管部门依法做出的鉴定结果作为赔偿的依据。

第十九条 被保险人向保险人申请赔偿时，应提交保险单正本、索赔申请、损失清单、证明事故责任人与被保险人存在雇佣关系的证明材料、事故责任人的执业资格证书、事故原因证明或裁决书、与委托人签订的《建设工程委托监理合同》正本以及其他必要的有效单证材料。

第二十条 发生本保险责任范围内的损失，应由有关责任方负责赔偿的，被保险人应立即以书面形式向该责任方提出索赔，并积极采取措施向该责任方进行索赔。保险人自向被保险人赔付之日起，取得在赔偿金额范围内代位追偿的权利。保险人向有关责任方行使代位追偿时，被保险人应当积极协助，并提供必要的文件和有关情况。

第二十一条 收到被保险人的索赔申请后，保险人应及时做出核定，对属于保险责任的，保险人应在与被保险人达成有关赔偿协议后10日内，履行赔偿义务。

第二十二条 保险人进行赔偿后，累计赔偿限额应相应减少。被保险人需增加时，应补交保险费，由保险人出具批单批注。应补交的保险费为：原保险费×保险事故发生日至保险期限终止日之间的天数/保险期限（天）×增加的累计赔偿限额/原累计赔偿限额。

第二十三条 本保险单负责赔偿损失、费用或责任时，若另有其他保障相同的保险存在，不论是否由被保险人或他人以其名义投保，也不论该保险赔偿与否，本保险单仅负责按比例分摊赔偿的责任。对应由其他保险人承担的赔偿责任，本保险人不负责垫付。

第二十四条 被保险人对保险人请求赔偿的权利，自其知道或应当知道保险事故发生之日起二年不行使的，视为自动放弃。

争 议 处 理

第二十五条 本保险合同的争议解决方式由当事人从下列两种方式选择一种，并列明于本保险单明细表中：

（一）因履行本保险合同发生争议，由当事人协商解决。协商不成的，提交仲裁委员会仲裁；

（二）因履行本保险合同发生争议，由当事人协商解决。协商不成的，依法向人民法院起诉。

其 他 事 项

第二十六条 本保险合同生效后，投保人可随时书面申请解除本保险合同，保险人亦可提前15日向投保人发出解约通知书解除本保险合同，保险费按日平均计收。

第二十七条 本保险合同的争议处理适用中华人民共和国法律。

9. 建筑施工企业雇主责任保险条款

保 险 对 象

第一条 凡经建设行政主管部门批准,取得相应资质证书并经工商行政管理部门登记注册,依法设立的建筑施工企业,均可作为本保险合同的被保险人。

保 险 责 任

第二条 在本保险期间内,被保险人的雇员在本保险合同明细表中列明的区域范围内,从事与被保险人建筑安装工程业务有关的工作时,因遭受意外事故或者患与业务有关的国家规定的职业性疾病致伤、残疾或死亡,依据中华人民共和国法律应由被保险人承担的医疗费用及经济赔偿责任,保险人依据本保险合同的约定负责赔偿。

第三条 对事先经保险人书面同意的仲裁或诉讼费用及律师费用,保险人也负责赔偿。

第四条 对于每人人身伤亡,保险人的赔偿金额不超过本保险合同明细表中列明的每人人身伤亡责任限额;对于每次事故每人医疗费(包括抢救费),保险人的赔偿金额不超过本保险合同明细表中列明的每次事故每人医疗费(包括抢救费)责任限额;对于每人诉讼费用,保险人的赔偿金额不超过本保险合同明细表中列明的每人诉讼费用责任限额;在保险期间内,保险人的累计赔偿金额不超过本保险合同明细表中列明的累计责任限额。

责 任 免 除

第五条 下列原因造成的损失、费用和责任,保险人不负责赔偿:
(一)战争、敌对行动、军事行动、武装冲突、恐怖活动、罢工、骚乱、暴动;
(二)核反应、核子辐射、放射性污染;
(三)被保险人的故意行为;
(四)国家机关的行政行为或执法行为;
(五)地震、雷击、暴雨、洪水、台风等自然灾害;
(六)被保险人的雇员的违法犯罪行为、自杀、自残、斗殴、酗酒、酒后或无证驾驶车船等。

第六条 下列各项,保险人不负责赔偿:
(一)被保险人及其雇员所有或保管的财产的损失;
(二)精神损害赔偿责任;
(三)因保险责任事故造成的任何性质的间接损失;
(四)罚款或惩罚性赔款;
(五)被保险人雇员患职业性疾病以外的任何疾病、传染病及分娩、流产,以及因此而施行内外科手术所致的伤残或死亡;
(六)本保险合同明细表中规定的免赔额。

第七条 其他不属于保险责任范围内的一切损失、费用和责任,保险人不负责赔偿。

保 险 期 间

第八条 本保险的保险期间以被保险人的雇员进驻其建筑或安装的工程项目工地并交纳保险费的次日零时起,至完成其建筑或安装的工程项目签发完工验收证书或合格证书或至工程建筑合同规定施工期限结束的二十四时止,两者以先发生为准。但在任何情况下,保险期间的起始或终止不得超出本保险合同明细表中列明的保险生效日或终止日。

上述保险期间的展延,须事先获得保险人的书面同意。

投保人、被保险人的义务

第九条 投保人应如实填写投保单并回答保险人提出的询问,履行如实告知义务。

投保人故意隐瞒事实,不履行如实告知义务的,或者因过失未履行如实告知义务,足以影响保险人决定是否同意承保或者提高保险费率的,保险人有权解除保险合同。

投保人故意不履行如实告知义务的,保险人对于保险合同解除前发生的保险事故,不承担赔偿责任,并不退还保险费。

投保人因过失未履行如实告知义务,对保险事故的发生有严重影响的,保险人对于保险合同解除前发生的保险事故,不承担赔偿责任,但可以退还保险费。

第十条 投保人应按照本保险合同的约定交付保险费(交付日期注明于保险合同明细表中)。

第十一条 在本保险期间内,保险标的危险程度增加的,被保险人应及时书面通知保险人,并根据保险人的要求补交保险费或其他能证明与受害人存在雇佣关系的文件。

第十二条 被保险人应严格遵守国家及政府有关部门制定的相关劳动保护和消防安全等法律、法规和条例,对施工现场已经发现的隐患立即予以整改,尽量避免或减少责任事故的发生。

第十三条 发生本保险责任范围内的事故时,被保险人应尽力采取必要措施,控制或减少损失;立即通知保险人,并书面说明事故发生的原因、经过和损失程度,并协助保险人进行调查核实。发生涉及治安案件的事故,应及时向相关保卫部门及当地公安机关报案。

第十四条 被保险人获悉索赔方可能会向法院提起诉讼时,或在接到法院传票或其他法律文书后,应立即以书面形式通知保险人。

第十五条 投保人或被保险人如果不履行第十条至第十四条约定的任何一项义务,保险人不负赔偿责任,或从解约通知书送达投保人时解除本保险合同。

赔 偿 处 理

第十六条 在保险期间内,发生保险责任范围内的事故时,对发生致伤、残疾或死亡的雇员按下列标准赔偿:

(一)死亡、永久丧失全部/部分工作能力:根据死亡或伤残的程度,按相应的每人人身伤亡责任限额的百分比进行赔偿。

(二)医疗费用:保险人赔偿包括挂号费、治疗费、手术费、床位费、检查费、药费等。不承担陪护费、伙食费、营养费、交通费、取暖费、空调费及安装假肢、假牙、假眼和残疾用具费用。除紧急抢救外,受伤雇员均应在县级以上医院或保险人指定的医院就诊。

上述伤亡赔偿限额和医疗费赔偿限额不能相互调剂使用。

（三）仲裁或诉讼费用及律师费用。

第十七条 被保险人在向保险人申请赔偿时，应提交保险合同正本、索赔申请、事故证明书、雇佣合同或事故发生日上月的工资单、损失清单、保险人认可的县级以上医疗机构出具的医疗证明、医疗费原始单据以及保险人认为其他必要的有效单证材料。

第十八条 收到被保险人的索赔申请后，保险人应及时做出核定，对属于保险责任的，保险人应在与被保险人达成有关赔偿协议后10日内或按约定履行赔偿义务。

第十九条 发生本保险责任范围内的损失，应由有关责任方负责赔偿的，被保险人应立即以书面形式向该责任方提出索赔，并积极采取措施向该责任方进行索赔。保险人自向被保险人支付赔款之日起，取得在赔偿金额范围内代位追偿权利，被保险人应积极协助，并提供必要的文件并告知有关情况。

由于被保险人放弃对第三者的请求赔偿的权利或过错致使保险人不能行使代位追偿权利的，保险人不承担赔偿责任或相应扣减保险赔偿金。

第二十条 本合同负责赔偿损失、费用或责任时，若另有其他保障相同的保险存在，不论是否由被保险人或他人以其名义投保，也不论该保险赔偿与否，本保险合同仅负责按比例分摊赔偿的责任。其他保险人应承担的赔偿份额，本保险人不负责垫付。

第二十一条 被保险人对保险人请求赔偿的权利，自其知道保险事故发生之日起二年不行使的，视其自动放弃。

争 议 处 理

第二十二条 因履行本保险合同发生争议的，由当事人协商解决。

协商不成，提交保险合同载明的仲裁委员会仲裁。保险合同未载明仲裁机构或者争议发生后未达成仲裁协议的，可向中华人民共和国人民法院起诉。

第二十三条 本保险合同的争议处理适用中华人民共和国法律。

其 他 事 项

第二十四条 本保险合同生效后，投保人可随时书面申请解除本保险合同；保险人亦可提前15日向投保人发出解约通知书解除本保险合同。本保险合同解除后，保险费均按日平均计收。

10. 中华人民共和国建筑法

中华人民共和国主席令第91号

（1997年11月1日第八届全国人民代表大会常务委员会第二十八次会议通过 1997年11月1日中华人民共和国主席令第九十一号公布自1998年3月1日起施行）

第一章 总 则

第一条 为了加强对建筑活动的监督管理，维护建筑市场秩序，保证建筑工程的质量和安全，促进建筑业健康发展，制定本法。

第二条 在中华人民共和国境内从事建筑活动，实施对建筑活动的监督管理，应当遵守本法。

本法所称建筑活动，是指各类房屋建筑及其附属设施的建造和与其配套的线路、管道、设备的安装活动。

第三条 建筑活动应当确保建筑工程质量和安全，符合国家的建筑工程安全标准。

第四条 国家扶持建筑业的发展，支持建筑科学技术研究，提高房屋建筑设计水平，鼓励节约能源和保护环境，提倡采用先进技术、先进设备、先进工艺、新型建筑材料和现代管理方式。

第五条 从事建筑活动应当遵守法律、法规，不得损害社会公共利益和他人的合法权益。

任何单位和个人都不得妨碍和阻挠依法进行的建筑活动。

第六条 国务院建设行政主管部门对全国的建筑活动实施统一监督管理。

第二章 建 筑 许 可

第一节 建筑工程施工许可

第七条 建筑工程开工前，建设单位应当按照国家有关规定向工程所在地县级以上人民政府建设行政主管部门申请领取施工许可证；但是，国务院建设行政主管部门确定的限额以下的小型工程除外。

按照国务院规定的权限和程序批准开工报告的建筑工程，不再领取施工许可证。

第八条 申请领取施工许可证，应当具备下列条件：

（一）已经办理该建筑工程用地批准手续；
（二）在城市规划区的建筑工程，已经取得规划许可证；
（三）需要拆迁的，其拆迁进度符合施工要求；
（四）已经确定建筑施工企业；
（五）有满足施工需要的施工图纸及技术资料；
（六）有保证工程质量和安全的具体措施；
（七）建设资金已经落实；
（八）法律、行政法规规定的其他条件。

建设行政主管部门应当自收到申请之日起十五日内，对符合条件的申请颁发施工许可证。

第九条 建设单位应当自领取施工许可证之日起三个月内开工。因故不能按期开工的，应当向发证机关申请延期；延期以两次为限，每次不超过三个月。既不开工又不申请延期或者超过延期时限的，施工许可证自行废止。

第十条 在建的建筑工程因故中止施工的，建设单位应当自中止施工之日起一个月内，向发证机关报告，并按照规定做好建筑工程的维护管理工作。

建筑工程恢复施工时，应当向发证机关报告；中止施工满一年的工程恢复施工前，建设单位应当报发证机关核验施工许可证。

第十一条 按照国务院有关规定批准开工报告的建筑工程，因故不能按期开工或者中止施工的,应当及时向批准机关报告情况。因故不能按期开工超过六个月的,应当重新办理开工报告的批准手续。

第二节 从业资格

第十二条 从事建筑活动的建筑施工企业、勘察单位、设计单位和工程监理单位,应当具备下列条件:

(一)有符合国家规定的注册资本;

(二)有与其从事的建筑活动相适应的具有法定执业资格的专业技术人员;

(三)有从事相关建筑活动所应有的技术装备;

(四)法律、行政法规规定的其他条件。

第十三条 从事建筑活动的建筑施工企业、勘察单位、设计单位和工程监理单位,按照其拥有的注册资本、专业技术人员、技术装备和已完成的建筑工程业绩等资质条件,划分为不同的资质等级,经资质审查合格,取得相应等级的资质证书后,方可在其资质等级许可的范围内从事建筑活动。

第十四条 从事建筑活动的专业技术人员,应当依法取得相应的执业资格证书,并在执业资格证书许可的范围内从事建筑活动。

第三章 建筑工程发包与承包

第一节 一般规定

第十五条 建筑工程的发包单位与承包单位应当依法订立书面合同,明确双方的权利和义务。

发包单位和承包单位应当全面履行合同约定的义务。不按照合同约定履行义务的,依法承担违约责任。

第十六条 建筑工程发包与承包的招标投标活动,应当遵循公开、公正、平等竞争的原则,择优选择承包单位。

建筑工程的招标投标,本法没有规定的,适用有关招标投标法律的规定。

第十七条 发包单位及其工作人员在建筑工程发包中不得收受贿赂、回扣或者索取其他好处。

承包单位及其工作人员不得利用向发包单位及其工作人员行贿、提供回扣或者给予其他好处等不正当手段承揽工程。

第十八条 建筑工程造价应当按照国家有关规定,由发包单位与承包单位在合同中约定。公开招标发包的,其造价的约定,须遵守招标投标法律的规定。

发包单位应当按照合同的约定,及时拨付工程款项。

第二节 发 包

第十九条 建筑工程依法实行招标发包,对不适于招标发包的可以直接发包。

第二十条 建筑工程实行公开招标的,发包单位应当依照法定程序和方式,发布招标公告,提供载有招标工程的主要技术要求、主要的合同条款、评标的标准和方法以及开标、评标、定标的程序等内容的招标文件。

开标应当在招标文件规定的时间、地点公开进行。开标后应当按照招标文件规定的评标标准和程序对标书进行评价、比较,在具备相应资质条件的投标者中,择优选定中标者。

第二十一条　建筑工程招标的开标、评标、定标由建设单位依法组织实施，并接受有关行政主管部门的监督。

第二十二条　建筑工程实行招标发包的，发包单位应当将建筑工程发包给依法中标的承包单位。建筑工程实行直接发包的，发包单位应当将建筑工程发包给具有相应资质条件的承包单位。

第二十三条　政府及其所属部门不得滥用行政权力，限定发包单位将招标发包的建筑工程发包给指定的承包单位。

第二十四条　提倡对建筑工程实行总承包，禁止将建筑工程肢解发包。

建筑工程的发包单位可以将建筑工程的勘察、设计、施工、设备采购一并发包给一个工程总承包单位，也可以将建筑工程勘察、设计、施工、设备采购的一项或者多项发包给一个工程总承包单位；但是，不得将应当由一个承包单位完成的建筑工程肢解成若干部分发包给几个承包单位。

第二十五条　按照合同约定，建筑材料、建筑构配件和设备由工程承包单位采购的，发包单位不得指定承包单位购入用于工程的建筑材料、建筑构配件和设备或者指定生产厂、供应商。

第三节　承　包

第二十六条　承包建筑工程的单位应当持有依法取得的资质证书，并在其资质等级许可的业务范围内承揽工程。

禁止建筑施工企业超越本企业资质等级许可的业务范围或者以任何形式用其他建筑施工企业的名义承揽工程。禁止建筑施工企业以任何形式允许其他单位或者个人使用本企业的资质证书、营业执照，以本企业的名义承揽工程。

第二十七条　大型建筑工程或者结构复杂的建筑工程，可以由两个以上的承包单位联合共同承包。共同承包的各方对承包合同的履行承担连带责任。

两个以上不同资质等级的单位实行联合共同承包的，应当按照资质等级低的单位的业务许可范围承揽工程。

第二十八条　禁止承包单位将其承包的全部建筑工程转包给他人，禁止承包单位将其承包的全部建筑工程肢解以后以分包的名义分别转包给他人。

第二十九条　建筑工程总承包单位可以将承包工程中的部分工程发包给具有相应资质条件的分包单位；但是，除总承包合同中约定的分包外，必须经建设单位认可。施工总承包的，建筑工程主体结构的施工必须由总承包单位自行完成。

建筑工程总承包单位按照总承包合同的约定对建设单位负责；分包单位按照分包合同的约定对总承包单位负责。总承包单位和分包单位就分包工程对建设单位承担连带责任。

禁止总承包单位将工程分包给不具备相应资质条件的单位。禁止分包单位将其承包的工程再分包。

第四章　建筑工程监理

第三十条　国家推行建筑工程监理制度。

国务院可以规定实行强制监理的建筑工程的范围。

第三十一条　实行监理的建筑工程，由建设单位委托具有相应资质条件的工程监理单位监理。建设单位与其委托的工程监理单位应当订立书面委托监理合同。

　　第三十二条　建筑工程监理应当依照法律、行政法规及有关的技术标准、设计文件和建筑工程承包合同，对承包单位在施工质量、建设工期和建设资金使用等方面，代表建设单位实施监督。

　　工程监理人员认为工程施工不符合工程设计要求、施工技术标准和合同约定的，有权要求建筑施工企业改正。

　　工程监理人员发现工程设计不符合建筑工程质量标准或者合同约定的质量要求的，应当报告建设单位要求设计单位改正。

　　第三十三条　实施建筑工程监理前，建设单位应当将委托的工程监理单位、监理的内容及监理权限，书面通知被监理的建筑施工企业。

　　第三十四条　工程监理单位应当在其资质等级许可的监理范围内，承担工程监理业务。

　　工程监理单位应当根据建设单位的委托，客观、公正地执行监理任务。

　　工程监理单位与被监理工程的承包单位以及建筑材料、建筑构配件和设备供应单位不得有隶属关系或者其他利害关系。

　　工程监理单位不得转让工程监理业务。

　　第三十五条　工程监理单位不按照委托监理合同的约定履行监理义务，对应当监督检查的项目不检查或者不按照规定检查，给建设单位造成损失的，应当承担相应的赔偿责任。

　　工程监理单位与承包单位串通，为承包单位谋取非法利益，给建设单位造成损失的，应当与承包单位承担连带赔偿责任。

第五章　建筑安全生产管理

　　第三十六条　建筑工程安全生产管理必须坚持安全第一、预防为主的方针，建立健全安全生产的责任制度和群防群治制度。

　　第三十七条　建筑工程设计应当符合按照国家规定制定的建筑安全规程和技术规范，保证工程的安全性能。

　　第三十八条　建筑施工企业在编制施工组织设计时，应当根据建筑工程的特点制定相应的安全技术措施；对专业性较强的工程项目，应当编制专项安全施工组织设计，并采取安全技术措施。

　　第三十九条　建筑施工企业应当在施工现场采取维护安全、防范危险、预防火灾等措施；有条件的，应当对施工现场实行封闭管理。

　　施工现场对毗邻的建筑物、构筑物和特殊作业环境可能造成损害的，建筑施工企业应当采取安全防护措施。

　　第四十条　建设单位应当向建筑施工企业提供与施工现场相关的地下管线资料，建筑施工企业应当采取措施加以保护。

　　第四十一条　建筑施工企业应当遵守有关环境保护和安全生产的法律、法规的规定，采取控制和处理施工现场的各种粉尘、废气、废水、固体废物以及噪声、振动对环境的污染和危害的措施。

第四十二条 有下列情形之一的，建设单位应当按照国家有关规定办理申请批准手续：

（一）需要临时占用规划批准范围以外场地的；
（二）可能损坏道路、管线、电力、邮电通讯等公共设施的；
（三）需要临时停水、停电、中断道路交通的；
（四）需要进行爆破作业的；
（五）法律、法规规定需要办理报批手续的其他情形。

第四十三条 建设行政主管部门负责建筑安全生产的管理，并依法接受劳动行政主管部门对建筑安全生产的指导和监督。

第四十四条 建筑施工企业必须依法加强对建筑安全生产的管理，执行安全生产责任制度，采取有效措施，防止伤亡和其他安全生产事故的发生。

建筑施工企业的法定代表人对本企业的安全生产负责。

第四十五条 施工现场安全由建筑施工企业负责。实行施工总承包的，由总承包单位负责。分包单位向总承包单位负责，服从总承包单位对施工现场的安全生产管理。

第四十六条 建筑施工企业应当建立健全劳动安全生产教育培训制度，加强对职工安全生产的教育培训；未经安全生产教育培训的人员，不得上岗作业。

第四十七条 建筑施工企业和作业人员在施工过程中，应当遵守有关安全生产的法律、法规和建筑行业安全规章、规程，不得违章指挥或者违章作业。作业人员有权对影响人身健康的作业程序和作业条件提出改进意见，有权获得安全生产所需的防护用品。作业人员对危及生命安全和人身健康的行为有权提出批评、检举和控告。

第四十八条 建筑施工企业必须为从事危险作业的职工办理意外伤害保险，支付保险费。

第四十九条 涉及建筑主体和承重结构变动的装修工程，建设单位应当在施工前委托原设计单位或者具有相应资质条件的设计单位提出设计方案；没有设计方案的，不得施工。

第五十条 房屋拆除应当由具备保证安全条件的建筑施工单位承担，由建筑施工单位负责人对安全负责。

第五十一条 施工中发生事故时，建筑施工企业应当采取紧急措施减少人员伤亡和事故损失，并按照国家有关规定及时向有关部门报告。

第六章 建筑工程质量管理

第五十二条 建筑工程勘察、设计、施工的质量必须符合国家有关建筑工程安全标准的要求，具体管理办法由国务院规定。

有关建筑工程安全的国家标准不能适应确保建筑安全的要求时，应当及时修订。

第五十三条 国家对从事建筑活动的单位推行质量体系认证制度。从事建筑活动的单位根据自愿原则可以向国务院产品质量监督管理部门或者国务院产品质量监督管理部门授权的部门认可的认证机构申请质量体系认证。经认证合格的，由认证机构颁发质量体系认证证书。

第五十四条 建设单位不得以任何理由，要求建筑设计单位或者建筑施工企业在工程设计或者施工作业中,违反法律、行政法规和建筑工程质量、安全标准,降低工程质量。

建筑设计单位和建筑施工企业对建设单位违反前款规定提出的降低工程质量的要求,应当予以拒绝。

第五十五条 建筑工程实行总承包的,工程质量由工程总承包单位负责,总承包单位将建筑工程分包给其他单位的,应当对分包工程的质量与分包单位承担连带责任。分包单位应当接受总承包单位的质量管理。

第五十六条 建筑工程的勘察、设计单位必须对其勘察、设计的质量负责。勘察、设计文件应当符合有关法律、行政法规的规定和建筑工程质量、安全标准、建筑工程勘察、设计技术规范以及合同的约定。设计文件选用的建筑材料、建筑构配件和设备,应当注明其规格、型号、性能等技术指标,其质量要求必须符合国家规定的标准。

第五十七条 建筑设计单位对设计文件选用的建筑材料、建筑构配件和设备,不得指定生产厂、供应商。

第五十八条 建筑施工企业对工程的施工质量负责。

建筑施工企业必须按照工程设计图纸和施工技术标准施工,不得偷工减料。工程设计的修改由原设计单位负责,建筑施工企业不得擅自修改工程设计。

第五十九条 建筑施工企业必须按照工程设计要求、施工技术标准和合同的约定,对建筑材料、建筑构配件和设备进行检验,不合格的不得使用。

第六十条 建筑物在合理使用寿命内,必须确保地基基础工程和主体结构的质量。

建筑工程竣工时,屋顶、墙面不得留有渗漏、开裂等质量缺陷;对已发现的质量缺陷,建筑施工企业应当修复。

第六十一条 交付竣工验收的建筑工程,必须符合规定的建筑工程质量标准,有完整的工程技术经济资料和经签署的工程保修书,并具备国家规定的其他竣工条件。

建筑工程竣工经验收合格后,方可交付使用;未经验收或者验收不合格的,不得交付使用。

第六十二条 建筑工程实行质量保修制度。

建筑工程的保修范围应当包括地基基础工程、主体结构工程、屋面防水工程和其他土建工程,以及电气管线、上下水管线的安装工程,供热、供冷系统工程等项目;保修的期限应当按照保证建筑物合理寿命年限内正常使用,维护使用者合法权益的原则确定。具体的保修范围和最低保修期限由国务院规定。

第六十三条 任何单位和个人对建筑工程的质量事故、质量缺陷都有权向建设行政主管部门或者其他有关部门进行检举、控告、投诉。

第七章 法 律 责 任

第六十四条 违反本法规定,未取得施工许可证或者开工报告未经批准擅自施工的,责令改正,对不符合开工条件的责令停止施工,可以处以罚款。

第六十五条 发包单位将工程发包给不具有相应资质条件的承包单位的,或者违反本法规定将建筑工程肢解发包的,责令改正,处以罚款。

超越本单位资质等级承揽工程的,责令停止违法行为,处以罚款,可以责令停业整顿,降低资质等级;情节严重的,吊销资质证书;有违法所得的,予以没收。

未取得资质证书承揽工程的,予以取缔,并处罚款;有违法所得的,予以没收。

以欺骗手段取得资质证书的,吊销资质证书,处以罚款;构成犯罪的,依法追究刑事责任。

第六十六条　建筑施工企业转让、出借资质证书或者以其他方式允许他人以本企业的名义承揽工程的,责令改正,没收违法所得,并处罚款,可以责令停业整顿,降低资质等级;情节严重的,吊销资质证书。对因该项承揽工程不符合规定的质量标准造成的损失,建筑施工企业与使用本企业名义的单位或者个人承担连带赔偿责任。

第六十七条　承包单位将承包的工程转包的,或者违反本法规定进行分包的,责令改正,没收违法所得,并处罚款,可以责令停业整顿,降低资质等级;情节严重的,吊销资质证书。

承包单位有前款规定的违法行为的,对因转包工程或者违法分包的工程不符合规定的质量标准造成的损失,与接受转包或者分包的单位承担连带赔偿责任。

第六十八条　在工程发包与承包中索贿、受贿、行贿,构成犯罪的,依法追究刑事责任;不构成犯罪的,分别处以罚款,没收贿赂的财物,对直接负责的主管人员和其他直接责任人员给予处分。

对在工程承包中行贿的承包单位,除依照前款规定处罚外,可以责令停业整顿,降低资质等级或者吊销资质证书。

第六十九条　工程监理单位与建设单位或者建筑施工企业串通、弄虚作假、降低工程质量的,责令改正,处以罚款,降低资质等级或者吊销资质证书;有违法所得的,予以没收;造成损失的,承担连带赔偿责任;构成犯罪的,依法追究刑事责任。

工程监理单位转让监理业务的,责令改正,没收违法所得,可以责令停业整顿,降低资质等级;情节严重的,吊销资质证书。

第七十条　违反本法规定,涉及建筑主体或者承重结构变动的装修工程擅自施工的,责令改正,处以罚款;造成损失的,承担赔偿责任;构成犯罪的,依法追究刑事责任。

第七十一条　建筑施工企业违反本法规定,对建筑安全事故隐患不采取措施予以消除的,责令改正,可以处以罚款;情节严重的,责令停业整顿,降低资质等级或者吊销资质证书;构成犯罪的,依法追究刑事责任。

建筑施工企业的管理人员违章指挥、强令职工冒险作业,因而发生重大伤亡事故或者造成其他严重后果的,依法追究刑事责任。

第七十二条　建设单位违反本法规定,要求建筑设计单位或者建筑施工企业违反建筑工程质量、安全标准,降低工程质量的,责令改正,可以处以罚款;构成犯罪的,依法追究刑事责任。

第七十三条　建筑设计单位不按照建筑工程质量、安全标准进行设计的,责令改正,处以罚款;造成工程质量事故的,责令停业整顿,降低资质等级或者吊销资质证书,没收违法所得,并处罚款;造成损失的,承担赔偿责任;构成犯罪的,依法追究刑事责任。

第七十四条　建筑施工企业在施工中偷工减料的,使用不合格的建筑材料、建筑构配件和设备的,或者有其他不按照工程设计图纸或者施工技术标准施工的行为的,责令改正,处以罚款;情节严重的,责令停业整顿,降低资质等级或者吊销资质证书;造成建筑工程质量不符合规定的质量标准的，负责返工、修理，并赔偿因此造成的损失；构成犯罪的，依法追究刑事责任。

第七十五条　建筑施工企业违反本法规定，不履行保修义务或者拖延履行保修义务的，责令改正，可以处以罚款，并对在保修期内因屋顶、墙面渗漏、开裂等质量缺陷造成的损失，承担赔偿责任。

第七十六条　本法规定的责令停业整顿、降低资质等级和吊销资质证书的行政处罚，由颁发资质证书的机关决定；其他行政处罚，由建设行政主管部门或者有关部门依照法律和国务院规定的职权范围决定。

依照本法规定被吊销资质证书的，由工商行政管理部门吊销其营业执照。

第七十七条　违反本法规定，对不具备相应资质等级条件的单位颁发该等级资质证书的，由其上级机关责令收回所发的资质证书，对直接负责的主管人员和其他直接责任人员给予行政处分；构成犯罪的，依法追究刑事责任。

第七十八条　政府及其所属部门的工作人员违反本法规定，限定发包单位将招标发包的工程发包给指定的承包单位的，由上级机关责令改正；构成犯罪的，依法追究刑事责任。

第七十九条　负责颁发建筑工程施工许可证的部门及其工作人员对不符合施工条件的建筑工程颁发施工许可证的，负责工程质量监督检查或者竣工验收的部门及其工作人员对不合格的建筑工程出具质量合格文件或者按合格工程验收的，由上级机关责令改正，对责任人员给予行政处分；构成犯罪的，依法追究刑事责任；造成损失的，由该部门承担相应的赔偿责任。

第八十条　在建筑物的合理使用寿命内，因建筑工程质量不合格受到损害的，有权向责任者要求赔偿。

第八章　附　则

第八十一条　本法关于施工许可、建筑施工企业资质审查和建筑工程发包、承包、禁止转包，以及建筑工程监理、建筑工程安全和质量管理的规定，适用于其他专业建筑工程的建筑活动，具体办法由国务院规定。

第八十二条　建设行政主管部门和其他有关部门在对建筑活动实施监督管理中，除按照国务院有关规定收取费用外，不得收取其他费用。

第八十三条　省、自治区、直辖市人民政府确定的小型房屋建筑工程的建筑活动，参照本法执行。

依法核定作为文物保护的纪念建筑物和古建筑等的修缮，依照文物保护的有关法律规定执行。

抢险救灾及其他临时性房屋建筑和农民自建低层住宅的建筑活动，不适用本法。

第八十四条　军用房屋建筑工程建筑活动的具体管理办法，由国务院、中央军事委员会依据本法制定。

第八十五条　本法自1998年3月1日起施行。

11. 中华人民共和国保险法

（1995年6月30日第八届全国人民代表大会常务委员会第十四次会议通过 根据2002年10月28日第九届全国人民代表大会常务委员会第三十次会议《关于修改〈中华人民共和国保险法〉的决定》修正）

目　录

　　第一章　总　　则
　　第二章　保险合同
　　　第一节　一般规定
　　　第二节　财产保险合同
　　　第三节　人身保险合同
　　第三章　保险公司
　　第四章　保险经营规则
　　第五章　保险业的监督管理
　　第六章　保险代理人和保险经纪人
　　第七章　法律责任
　　第八章　附　　则

第一章　总　　则

第一条　为了规范保险活动，保护保险活动当事人的合法权益，加强对保险业的监督管理，促进保险事业的健康发展，制定本法。

第二条　本法所称保险，是指投保人根据合同约定，向保险人支付保险费，保险人对于合同约定的可能发生的事故因其发生所造成的财产损失承担赔偿保险金责任，或者当被保险人死亡、伤残、疾病或者达到合同约定的年龄、期限时承担给付保险金责任的商业保险行为。

第三条　在中华人民共和国境内从事保险活动，适用本法。

第四条　从事保险活动必须遵守法律、行政法规，尊重社会公德，遵循自愿原则。

第五条　保险活动当事人行使权利、履行义务应当遵循诚实信用原则。

第六条　经营商业保险业务，必须是依照本法设立的保险公司。其他单位和个人不得经营商业保险业务。

第七条　在中华人民共和国境内的法人和其他组织需要办理境内保险的，应当向中华人民共和国境内的保险公司投保。

第八条　保险公司开展业务，应当遵循公平竞争的原则，不得从事不正当竞争。

第九条　国务院保险监督管理机构依照本法负责对保险业实施监督管理。

第二章　保险合同

第一节　一般规定

第十条　保险合同是投保人与保险人约定保险权利义务关系的协议。

附　录

投保人是指与保险人订立保险合同，并按照保险合同负有支付保险费义务的人。

保险人是指与投保人订立保险合同，并承担赔偿或者给付保险金责任的保险公司。

第十一条　投保人和保险人订立保险合同，应当遵循公平互利、协商一致、自愿订立的原则，不得损害社会公共利益。

除法律、行政法规规定必须保险的以外，保险公司和其他单位不得强制他人订立保险合同。

第十二条　投保人对保险标的应当具有保险利益。

投保人对保险标的不具有保险利益的，保险合同无效。

保险利益是指投保人对保险标的具有的法律上承认的利益。

保险标的是指作为保险对象的财产及其有关利益或者人的寿命和身体。

第十三条　投保人提出保险要求，经保险人同意承保，并就合同的条款达成协议，保险合同成立。保险人应当及时向投保人签发保险单或者其他保险凭证，并在保险单或者其他保险凭证中载明当事人双方约定的合同内容。

经投保人和保险人协商同意，也可以采取前款规定以外的其他书面协议形式订立保险合同。

第十四条　保险合同成立后，投保人按照约定交付保险费；保险人按照约定的时间开始承担保险责任。

第十五条　除本法另有规定或者保险合同另有约定外，保险合同成立后，投保人可以解除保险合同。

第十六条　除本法另有规定或者保险合同另有约定外，保险合同成立后，保险人不得解除保险合同。

第十七条　订立保险合同，保险人应当向投保人说明保险合同的条款内容，并可以就保险标的或者被保险人的有关情况提出询问，投保人应当如实告知。

投保人故意隐瞒事实，不履行如实告知义务的，或者因过失未履行如实告知义务，足以影响保险人决定是否同意承保或者提高保险费率的，保险人有权解除保险合同。

投保人故意不履行如实告知义务的，保险人对于保险合同解除前发生的保险事故，不承担赔偿或者给付保险金的责任，并不退还保险费。

投保人因过失未履行如实告知义务，对保险事故的发生有严重影响的，保险人对于保险合同解除前发生的保险事故，不承担赔偿或者给付保险金的责任，但可以退还保险费。

保险事故是指保险合同约定的保险责任范围内的事故。

第十八条　保险合同中规定有关于保险人责任免除条款的，保险人在订立保险合同时应当向投保人明确说明，未明确说明的，该条款不产生效力。

第十九条　保险合同应当包括下列事项：

（一）保险人名称和住所；

（二）投保人、被保险人名称和住所，以及人身保险的受益人的名称和住所；

（三）保险标的；

（四）保险责任和责任免除；

（五）保险期间和保险责任开始时间；

（六）保险价值；

（七）保险金额；
（八）保险费以及支付办法；
（九）保险金赔偿或者给付办法；
（十）违约责任和争议处理；
（十一）订立合同的年、月、日。

第二十条　投保人和保险人在前条规定的保险合同事项外，可以就与保险有关的其他事项作出约定。

第二十一条　在保险合同有效期内，投保人和保险人经协商同意，可以变更保险合同的有关内容。

变更保险合同的，应当由保险人在原保险单或者其他保险凭证上批注或者附贴批单，或者由投保人和保险人订立变更的书面协议。

第二十二条　投保人、被保险人或者受益人知道保险事故发生后，应当及时通知保险人。

被保险人是指其财产或者人身受保险合同保障，享有保险金请求权的人，投保人可以为被保险人。

受益人是指人身保险合同中由被保险人或者投保人指定的享有保险金请求权的人，投保人、被保险人可以为受益人。

第二十三条　保险事故发生后，依照保险合同请求保险人赔偿或者给付保险金时，投保人、被保险人或者受益人应当向保险人提供其所能提供的与确认保险事故的性质、原因、损失程度等有关的证明和资料。

保险人依照保险合同的约定，认为有关的证明和资料不完整的，应当通知投保人、被保险人或者受益人补充提供有关的证明和资料。

第二十四条　保险人收到被保险人或者受益人的赔偿或者给付保险金的请求后，应当及时作出核定，并将核定结果通知被保险人或者受益人；对属于保险责任的，在与被保险人或者受益人达成有关赔偿或者给付保险金额的协议后十日内，履行赔偿或者给付保险金义务。保险合同对保险金额及赔偿或者给付期限有约定的，保险人应当依照保险合同的约定，履行赔偿或者给付保险金义务。

保险人未及时履行前款规定义务的，除支付保险金外，应当赔偿被保险人或者受益人因此受到的损失。

任何单位或者个人都不得非法干预保险人履行赔偿或者给付保险金的义务，也不得限制被保险人或者受益人取得保险金的权利。

保险金额是指保险人承担赔偿或者给付保险金责任的最高限额。

第二十五条　保险人收到被保险人或者受益人的赔偿或者给付保险金的请求后，对不属于保险责任的，应当向被保险人或者受益人发出拒绝赔偿或者拒绝给付保险金通知书。

第二十六条　保险人自收到赔偿或者给付保险金的请求和有关证明、资料之日起六十日内，对其赔偿或者给付保险金的数额不能确定的，应当根据已有证明和资料可以确定的最低数额先予支付；保险人最终确定赔偿或者给付保险金的数额后，应当支付相应的差额。

第二十七条　人寿保险以外的其他保险的被保险人或者受益人，对保险人请求赔偿或者给付保险金的权利，自其知道保险事故发生之日起二年不行使而消灭。

人寿保险的被保险人或者受益人对保险人请求给付保险金的权利，自其知道保险事故发生之日起五年不行使而消灭。

第二十八条　被保险人或者受益人在未发生保险事故的情况下，谎称发生了保险事故，向保险人提出赔偿或者给付保险金的请求的，保险人有权解除保险合同，并不退还保险费。

投保人、被保险人或者受益人故意制造保险事故的，保险人有权解除保险合同，不承担赔偿或者给付保险金的责任，除本法第六十五条第一款另有规定外，也不退还保险费。

保险事故发生后，投保人、被保险人或者受益人以伪造、变造的有关证明、资料或者其他证据，编造虚假的事故原因或者夸大损失程度的，保险人对其虚报的部分不承担赔偿或者给付保险金的责任。

投保人、被保险人或者受益人有前三款所列行为之一，致使保险人支付保险金或者支出费用的，应当退回或者赔偿。

第二十九条　保险人将其承担的保险业务，以分保形式，部分转移给其他保险人的，为再保险。

应再保险接受人的要求，再保险分出人应当将其自负责任及原保险的有关情况告知再保险接受人。

第三十条　再保险接受人不得向原保险的投保人要求支付保险费。

原保险的被保险人或者受益人，不得向再保险接受人提出赔偿或者给付保险金的请求。

再保险分出人不得以再保险接受人未履行再保险责任为由，拒绝履行或者迟延履行其原保险责任。

第三十一条　对于保险合同的条款，保险人与投保人、被保险人或者受益人有争议时，人民法院或者仲裁机关应当作有利于被保险人和受益人的解释。

第三十二条　保险人或者再保险接受人对在办理保险业务中知道的投保人、被保险人、受益人或者再保险分出人的业务和财产情况及个人隐私，负有保密的义务。

第二节　财产保险合同

第三十三条　财产保险合同是以财产及其有关利益为保险标的的保险合同。

本节中的财产保险合同，除特别指明的外，简称合同。

第三十四条　保险标的的转让应当通知保险人，经保险人同意继续承保后，依法变更合同。但是，货物运输保险合同和另有约定的合同除外。

第三十五条　货物运输保险合同和运输工具航程保险合同，保险责任开始后，合同当事人不得解除合同。

第三十六条　被保险人应当遵守国家有关消防、安全、生产操作、劳动保护等方面的规定，维护保险标的的安全。

根据合同的约定，保险人可以对保险标的的安全状况进行检查，及时向投保人、被保险人提出消除不安全因素和隐患的书面建议。

投保人、被保险人未按照约定履行其对保险标的安全应尽的责任的，保险人有权要求增加保险费或者解除合同。

保险人为维护保险标的的安全，经被保险人同意，可以采取安全预防措施。

第三十七条　在合同有效期内，保险标的的危险程度增加的，被保险人按照合同约定应当及时通知保险人，保险人有权要求增加保险费或者解除合同。

被保险人未履行前款规定的通知义务的，因保险标的的危险程度增加而发生的保险事故，保险人不承担赔偿责任。

第三十八条　有下列情形之一的，除合同另有约定外，保险人应当降低保险费，并按日计算退还相应的保险费：

（一）据以确定保险费率的有关情况发生变化，保险标的的危险程度明显减少；

（二）保险标的的保险价值明显减少。

第三十九条　保险责任开始前，投保人要求解除合同的，应当向保险人支付手续费，保险人应当退还保险费。保险责任开始后，投保人要求解除合同的，保险人可以收取自保险责任开始之日起至合同解除之日止期间的保险费，剩余部分退还投保人。

第四十条　保险标的的保险价值，可以由投保人和保险人约定并在合同中载明，也可以按照保险事故发生时保险标的的实际价值确定。

保险金额不得超过保险价值；超过保险价值的，超过的部分无效。

保险金额低于保险价值的，除合同另有约定外，保险人按照保险金额与保险价值的比例承担赔偿责任。

第四十一条　重复保险的投保人应当将重复保险的有关情况通知各保险人。

重复保险的保险金额总和超过保险价值的，各保险人的赔偿金额的总和不得超过保险价值。除合同另有约定外，各保险人按照其保险金额与保险金额总和的比例承担赔偿责任。

重复保险是指投保人对同一保险标的、同一保险利益、同一保险事故分别向二个以上保险人订立保险合同的保险。

第四十二条　保险事故发生时，被保险人有责任尽力采取必要的措施，防止或者减少损失。

保险事故发生后，被保险人为防止或者减少保险标的的损失所支付的必要的、合理的费用由保险人承担；保险人所承担的数额在保险标的的损失赔偿金额以外另行计算，最高不超过保险金额的数额。

第四十三条　保险标的发生部分损失的，在保险人赔偿后三十日内，投保人可以终止合同；除合同约定不得终止合同的以外，保险人也可以终止合同。保险人终止合同的，应当提前十五日通知投保人，并将保险标的未受损失部分的保险费，扣除自保险责任开始之日起至终止合同之日止期间的应收部分后，退还投保人。

第四十四条　保险事故发生后，保险人已支付了全部保险金额，并且保险金额相等于保险价值的，受损保险标的的全部权利归于保险人；保险金额低于保险价值的，保险人按照保险金额与保险价值的比例取得受损保险标的的部分权利。

第四十五条　因第三者对保险标的的损害而造成保险事故的，保险人自向被保险人赔偿保险金之日起，在赔偿金额范围内代位行使被保险人对第三者请求赔偿的权利。

前款规定的保险事故发生后，被保险人已经从第三者取得损害赔偿的，保险人赔偿保

附 录

险金时，可以相应扣减被保险人从第三者已取得的赔偿金额。

保险人依照第一款行使代位请求赔偿的权利，不影响被保险人就未取得赔偿的部分向第三者请求赔偿的权利。

第四十六条　保险事故发生后，保险人未赔偿保险金之前，被保险人放弃对第三者的请求赔偿的权利的，保险人不承担赔偿保险金的责任。

保险人向被保险人赔偿保险金后，被保险人未经保险人同意放弃对第三者请求赔偿的权利的，该行为无效。

由于被保险人的过错致使保险人不能行使代位请求赔偿的权利的，保险人可以相应扣减保险赔偿金。

第四十七条　除被保险人的家庭成员或者其组成人员故意造成本法第四十五条第一款规定的保险事故以外，保险人不得对被保险人的家庭成员或者其组成人员行使代位请求赔偿的权利。

第四十八条　在保险人向第三者行使代位请求赔偿权利时，被保险人应当向保险人提供必要的文件和其所知道的有关情况。

第四十九条　保险人、被保险人为查明和确定保险事故的性质、原因和保险标的的损失程度所支付的必要的、合理的费用，由保险人承担。

第五十条　保险人对责任保险的被保险人给第三者造成的损害，可以依照法律的规定或者合同的约定，直接向该第三者赔偿保险金。

责任保险是指以被保险人对第三者依法应负的赔偿责任为保险标的的保险。

第五十一条　责任保险的被保险人因给第三者造成损害的保险事故而被提起仲裁或者诉讼的，除合同另有约定外，由被保险人支付的仲裁或者诉讼费用以及其他必要的、合理的费用，由保险人承担。

第三节　人身保险合同

第五十二条　人身保险合同是以人的寿命和身体为保险标的的保险合同。

本节中的人身保险合同，除特别指明的外，简称合同。

第五十三条　投保人对下列人员具有保险利益：

（一）本人；

（二）配偶、子女、父母；

（三）前项以外与投保人有抚养、赡养或者抚养关系的家庭其他成员、近亲属。

除前款规定外，被保险人同意投保人为其订立合同的，视为投保人对被保险人具有保险利益。

第五十四条　投保人申报的被保险人年龄不真实，并且其真实年龄不符合合同约定的年龄限制的，保险人可以解除合同，并在扣除手续费后，向投保人退还保险费，但是自合同成立之日起逾二年的除外。

投保人申报的被保险人年龄不真实，致使投保人支付的保险费少于应付保险费的，保险人有权更正并要求投保人补交保险费，或者在给付保险金时按照实付保险费与应付保险费的比例支付。

投保人申报的被保险人年龄不真实，致使投保人实付保险费多于应付保险费的，保险人应当将多收的保险费退还投保人。

第五十五条 投保人不得为无民事行为能力人投保以死亡为给付保险金条件的人身保险，保险人也不得承保。

父母为其未成年子女投保的人身保险，不受前款规定限制，但是死亡给付保险金额总和不得超过保险监督管理机构规定的限额。

第五十六条 以死亡为给付保险金条件的合同，未经被保险人书面同意并认可保险金额的，合同无效。

依照以死亡为给付保险金条件的合同所签发的保险单，未经被保险人书面同意，不得转让或者质押。

父母为其未成年子女投保的人身保险，不受第一款规定限制。

第五十七条 投保人于合同成立后，可以向保险人一次支付全部保险费，也可以按照合同约定分期支付保险费。

合同约定分期支付保险费的，投保人应当于合同成立时支付首期保险费，并应当按期支付其余各期的保险费。

第五十八条 合同约定分期支付保险费，投保人支付首期保险费后，除合同另有约定外，投保人超过规定的期限六十日未支付当期保险费的，合同效力中止，或者由保险人按照合同约定的条件减少保险金额。

第五十九条 依照前条规定合同效力中止的，经保险人与投保人协商并达成协议，在投保人补交保险费后，合同效力恢复。但是，自合同效力中止之日起二年内双方未达成协议的，保险人有权解除合同。

保险人依照前款规定解除合同，投保人已交足二年以上保险费的，保险人应当按照合同约定退还保险单的现金价值；投保人未交足二年保险费的，保险人应当在扣除手续费后，退还保险费。

第六十条 保险人对人身保险的保险费，不得用诉讼方式要求投保人支付。

第六十一条 人身保险的受益人由被保险人或者投保人指定。

投保人指定受益人时须经被保险人同意。

被保险人为无民事行为能力人或者限制民事行为能力人的，可以由其监护人指定受益人。

第六十二条 被保险人或者投保人可以指定一人或者数人为受益人。

受益人为数人的，被保险人或者投保人可以确定受益顺序和受益份额；未确定受益份额的，受益人按照相等份额享有受益权。

第六十三条 被保险人或者投保人可以变更受益人并书面通知保险人。保险人收到变更受益人的书面通知后，应当在保险单上批注。

投保人变更受益人时须经被保险人同意。

第六十四条 被保险人死亡后，遇有下列情形之一的，保险金作为被保险人的遗产，由保险人向被保险人的继承人履行给付保险金的义务：

（一）没有指定受益人的；

（二）受益人先于被保险人死亡，没有其他受益人的；

（三）受益人依法丧失受益权或者放弃受益权，没有其他受益人的。

第六十五条 投保人、受益人故意造成被保险人死亡、伤残或者疾病的，保险人不承担给付保险金的责任。投保人已交足二年以上保险费的,保险人应当按照合同约定向其他享有权利的受益人退还保险单的现金价值。

受益人故意造成被保险人死亡或者伤残的,或者故意杀害被保险人未遂的,丧失受益权。

第六十六条 以死亡为给付保险金条件的合同,被保险人自杀的,除本条第二款规定外,保险人不承担给付保险金的责任,但对投保人已支付的保险费,保险人应按照保险单退还其现金价值。

以死亡为给付保险金条件的合同,自成立之日起满二年后,如果被保险人自杀的,保险人可以按照合同给付保险金。

第六十七条 被保险人故意犯罪导致其自身伤残或者死亡的,保险人不承担给付保险金的责任。投保人已交足二年以上保险费的,保险人应当按照保险单退还其现金价值。

第六十八条 人身保险的被保险人因第三者的行为而发生死亡、伤残或者疾病等保险事故的,保险人向被保险人或者受益人给付保险金后,不得享有向第三者追偿的权利。但被保险人或者受益人仍有权向第三者请求赔偿。

第六十九条 投保人解除合同,已交足二年以上保险费的,保险人应当自接到解除合同通知之日起三十日内,退还保险单的现金价值;未交足二年保险费的,保险人按照合同约定在扣除手续费后,退还保险费。

第三章 保 险 公 司

第七十条 保险公司应当采取下列组织形式:
(一)股份有限公司;
(二)国有独资公司。

第七十一条 设立保险公司,必须经保险监督管理机构批准。

第七十二条 设立保险公司,应当具备下列条件:
(一)有符合本法和公司法规定的章程;
(二)有符合本法规定的注册资本最低限额;
(三)有具备任职专业知识和业务工作经验的高级管理人员;
(四)有健全的组织机构和管理制度;
(五)有符合要求的营业场所和与业务有关的其他设施。

保险监督管理机构审查设立申请时,应当考虑保险业的发展和公平竞争的需要。

第七十三条 设立保险公司,其注册资本的最低限额为人民币二亿元。

保险公司注册资本最低限额必须为实缴货币资本。

保险监督管理机构根据保险公司业务范围、经营规模,可以调整其注册资本的最低限额。但是,不得低于第一款规定的限额。

第七十四条 申请设立保险公司,应当提交下列文件、资料:
(一)设立申请书,申请书应当载明拟设立的保险公司的名称、注册资本、业务范围等;
(二)可行性研究报告;
(三)保险监督管理机构规定的其他文件、资料。

第七十五条 设立保险公司的申请经初步审查合格后，申请人应当依照本法和公司法的规定进行保险公司的筹建。具备本法第七十二条规定的设立条件的，向保险监督管理机构提交正式申请表和下列有关文件、资料：
（一）保险公司的章程；
（二）股东名册及其股份或者出资人及其出资额；
（三）持有公司股份百分之十以上的股东资信证明和有关资料；
（四）法定验资机构出具的验资证明；
（五）拟任职的高级管理人员的简历和资格证明；
（六）经营方针和计划；
（七）营业场所和与业务有关的其他设施的资料；
（八）保险监督管理机构规定的其他文件、资料。

第七十六条 保险监督管理机构自收到设立保险公司的正式申请文件之日起六个月内，应当作出批准或者不批准的决定。

第七十七条 经批准设立的保险公司，由批准部门颁发经营保险业务许可证，并凭经营保险业务许可证向工商行政管理机关办理登记，领取营业执照。

第七十八条 保险公司自取得经营保险业务许可证之日起六个月内无正当理由未办理公司设立登记的，其经营保险业务许可证自动失效。

第七十九条 保险公司成立后应当按照其注册资本总额的百分之二十提取保证金，存入保险监督管理机构指定的银行，除保险公司清算时用于清偿债务外，不得动用。

第八十条 保险公司在中华人民共和国境内外设立分支机构，须经保险监督管理机构批准，取得分支机构经营保险业务许可证。

保险公司分支机构不具有法人资格，其民事责任由保险公司承担。

第八十一条 保险公司在中华人民共和国境内外设立代表机构，须经保险监督管理机构批准。

第八十二条 保险公司有下列变更事项之一的，须经保险监督管理机构批准：
（一）变更名称；
（二）变更注册资本；
（三）变更公司或者分支机构的营业场所；
（四）调整业务范围；
（五）公司分立或者合并；
（六）修改公司章程；
（七）变更出资人或者持有公司股份百分之十以上的股东；
（八）保险监督管理机构规定的其他变更事项。

保险公司更换董事长、总经理，应当报经保险监督管理机构审查其任职资格。

第八十三条 保险公司的组织机构，适用公司法的规定。

第八十四条 国有独资保险公司设立监事会。监事会由保险监督管理机构、有关专家和保险公司工作人员的代表组成，对国有独资保险公司提取各项准备金、最低偿付能力和国有资产保值增值等情况以及高级管理人员违反法律、行政法规或者章程的行为和损害公司利益的行为进行监督。

第八十五条　保险公司因分立、合并或者公司章程规定的解散事由出现，经保险监督管理机构批准后解散。保险公司应当依法成立清算组，进行清算。

经营有人寿保险业务的保险公司，除分立、合并外，不得解散。

第八十六条　保险公司违反法律、行政法规，被保险监督管理机构吊销经营保险业务许可证的，依法撤销。由保险监督管理机构依法及时组织清算组，进行清算。

第八十七条　保险公司不能支付到期债务，经保险监督管理机构同意，由人民法院依法宣告破产。保险公司被宣告破产的，由人民法院组织保险监督管理机构等有关部门和有关人员成立清算组，进行清算。

第八十八条　经营有人寿保险业务的保险公司被依法撤销的或者被依法宣告破产的，其持有的人寿保险合同及准备金，必须转移给其他经营有人寿保险业务的保险公司；不能同其他保险公司达成转让协议的，由保险监督管理机构指定经营有人寿保险业务的保险公司接受。

转让或者由保险监督管理机构指定接受前款规定的人寿保险合同及准备金的，应当维护被保险人、受益人的合法权益。

第八十九条　保险公司依法破产的，破产财产优先支付其破产费用后，按照下列顺序清偿：

（一）所欠职工工资和劳动保险费用；

（二）赔偿或者给付保险金；

（三）所欠税款；

（四）清偿公司债务。

破产财产不足清偿同一顺序清偿要求的，按照比例分配。

第九十条　保险公司依法终止其业务活动，应当注销其经营保险业务许可证。

第九十一条　保险公司的设立、变更、解散和清算事项，本法未作规定的，适用公司法和其他有关法律、行政法规的规定。

第四章　保险经营规则

第九十二条　保险公司的业务范围：

（一）财产保险业务，包括财产损失保险、责任保险、信用保险等保险业务；

（二）人身保险业务，包括人寿保险、健康保险、意外伤害保险等保险业务。

同一保险人不得同时兼营财产保险业务和人身保险业务；但是，经营财产保险业务的保险公司经保险监督管理机构核定，可以经营短期健康保险业务和意外伤害保险业务。

保险公司的业务范围由保险监督管理机构依法核定。保险公司只能在被核定的业务范围内从事保险经营活动。

保险公司不得兼营本法及其他法律、行政法规规定以外的业务。

第九十三条　经保险监督管理机构核定，保险公司可以经营前条规定的保险业务的下列再保险业务：

（一）分出保险；

（二）分入保险。

第九十四条　保险公司应当根据保障被保险人利益、保证偿付能力的原则，提取各项责任准备金。

保险公司提取和结转责任准备金的具体办法由保险监督管理机构制定。

第九十五条 保险公司应当按照已经提出的保险赔偿或者给付金额,以及已经发生保险事故但尚未提出的保险赔偿或者给付金额,提取未决赔款准备金。

第九十六条 除依照前二条规定提取准备金外,保险公司应当依照有关法律、行政法规及国家财务会计制度的规定提取公积金。

第九十七条 为了保障被保险人的利益,支持保险公司稳健经营,保险公司应当按照保险监督管理机构的规定提存保险保障基金。

保险保障基金应当集中管理,统筹使用。

保险保障基金管理使用的具体办法由保险监督管理机构制定。

第九十八条 保险公司应当具有与其业务规模相适应的最低偿付能力。保险公司的实际资产减去实际负债的差额不得低于保险监督管理机构规定的数额;低于规定数额的,应当增加资本金,补足差额。

第九十九条 经营财产保险业务的保险公司当年自留保险费,不得超过其实有资本金加公积金总和的四倍。

第一百条 保险公司对每一危险单位,即对一次保险事故可能造成的最大损失范围所承担的责任,不得超过其实有资本金加公积金总和的百分之十;超过的部分,应当办理再保险。

第一百零一条 保险公司对危险单位的计算办法和巨灾风险安排计划,应当报经保险监督管理机构核准。

第一百零二条 保险公司应当按照保险监督管理机构的有关规定办理再保险。

第一百零三条 保险公司需要办理再保险分出业务的,应当优先向中国境内的保险公司办理。

第一百零四条 保险监督管理机构有权限制或者禁止保险公司向中国境外的保险公司办理再保险分出业务或者接受中国境外再保险分入业务。

第一百零五条 保险公司的资金运用必须稳健,遵循安全性原则,并保证资产的保值增值。

保险公司的资金运用,限于在银行存款、买卖政府债券、金融债券和国务院规定的其他资金运用形式。

保险公司的资金不得用于设立证券经营机构,不得用于设立保险业以外的企业。

保险公司运用的资金和具体项目的资金占其资金总额的具体比例,由保险监督管理机构规定。

第一百零六条 保险公司及其工作人员在保险业务活动中不得有下列行为:

(一)欺骗投保人、被保险人或者受益人;

(二)对投保人隐瞒与保险合同有关的重要情况;

(三)阻碍投保人履行本法规定的如实告知义务,或者诱导其不履行本法规定的如实告知义务;

(四)承诺向投保人、被保险人或者受益人给予保险合同规定以外的保险费回扣或者其他利益;

（五）故意编造未曾发生的保险事故进行虚假理赔，骗取保险金。

第五章 保险业的监督管理

第一百零七条 关系社会公众利益的保险险种、依法实行强制保险的险种和新开发的人寿保险险种等的保险条款和保险费率，应当报保险监督管理机构审批。保险监督管理机构审批时，遵循保护社会公众利益和防止不正当竞争的原则。审批的范围和具体办法，由保险监督管理机构制定。

其他保险险种的保险条款和保险费率，应当报保险监督管理机构备案。

第一百零八条 保险监督管理机构应当建立健全保险公司偿付能力监管指标体系，对保险公司的最低偿付能力实施监控。

第一百零九条 保险监督管理机构有权检查保险公司的业务状况、财务状况及资金运用状况，有权要求保险公司在规定的期限内提供有关的书面报告和资料。

保险公司依法接受监督检查。

保险监督管理机构有权查询保险公司在金融机构的存款。

第一百一十条 保险公司未按照本法规定提取或者结转各项准备金，或者未按照本法规定办理再保险，或者严重违反本法关于资金运用的规定的，由保险监督管理机构责令该保险公司采取下列措施限期改正：

（一）依法提取或者结转各项准备金；

（二）依法办理再保险；

（三）纠正违法运用资金的行为；

（四）调整负责人及有关管理人员。

第一百一十一条 依照前条规定，保险监督管理机构作出限期改正的决定后，保险公司在限期内未予改正的，由保险监督管理机构决定选派保险专业人员和指定该保险公司的有关人员，组成整顿组织，对该保险公司进行整顿。

整顿决定应当载明被整顿保险公司的名称、整顿理由、整顿组织和整顿期限，并予以公告。

第一百一十二条 整顿组织在整顿过程中，有权监督该保险公司的日常业务。该保险公司的负责人及有关管理人员，应当在整顿组织的监督下行使自己的职权。

第一百一十三条 在整顿过程中，保险公司的原有业务继续进行，但是保险监督管理机构有权停止开展新的业务或者停止部分业务，调整资金运用。

第一百一十四条 被整顿的保险公司经整顿已纠正其违反本法规定的行为，恢复正常经营状况的，由整顿组织提出报告，经保险监督管理机构批准，整顿结束。

第一百一十五条 保险公司违反本法规定，损害社会公共利益，可能严重危及或者已经危及保险公司的偿付能力的，保险监督管理机构可以对该保险公司实行接管。接管的目的是对被接管的保险公司采取必要措施，以保护被保险人的利益，恢复保险公司的正常经营。被接管的保险公司的债权债务关系不因接管而变化。

第一百一十六条 接管组织的组成和接管的实施办法，由保险监督管理机构决定，并予公告。

第一百一十七条 接管期限届满，保险监督管理机构可以决定延期，但接管期限最长不得超过二年。

第一百一十八条　接管期限届满，被接管的保险公司已恢复正常经营能力的，保险监督管理机构可以决定接管终止。

接管组织认为被接管的保险公司的财产已不足以清偿所负债务的，经保险监督管理机构批准，依法向人民法院申请宣告该保险公司破产。

第一百一十九条　保险公司应当于每一会计年度终了后三个月内，将上一年度的营业报告、财务会计报告及有关报表报送保险监督管理机构，并依法公布。

第一百二十条　保险公司应当于每月月底前将上一月的营业统计报表报送保险监督管理机构。

第一百二十一条　保险公司必须聘用经保险监督管理机构认可的精算专业人员，建立精算报告制度。

第一百二十二条　保险公司的营业报告、财务会计报告、精算报告及其他有关报表、文件和资料必须如实记录保险业务事项，不得有虚假记载、误导性陈述和重大遗漏。

第一百二十三条　保险人和被保险人可以聘请依法设立的独立的评估机构或者具有法定资格的专家，对保险事故进行评估和鉴定。

依法受聘对保险事故进行评估和鉴定的评估机构和专家，应当依法公正地执行业务。因故意或者过失给保险人或者被保险人造成损害的，依法承担赔偿责任。

依法受聘对保险事故进行评估和鉴定的评估机构收取费用，应当依照法律、行政法规的规定办理。

第一百二十四条　保险公司应当妥善保管有关业务经营活动的完整账簿、原始凭证及有关资料。

前款规定的账簿、原始凭证及有关资料的保管期限，自保险合同终止之日起计算，不得少于十年。

第六章　保险代理人和保险经纪人

第一百二十五条　保险代理人是根据保险人的委托，向保险人收取代理手续费，并在保险人授权的范围内代为办理保险业务的单位或者个人。

第一百二十六条　保险经纪人是基于投保人的利益，为投保人与保险人订立保险合同提供中介服务，并依法收取佣金的单位。

第一百二十七条　保险人委托保险代理人代为办理保险业务的，应当与保险代理人签订委托代理协议，依法约定双方的权利和义务及其他代理事项。

第一百二十八条　保险代理人根据保险人的授权代为办理保险业务的行为，由保险人承担责任。

保险代理人为保险人代为办理保险业务，有超越代理权限行为，投保人有理由相信其有代理权，并已订立保险合同的，保险人应当承担保险责任；但是保险人可以依法追究越权的保险代理人的责任。

第一百二十九条　个人保险代理人在代为办理人寿保险业务时，不得同时接受两个以上保险人的委托。

第一百三十条　因保险经纪人在办理保险业务中的过错，给投保人、被保险人造成损失的，由保险经纪人承担赔偿责任。

第一百三十一条 保险代理人、保险经纪人在办理保险业务活动中不得有下列行为：

（一）欺骗保险人、投保人、被保险人或者受益人；

（二）隐瞒与保险合同有关的重要情况；

（三）阻碍投保人履行本法规定的如实告知义务，或者诱导其不履行本法规定的如实告知义务；

（四）承诺向投保人、被保险人或者受益人给予保险合同规定以外的其他利益；

（五）利用行政权力、职务或者职业便利以及其他不正当手段强迫、引诱或者限制投保人订立保险合同。

第一百三十二条 保险代理人、保险经纪人应当具备保险监督管理机构规定的资格条件，并取得保险监督管理机构颁发的经营保险代理业务许可证或者经纪业务许可证，向工商行政管理机关办理登记，领取营业执照，并缴存保证金或者投保职业责任保险。

第一百三十三条 保险代理人、保险经纪人应当有自己的经营场所，设立专门账簿记载保险代理业务或者经纪业务的收支情况，并接受保险监督管理机构的监督。

第一百三十四条 保险代理手续费和经纪人佣金，只限于向具有合法资格的保险代理人、保险经纪人支付，不得向其他人支付。

第一百三十五条 保险公司应当设立本公司保险代理人登记簿。

第一百三十六条 保险公司应当加强对保险代理人的培训和管理，提高保险代理人的职业道德和业务素质，不得唆使、误导保险代理人进行违背诚信义务的活动。

第一百三十七条 本法第一百零九条、第一百一十九条的规定，适用于保险代理人和保险经纪人。

第七章 法 律 责 任

第一百三十八条 投保人、被保险人或者受益人有下列行为之一，进行保险欺诈活动，构成犯罪的，依法追究刑事责任：

（一）投保人故意虚构保险标的，骗取保险金的；

（二）未发生保险事故而谎称发生保险事故，骗取保险金的；

（三）故意造成财产损失的保险事故，骗取保险金的；

（四）故意造成被保险人死亡、伤残或者疾病等人身保险事故，骗取保险金的；

（五）伪造、变造与保险事故有关的证明、资料和其他证据，或者指使、唆使、收买他人提供虚假证明、资料或者其他证据，编造虚假的事故原因或者夸大损失程度，骗取保险金的。

有前款所列行为之一，情节轻微，尚不构成犯罪的，依照国家有关规定给予行政处罚。

第一百三十九条 保险公司及其工作人员在保险业务中隐瞒与保险合同有关的重要情况，欺骗投保人、被保险人或者受益人，或者拒不履行保险合同约定的赔偿或者给付保险金的义务，构成犯罪的，依法追究刑事责任；尚不构成犯罪的，由保险监督管理机构对保险公司处以五万元以上三十万元以下的罚款；对有违法行为的工作人员，处以二万元以上十万元以下的罚款；情节严重的，限制保险公司业务范围或者责令停止接受新业务。

保险公司及其工作人员阻碍投保人履行如实告知义务，或者诱导其不履行如实告知义务，或者承诺向投保人、被保险人或者受益人给予非法的保险费回扣或者其他利益，构成犯罪的，依法追究刑事责任；尚不构成犯罪的，由保险监督管理机构责令改正，对保险公司处以五万元以上三十万元以下的罚款；对有违法行为的工作人员，处以二万元以上十万元以下的罚款；情节严重的，限制保险公司业务范围或者责令停止接受新业务。

第一百四十条　保险代理人或者保险经纪人在其业务中欺骗保险人、投保人、被保险人或者受益人，构成犯罪的，依法追究刑事责任；尚不构成犯罪的，由保险监督管理机构责令改正，并处以五万元以上三十万元以下的罚款；情节严重的，吊销经营保险代理业务许可证或者经纪业务许可证。

第一百四十一条　保险公司及其工作人员故意编造未曾发生的保险事故进行虚假理赔，骗取保险金，构成犯罪的，依法追究刑事责任。

第一百四十二条　违反本法规定，擅自设立保险公司或者非法从事商业保险业务活动的，由保险监督管理机构予以取缔；构成犯罪的，依法追究刑事责任；尚不构成犯罪的，由保险监督管理机构没收违法所得，并处以违法所得一倍以上五倍以下的罚款；没有违法所得或者违法所得不足二十万元的，处以二十万元以上一百万元以下的罚款。

第一百四十三条　违反本法规定，超出核定的业务范围从事保险业务或者兼营本法及其他法律、行政法规规定以外的业务，构成犯罪的，依法追究刑事责任；尚不构成犯罪的，由保险监督管理机构责令改正，责令退还收取的保险费，没收违法所得，并处以违法所得一倍以上五倍以下的罚款；没有违法所得或者违法所得不足十万元的，处以十万元以上五十万元以下的罚款；逾期不改正或者造成严重后果的，责令停业整顿或吊销经营保险业务许可证。

第一百四十四条　违反本法规定，未经批准，擅自变更保险公司的名称、章程、注册资本、公司或者分支机构的营业场所等事项的，由保险监督管理机构责令改正，并处以一万元以上十万元以下的罚款。

第一百四十五条　违反本法规定，有下列行为之一的，由保险监督管理机构责令改正，并处以五万元以上三十万元以下的罚款；情节严重的，可以限制业务范围、责令停止接受新业务或者吊销经营保险业务许可证：

（一）未按照规定提存保证金或者违反规定动用保证金的；

（二）未按照规定提取或者结转各项责任准备金或者未按照规定提取未决赔款准备金的；

（三）未按照规定提取保险保障基金、公积金的；

（四）未按照规定办理再保险分出业务的；

（五）违反规定运用保险公司资金的；

（六）未经批准设立分支机构或者代表机构的；

（七）未经批准分立、合并的；

（八）未按照规定将应当报送审批的险种的保险条款和保险费率报送审批的。

第一百四十六条　违反本法规定，有下列行为之一的，由保险监督管理机构责令改正，逾期不改正的，处以一万元以上十万元以下的罚款：

（一）未按照规定报送有关报告、报表、文件和资料的；

（二）未按照规定将应当报送备案的险种的保险条款和保险费率报送备案的。

第一百四十七条 违反本法规定，有下列行为之一，构成犯罪的，依法追究刑事责任；尚不构成犯罪的，由保险监督管理机构责令改正，处以十万元以上五十万元以下的罚款；情节严重的，可以限制业务范围、责令停止接受新业务或者吊销经营保险业务许可证：

（一）提供虚假的报告、报表、文件和资料的；

（二）拒绝或者妨碍依法检查监督的。

第一百四十八条 违反本法规定，有下列行为之一的，由保险监督管理机构责令改正，处以五万元以上三十万元以下的罚款：

（一）超额承保，情节严重的；

（二）为无民事行为能力人承保以死亡为给付保险金条件的保险的。

第一百四十九条 违反本法规定，未取得经营保险代理业务许可证或者经纪业务许可证，非法从事保险代理业务或者经纪业务活动的，由保险监督管理机构予以取缔；构成犯罪的，依法追究刑事责任；尚不构成犯罪的，由保险监督管理机构没收违法所得，并处以违法所得一倍以上五倍以下的罚款，没有违法所得或者违法所得不足十万元的，处以十万元以上五十万元以下的罚款。

第一百五十条 对违反本法规定尚未构成犯罪的行为负有直接责任的保险公司高级管理人员和其他直接责任人员，保险监督管理机构可以区别不同情况予以警告，责令予以撤换，处以二万元以上十万元以下的罚款。

第一百五十一条 违反本法规定，给他人造成损害的，应当依法承担民事责任。

第一百五十二条 对不符合本法规定条件的设立保险公司的申请予以批准，或者对不符合保险代理人、保险经纪人条件的申请予以批准，或者有滥用职权、玩忽职守的其他行为，构成犯罪的，依法追究刑事责任；尚不构成犯罪的，依法给予行政处分。

第八章 附　　则

第一百五十三条 海上保险适用海商法的有关规定；海商法未做规定的，适用本法的有关规定。

第一百五十四条 中外合资保险公司、外资独资保险公司、外国保险公司分公司适用本法规定；法律、行政法规另有规定的，适用其规定。

第一百五十五条 国家支持发展为农业生产服务的保险事业，农业保险由法律、行政法规另行规定。

第一百五十六条 本法规定的保险公司以外的其他性质的保险组织，由法律、行政法规另行规定。

第一百五十七条 本法施行前按照国务院规定经批准设立的保险公司继续保留，其中不完全具备本法规定的条件的，应当在规定的期限内达到本法规定的条件。具体办法由国务院规定。

第一百五十八条 本法自1995年10月1日起施行。

12. 建设工程质量管理条例

中华人民共和国国务院令第 279 号

《建设工程质量管理条例》已经 2000 年 1 月 10 日国务院第 25 次常务会议通过，现予发布，自发布之日起施行。

总理　朱镕基
2000 年 1 月 30 日

第一章　总　则

第一条　为了加强对建设工程质量的管理，保证建设工程质量，保护人民生命和财产安全，根据《中华人民共和国建筑法》，制定本条例。

第二条　凡在中华人民共和国境内从事建设工程的新建、扩建、改建等有关活动及实施对建设工程质量监督管理的，必须遵守本条例。

本条例所称建设工程，是指土木工程、建筑工程、线路管道和设备安装工程及装修工程。

第三条　建设单位、勘察单位、设计单位、施工单位、工程监理单位依法对建设工程质量负责。

第四条　县级以上人民政府建设行政主管部门和其他有关部门应当加强对建设工程质量的监督管理。

第五条　从事建设工程活动，必须严格执行基本建设程序，坚持先勘察、后设计、再施工的原则。

县级以上人民政府及其有关部门不得超越权限审批建设项目或者擅自简化基本建设程序。

第六条　国家鼓励采用先进的科学技术和管理方法，提高建设工程质量。

第二章　建设单位的质量责任和义务

第七条　建设单位应当将工程发包给具有相应资质等级的单位。建设单位不得将建设工程肢解发包。

第八条　建设单位应当依法对工程建设项目的勘察、设计、施工、监理以及与工程建设有关的重要设备、材料等的采购进行招标。

第九条　建设单位必须向有关的勘察、设计、施工、工程监理等单位提供与建设工程有关的原始资料。原始资料必须真实、准确、齐全。

第十条　建设工程发包单位不得迫使承包方以低于成本的价格竞标，不得任意压缩合理工期。

建设单位不得明示或者暗示设计单位或者施工单位违反工程建设强制性标准，降低建设工程质量。

第十一条　建设单位应当将施工图设计文件报县级以上人民政府建设行政主管部门或者其他有关部门审查。施工图设计文件审查的具体办法，由国务院建设行政主管部门会同国务院其他有关部门制定。

施工图设计文件未经审查批准的，不得使用。

第十二条 实行监理的建设工程，建设单位应当委托具有相应资质等级的工程监理单位进行监理，也可以委托具有工程监理相应资质等级并与被监理工程的施工承包单位没有隶属关系或者其他利害关系的该工程的设计单位进行监理。

下列建设工程必须实行监理：

（一）国家重点建设工程；

（二）大中型公用事业工程；

（三）成片开发建设的住宅小区工程；

（四）利用外国政府或者国际组织贷款、援助资金的工程；

（五）国家规定必须实行监理的其他工程。

第十三条 建设单位在领取施工许可证或者开工报告前，应当按照国家有关规定办理工程质量监督手续。

第十四条 按照合同约定，由建设单位采购建筑材料、建筑构配件和设备的，建设单位应当保证建筑材料、建筑构配件和设备符合设计文件和合同要求。

建设单位不得明示或者暗示施工单位使用不合格的建筑材料、建筑构配件和设备。

第十五条 涉及建筑主体和承重结构变动的装修工程，建设单位应当在施工前委托原设计单位或者具有相应资质等级的设计单位提出设计方案；没有设计方案的，不得施工。

房屋建筑使用者在装修过程中，不得擅自变动房屋建筑主体和承重结构。

第十六条 建设单位收到建设工程竣工报告后，应当组织设计、施工、工程监理等有关单位进行竣工验收。

建设工程竣工验收应当具备下列条件：

（一）完成建设工程设计和合同约定的各项内容；

（二）有完整的技术档案和施工管理资料；

（三）有工程使用的主要建筑材料、建筑构配件和设备的进场试验报告；

（四）有勘察、设计、施工、工程监理等单位分别签署的质量合格文件；

（五）有施工单位签署的工程保修书。

建设工程经验收合格的，方可交付使用。

第十七条 建设单位应当严格按照国家有关档案管理的规定，及时收集、整理建设项目各环节的文件资料，建立、健全建设项目档案，并在建设工程竣工验收后，及时向建设行政主管部门或者其他有关部门移交建设项目档案。

第三章　勘察、设计单位的质量责任和义务

第十八条 从事建设工程勘察、设计的单位应当依法取得相应等级的资质证书，并在其资质等级许可的范围内承揽工程。

禁止勘察、设计单位超越其资质等级许可的范围或者以其他勘察、设计单位的名义承揽工程。禁止勘察、设计单位允许其他单位或者个人以本单位的名义承揽工程。

勘察、设计单位不得转包或者违法分包所承揽的工程。

第十九条 勘察、设计单位必须按照工程建设强制性标准进行勘察、设计，并对其勘

察、设计的质量负责。

注册建筑师、注册结构工程师等注册执业人员应当在设计文件上签字,对设计文件负责。

第二十条 勘察单位提供的地质、测量、水文等勘察成果必须真实、准确。

第二十一条 设计单位应当根据勘察成果文件进行建设工程设计。

设计文件应当符合国家规定的设计深度要求,注明工程合理使用年限。

第二十二条 设计单位在设计文件中选用的建筑材料、建筑构配件和设备,应当注明规格、型号、性能等技术指标,其质量要求必须符合国家规定的标准。

除有特殊要求的建筑材料、专用设备、工艺生产线等外,设计单位不得指定生产厂、供应商。

第二十三条 设计单位应当就审查合格的施工图设计文件向施工单位作出详细说明。

第二十四条 设计单位应当参与建设工程质量事故分析,并对因设计造成的质量事故,提出相应的技术处理方案。

第四章 施工单位的质量责任和义务

第二十五条 施工单位应当依法取得相应等级的资质证书,并在其资质等级许可的范围内承揽工程。

禁止施工单位超越本单位资质等级许可的业务范围或者以其他施工单位的名义承揽工程。禁止施工单位允许其他单位或者个人以本单位的名义承揽工程。

施工单位不得转包或者违法分包工程。

第二十六条 施工单位对建设工程的施工质量负责。

施工单位应当建立质量责任制,确定工程项目的项目经理、技术负责人和施工管理负责人。

建设工程实行总承包的,总承包单位应当对全部建设工程质量负责;建设工程勘察、设计、施工、设备采购的一项或者多项实行总承包的,总承包单位应当对其承包的建设工程或者采购的设备的质量负责。

第二十七条 总承包单位依法将建设工程分包给其他单位的,分包单位应当按照分包合同的约定对其分包工程的质量向总承包单位负责,总承包单位与分包单位对分包工程的质量承担连带责任。

第二十八条 施工单位必须按照工程设计图纸和施工技术标准施工,不得擅自修改工程设计,不得偷工减料。

施工单位在施工过程中发现设计文件和图纸有差错的,应当及时提出意见和建议。

第二十九条 施工单位必须按照工程设计要求、施工技术标准和合同约定,对建筑材料、建筑构配件、设备和商品混凝土进行检验,检验应当有书面记录和专人签字;未经检验或者检验不合格的,不得使用。

第三十条 施工单位必须建立、健全施工质量的检验制度,严格工序管理,做好隐蔽工程的质量检查和记录。隐蔽工程在隐蔽前,施工单位应当通知建设单位和建设工程质量监督机构。

第三十一条 施工人员对涉及结构安全的试块、试件以及有关材料,应当在建设单位或者工程监理单位监督下现场取样,并送具有相应资质等级的质量检测单位进行检测。

第三十二条 施工单位对施工中出现质量问题的建设工程或者竣工验收不合格的建设工程,应当负责返修。

第三十三条 施工单位应当建立、健全教育培训制度,加强对职工的教育培训;未经教育培训或者考核不合格的人员,不得上岗作业。

第五章 工程监理单位的质量责任和义务

第三十四条 工程监理单位应当依法取得相应等级的资质证书,并在其资质等级许可的范围内承担工程监理业务。

禁止工程监理单位超越本单位资质等级许可的范围或者以其他工程监理单位的名义承担工程监理业务。禁止工程监理单位允许其他单位或者个人以本单位的名义承担工程监理业务。

工程监理单位不得转让工程监理业务。

第三十五条 工程监理单位与被监理工程的施工承包单位以及建筑材料、建筑构配件和设备供应单位有隶属关系或者其他利害关系的,不得承担该项建设工程的监理业务。

第三十六条 工程监理单位应当依照法律、法规以及有关技术标准、设计文件和建设工程承包合同,代表建设单位对施工质量实施监理,并对施工质量承担监理责任。

第三十七条 工程监理单位应当选派具备相应资格的总监理工程师和监理工程师进驻施工现场。

未经监理工程师签字,建筑材料、建筑构配件和设备不得在工程上使用或者安装,施工单位不得进行下一道工序的施工。未经总监理工程师签字,建设单位不拨付工程款,不进行竣工验收。

第三十八条 监理工程师应当按照工程监理规范的要求,采取旁站、巡视和平行检验等形式,对建设工程实施监理。

第六章 建设工程质量保修

第三十九条 建设工程实行质量保修制度。

建设工程承包单位在向建设单位提交工程竣工验收报告时,应当向建设单位出具质量保修书。质量保修书中应当明确建设工程的保修范围、保修期限和保修责任等。

第四十条 在正常使用条件下,建设工程的最低保修期限为:

(一)基础设施工程、房屋建筑的地基基础工程和主体结构工程,为设计文件规定的该工程的合理使用年限;

(二)屋面防水工程、有防水要求的卫生间、房间和外墙面的防渗漏,为5年;

(三)供热与供冷系统,为2个采暖期、供冷期;

(四)电气管线、给排水管道、设备安装和装修工程,为2年。

其他项目的保修期限由发包方与承包方约定。

建设工程的保修期,自竣工验收合格之日起计算。

第四十一条 建设工程在保修范围和保修期限内发生质量问题的,施工单位应当履行保修义务,并对造成的损失承担赔偿责任。

第四十二条 建设工程在超过合理使用年限后需要继续使用的，产权所有人应当委托具有相应资质等级的勘察、设计单位鉴定，并根据鉴定结果采取加固、维修等措施，重新界定使用期。

第七章 监 督 管 理

第四十三条 国家实行建设工程质量监督管理制度。

国务院建设行政主管部门对全国的建设工程质量实施统一监督管理。国务院铁路、交通、水利等有关部门按照国务院规定的职责分工，负责对全国的有关专业建设工程质量的监督管理。

县级以上地方人民政府建设行政主管部门对本行政区域内的建设工程质量实施监督管理。县级以上地方人民政府交通、水利等有关部门在各自的职责范围内，负责对本行政区域内的专业建设工程质量的监督管理。

第四十四条 国务院建设行政主管部门和国务院铁路、交通、水利等有关部门应当加强对有关建设工程质量的法律、法规和强制性标准执行情况的监督检查。

第四十五条 国务院发展计划部门按照国务院规定的职责，组织稽察特派员，对国家出资的重大建设项目实施监督检查。

国务院经济贸易主管部门按照国务院规定的职责，对国家重大技术改造项目实施监督检查。

第四十六条 建设工程质量监督管理，可以由建设行政主管部门或者其他有关部门委托的建设工程质量监督机构具体实施。

从事房屋建筑工程和市政基础设施工程质量监督的机构，必须按照国家有关规定经国务院建设行政主管部门或者省、自治区、直辖市人民政府建设行政主管部门考核；从事专业建设工程质量监督的机构，必须按照国家有关规定经国务院有关部门或者省、自治区、直辖市人民政府有关部门考核。经考核合格后，方可实施质量监督。

第四十七条 县级以上地方人民政府建设行政主管部门和其他有关部门应当加强对有关建设工程质量的法律、法规和强制性标准执行情况的监督检查。

第四十八条 县级以上人民政府建设行政主管部门和其他有关部门履行监督检查职责时，有权采取下列措施：

（一）要求被检查的单位提供有关工程质量的文件和资料；

（二）进入被检查单位的施工现场进行检查；

（三）发现有影响工程质量的问题时，责令改正。

第四十九条 建设单位应当自建设工程竣工验收合格之日起15日内，将建设工程竣工验收报告和规划、公安消防、环保等部门出具的认可文件或者准许使用文件报建设行政主管部门或者其他有关部门备案。

建设行政主管部门或者其他有关部门发现建设单位在竣工验收过程中有违反国家有关建设工程质量管理规定行为的，责令停止使用，重新组织竣工验收。

第五十条 有关单位和个人对县级以上人民政府建设行政主管部门和其他有关部门进行的监督检查应当支持与配合，不得拒绝或者阻碍建设工程质量监督检查人员依法执行职务。

附　录

第五十一条　供水、供电、供气、公安消防等部门或者单位不得明示或者暗示建设单位、施工单位购买其指定的生产供应单位的建筑材料、建筑构配件和设备。

第五十二条　建设工程发生质量事故，有关单位应当在 24 小时内向当地建设行政主管部门和其他有关部门报告。对重大质量事故，事故发生地的建设行政主管部门和其他有关部门应当按照事故类别和等级向当地人民政府和上级建设行政主管部门和其他有关部门报告。

特别重大质量事故的调查程序按照国务院有关规定办理。

第五十三条　任何单位和个人对建设工程的质量事故、质量缺陷都有权检举、控告、投诉。

第八章　罚　　则

第五十四条　违反本条例规定，建设单位将建设工程发包给不具有相应资质等级的勘察、设计、施工单位或者委托给不具有相应资质等级的工程监理单位的，责令改正，处 50 万元以上 100 万元以下的罚款。

第五十五条　违反本条例规定，建设单位将建设工程肢解发包的，责令改正，处工程合同价款百分之零点五以上百分之一以下的罚款；对全部或者部分使用国有资金的项目，并可以暂停项目执行或者暂停资金拨付。

第五十六条　违反本条例规定，建设单位有下列行为之一的，责令改正，处 20 万元以上 50 万元以下的罚款：

（一）迫使承包方以低于成本的价格竞标的；

（二）任意压缩合理工期的；

（三）明示或者暗示设计单位或者施工单位违反工程建设强制性标准，降低工程质量的；

（四）施工图设计文件未经审查或者审查不合格，擅自施工的；

（五）建设项目必须实行工程监理而未实行工程监理的；

（六）未按照国家规定办理工程质量监督手续的；

（七）明示或者暗示施工单位使用不合格的建筑材料、建筑构配件和设备的；

（八）未按照国家规定将竣工验收报告、有关认可文件或者准许使用文件报送备案的。

第五十七条　违反本条例规定，建设单位未取得施工许可证或者开工报告未经批准，擅自施工的，责令停止施工，限期改正，处工程合同价款百分之一以上百分之二以下的罚款。

第五十八条　违反本条例规定，建设单位有下列行为之一的，责令改正，处工程合同价款百分之二以上百分之四以下的罚款；造成损失的，依法承担赔偿责任：

（一）未组织竣工验收，擅自交付使用的；

（二）验收不合格，擅自交付使用的；

（三）对不合格的建设工程按照合格工程验收的。

第五十九条　违反本条例规定，建设工程竣工验收后，建设单位未向建设行政主管部门或者其他有关部门移交建设项目档案的，责令改正，处 1 万元以上 10 万元以下的罚款。

第六十条　违反本条例规定，勘察、设计、施工、工程监理单位超越本单位资质等级承揽工程的，责令停止违法行为，对勘察、设计单位或者工程监理单位处合同约定的勘察费、设计费或者监理酬金1倍以上2倍以下的罚款；对施工单位处工程合同价款百分之二以上百分之四以下的罚款，可以责令停业整顿，降低资质等级；情节严重的，吊销资质证书；有违法所得的，予以没收。

未取得资质证书承揽工程的，予以取缔，依照前款规定处以罚款；有违法所得的，予以没收。

以欺骗手段取得资质证书承揽工程的，吊销资质证书，依照本条第一款规定处以罚款；有违法所得的，予以没收。

第六十一条 违反本条例规定，勘察、设计、施工、工程监理单位允许其他单位或者个人以本单位名义承揽工程的，责令改正，没收违法所得，对勘察、设计单位和工程监理单位处合同约定的勘察费、设计费和监理酬金1倍以上2倍以下的罚款；对施工单位处工程合同价款百分之二以上百分之四以下的罚款；可以责令停业整顿，降低资质等级；情节严重的，吊销资质证书。

第六十二条 违反本条例规定，承包单位将承包的工程转包或者违法分包的，责令改正，没收违法所得，对勘察、设计单位处合同约定的勘察费、设计费百分之二十五以上百分之五十以下的罚款；对施工单位处工程合同价款百分之零点五以上百分之一以下的罚款；可以责令停业整顿，降低资质等级；情严重的，吊销资质证书。

工程监理单位转让工程监理业务的，责令改正，没收违法所得，处合同约定的监理酬金百分之二十五以上百分之五十以下的罚款；可以责令停业整顿，降低资质等级；情节严重的，吊销资质证书。

第六十三条 违反本条例规定，有下列行为之一的，责令改正，处10万元以上30万元以下的罚款：

（一）勘察单位未按照工程建设强制性标准进行勘察的；

（二）设计单位未根据勘察成果文件进行工程设计的；

（三）设计单位指定建筑材料、建筑构配件的生产厂、供应商的；

（四）设计单位未按照工程建设强制性标准进行设计的。

有前款所列行为，造成工程质量事故的，责令停业整顿，降低资质等级；情节严重的，吊销资质证书；造成损失的，依法承担赔偿责任。

第六十四条 违反本条例规定，施工单位在施工中偷工减料的，使用不合格的建筑材料、建筑构配件和设备的，或者有不按照工程设计图纸或者施工技术标准施工的其他行为的，责令改正，处工程合同价款百分之二以上百分之四以下的罚款；造成建设工程质量不符合规定的质量标准的，负责返工、修理，并赔偿因此造成的损失；情节严重的，责令停业整顿，降低资质等级或者吊销资质证书。

第六十五条 违反本条例规定，施工单位未对建筑材料、建筑构配件、设备和商品混凝土进行检验，或者未对涉及结构安全的试块、试件以及有关材料取样检测的，责令改正，处10万元以上20万元以下的罚款；情节严重的，责令停业整顿，降低资质等级或者吊销资质证书；造成损失的，依法承担赔偿责任。

第六十六条 违反本条例规定，施工单位不履行保修义务或者拖延履行保修义务的，责令改正，处10万元以上20万元以下的罚款，并对在保修期内因质量缺陷造成的损失承担赔偿责任。

第六十七条 工程监理单位有下列行为之一的，责令改正，处50万元以上100万元以下的罚款，降低资质等级或者吊销资质证书；有违法所得的，予以没收；造成损失的，承担连带赔偿责任：

（一）与建设单位或者施工单位串通，弄虚作假、降低工程质量的；

（二）将不合格的建设工程、建筑材料、建筑构配件和设备按照合格签字的。

第六十八条 违反本条例规定，工程监理单位与被监理工程的施工承包单位以及建筑材料、建筑构配件和设备供应单位有隶属关系或者其他利害关系承担该项建设工程的监理业务的，责令改正，处5万元以上10万元以下的罚款，降低资质等级或者吊销资质证书；有违法所得的，予以没收。

第六十九条 违反本条例规定，涉及建筑主体或者承重结构变动的装修工程，没有设计方案擅自施工的，责令改正，处50万元以上100万元以下的罚款；房屋建筑使用者在装修过程中擅自变动房屋建筑主体和承重结构的，责令改正，处5万元以上10万元以下的罚款。

有前款所列行为，造成损失的，依法承担赔偿责任。

第七十条 发生重大工程质量事故隐瞒不报、谎报或者拖延报告期限的，对直接负责的主管人员和其他责任人员依法给予行政处分。

第七十一条 违反本条例规定，供水、供电、供气、公安消防等部门或者单位明示或者暗示建设单位或者施工单位购买其指定的生产供应单位的建筑材料、建筑构配件和设备的，责令改正。

第七十二条 违反本条例规定，注册建筑师、注册结构工程师、监理工程师等注册执业人员因过错造成质量事故的，责令停止执业1年；造成重大质量事故的，吊销执业资格证书，5年以内不予注册；情节特别恶劣的，终身不予注册。

第七十三条 依照本条例规定，给予单位罚款处罚的，对单位直接负责的主管人员和其他直接责任人员处单位罚款数额百分之五以上百分之十以下的罚款。

第七十四条 建设单位、设计单位、施工单位、工程监理单位违反国家规定，降低工程质量标准，造成重大安全事故，构成犯罪的，对直接责任人员依法追究刑事责任。

第七十五条 本条例规定的责令停业整顿，降低资质等级和吊销资质证书的行政处罚，由颁发资质证书的机关决定；其他行政处罚，由建设行政主管部门或者其他有关部门依照法定职权决定。

依照本条例规定被吊销资质证书的，由工商行政管理部门吊销其营业执照。

第七十六条 国家机关工作人员在建设工程质量监督管理工作中玩忽职守、滥用职权、徇私舞弊，构成犯罪的，依法追究刑事责任；尚不构成犯罪的，依法给予行政处分。

第七十七条 建设、勘察、设计、施工、工程监理单位的工作人员因调动工作、退休等原因离开该单位后，被发现在该单位工作期间违反国家有关建设工程质量管理规定，造成重大工程质量事故的，仍应当依法追究法律责任。

第九章 附 则

第七十八条 本条例所称肢解发包，是指建设单位将应当由一个承包单位完成的建设工程分解成若干部分发包给不同的承包单位的行为。

本条例所称违法分包,是指下列行为:

(一)总承包单位将建设工程分包给不具备相应资质条件的单位的;

(二)建设工程总承包合同中未有约定,又未经建设单位认可,承包单位将其承包的部分建设工程交由其他单位完成的;

(三)施工总承包单位将建设工程主体结构的施工分包给其他单位的;

(四)分包单位将其承包的建设工程再分包的。

本条例所称转包,是指承包单位承包建设工程后,不履行合同约定的责任和义务,将其承包的全部建设工程转给他人或者将其承包的全部建设工程肢解以后以分包的名义分别转给其他单位承包的行为。

第七十九条 本条例规定的罚款和没收的违法所得,必须全部上缴国库。

第八十条 抢险救灾及其他临时性房屋建筑和农民自建低层住宅的建设活动,不适用本条例。

第八十一条 军事建设工程的管理,按照中央军事委员会的有关规定执行。

第八十二条 本条例自发布之日起施行。

13. 房屋建筑工程质量保修办法

中华人民共和国建设部令第 80 号

《房屋建筑工程质量保修办法》已于 2000 年 6 月 26 日经第 24 次部常务会议讨论通过,现予发布,自发布之日起施行。

部长 俞正声

2000 年 6 月 30 日

第一条 为保护建设单位、施工单位、房屋建筑所有人和使用人的合法权益,维护公共安全和公众利益,根据《中华人民共和国建筑法》和《建设工程质量管理条例》,制订本办法。

第二条 在中华人民共和国境内新建、扩建、改建各类房屋建筑工程(包括装修工程)的质量保修,适用本办法。

第三条 本办法所称房屋建筑工程质量保修,是指对房屋建筑工程竣工验收后在保修期限内出现的质量缺陷,予以修复。

本办法所称质量缺陷,是指房屋建筑工程的质量不符合工程建设强制性标准以及合同的约定。

第四条 房屋建筑工程在保修范围和保修期限内出现质量缺陷,施工单位应当履行保修义务。

第五条 国务院建设行政主管部门负责全国房屋建筑工程质量保修的监督管理。

县级以上地方人民政府建设行政主管部门负责本行政区域内房屋建设工程质量保修的监督管理。

第六条 建设单位和施工单位应当在工程质量保修书中约定保修范围、保修期限和保修责任等，双方约定的保修范围、保修期限必须符合国家有关规定。

第七条 在正常使用条件下，房屋建筑工程的最低保修期限为：

（一）地基基础工程和主体结构工程，为设计文件规定的该工程的合理使用年限；

（二）屋面防水工程、有防水要求的卫生间、房间和外墙面的防渗漏，为5年；

（三）供热与供冷系统，为2个采暖期、供冷期；

（四）电气管线、给排水管道、设备安装为2年；

（五）装修工程为2年。

其他项目的保修期限由建设单位和施工单位约定。

第八条 房屋建筑工程保修期从工程竣工验收合格之日起计算。

第九条 房屋建筑工程在保修期限内出现质量缺陷，建设单位或者房屋建筑所有人应当向施工单位发出保修通知。施工单位接到保修通知后，应当到现场核查情况，在保修书约定的时间内予以保修。发生涉及结构安全或者严重影响使用功能的紧急抢修事故，施工单位接到保修通知后，应当立即到达现场抢修。

第十条 发生涉及结构安全的质量缺陷，建设单位或者房屋建筑所有人应当立即向当地建设行政主管部门报告，采取安全防范措施；由原设计单位或者具有相应资质等级的设计单位提出保修方案，施工单位实施保修，原工程质量监督机构负责监督。

第十一条 保修完成后，由建设单位或者房屋建筑所有人组织验收。涉及结构安全的，应当报当地建设行政主管部门备案。

第十二条 施工单位不按工程质量保修书约定保修的，建设单位可以另行委托其他单位保修，由原施工单位承担相应责任。

第十三条 保修费用由质量缺陷的责任方承担。

第十四条 在保修期限内，因房屋建筑工程质量缺陷造成房屋所有人、使用人或者第三方人身、财产损害的，房屋所有人、使用人或者第三方可以向建设单位提出赔偿要求。建设单位向造成房屋建筑工程质量缺陷的责任方追偿。

第十五条 因保修不及时造成新的人身、财产损害，由造成拖延的责任方承担赔偿责任。

第十六条 房地产开发企业售出的商品房保修，还应当执行《城市房地产开发经营管理条例》和其他有关规定。

第十七条 下列情况不属于本办法规定的保修范围：

（一）因使用不当或者第三方造成的质量缺陷；

（二）不可抗力造成的质量缺陷。

第十八条 施工单位有下列行为之一的，由建设行政主管部门责令改正，并处1万元以上3万元以下的罚款。

（一）工程竣工验收后，不向建设单位出具质量保修书的；

（二）质量保修的内容、期限违反本办法规定的。

第十九条 施工单位不履行保修义务或者拖延履行保修义务的，由建设行政主管部门责令改正，处10万元以上20万元以下的罚款。

第二十条 军事建设工程的管理，按照中央军事委员会的有关规定执行。

第二十一条 本办法由国务院建设行政主管部门负责解释。

第二十二条 本办法自发布之日起施行。

14. 住宅室内装饰装修管理办法

中华人民共和国建设部令第110号

《住宅室内装饰装修管理办法》已于2002年2月26日经第53次部常务会议讨论通过，现予发布，自2002年5月1日起施行。

部长：汪光焘
二〇〇二年三月五日

住宅室内装饰装修管理办法

第一章 总 则

第一条 为加强住宅室内装饰装修管理，保证装饰装修工程质量和安全，维护公共安全和公众利益，根据有关法律、法规，制定本办法。

第二条 在城市从事住宅室内装饰装修活动，实施对住宅室内装饰装修活动的监督管理，应当遵守本办法。

本办法所称住宅室内装饰装修，是指住宅竣工验收合格后，业主或者住宅使用人（以下简称装修人）对住宅室内进行装饰装修的建筑活动。

第三条 住宅室内装饰装修应当保证工程质量和安全，符合工程建设强制性标准。

第四条 国务院建设行政主管部门负责全国住宅室内装饰装修活动的管理工作。

省、自治区人民政府建设行政主管部门负责本行政区域内的住宅室内装饰装修活动的管理工作。

直辖市、市、县人民政府房地产行政主管部门负责本行政区域内的住宅室内装饰装修活动的管理工作。

第二章 一 般 规 定

第五条 住宅室内装饰装修活动，禁止下列行为：

（一）未经原设计单位或者具有相应资质等级的设计单位提出设计方案，变动建筑主体和承重结构；

（二）将没有防水要求的房间或者阳台改为卫生间、厨房间；

（三）扩大承重墙上原有的门窗尺寸，拆除连接阳台的砖、混凝土墙体；

（四）损坏房屋原有节能设施，降低节能效果；

（五）其他影响建筑结构和使用安全的行为。

本办法所称建筑主体，是指建筑实体的结构构造，包括屋盖、楼盖、梁、柱、支撑、墙体、连接接点和基础等。

本办法所称承重结构，是指直接将本身自重与各种外加作用力系地传递给基础地基的主要结构构件和其连接接点，包括承重墙体、立杆、柱、框架柱、支墩、楼板、梁、屋架、悬索等。

第六条 装修人从事住宅室内装饰装修活动,未经批准,不得有下列行为:

(一)搭建建筑物、构筑物;

(二)改变住宅外立面,在非承重外墙上开门、窗;

(三)拆改供暖管道和设施;

(四)拆改燃气管道和设施。

本条所列第(一)项、第(二)项行为,应当经城市规划行政主管部门批准;第(三)项行为,应当经供暖管理单位批准;第(四)项行为应当经燃气管理单位批准。

第七条 住宅室内装饰装修超过设计标准或者规范增加楼面荷载的,应当经原设计单位或者具有相应资质等级的设计单位提出设计方案。

第八条 改动卫生间、厨房间防水层的,应当按照防水标准制订施工方案,并做闭水试验。

第九条 装修人经原设计单位或者具有相应资质等级的设计单位提出设计方案变动建筑主体和承重结构的,或者装修活动涉及本办法第六条、第七条、第八条内容的,必须委托具有相应资质的装饰装修企业承担。

第十条 装饰装修企业必须按照工程建设强制性标准和其他技术标准施工,不得偷工减料,确保装饰装修工程质量。

第十一条 装饰装修企业从事住宅室内装饰装修活动,应当遵守施工安全操作规程,按照规定采取必要的安全防护和消防措施,不得擅自动用明火和进行焊接作业,保证作业人员和周围住房及财产的安全。

第十二条 装修人和装饰装修企业从事住宅室内装饰装修活动,不得侵占公共空间,不得损害公共部位和设施。

第三章 开工申报与监督

第十三条 装修人在住宅室内装饰装修工程开工前,应当向物业管理企业或者房屋管理机构(以下简称物业管理单位)申报登记。

非业主的住宅使用人对住宅室内进行装饰装修,应当取得业主的书面同意。

第十四条 申报登记应当提交下列材料:

(一)房屋所有权证(或者证明其合法权益的有效凭证);

(二)申请人身份证件;

(三)装饰装修方案;

(四)变动建筑主体或者承重结构的,需提交原设计单位或者具有相应资质等级的设计单位提出的设计方案;

(五)涉及本办法第六条行为的,需提交有关部门的批准文件,涉及本办法第七条、第八条行为的,需提交设计方案或者施工方案;

(六)委托装饰装修企业施工的,需提供该企业相关资质证书的复印件。

非业主的住宅使用人,还需提供业主同意装饰装修的书面证明。

第十五条 物业管理单位应当将住宅室内装饰装修工程的禁止行为和注意事项告知装修人和装修人委托的装饰装修企业。

装修人对住宅进行装饰装修前,应当告知邻里。

第十六条 装修人，或者装修人和装饰装修企业，应当与物业管理单位签订住宅室内装饰装修管理服务协议。

住宅室内装饰装修管理服务协议应当包括下列内容：
（一）装饰装修工程的实施内容；
（二）装饰装修工程的实施期限；
（三）允许施工的时间；
（四）废弃物的清运与处置；
（五）住宅外立面设施及防盗窗的安装要求；
（六）禁止行为和注意事项；
（七）管理服务费用；
（八）违约责任；
（九）其他需要约定的事项。

第十七条 物业管理单位应当按照住宅室内装饰装修管理服务协议实施管理，发现装修人或者装饰装修企业有违反本办法第五条行为的，或者未经有关部门批准实施本办法第六条所列行为的，或者有违反本办法第七条、第八条、第九条规定行为的，应当立即制止；已造成事实后果或者拒不改正的，应当及时报告有关部门依法处理。对装修人或者装饰装修企业违反住宅室内装饰装修管理服务协议的，追究违约责任。

第十八条 有关部门接到物业管理单位关于装修人或者装饰装修企业有违反本办法行为的报告后，应当及时到现场检查核实，依法处理。

第十九条 禁止物业管理单位向装修人指派装饰装修企业或者强行推销装饰装修材料。

第二十条 装修人不得拒绝和阻碍物业管理单位依据住宅室内装饰装修管理服务协议的约定，对住宅室内装饰装修活动的监督检查。

第二十一条 任何单位和个人对住宅室内装饰装修中出现的影响公众利益的质量事故、质量缺陷以及其他影响周围住户正常生活的行为，都有权检举、控告、投诉。

第四章 委托与承接

第二十二条 承接住宅室内装饰装修工程的装饰装修企业，必须经建设行政主管部门资质审查，取得相应的建筑业企业资质证书，并在其资质等级许可的范围内承揽工程。

第二十三条 装修人委托企业承接其装饰装修工程的，应当选择具有相应资质等级的装饰装修企业。

第二十四条 装修人与装饰装修企业应当签订住宅室内装饰装修书面合同，明确双方的权利和义务。

住宅室内装饰装修合同应当包括下列主要内容：
（一）委托人和被委托人的姓名或者单位名称、住所地址、联系电话；
（二）住宅室内装饰装修的房屋间数、建筑面积，装饰装修的项目、方式、规格、质量要求以及质量验收方式；
（三）装饰装修工程的开工、竣工时间；
（四）装饰装修工程保修的内容、期限；

（五）装饰装修工程价格，计价和支付方式、时间；
（六）合同变更和解除的条件；
（七）违约责任及解决纠纷的途径；
（八）合同的生效时间；
（九）双方认为需要明确的其他条款。

第二十五条 住宅室内装饰装修工程发生纠纷的，可以协商或者调解解决。不愿协商、调解或者协商、调解不成的，可以依法申请仲裁或者向人民法院起诉。

第五章 室内环境质量

第二十六条 装饰装修企业从事住宅室内装饰装修活动，应当严格遵守规定的装饰装修施工时间，降低施工噪音，减少环境污染。

第二十七条 住宅室内装饰装修过程中所形成的各种固体、可燃液体等废物，应当按照规定的位置、方式和时间堆放和清运。严禁违反规定将各种固体、可燃液体等废物堆放于住宅垃圾道、楼道或者其他地方。

第二十八条 住宅室内装饰装修工程使用的材料和设备必须符合国家标准，有质量检验合格证明和有中文标识的产品名称、规格、型号、生产厂厂名、厂址等。禁止使用国家明令淘汰的建筑装饰装修材料和设备。

第二十九条 装修人委托企业对住宅室内进行装饰装修的，装饰装修工程竣工后，空气质量应当符合国家有关标准。装修人可以委托有资格的检测单位对空气质量进行检测。检测不合格的，装饰装修企业应当返工，并由责任人承担相应损失。

第六章 竣工验收与保修

第三十条 住宅室内装饰装修工程竣工后，装修人应当按照工程设计合同约定和相应的质量标准进行验收。验收合格后，装饰装修企业应当出具住宅室内装饰装修质量保修书。

物业管理单位应当按照装饰装修管理服务协议进行现场检查，对违反法律、法规和装饰装修管理服务协议的，应当要求装修人和装饰装修企业纠正，并将检查记录存档。

第三十一条 住宅室内装饰装修工程竣工后，装饰装修企业负责采购装饰装修材料及设备的，应当向业主提交说明书、保修单和环保说明书。

第三十二条 在正常使用条件下，住宅室内装饰装修工程的最低保修期限为二年，有防水要求的厨房、卫生间和外墙面的防渗漏为五年。保修期自住宅室内装饰装修工程竣工验收合格之日起计算。

第七章 法律责任

第三十三条 因住宅室内装饰装修活动造成相邻住宅的管道堵塞、渗漏水、停水停电、物品毁坏等，装修人应当负责修复和赔偿；属于装饰装修企业责任的，装修人可以向装饰装修企业追偿。

装修人擅自拆改供暖、燃气管道和设施造成损失的，由装修人负责赔偿。

第三十四条 装修人因住宅室内装饰装修活动侵占公共空间，对公共部位和设施造成损害的，由城市房地产行政主管部门责令改正，造成损失的，依法承担赔偿责任。

第三十五条 装修人未申报登记进行住宅室内装饰装修活动的，由城市房地产行政主管部门责令改正，处5百元以上1千元以下的罚款。

第三十六条 装修人违反本办法规定，将住宅室内装饰装修工程委托给不具有相应资质等级企业的，由城市房地产行政主管部门责令改正，处5百元以上1千元以下的罚款。

第三十七条 装饰装修企业自行采购或者向装修人推荐使用不符合国家标准的装饰装修材料，造成空气污染超标的，由城市房地产行政主管部门责令改正，造成损失的，依法承担赔偿责任。

第三十八条 住宅室内装饰装修活动有下列行为之一的，由城市房地产行政主管部门责令改正，并处罚款：

（一）将没有防水要求的房间或者阳台改为卫生间、厨房间的，或者拆除连接阳台的砖、混凝土墙体的，对装修人处5百元以上1千元以下的罚款，对装饰装修企业处1千元以上1万元以下的罚款；

（二）损坏房屋原有节能设施或者降低节能效果的，对装饰装修企业处1千元以上5千元以下的罚款；

（三）擅自拆改供暖、燃气管道和设施的，对装修人处5百元以上1千元以下的罚款；

（四）未经原设计单位或者具有相应资质等级的设计单位提出设计方案，擅自超过设计标准或者规范增加楼面荷载的，对装修人处5百元以上1千元以下的罚款，对装饰装修企业处1千元以上1万元以下的罚款。

第三十九条 未经城市规划行政主管部门批准，在住宅室内装饰装修活动中搭建建筑物、构筑物的，或者擅自改变住宅外立面、在非承重外墙上开门、窗的，由城市规划行政主管部门按照《城市规划法》及相关法规的规定处罚。

第四十条 装修人或者装饰装修企业违反《建设工程质量管理条例》的，由建设行政主管部门按照有关规定处罚。

第四十一条 装饰装修企业违反国家有关安全生产规定和安全生产技术规程，不按照规定采取必要的安全防护和消防措施，擅自动用明火作业和进行焊接作业的，或者对建筑安全事故隐患不采取措施予以消除的，由建设行政主管部门责令改正，并处1千元以上1万元以下的罚款；情节严重的，责令停业整顿，并处1万元以上3万元以下的罚款；造成重大安全事故的，降低资质等级或者吊销资质证书。

第四十二条 物业管理单位发现装修人或者装饰装修企业有违反本办法规定的行为不及时向有关部门报告的，由房地产行政主管部门给予警告，可处装饰装修管理服务协议约定的装饰装修管理服务费2至3倍的罚款。

第四十三条 有关部门的工作人员接到物业管理单位对装修人或者装饰装修企业违法行为的报告后，未及时处理，玩忽职守的，依法给予行政处分。

第八章 附 则

第四十四条 工程投资额在30万元以下或者建筑面积在300m^2以下，可以不申请办理施工许可证的非住宅装饰装修活动参照本办法执行。

第四十五条 住宅竣工验收合格前的装饰装修工程管理，按照《建设工程质量管理条例》执行。

第四十六条　省、自治区、直辖市人民政府建设行政主管部门可以依据本办法，制定实施细则。

第四十七条　本办法由国务院建设行政主管部门负责解释。

第四十八条　本办法自2002年5月1日起施行。

15. 法国关于建设领域的责任与保险的法令

一九七八年一月四日关于建设领域的责任与保险的第78-12号法令
（1978年1月5日政府公报）

第一编　责　任

本法的第1、2、3、4、5条摘自民法的相关条款

第1条　民法中的第1792条被下列内容所替代：

第1792条　工程的任何建设者理所当然地应对工程受到的以下损害向业主或购买人负责任，即这些损害是由地基缺陷引起的、可能危及工程的坚固性，或者可能危害其某一结构构件或者某一设备部件，这些损害影响了工程的使用功能使得工程不再与其用途相适应。如果建设者能证明这些损害是由外部原因引起的，则他不承担这样的责任。

第2条　民法第1792条之后，又补充了6条：1792-1条，1792-2条，1792-3条，1792-4条，1792-5条和1792-6条，现列如下：

第1792-1条　以下人员可称为工程建设者：

1) 由工程合同规定的、与工程业主有关的任何建筑师、承包人及其他有关的技术人员；

2) 工程竣工之后，任何负责出售工程的人，工程可以是他自己本人建设的，或请他人负责建设的；

3) 任何受工程业主委托的代理人。

第1792-2条　由第1792条规定的责任推定，同样可扩展到影响房屋构件坚固性的相应部位的损坏。可以进行这种推定的条件是，这些部位必须是工程主体不可分割的一部分，例如管线道路等与基础、结构、外围护或屋顶的接口工程。

部件是指与条款中所列的、共同组成房屋主体的不可分离的部分，当部件就位、拆除或替换时不得破坏或清除此部位的建筑材料。

第1792-3条　房屋设备的其他部件需保证自工程验收之日起最低两年的良好运行期限。

第1792-4条　工程、部分工程或设备部件的生产必须要满足设计要求和标准规范，生产者对第1792条、第1792-2条、第1792-3条规定的内容负有连带的责任与义务。实施本条款的下列人员可被看作是生产者：

进口一项工程、一部分工程或进口设备构件的国外的生产者；在提供的产品上标明的生产者以及提供生产标志或其他明显标识的人。

第1792-5条　如果合同的某条款是为了免除或限定第1792条、第1792-1条，第

1792-2条中所规定的责任，或者是为了免除与第1792-3条相关的第1792-6*中确定的担保内容，或者限定这些担保的规则、或者背离了第1792-4条中规定的联带责任，则合同中的此条款无效。

1792-6条　验收是一项行为过程。在验收过程中，工程的业主声明他有保留或无保留地接受这一工程。验收可以依据要求友好地进行，也可通过司法程序进行。验收行为需双方同时在场共同宣布。完全竣工保证，即承包人自验收之日起一年内，必须对业主提出的各种问题进行维修；提出的形式可以是验收纪要中保留意见的记录，对于验收后新发现的问题，可通过书面提出。维修工程所需的时间期限，由业主和有关承包人在协议中共同确定。

如果没有这样的协议或者没有在确定的期限内施工，使工程处于失控状态，那么工程施工所需的费用和风险由没有按时施工的承包人负担。

竣工保证期内要进行维修的工程应共同认定，或者通过司法程序认定。

保证期不扩展到那些因正常磨损或使用效应造成的必须进行修复的工程。

第3条　民法第2270条由下列内容替换：

第2270条　任何自然人或法人，均应依照本法第1792条至第1792-4条承担责任和各种担保义务；第1792条至1792-2条规定的责任和义务，自工程验收起10年之后才可以解除。

第4条　民法第1646-1条被下列内容替换：

第1646-1条　建设房屋的销售人需自工程验收起承担义务，与业主有合同关系的建筑师，承包人与其他人员也应依据民法第1792条，第1792-1条，第1792-2条，第1792-3条承担相应的义务。

这些保证可转让给房屋持有人的继任者。

如果房屋销售人保证维修民法第1792条、第1792-1条与第1792-2条中规定的损害工程并承担第1792-3条规定的保证义务，则可不采取销售撤销或价格降低的措施。

第5条　民法第1831-1条中的第一款中的第3句话被下列内容替换：

需特别关注民法第1792条，第1792-1条，第1792-2条与第1792-3条所规定义务。

第6条　1971年7月16日第No71-579号法令中修改后的第45条的第一段关于施工的不同作业的内容，再补充下面一段新内容：

上面第一段中所说的人，即为民法中第1792-1条中所说的工程建设者。

第7条（CCH的第L111-7条）　以建设住宅建筑为目的工程合同需包含有合法的或符合规范要求的内容，即住宅房屋方面关于隔声的最低要求。

满足这些要求的工程属于民法中第1792-6条中关于完全竣工担保的范围。

房屋销售人员需向每套住宅的第一位进住人保证，自他取得支配权起一年内，房屋完全符合这些要求。

---

*　第1792-6条的内容是根据1990年12月19日的第90-1129号法令中的第2条补充增加的。在原来的版本中，第1792-5条恢复了关于10年责任和2年保证期的正常情况。自1990年12月19日的法令之后，增加了完全竣工的保证，即随后的第1792-6条中最后的五个小段的内容。

第二编*

关于技术监督(建设与住宅建设法的(CCH)有关条款)

第8条(CCH的第L111-23条) 技术监督员的任务是预防在工程施工过程中各种可能出现的不可预见的技术问题。

根据业主的要求对工程进行干预,并就技术问题提出意见。这些意见应特别注重工程的坚固性和人员的安全性。

第9条(CCH的第L111-24条) 技术监督员在履行业主交给的任务范围内,承担民法第1792条,第1792-1条和1792-2条所列的责任,并在民法第2270条规定的条件下,进行自我约束。

第10条(CCH的第L111-25条) 本编中规定的技术监督活动与工程的设计、施工或技术鉴定等不可相互兼任。

技术监督员许可证是根据国家行政法院令中规定的条件发放的。发放许可证需考虑技术能力和职业道德。

第11条(CCH的第L111-26条) 根据国务院令,对某些工程的技术监督是强制性的,根据工程的性质、规模,及对使用人员的安全来说具有一定的特殊风险等来确定。

---

* 本编的条款摘自建筑与住宅法(法规部分,第一册,第一编,第一章,第七节中的第L111-23条,第L111-24条,第L111-25条,第L111-26条)。

通用技术条款与正文,参见后面的法令的部分。

第三编 房屋工程的强制保险
(保险法的修订)

第12条 保险法第二册中的第四编,由下列内容替换:

第四编 房屋工程的保险

第一章 强制责任保险

第L241-1条 任何自然人或法人,可依据民法第1792条确定的推定原则和民法中关于房屋的有关规定承担责任外,还应当购买责任保险。

工程开工时,均应检查其是否已经签订保险合同以担保这项责任。

根据本条款签订的任何保险合同,不管有无任何相反的条款,均被认为在责任期限内负有保证维持担保的责任,即这种担保责任是强制的。

第L241-2条 凡是为他人完成上一条款中涉及的房屋建筑的施工人均应当办理责任保险,以保证民法中第1792条和第1792-2条中规定的损坏情况得以修复,并有相应的结果。

本条款同样也适用于以出售为目的而建设的房屋。

第二章 强制损害保险

第L242-1条 (根据1980年12月31日的第81-1014号法修订),任何自然人或法人，如果以业主身份、销售人身份或业主委托人身份负责房屋工程的施工时，应当在工程开工之前签订保险合同，以保证在其责任之外，支付损坏工程的全部费用，损坏工程的性质即为民法第1792-1条中规定的应由建设者承担责任的那些种类的损坏，本条款同样适用于民法中第1792条的原则中所包括的生产厂家与进口商或技术人员。

总之，上面第一段中规定的义务，不适用于政府机构的法人，也不适用于超过第L341-4条最后一段中涉及的业务界限的法人。条件是这类法人以其自己的资金建设的房屋是用于住宅以外的用途。

保险人在收到灾害声明起60天内必须通知被保险人根据保险合同中的赔付原则做出的决定。

如果他同意启动合同规定的保修程序，则自收到灾害声明后，在最长为90天的期限内，保险人应提供一笔赔偿金，这笔赔偿金具有临时的性质，目的是支付对受损工程的修复费用。当被保险人同意接受给他提供的这笔赔偿金时，保险人需在15天的期限内支付这笔赔偿金。

如果保险人不能遵守上面两段中规定的期限之一，或者提供的赔偿金明显不足，被保险人在通知保险人之后，可以先行垫付维修工程费用。而由保险人支付的赔偿金理所当然地应增加两倍于法定利息的利息。

如果灾害的性质或规模造成的困难情况特殊时，保险人可以在通知被保险人原则上同意启动保险理赔程序的同时，建议被保险人确定一个后补期限以便确定其能拿出的赔偿金。但是保险人提出的建议应当完全以技术的论述为基础，才能更有说服力。

前边段落中规定的补充期限要由被保险人同意，但不得超过35天。

这项担保在民法第1792-6条规定的完全竣工保修期限到期之后才起作用。然而此项担保仅保证支付下列必要的维修费用：

验收之前，工程处于无收益状态，与承包人签订的租赁合同，因承包人的原因，其义务被解除。

验收之后，工程处于无收益状态，承包人没有履行其义务。

任何保险公司，只要同意本法第L321-1条中确定的条件，尽管它不负责处理本法中第L241-1条和第L241-2条中确定的风险，也必须承担本条中规定的风险。

第L242-2条 如果出现民法第1831-1条至第1831-5条中关于房地产促销合同，以及1971年7月16日第71-579号法令中第33条与第34d条，第35条与第36条中倒数第一段与倒数第2段中规定的关于各项施工作业的情况时，第L241-2条与L242-1条中确定的义务则必须由房地产销售人承担。

---

* 第L315-4条关于巨大风险的保险是这样规定的：

只有在事先把这种巨大风险通知负责经济与财政的部长备案的条件下，任何保险公司均可在法兰西共和国领土范围内为巨大风险提供无限制的保险服务。一项国家行政法院令为这一行为提供了文件依据。

关于巨大风险的规定如下：

1下列类别的风险：

a) 铁路的、空中的、海洋中的、湖泊中的与江河中的运输工具的主体均构成民事责任的运输工具。

b) 被运输的商品。

附　录

c) 当注册人在其职业范围内从事工业、商业或自由职业的活动时发生的贷款与保证金，条件是风险与这项业务相联系。

2 火灾与自然灾害或引起财产其他损失的风险，一般民事责任和各种金钱方面的损失，此时注册人从事的业务活动的规模超过了国家行政法院令中确定的某些界限。

根据保险法(1990年8月8日的第90-700号令，刊载于1990年8月9日的政府公报)第R351-1条中的规定，注册人至少满足下列三个条件中的两个条件才可被认作"巨大风险"：

1 最新的资产负债总额高于陆佰贰拾万个欧共同体结算单位；

2 最新的营业额总金额高于壹仟贰佰捌拾万个欧共体结算单位；

3 在最新的财政年度内平均雇用员工人数高于250人。

如果注册人是属于财务合并统一的企业集团，则上述1、2与3条中提到界限在合并的基础统一考虑。

第三章　共　同　条　款

第L243-1条　保险义务不适用于政府投资的工程。

第L243-2条　承担本法第L241-1条和第L242-1条规定义务的人员应当能够证明他们能够承担这些义务。

如果条约是在民法第2270条规定的10年期限到期之前签订的，则条约中的产权转移或财产收益权转移有效，而不论条约目的是否是这些权利的转移，但租赁合同除外，有关证明应纳入条约的正文中，或者无论有无保险均可做为附件。

第L243-3条　无论什么人违反了本法第L241-1条至第L242-1条的规定，均将被处监禁10天至6个月的处罚和2000法郎至500 000法郎的罚款或者仅处以这两项处罚中的一项处罚。上一段落中的内容不适用于建造自用住宅的自然人，或为其配偶、直系尊亲属、直系卑亲属或者他们的配偶建设住宅的自然人。

第L243-4条　任何愿意履行保险义务的人，均应签订一份与保险公司的保险合同，合同条款内容不禁止承担因性质有疑问的风险，但他可以提出拒绝，也可以向中央价格部门提出组成条件。而运行规则则由国家行政法院令来规定。

中央物价局有权确定有关保险公司的保险费金额，保险公司必须为它提出的风险担保。保险公司也可以免除由被保险人承担的金额部分。

第L243-5条　鉴于中央价格部门通过的价格(体系)，保险契约中具有排除某些保险担保风险的任何条款均视为无效。

第L243-6条　任何保险公司，如坚持拒绝承保由中央价格部门确定价格的风险，则认为该公司不履行现行法规的规定，并收回依照本法第L321-1条做出的对该公司的行政决定。

第L243-7条　本法第L113-16条和第L121-10条中的第二段的内容不适用于本编中规定的强制保险担保。

如果保险人正处在司法裁判中或处于财产清算过程中，则根据1978年1月4日的第78-12号令的规定，损害的受害人可以直接对损坏负有责任的保险人采取反对行动。

第L243-8条　根据本编的规定，由愿意服从担保义务的人签订的任何保险合同，如不存在任何相对立的条款，即可被认为至少包含相当于本法第L310-7条中规定的标准条款中的担保内容。

第四编 一般条款*

第13条 国家行政法院令中规定了本法的实施细则。

第14条 本法自1979年1月1日起生效,并适用于在这个日期之后依法开工的工程的合同。

---

* 适用的条文内容,参见:

——1978年11月17日第78-1093号令,关于保险;认证;中央物价局;

——1978年12月7日第78-1146号令,关于技术监督;合同契约;

——1992年10月30日令,关于技术监督合同所适用的一般技术条款手册。

1978年12月7日第78-1146号令

关于技术监督员许可证和建设法中第L111-25条和第L111-26条中规定的强制性技术监督

城市规划法中条文部分

(第一册——第一编——第一章——第四节)

技术监督员许可证

第R111-29条

第L111-25条中款的技术监督员许可证由负责建设的部长批准下发,有效期最长为5年。决定是在听取有关人员意见之后,根据许可委员会提出意见后做出的。许可证的延期,依据同样的条件。

第R111-30条

许可证决定中说明了技术监督员可以从事的工程建设与设备类别的资格,技术监督员有权对设计与施工中可能出现的问题进行干预。

第R111-31条

经认可的人员与机构以及这些机构中领导部门的管理人员和被请来做技术监督的人员,应当处事公正,且不应与从事建设领域中的设计、施工或鉴定中任一项业务的个人、机构或公司发生有可能给其独立性带来损害的任何联系。

第R111-32条

技术监督员许可证的发放、变更与延期或更换,应当附有一份有下列信息的文件:

1. 申请人姓名、国籍与住址,如果申请人是一位法人,须写清公司性质与所在地,国籍、宗旨以及公司董事会与经理人员的姓名、国籍、住址;

2. 经理人员的理论水平与实践经验的证明材料,内部技术领导的组织情况,对业务部门进行具体监督的规章制度,以及人员招聘与派遣的具体标准;

3. 申请人承诺遵守第R111-31条中的具体规定;

4. 申请人需承诺把申请文件中的任何修改变化情况都将毫不延迟地报告行政当局;

5. 如有必要,建设领域的申请人可以得到行政当局有关许可证的清单和对他以前曾做过的技术监督工作的评价;

6. 许可证申请的范围。

第 R111-33 条

在发放许可证时,如发现技术监督员不能满足技术资质要求的条件,则许可证可以变更或收回。

在犯有严重职业错误或缺乏职业道德,尤其是与第 R111-25 条的规则和第 R111-31 条中规定义务不一致的,则可以收回许可证,最长期限为 6 个月或永久性收回。

许可证的变更或收回决定由建设部长根据许可证委员会的建议做出。在向委员会提交之前,部长应当让技术监督员直接提出自己的意见。委员会在提出自己的意见之前,需先听取当事人的意见。

第 R111-34 条

技术监督员许可证委员会由一名总顾问委员会成员主持,委员会的组成:

两名建设部长的代表;
一名内务部长的代表;
一名经济部长的代表;
一名教育部长的代表;
一名工业部长的代表;
一名劳动部长的代表;
一名从事建设风险担保的保险公司的代表;
两名公私工程业主的代表;
五名从事建设行业的代表,其中一名为技术监督员代表;
副主席任命一名替补人员,为委员会的每个成员也任命一位替补人员。

任命的主席、各正式成员与他们的替补人员的任期为三年;他们的任期可以延长。他们的任命由建设部长负责实施;

关于保险公司、工程业主与行业的代表,由最具代表性的全国组织和建筑师全国公会理事会提出建议名单,有关部长提出意见后确定。

第 R111-35 条

如果认为有必要,委员会主席可以召开委员会听取专家和技术人员的咨询意见。报告人对委员会来说有发表咨询意见的权利;他们可以由建设部长指定;他们也可以享受一定的酬金,其数额与支付条件由部际委员会的决定来确定。

委员会的秘书处由建设部负责组建。委员会的内部规章制度由建设部长审核批准。

第 R111-36 条

许可证的批准、变更、延期或更换与收回的决定需通知当事人,并在法兰西共和国政府公报中发表。

第 R111-37 条

第 R122-16 条与第 R123-43 条中实施的许可证相当于本节中的技术监督员许可证,本节是关于高层建筑与接待公众的建筑中人员安全、防火、防恐慌问题的。

强制性技术监督

第 R111-38 条

第 L111-23 条中规定的强制性技术监督,适用于下列工程的施工作业:

1. 第 R123-2 条中规定，接待公众的建筑，被列入第 R123-29 条中规定的等级中的第 1、2、3 级中；
2. 超过地面 28m 以上的建筑部分，应是公共救援机具与灭火设备可以到达的；
3. 除工业用途以外的房屋建筑：包含有跨度超过 20m 的悬挑构件，或者跨度超过 40m 的梁或拱，或包含有自然地坪以下超过 15m 的地下部分，或者基础部分深度超过 30m，或者高度超过 5m 的必须修理的地下工程或相邻工程的挡土工程。

第 R111-39 条

强制技术监督主要适用于下列工程的坚固性：管线道路等通畅工程、基础工程，结构工程，围护与屋顶工程，与这些构件构成主体不可分割的设备部件，以及涉及人员安全的工程条件。根据业主或业主委托人的要求，可以对所有的结构构件进行技术监督，这些构件在施工过程中可能出现特殊的技术问题，对此业主认为前期预防是有益的。

第 R111-40 条

在设计阶段中，技术监督员可对整个设计采取的技术措施进行严格的检查。在工程施工阶段，尤其要注重技术审核，要求对民法第 1792-1 条（1°）中列举的每个建设者均需满足的要求进行审核。

第 R111-41 条

如果业主或委托人征召了数名技术监督员，那么他可以指定其中一人为整个监督任务的协调员。

第 R111-42 条

业主必须聘用技术监督员却没有聘用，反而由他自己或其委托人直接进行监督，则业主或委托人要接受 600 至 1000 法郎的处罚和 15 天的监禁处罚，或者接受两种处罚中的一种处罚。

如果重犯，罚款处罚将增至 2000 法郎，监禁处罚增至一个月。

通知与决定
未在政府公报上刊登

建设保险
经核准的技术监督员许可证委员会的内部制度
1992 年 9 月 20 日的决定（装备部）

鉴于 1978 年 1 月 4 日第 78-12 号法令《关于建设领域责任保险》；

鉴于建筑与住宅法中第 R111-35 条，以及据此于 1978 年 12 月 7 日做出的关于技术监督员许可证和强制性技术监督的第 78-1146 号令；在技术监督员许可证委员会建议的基础上，装备住宅与运输部长特做出以下决定：

第 1 条　1981 年 1 月 8 日关于批准技术监督员许可证委员会内部制度的决定即行废止。

第 2 条　本决定所附的技术监督员许可证委员会的内部制度业经核准。

1992 年 9 月 24 日　巴黎

（C·MATINAND C·马蒂南）

技术监督员许可证委员会内部制度

为贯彻实施建筑与住宅法的第 L111-26 条与第 L111-42 条的规定，技术监督员许可证特制定此内部制度。

第一编　委员会的运作

第1条　委员会的召集

委员会的召集，由委员会主席视情况需要进行；如审查提交给委员会的文件，确定委员会的意见，批准委员向部长提交的年终报告。

委员会召集通知至少要在会议开始之前 15 个工作日发出。

委员会主席负责日程的安排。

如果至少有 5 名委员会成员提出召开委员会会议，则委员会应当召开。在这种情况下，委员会主席根据请求人的建议安排日程。

第2条　会议规则

当委员会出席的成员超过一半以上，委员会会议即可开始。委员会规则采用简单多数，在赞成和反对票数相等的情况下，主席的票起决定性的作用。

委员会成员在缺席情况下，可以由其替补人出席会议。委员会成员出席会议的同时，也可以让其替补人陪同他一起出席，但此时替补人没有审议权。

正式成员或替补人均不可将其权利委托出去。

第3条　委员会工作的准备

委员会日常的一般性工作的准备，由主席根据具体情况处理。

关于 CCH 第 R111-32 条和第 R111-33 条规定文件的准备工作，委员会可事先请报告人对这些文件进行检查。

报告人由部长根据委员会主席的建议指定；报告人首先在高级管理人员和现职或退休法官中挑选。

委员会主席将文件分发给这些报告人。关于第 R111-32 条规定的文件报告人应在自秘书处发出之日起两个月的期限内提交报告。第 R111-33 条规定的文件，报告期限缩短为一个月。

委员会秘书处由建设部经济与国际事务局负责。

这些报告中要把提交的文件中值得重视的主要问题放在突出位置。报告需在会议开始前 8 个工作日交给委员会成员。

要求会议的全部文件必须在会议开始之前送交委员会成员，以供他们会前参考。

第4条　CCH 第 R111-32 条关于会议文件的审议内容与委员会意见的形成。

对于每项要求开会的文件，报告人均需提出他的意见并参加委员会会议，并可发表咨询意见。

如有必要，委员会主席可以请一至数名专家或技术人员与会。

在第一轮意见交换之后，委员会可以把提出的意见与问题通知参加会议的人。委员会听取他们的答复并让他们了解有必要让他们知道的委员会的任何情况。

在听取拟参会人的陈述之后，且在其缺席情况下，委员会可就其要求继续召开会议。

在第一次审查会议结束之后委员会形成意见；如有必要，可举行第二次审查会议，听取补充情况后，再形成委员会意见，或者在评议之后，自收到全套会议文件或提交之后起，4个月内，把意见报告给部长，特殊情况除外。

第5条 CCH第R111-33条规定的文件会议审查内容与委员会意见的形成。

自委员会收到各项文件后，报告人提交其报告，并参加委员会大会且享有发表咨询意见的权利。

听取有关技术监督员的意见和委员会审议，进行的条件与上边第4条中规定的条件相同。

向部长报告委员会说明理由的意见的期限，自部长决定拿到文件之日起不得超过两个月。

第二编 申请文件的构成

第6条 概论

委员会收到的申请文件构成必须符合建筑与住宅法中第R111-32条的规定。

下边第7条中详细规定了应当按照第R111-32条第2款规定向许可证委员会提交的证明材料。

下边的第8条说明了许可证委员会要求的资料信息，以证实申请人遵守第R111-31条中的规定，以及申请人从事的业务与技术监督员的业务是相一致的或相互兼职的。

许可证申请人在其文件中说明其申请许可证的范围，参考本规章的附件，可以确定各种不同的许可证。

第7条 按照第R111-32条规定由申请人办理各种证明材料。

申请人应按照第R111-32条所列举的证明材料进行准备，材料最好是有关他自己个人或少数几个合作者进行技术监督员工作方面的证明材料。

目的是使许可证委员会能确认申请人有从事技术监督方面工作的能力。

另外，许可证委员会还要求下列一些详细的资料：

a) 个人的才能与能力

申请人应当向委员会说明他所从事的技术监督工作，并按照责任级别说明资质水平。

对于从事具体管理工作的人员或者工程师，需提供：

——由国立工程师学校发给的毕业证书，证明经过认可的基础培训，与技术监督员许可证，或相当的职称，且至少要有10年的实践经验并经证明确在建筑工程的设计、施工、技术监督与技术鉴定等方面工作过，同时具有与技术监督许可证涵盖范围相似的工艺技术。

——或者具有大家公认的20年的实际工作经验。

对于从事施工工作的人员，应当与经认可的技术监督员一起从事过有合同关系的工作，且最低要求至少拥有经认可的培训证书，分为各个不同技术领域，同时至少有5年实际工作经验，如没有相应技术培训证书，则至少要有10年的实际工作经验。如果实际工作经验不足，则需在一名经确认的有资质的人员直接的经常的监护下进行工作。

各种情况下，执行任务的人员都只能根据某一领导人或负责具体运作的管理干部的授权行事或在必要时代为签字。

另外，申请人提供的文件资料还应当包括技术监督员日常了解到的社会信息与文案处理的方法手段；对于法人，需说明永久性人员培训（特别是管理干部），以及参与标准规范等业务活动的能力。

b) 后勤保障与设备

申请人尤其应当说明：

——他自己拥有的内部的信息技术手段，与外部信息技术手段的接口，所用软件的性质与来源；

——他自己拥有的或租赁的用于测试的仪器设备的型号与数量。

c) 外部求助

申请人应说明丰富和提高自己工作能力的方法，在需要的情况下，可以求助于分包人或专家。

关于这方面，需要说明：

——向分包人求助只能是向另外一名经认可的技术监督员求助；

——向高级资质的咨询专家求助，只能是例外情况，且能独立提供各种担保材料。

第 8 条 检验技术监督员进行业务活动时的非不兼职性与独立性的情况。

8-1 申请人应向委员会证明他的业务活动是能够遵守 CCH 第 L111-25 条的规定的；为此目的，他应提供各种有效的证明能够履约的实例。

8-2 为了便于委员会评价是否遵守 CCH 的第 L111-25 条的规定，申请人不论其身份如何，均需向委员会提交能够证明他在技术监督工作中坚持公正、独立，符合前款规定条件的材料。

令、决定与通知
经 济 部 长

1978 年 11 月 17 日第 78-1093 号令，确定关于实施 1978 年 1 月 4 日法令的第三编的细则，主要是关于建设领域中的责任与保险中涉及房屋工程的强制保险。

总理：

根据司法部长、内务部长、国防部长、经济部长、环境与生活质量部长、教育部长、农业部长与工业部长的报告；

鉴于保险法，特别是其中的第二册第四编（法律条文部分）；

鉴于 1978 年 1 月 4 日第 78-12 号法中关于建设领域中责任与保险，尤其是其第 13 条；

鉴于 1978 年 7 月 7 日全国保险理事会的意见；

国家行政法院已同意；

特做出如下决定：

第 1 条 保险法第二册第四编（第 2 部分：法律条文）被下列内容所替代：

第四编　房屋工程的保险

第 R241-1 条

与第 L243-1 条相抵触的内容，在听取了建设部长意见之后，由经济部长决定是可接受的。如果是关于地方集体产业或公立机构的产业，则这些相抵触的内容，在建设部长提出意见之后，由经济部长与这些集体产业或公共机构的托管部长共同决定是可以接受的。

第 R241-2 条

第 L243-2 条规定证明材料应当在工程宣布开工的时候送到有关接受开工声明的机构。

另外，在工程施工期间，业主可以要求任何根据协议施工的参与者提供能够证明其可以圆满完成第 L241-1 条与第 L241-2 条规定义务的证明材料。

第 R241-3 条

中央物价局许可办理责任保险合同的人，包括六名经认可的法国保险公司和外国保险公司代表，和六名参加了强制保险的代表，他们是：设计院、技术监督员、建筑师、承包人、预制材料制造商与业主，这些人是根据最具代表性的全国性组织的建议任命的。

第 R241-4 条

中央物价局，负责办理损害保险合同的包括四家经认可的法国保险公司和外国保险公司的代表和四名参加强制保险的代表，他们是：公立工程的业主、房地产开发商、工业工程的业主与私家工程的业主，他们的任命根据最具代表性的组织的建议。

第 R241-5 条

中央物价局由国家行政法院的一名成员主持工作，其级别至少为参事，或为一名审计法院的法官，级别至少为主任参事。

第 R241-6 条

中央物价局的主席和成员的任期为三年，并可延期；由经济部长和建设部长共同决定对他们的任命。

在对他们的任命同时，根据相同的程序，任命相同数量的替补人员，当正式成员不能出席，或处在被审查的事务中时，这些替补人员被请来出席会议。

第 R241-7 条

中央物价局的决定采用出席成员多数通过制。在票数相等的情况下，主席的一票将起决定性作用。

第 R241-8 条

如果保险人拒绝被保险人为了满足强制保险的要求而想与保险人签订新的保险合同、或想变更原有的保险合同时，任何一个参加强制保险的人均可找中央物价局质押；

如果保险人在收到参加强制保险的人提出最初的保险要求 90 天内没有答复，则被看作保险人拒绝这份保险。如果被保险人提出的要求是对原有合同的变更，则需按照第 L112-2 条中第 2 段的规定执行。

根据第二册第四编被保险人质押的条款，保险人可拒绝担保条款中不涉及的风险或超过了强制保险界限范围的风险。

第 R241-9 条

为使中央物价局能够干预，提出保险要求的人应当使用带回执的挂号信把保险要求寄到物价局所在地，对于法国来说即是保险公司所在地，也可直接从保险公司索要回执。

中央物价局通过索要带回执的挂号信作为质押；但只有在保险人发出拒绝担保后的

30天内收到信才是有效的。

经济部长可以确定保险要求中包括的情况是否适用本条款的规定。

第 R241-10 条

受约保险人、一个或数个以前曾经做过相同风险担保的保险人以及曾做过强制保险业务的保险人，均应当向中央物价局提供与被质押人相关的各种情况与资料，因为这些资料对于中央物价局做决定是很有必要的。

第 R241-11 条

中央物价局首先要根据自己本身的各种情况决定被拒绝的保险要求中的风险是否为严重的非正常风险。

如果风险不是严重的不正常风险，有关保险人必须为其担保，并按照同等风险常规费率确定的价格标准收取保险费。

如果风险为严重的不正常风险，由中央物价局确定保险条件后，保险人应当予以担保。保险人可确定出险时的赔偿金额，免除部分的金额由被保险人负担。

当赔偿金不能根据公司规定的费率确定时，由中央物价局根据各方面评估意见确定赔偿金的数额。

如果因为风险的规模及其特殊情况，被要求承保的保险人不能完全覆盖该风险范围，那么保险人可以只承保其中的一部分。

第 R241-12 条

中央物价局做出的决定需在 10 天的期限内通知申请人和保险人。

第 R241-13 条

政府专员协助中央物价局工作，也可以由副专员替代专员工作。政府专员与他的替补人由经济部长任命。

政府专员拥有对中央物价局运作展开长期调查的权利。他可以参加中央物价局的所有的会议，如果他对该决定有疑问，他也可以调查此项决定，并可要求物价局立即，或在做出此项决定的日期之后 5 天内对决定在新确定的期限内进行新一轮的审议。

第 R241-14 条

中央物价局制定的内部规章制度，在实行之前，需送经济部长审查批准。他的秘书处由全国保险理事会负责。

第 2 条 司法部长、内务部长、国防部长、经济部长、环境与生活质量部长、教育部长、农业部长与工业部长、各自负责执行本法令的有关部分，本法令将在法兰西共和国政府公报上发表。

1978 年 11 月 17 日于巴黎	雷蒙·巴尔
政府总理	RAYMOND BARRE
经济部长	
勒内·莫诺里	司法部长 阿兰·佩勒菲特
RENE MONORY	ALAEN PEYREFITIE
内务部长	国防部长
CHRISTIAN BONNET	YVOH　BOVRGES
克里斯蒂安鲍耐	依翁　布尔热

环境与生活质量部长	教育部长
MICHEL DORNANO	CHRISTINA BEULLAC
米切尔 当纳诺	克里斯蒂安 勃拉克
农业部长	工业部长
PIERRE MEHAIGNERIE	ANDRE GIRAVD
皮埃尔 梅海涅利	安德雷 日劳德

保险法第 L243-8 条的实施

经 济 部 长

鉴于保险法，尤其是其中的第 L243-8 条；
鉴于全国保险理事会于 1978 年 7 月 7 日提出的意见。
经济长决定：

第 1 条 保险法第二册第四编（第 3 部分：决定）被下列内容所替代：

第四编 房屋工程的保险

第 A241-1 条

根据第二册第四编，签订任何保险合同，均应当包括以下强制性条款：
本条的附件Ⅰ，关于责任保险；
本条的附件Ⅱ，关于损坏保险。
合同的其他任何条款均不得以任何方式，有与这些条款的内容或范围相抵触的内容，如果是专门用于比第四编规定的担保范围更广泛的合同条款，则可除外。

第 A241-2 条

为了实施第 A241-1 条中规定的强制性条款，特说明以下定义：

a）房屋工程即为 L241-1 条和第 242-1 条规定的工程；

b）工程，即民法第 1792-2 条定义的工程：

管线道路等通畅工程：各种管线和道路工程，主要用于房屋专用道路，但路面耐磨层和人行道除外；

（中文习称五通一平）

基础工程：承受对地基施加的荷载的构件，荷载为房屋建筑形成的新荷载；

结构工程：房屋的主要部分，设计用来承受因各种性质的荷载所产生的内力，并把这种内力传递到基础上的部分；

围护与屋顶工程：用以提供防护的固定或活动构筑物，至少能提供部分防护（抵御）外部自然灾害的侵袭；

c）构筑物工程，部分构筑物工程与设备部件，即民法第 1792-4 条规定的工程，部分工程与设备部件：建筑的各个部分，称为组成成分，设计和生产用以填充房屋建筑，在施工之前就决定它们是有一项或多项功能。

第 2 条 保险公司的经理负责本决定的实施，决定将在法兰西共和国政府公报中发表。

1978年11月17日于巴黎
部长和代表
保险公司经理
B·BALARESQUES
B·巴拉来斯克

第A241-1条的附件Ⅰ
责任保险合同的标准实施条款

当时的保险期限与存续

按照民法第1792条和第2270条规定的被保险人承担责任的期限内,在规定的特殊条件的有效期间,保险合同担保的已开工的工程。

与这一部分工程有关的保险也维持相同的保险期限,不论何种原因,当发生被保险人中止其业务活动的情况,但又没有发生转让或中止商业基金时,则不支付追加的赔偿金。

免 赔 额

被保险人保留一部分自己负担的赔偿金,其金额按照特殊条款的规定确定。

这部分免赔额不与赔偿金的受益人相对立。被保险人需力戒自己不主动签订含有风险的保险合同。

实 施

本保险合同的担保不适用于下列原因引起的损坏情况:

a) 国际上的或签字人的或被保险人的欺诈;

b) 正常磨损的结果、缺乏保养或非正常使用;

c) 外来原因,尤其是:

直接或间接的火灾或爆炸,但如果火灾或爆炸是由于本合同所担保范围内的灾害引起的情况不在此列;

龙卷风、飓风(气旋)、洪水、地震与其他灾难性自然现象,已发生的外来战争;已发生的内战,恐怖主义行动或恐怖主义有关行为造成的破坏、破坏活动、骚乱、罢工、民众运动、有外来原因的造成的业主歇业;直接或间接爆炸结果、原子核衰变引起的辐射或放射线的辐射,以及人工粒子加速器引起的辐射作用。

另外,如被保险人主观故意或不可原谅地不遵守工艺规程(规则),则被保险人丧失了保险的一切权利;这些工艺规程规则是根据现行规范、或是由政府有关机构制定的统一技术文件与标准,或是相关工程合同已有说明。保险权利的丧失与赔偿金的享受不是相互对立的。

第A241-1条的附件Ⅱ
损失保险合同的标准适用条款

定义

a) 签署人

自然人或法人,按特定条件被任命(指定)的自然人或法人,他负责完成房屋工程的施工,并且同时他还以相同的特殊条件*所赋与的身份承担保险法中第L242-1条规定的保险义务，不论对自己当事人的账户，还是财产继任人的账户。

　　* 或业主、或销售人、或不动产推销员或者是这些人员其中之一的委托人。

　　b) 被保险人

　　签署人和享受利益的业主、继任人(们)中负责签署合同的人。

　　c) 承建人

　　按照特定条件对所有建设者的总称，他们的身份将来需要由保险人确认，他们曾在民法第1792-1条第10款中提到过，并通过合同与业主发生关系，身份可以是设计者或顾问（建筑师、技术员或其他），也可以是承包人并参与工程的施工作业。

　　d) 工程业主

　　按照特定条件确定的自然人或法人，负责与承建人签订工程租赁合同，合同涉及设计和施工作业的实施。

　　e) 技术监督员

　　根据1978年1月4日第78-12号法的第10条规定的条件认可，按照特定条件任命的人员，按照业主要求承担对工程设计与施工作业的技术监督工作。

　　f) 施工作业

　　整个房屋工程，即保险法第A241-2条规定的房屋工程，包括构筑物与设备部件，根据特定条件确定的，并且是本合同担保的标的。

　　g) 验收

　　验收是一种行为，业主通过这一行为对已完工的工程按照民法第1792-6条确定的条件进行接收的行为。

　　h) 灾害

　　突如其来的损坏，按照保险法第L242-1条的规定，同时具有引起保险人担保的作用。

担 保 的 性 质

　　合同的目的就是在寻求责任以外保证损坏工程的修理费的支付，尽管损坏可能是由于地基缺陷引起的，也可能是工程的建设者引起的，按照民法第1792-1条的规定也可以是生产厂家和进口商，或者可能是技术监督员的错误引起的，如：

　　损害了构成房屋结构物的坚固性；

　　改变了上述结构物中某一个结构构件或某一设备部件的用途；

　　设备某个部件受到影响，这些构件已构成下列构筑物的不可分割的一部分：管线道路等通畅工程、基础工程、结构工程、围护与屋顶工程，这些工程在民法第1792-2条规定的范围内。

　　损坏工程的修理同时包括损坏工程的清除工作、挖土方、必要拆除或拆御工作。

保险金的金额与限额

　　保险金额涵盖工程的总造价，包括灾后对受损构筑物或设备部件的修复费用。但是其金额限定在申报的工程总造价内，此金额并按特殊条款重新核定过。根据特殊条款规定的具体内容，考虑到合同签订之日与灾后修复日期间建筑造价的总的变化，保险金在灾后可以根据特殊条款的相同内容重新核定。

　　申报的建筑工程总造价，可认为是工程施工最终发生的总支出的金额，包括完成的所有施工作业，各种不同的返修、佣金、税捐，如有追加工程，也包括在其中。总之，无论

附 录

在什么情况下，这一价格都不能包括业主因施工进度快于合同规定而发给的工期提前奖金，当然也不包括因工期延误，而扣除责任承包人的罚款。

免 责

合同保险金不适用于由下列原因引起的损坏：

a) 国际性原因或签署人或被保险人的欺诈；

b) 正常磨损作用、缺乏保养或非正常使用；

c) 外来原因，尤其是下列几种：

直接或间接的火灾或爆炸；如果火灾或爆炸是本合同涵盖的灾害引起的，则不在此列；

龙卷风、气旋（飓风）、水灾、地震与其他灾难性自然灾害；

发生外来战争；

内战、恐布主义行动、或破坏行动、破坏、骚乱、民众运动、罢工或明显有外来原因引起的同行歇业（业主关闭工厂）。

直接或间接效应的爆炸、热泄漏、来自原子核蜕变引起的辐射或放射线的辐射，以及人工粒子加速器产生的辐射效应。除了外来战争这个事实以外，均宜由被保险人提出造成灾害（事故）事实的证明。总之，在各种情况下，免除责任所必需的证据由保险人负责。因此，本合同的所有条款都集中在找到这项证据。

担保的起点与期限

a) 担保的期限按特殊条款规定；除了§6中规定的条件做为保留外，按照民法第1792-6条确定的完全竣工的保险期年限，保险金的期限尽早开始。自验收时起至10年期满为止。

b) 担保的取得：

工程验收之前，进入无收益状态之后，当与承包人签订的工程合同，因承包人不履约，其义务被撤销；工程验收之后，在完全竣工的保险期限开始之前，工程处于无收益状态，承包人没有履行其义务。

各方相互义务

各方之间为执行本条款的 $A(3°)$，$B(2°, a)$，$B(2°, C)$，$B(3°, a)$，$B(3°, C)$，$B(3°, d)$，$B(3°, h)$ 条时，应以挂号信的方式发出带回执的、要求签署意见的书面通知。

A——被保险人的义务

1° 合同的确立是以签署人提出的保险要求为基础的。

被保险人承诺向保险人声明，无论工程施工过程中，还是工程竣工之后任何可能发生的某一数据的修改，需事先告知。这些声明需附有相应的意见，如应附上技术监督员的保留意见，如果这种修改是由被保险人的行为引起的；在其他情况下，自被保险人了解之日起一周之内，通知应发出。

2° 被保险人承诺（保证）：

a) 根据保险人的要求向其提供职业保险合同存在的证据，合同是由他本人、工程承建人与技术监督员共同签署的。

b) 宣布工程被验收，并在声明验收的当月向其移交一份或数份验收纪要，以及验收意见记录或技术监督员没有撤消的所持的保留意见。

c) 在工程竣工之日起一个月内，向其移交一套技术文件，其中至少包括实际完成的整个工程的图纸与说明。

d) 在与上款相同的期限内，向其通知保修工程已完全完工的证明，保修工程即民法第1792.6条中规定的保修工程，以及在出示证明同时还需附上验收意见记录或技术监督员未撤消的保留意见。

e) 任何超过30天的工程停工均应申报。

f) 把技术监督员的看法、意见与保留意见同时通知到保险人和有关完成者，但不妨碍保险人用自己的费用要求技术监督员在其职责范围内提供他认为对评价保险风险有用的补充资料。

在被保险人不是业主本人的情况下，被保险人需承诺在他本人获得关于技术监督员的看法、意见与保留意见后同样也要告知保险人和有关承建人，按相同条件，保险人可以要求技术监督员提供他认为对评价保险风险有用的补充资料。

3° 在发生可能启动合同的保险理赔程序的灾害情况下，被保险人最迟应在他了解（获知）了灾害事故发生的五天之内向保险人报告。

这份报告中应详细说明事故当时状况，如简要描述事故情况，并说明被保险人能够采取的应急保护措施。

4° 被保险人承诺保证允许保险人察看（或检查）被损坏工程的修复过程；在发生灾害情况下，被损工程修复是赔偿金计算的组成部分。

5° 为便于保险人行使保险法第L121-12条规定的保险人的代位追偿权利，被保险人同时应承诺：

a) 允许保险人随时进入正在施工作业的工程工地，直到民法第1792-6条规定的完全竣工保险期限期满；有鉴于此，在签订的工地保卫责任合同中，需采取必要措施，在完全竣工保险期限开始之日前发生灾情时，被保险人保证向保险人提供各种进入事故现场的方便条件；

b) 在出现灾情情况下，允许保险人连同民法第1792-4条中负有职业责任的人员、生产商及技术监督员，应邀进入事故现场，邀请人为前面$B(1°, a)$段中规定的人员；

c) 允许上述被指定的人员进行他们认为对撰写事故报告有用的调查；如果需要可对根据($B1°, c$ 与 b)段落所做的结论重新进行深入分析，目的主要是研究事故发生的原因和有效帮助保险人的方法。

B——发生灾情情况下保险人的义务

1° 损坏情况的证据与鉴定：

a) 对损坏情况进行察看、描述和评价，这些工作由保险人指定的自然人或法人进行，以下称这种人为"专家"。

b) 保险人需向被保险人承诺他会给专家必要的指示，以便于民法第1792-4条规定的承建人、生产商和技术监督员，以及对上述人员与被保险人负有职业责任的保险人开展工作。通常情况下，每当认为有必要的时候专家会向他们咨询并听取意见，总之，在把根据 *c* 撰写的两个文件各一份交到保险人手中之前，需向保险人系统通报收集到的破坏情况的证据、各个阶段的进展与赔偿金的结算情况。

c) 按照 *a* 款确定的专家鉴定工作仅限于研究与收集数据，不得加重破坏程度，且便于对担保的破坏部分进行快速修复。

附　录

专家撰写的结论要分为两个不同的文件：

① 一份初步报告，包含事故描述，与不加重损坏的必要的保全措施的评估，如果有的话，还要考查被保险人采取的措施，以及对周围环境条件的简要描述和灾情的特点，以便于保险人在 2°(a) 规定的期限内做出合同规定的理赔决定。

② 一份初步报告，仅用于对事故的技术特性进行描述，并提出应采取的措施建议、说明与评价，以及为修复被损工程需进行的不同的措施与施工。

2° 初步报告，启动理赔程序保险金，保全措施：

a) 自收到灾情报告起最长 60 天的期限内，根据专家撰写的初步报告，保险人事先通知被保险人关于合同理赔程序的启动原则。

保险人的任何负面的决定，具有拒绝赔偿要求的作用，均应当专门做出说明。

如果保险人对合同理赔没有异议，决定的通知中还应包含赔偿金额和采取保全措施修复破损工程的费用支出。

如果被保险人已经采取了 A(3°) 中所说的保全措施，并有费用支出，那么赔偿金也应对此予以考虑。

b) 保险人采取必要措施，以便于被保险人能够在有效期内看到初步报告，而且在任何情况下，看到报告的期限与前边 a 段中规定的应遵守的时限相匹配。

c) 如果保险人无法遵守 a 段中规定的期限，则保险人允许被保险人投入相应的费用用于实施必要的保全措施，以便使破坏不再加重，所花的费用应在专家的初步报告中估价的限额以内。如果在相同期限内，被保险人没有能够了解这份初步报告，他可以以同样的方式在他自己评估的界限内投入相关的费用。

3° 鉴定报告，赔偿金的确定与估算：

a) 在收到灾情报告之日起最长为壹佰零伍自然天(105)的期限内，在事先已向被保险人通报并已见到事故鉴定报告的基础上，保险人向被保险人提出修理被损工程的赔款额的最终建议。

按照特殊条款专门为此所做的规定，这一最终建议的赔款额可以按照市场现值计算或按市价进行修正；还可能按不同工程种类进行分类，并配以必要的证明材料，例如关于数量与单价。建议中除了修复工程所用的费用之外，还应包括上述工程施工所必需的一些附属性开支，如：酬金、试验费、分析化验费、以及现行的捐税等。建议中还应考虑如已经发生的费用或支出的账目，以及进行保全处理时先期支付的赔偿金。

b) 保险人需采取必要的措施，以便被保险人在有效期内拿到鉴定报告，总之，这一期限需与 a 段中规定的必须遵守的期限相匹配。

c) 在遇到特殊困难的情况下，如灾情的性质或规模特殊，确实妨碍专家在 b 中确定的期限内完成他的报告，那么，保险人可以向被保险人建议在 b 中确定的期限的基础上推迟发出关于赔偿金的通知。

这一项建议应当明确地说明理由，并且是完全建立在对技术特性的认识的基础上的；建议中还应当明确赔偿金通知的延期所必需的补充期限，并且在最长为 60 天的期限内通知被保险人，期限自收到灾情报告起计算。

被保险人拥有自上述通知起计算的 15 天的期限，以决定是否拒绝保险人的这项建议。

d) 在收到赔偿建议时起 15 天的期限内，被保险人应通知保险人他是否同意他收到的赔偿建议；赔偿建议是按照 a 款中确定的条件准备的，或在特殊条件下，也可按 c 款规定条件准备。

e）在协商一致情况下，保险人支付的赔偿金结算按下列条件进行：

① 当赔偿金总额不超过按照特殊条件确定的数额时，在收到被保险人同意接受赔偿建议的最长为 15 个自然天内，一次性支付；

② 如果赔偿金总额超过这一数额，其支付时可分为数个相等的份额，分阶段支付；如果根据修复工程施工进度，出现需调高赔偿金情况，可按照特殊条款确定的内容进行。赔偿金的第一次付款应当在保险人收到被保险人同意其关于赔偿金建议的 15 天内进行。赔偿金不能低于 e、a 段中确定的数字。

在各种情况下，其他部分赔偿金的支付期限，都绝不能导致被保险人预支工程款。

f）如果被保险人没有遵守 d 款中确定的期限，第一笔赔偿金的估算，根据具体情况，可在保险人建议的基础上进行，最长期限为 15 天，自 d 段中规定期限到期起计算，或者按 e 段规定期限计算。

g）总而言之，在 d 款中确定的期限内，被保险人使保险人了解了他不接受他收到的结算建议，如果他认为不应当推迟修复工程的施工，根据他的要求从保险人那里收到一笔预支款，款额相当于通知中赔偿金数额的四分之三；这一笔预支款不妨碍或可能通过司法做出的最后决定；赔偿金通知是根据 a 款确定内容或根据特殊情况的 c 款内容发出的。上述的预支款是包干性质的，且不可再提高，但可在保险人应负担的最终赔偿金数额确定之后进行核算。这笔预支款支付是一次性的，期限自保险人收到被保险人要求时起最长为 15 天的期限内完成。

被保险人承诺允许保险人考察被损工程修复时的施工情况，修复工程即为需要预支款的被损坏工程的修复施工。

h）对于保险人来说，如不遵守 a 款中规定的期限，以 c 款中规定内容为保留条件，并在给保险人的简单通知的基础上，允许被保险人投入必要费用修复被损工程，费用限定在鉴定报告中的预算额以内。

如果在相同的期限内，且在相同保留条件下，被保险人没有能够了解鉴定报告，允许在向保险人转交预算的 15 天内投入相关费用。预算可以是保险人自己做的，且在此预算的限额以内。

i）如果要求收到 g 段落中规定的利益的被保险人没有能够按照同一段中规定期限收到保险人应支付的预支款额，允许被保险人投入用于工程修复的费用，限额在赔偿金建议的限额内，即先前已经通知的赔偿金数额。

4° 保险人必需通知被保险人下列信息，保险人所持的最终立场，通过补充报告，保险人认为应当中止实施根据第 L121-2 条规定的有益于他的代位追偿权利。

保险法第 R241-9 条的实施

鉴于保险法，尤其是其中第 R241-9 条，经济部长特做如下决定：

第 1 条——保险法第 Ⅱ 册第四编（第 3 部分：决定《房屋工程的保险》）补充以下内容：

A 241.3 条

第 R241-9 条提出的保险建议应当包括相当于下面列举的说明性资料：

附 录

本条的附件Ⅰ，有关责任保险；
本条的附件Ⅱ，有关损坏保险。

第2条——保险公司经理负责实施本决定，本决定将在法兰西共和国的政府公报上发表。

1978年11月17日 于巴黎
部长与部长代表
保险公司经理 B·BALARESQUE

第A241-3条的附件Ⅰ
责任保险建议

Ⅰ——建议人的确认

姓名、公司名称＿＿＿＿＿＿＿＿＿＿＿＿＿＿＿＿＿＿＿＿＿＿＿＿＿＿＿
公司形式：＿＿＿＿＿＿＿＿＿＿＿＿＿＿＿＿＿＿＿＿＿＿＿＿＿＿＿＿
地址：＿＿＿＿＿＿＿＿＿＿＿＿＿＿＿＿＿＿＿＿＿＿＿＿＿＿＿＿＿
确认号码（INSEE，商业注册）：＿＿＿＿＿＿＿＿＿＿＿＿＿＿＿＿

Ⅱ——建议人从业性质与专业资质评定
Ⅲ 建议人业务规模

工资总额：＿＿＿＿＿＿＿＿＿＿＿＿＿＿＿＿＿＿＿＿＿＿＿＿＿＿
营业额：＿＿＿＿＿＿＿＿＿＿＿＿＿＿＿＿＿＿＿＿＿＿＿＿＿＿＿

Ⅳ 建议人民事责任险的经历，如果有过此情况，

先前的保险人：＿＿＿＿＿＿＿＿＿＿＿＿＿＿＿＿＿＿＿＿＿＿＿＿
合同编号：＿＿＿＿＿＿＿＿＿＿＿＿＿＿＿＿＿＿＿＿＿＿＿＿＿＿
解约日期与原因：＿＿＿＿＿＿＿＿＿＿＿＿＿＿＿＿＿＿＿＿＿＿

第A241-3条的附件Ⅱ
损坏险的建议

Ⅰ——签署人

姓名：＿＿＿＿＿＿＿＿＿＿＿＿＿＿＿＿＿＿＿＿＿＿＿＿＿＿＿＿
地址：＿＿＿＿＿＿＿＿＿＿＿＿＿＿＿＿＿＿＿＿＿＿＿＿＿＿＿＿
以何种身份参保：＿＿＿＿＿＿＿＿＿＿＿＿＿＿＿＿＿＿＿＿＿＿

Ⅱ——工程业主

姓名：＿＿＿＿＿＿＿＿＿＿＿＿＿＿＿＿＿＿＿＿＿＿＿＿＿＿＿＿
地址：＿＿＿＿＿＿＿＿＿＿＿＿＿＿＿＿＿＿＿＿＿＿＿＿＿＿＿＿

Ⅲ——待保工程

详细地址：＿＿＿＿＿＿＿＿＿＿＿＿＿＿＿＿＿＿＿＿＿＿＿＿＿＿
计划开工日期：＿＿＿＿＿＿＿＿＿＿＿＿＿＿＿＿＿＿＿＿＿＿＿
计划竣工日期：＿＿＿＿＿＿＿＿＿＿＿＿＿＿＿＿＿＿＿＿＿＿＿

工程总造价：_____

Ⅳ 用于每个建设者，与技术监督员（如果有的话）

姓名与住址：_____

专业资格等级：_____

在工程中的作用（角色）：_____

工程总造价：_____

民事责任保险人：_____

Ⅴ 工程不同构件的简要技术说明

法兰西共和国政府公报

1978年12月9日

经 济 部

1981年5月18日第81-617号令，关于修改保险法第R241-1条关于房屋工程保险责任例外条款的内容。

总理：

根据内政部长、经济部长与环境与生活质量部长的报告，鉴于保险法，特别是其中的第L243-1条；

鉴于1978年1月4日第78-12号关于建设领域责任与保险法，其中的第13条；

（国家）行政法院已同意；

特决定于下：

第1条——保险法第R241-1条被下列内容所替代：

第R241-1条

一项由经济部长与托管部长共同做出的决定，在征求了建设部长的意见后，可以给予损坏强制保险义务一项例外条款，满足关于第L243-1条确定条件的地方集体财产和公共事业单位财产。

收到委托书后可以给能满足相同条件的乡镇集团特定工程有限的例外条款。

第2条——内政部长、经济部长与环境生活质量部长各自负责本决定中有关部分的执行工作，本决定将在法兰西共和国政府公报上发表。

    1981年5月18日 于巴黎

    总理 RAYMOND BARRE

        雷蒙　　　　巴尔

经济部长
RENE′　　MONORY
雷内　　　莫诺利

环境与生活质量部长　　　　内政部长
MICHEL　D′ORNANO　　CHRISTIAN　BONNET
米歇尔　　道尔纳诺　　　克里斯夫　　包奈特

附录

内政与权力下放部

1986 年 3 月 14 日第 86-551 号令,修改保险法第 R243-1 条关于房屋工程担保义务的例外条款。

总理:

根据内政与权力下放部长的报告;

鉴于保险法,尤其是其中的第 L243-1 条;

鉴于 1978 年 1 月 4 日第 78-12 号法,关于建设领域中责任与保险法,尤其是其中的第 13 条;

鉴于 1986 年 2 月 13 日国土管理部际委员会的意见;

国家行政法院已同意,

特做如下决定:

第 1 条——保险法第 L243-1 条被下列内容所替代:

第 R243-1 条——第 L243-1 条规定例外情况可给予:

① 在听取了省国库主计官的意见之后,通过省共和国特派员的决定,给予各市镇、各省、他们的集团和他们公立机构。

《在一个公立机构由数个集体单位组成情况下,主管的共和国特派员即为省的共和国特派员,这里所指出的公立机构的所在地即为此省中。

② 在听取了地区国库主计官意见之后,通过地区共和国特派员的决定,给予地区、地区集团和地区公立机构。

《在一个公立机构由数个集体单位组成的情况下,主管的共和国特派员即为地区的共和国特派员,这里的公立机构所在地即在本地区中。

③ 在听取了建设部长意见之后,通过财政部长与托管部长共同的决定,给予其他公立机构。

第 2 条——经济部长、财政与预算部长、内政与权力下放部长、与城建住宅与运输部长,各自负责的部门实施本部令,本决定将在法兰西共和国政府公报发表。

      1986 年 3 月 14 日 于巴黎
      总理 LAURENT FABLUS
      罗朗 法比尤斯

内政与权力下放部长	经济、财政与预算部长
PIERRE JOXE	PIERRE BÉRÉGOVOY
皮埃尔 约克斯	皮埃尔 贝雷高瓦衣

城建、住宅与运输部长
JEAN AUROUX
让 奥胡克斯

1986 年 3 月 14 日第 86-552 号令,为了实施 1984 年 1 月 26 日第 84-53 号法的第 26 条的第 2 段,由省管理中心签署的保险合同,使用地方集体产业与领土机构的账户。

总理:

根据内政与权力下设部部长的报告，

鉴于市镇法，尤其是其中的第 L416-4 条；

鉴于 1984 年 1 月 26 日第 84-53 号法，修改关于地方公职人员的法规的内容；

鉴于 1985 年 6 月 26 日第 85-643 号令，关于修改 1984 年 1 月 26 日第 84-53 号法中管理中心的内容，第 84-53 号法是关于修改地方公职的相关法规的内容；

鉴于地方公务员的最高理事会的意见；

国家行政法院(内政庭)已同意，

特做以下决定：

第 1 条——1984 年 1 月 26 日第 84-53 号法中的第 26 条第 2 段设定的要求在集体产业或公立机构评议机构做出决定之后再提出。这项决定说明合同的条件、担保范围，这些均应当由省管理中心在与一家经认可的保险公司签订合同时确定。

第 2 条——省管理中心与其签有协议管理的集体或公立机构，商定一个还保险金的日程，如果这些集体或公立机构是负债的。集体或公立机构向省管理中心在其责任范围内提供各种以折抵它们欠的保险金。

第 3 条——省管理中心与经认可的保险公司签订的合同，可以是一项共同合同，即与多家集体或公立机构，也可以是一项仅与一家集体或公立机构签的合同。

任何情况下，由省管理中心签订的合同均将不能用一名管理人员替代一个集体或公立机构。

第 4 条——经济财政预算部长、内政与权力下放部长、经济、财政、预算与消费的国务秘书，每个人均将负责各有关部门的本部令的实施，本部令将在法兰西共和国政府公报上发表。

1986 年 3 月 14 日　于巴黎
总理　LAURENT　FABIUS
罗朗　法比尤斯

经济财政预算部长　　　　　内政与权力下放部长
PIERRE　BÉRÉGOVOY　　　PIERRE　JOXE
皮埃尔　贝雷高瓦衣　　　　皮埃尔　约克斯
经济财政与预算及消费国务秘书
HENRE　EMMANUELLI
　享利　艾马尼埃利

16. 西班牙建筑法

1999 年 11 月 5 日法规 38/1999
(Official Gazette1999 年 11 月 6 日公布)

序

建筑在社会整体中是主要的经济部门之一，并且建筑本身还包含了文化的价值，从这个意义上来说，适用的规范是不可缺少的。

附 录

　　传统的土地规划的规定与建筑施工的法律观念的缺乏形成了鲜明的对照，民用建筑规范和其他的各种规范对于复杂的建筑施工过程以及代理商与用户担保人的责任来说，都还存在着许多严重的不足。

　　此外，公民要求提高结构安全、防火安全以及其他涉及人员生活质量的工程质量水平，例如防噪声、隔热及方便残疾人等。从通常的观点来看，在任何情况下，对直接影响结构空间形状的处理，总是隐含着对使用功能、经济性和环境协调平衡性等方面的承诺。在 EC Directive 85/384/EEC 条款中指出："建筑的创作，建筑物的质量，其与环境的协调性、其与自然和城市景观的和谐以及对于公共与私人财产来说都是公众所关心的。"

　　为了遵守这一原则，需要对 1998 年 4 月 13 日的土地规划条款第 6 条进行补充以满足对建筑施工和维修的要求。换句话说，存在于现行法律与建筑施工法规不足之间的矛盾，以及建立起能提高整体工程质量水平的通用框架，最终保证用户免受可能的损失，进一步充实 1984 年 7 月 19 日颁布的普通用户与消费者保护法条款第 26 条的内容，都是制定本建筑法的目的。本法的主要内容如下：

　　1. 主要目的是在工程从开工到完工的全过程中，规范代理商的法律观念，明确他们的义务，确定他们的责任，并根据法律中规定的满足建筑要求的基本定义来保证用户的利益。

　　2. 为实现此目的，对建筑的法律概念作了技术定义，并规定了基本原则和适用范围，新建工程和现有工程均适用本法律。

　　从部分公民要求不断提高工程质量的角度考虑，本法还规定了建筑工程要满足的基本要求，这些要求不仅是对建筑物的技术要求，而且还提出了对担保人和财产损失的保险。

　　这些要求包括了建筑物的功能和安全两方面的要求，以及对于居住适宜性的要求。

　　本法律规定了与工程开发有关的工程概念，提出了部分工程与建筑维修、改造有关的用户文件的要求。

　　3. 法律规定了工程参建各方的责任与义务，无论是个体或法律实体的开发商都要主动采取措施保证工程免受潜在的财产损坏。法律还特别规定了工程管理人以及工程转包部分的责任与义务。

　　法律限定了设计人员、工程管理人员和工程执行人员的业务范围，详细规定了各专业的资质。

　　4. 各代理商要对由他们自己的行为以及与本法规定的法律责任有关的其他行为所引起的建筑财产损失负各自的法律责任。

　　当损失的责任不能归于个人或实体时，或者不能确定是哪一个代理商引起的损失时，他们各方将联合负责任。

　　联合管理者、业主协会或在经济财产管理中不断产生的类似的协会被视为具有同等地位。

　　5. 根据对建筑物的损坏情况，责任期分为一年、三年和十年。建造者对由于施工不完善引起的全部财产损失负一年的责任，参与建筑施工的其他代理商对由于错误或使用功能缺陷引起的全部财产损失负三年的责任，并对影响建筑结构安全的错误或缺陷负十年的责任。

　　对负有责任的当事人的有效起诉期为两年。

6. 考虑到法律的保证，本法规定了强制保险或一年期的财产损失担保，以取代开发商保留的合同面值的5%的费用，以支付由于缺陷所引起的财产损失。

本法在房屋使用方面作了进一步的规定，即开发商必须要购买三年或十年期的保单，以支付相应的由于未能满足居住条件或影响结构安全所造成的财产损失。

本法规定了需要强制购买的一年期、三年期和十年期的最低保险额。

一年期保单对财产的损失无免赔项，在其余两种情况下免赔部分不得超过被保险财产的1%。

另外，为了保证购买者不被欺骗，本法还规定了开发商预先支付强制保险的政策。

7. 本法有七项附加条款。第一项附加条款规定要征收包括合伙人或业主协会在内的后续住宅款。

第二项附加条款根据本法第19条规定了有关方在相应的保险期满后，按新条款执行的强制保险的要求。这样就可以防止由于结构构件的缺陷或错误引起的财产损失。一旦本法律生效后，这些住宅工程都要求要有十年保险。根据建筑环境和保险方面的要求，其他保险由皇家法令强制执行，即三年期保险要对由于结构构件造成的损失或对影响使用功能的设施造成的损失进行赔偿，一年期保险要对完工后由于错误或缺陷造成的损失进行赔偿。

第三项附加条款规定本法的所有条款都不适用于国防领域的军事工程部门。

第四项附加条款规定卫生与安全部门的工程必须要有专业资质认可。

8. 临时条款在本法律生效后用于保证本法对工程项目施工许可的各项条款的执行。最终，最后四项条款的第一条是为了保证对本法的适应能力；第二条是为了允许政府在两年内通过修改建筑技术规范以保证执行本法第2条对工程提出的基本要求；第三条促使政府适应强制征收法的规定以便在第五项附加条款中修改有关的内容；第四条说明了本法的有效性。

总之，本法试图在政府权力框架内，通过强调对参建各方代理商的责任和要求来提高工程质量，以便建立诚信、保护用户利益、维护法律权力的尊严和保证适宜的居住环境。为适应时代的要求，本法修订了迫切需要修改的有关强迫征收的规定。在这方面，法院已将此权力归类于法律的组成部分。

第一章 通 用 条 款

第1条 目的

1. 本法的主要目的是为了规定参建各方的责任和义务、保证他们的合法行为、遵守基本的建筑要求以保证工程质量以及保护消费者的利益。

2. 防止施工现场职业风险的责任和义务分别在相关的法律中规定。

3. 行政部门、组织或实体作为工程代理商时要遵守公众获得法的法规，除政府部门可以不进行强制保险以外，其他组织和实体还要服从政府合同的规定和本法条款的规定。

第2条 范围

1. 本法适用于建筑工程、永久性的公共与私人建筑的工程以及下列用途的工程：

A) 政府、卫生、宗教、住宅、教育和文化建筑。

B) 航空、农业与畜牧、能源、水利、采矿、电讯（参考电讯工程）；海、陆、空、河的运输；林业、工业、海洋业；铅工业和卫生工程，与工程有关的附属工程和操作。

附　录

C) 前述未说明用途的所有其他工程。

2. 下列情况本法视为工程，并应符合第四条的要求：

A) 除无结构意义的或技术非常简单的情况外，所有建筑更新的工程，无论是临时的还是永久的，无论是住宅还是单层的公共建筑。

B) 扩建、维修、改造或复原的工程、改变建筑结构形式、引起外观明显改变的整体或部分工程、改变建筑面积、改变整体结构或改变建筑物使用特性的工程。

C) 涉及到被认为具有历史艺术价值的以及全部或部分涉及环境保护法规的所有工程。

3. 建筑物上的永久设施或设备被视为构成城市景观因素的建筑部分。

第二章　工程技术与管理的要求

第3条　基本的工程要求

1. 为保证人身安全、健康和环境保护，工程必须要采取一定的方式进行设计、施工、维修、保养，以满足下列基本要求：

A) 功能要求：

(A1) 适用性，保证空间的大小和布局满足建筑使用功能的需求。

(A2) 根据特别条款，可达性可以保证（活动与交流能力较弱的）残疾人能够到达或移动到有关的建筑。

(A3) 特别条款规定了对电讯、视听和通讯设备的使用权。

B) 安全要求：

(B1) 结构安全，保证工程不会由于基础、支撑、梁、框架、承重墙及其他影响建筑强度和稳定性的结构构件引起建筑物的损坏。

(B2) 火灾时的安全，保证居住人安全撤离建筑物，阻止建筑物内火灾的蔓延和向临近建筑物的蔓延以及灭火和救援工作的开展。

(B3) 使用安全，保证在正常使用情况下没有人身事故的危险。

C) 健康要求：

(C1) 建筑物内水管的固定、周围环境破坏的预防和对各类垃圾的适当管理都要达到安全、卫生与环境保护对健康的要求。

(C2) 防止噪声以保证噪声不影响人的健康和人们的正常活动。

(C3) 节能与隔热以保证能源的合理使用。

(C4) 结构构件或设施的其他功能要保证能够满意地使用建筑物。

2. 建筑技术规范规定了建筑与设施的基本质量要求和符合这一质量要求的维修服务标准。

本法生效后，基本的建筑要求和其他强制性的技术要求都是由一些可行的技术要求规定的，直到本法第二个最终条款中所提到的建筑技术规范被认可时为止。

该规范可以由其他要求和权威机构的规定来补充，并根据技术发展和社会要求定期地更新。

第4条　计划

1. 计划是根据第二条确定和定义的工程技术要求制定的一套文件。计划必须要根据法律的强制规定作出合理的技术解决方案。

2. 编制计划时，或补充部分计划时，或应用其他技术文件处理特殊技术时，或在建筑维修时，所有的计划或文件都应当合在一起以防止文件的重复和为准备这些文件所花费的人力的重复。

第5条 行政要求与许可

建筑工程，工程施工包括结构与建筑用地都要取得法定的行政许可证和执照。

第6条 工程验收

1. 工程验收是建造者的法律行为，工程结束时，将工程交给开发商，工程的接收者。验收可以有预约也可以没有预约，并可在所有工程完工时或在某个阶段进行，这取决于各方合同的约定。

2. 验收要有文件记录，有开发商和建筑者签字并包括以下内容：

A) 参与验收的各方。

B) 证明所有工程或阶段工程完工的日期。

C) 工程使用的最终材料费用。

D) 宣布工程验收是否有约定，客观地说明合格的部位以及对观察到的缺陷进行修复的最后期限。修复以后，还应提交修复证明并有参与工程验收的各方签字。

E) 建造者要提供担保以保证其履行职责。

另外，完工证明上要有工程主管和工程执行主管的签字。

3. 开发商认为工程不完善或不满足合同条件时，可以拒绝验收工程。在任何情况下，必须以书面形式给出拒绝的理由，并确定新的工程验收日期。

4. 除非合同另有约定，应书面通知开发商完工的日期。工程验收应在完工之日起30天内进行。如果开发商不进行验收或者在30天内不以书面形式说明拒绝验收的理由，则该工程默认为已被验收。

5. 自工程验收文件签字之日起或前述默许的验收生效之日起，本法规定的责任和保证期开始生效。

第7条 工程履约文件

工程完工后，工程主管要及时地向开发商提交认可的全部工程维修计划，以便处理各种行政手续。

根据有关的法律要求，这套文件中至少要有验收证明、所有参建方代表名单以及建筑物及其设备的使用维修说明。

第三章　工　程　代　理

第8条 概念

所有参与工程过程的个人或合法实体都被认为是工程代理。他们的职责由本法的条款、其他所有适用条款和合同约定的条款确定。

第9条 开发商

1. 独自或合伙设计、开发、规划和筹资的建筑，使用自己的资源或第三方的资源，为了自己或为了以后的处置，以任何名义将建筑交给或转移给第三方使用的任何个人、公众和私人合法实体。

2. 开发商的责任包括：

附　录

　　A) 牵头行使工地的工程建设权。
　　B) 提供初始文件、准备工程计划并授权工程主管处理后续工作。
　　C) 申请和领取所有必需的政府执照和许可证，并在施工证书上签字。
　　D) 根据第19条的规定安排保险单。
　　E) 向购买人提供建筑工程文件或其他权威部门要求的文件。

第10条　设计者

1. 由开发商雇请的能按城市发展技术要求进行建筑设计的设计者。
　　部分设计或附助设计部分可以由其他专业的人与设计者合作的方式进行设计。
2. 设计者的责任包括：
　　A) 把握建筑或施工的适当的学术专业级别，保证其具有解决专业问题的经验。指定合法的有专业资质的人员进行设计。
　　当所设计的内容涉及第2条第1款A)项的工程时，设计人员必须是有理论专业资质的建筑师。
　　当所设计的内容涉及第2条第1款B)项的工程时，设计人员通常是有理论专业资质的工程师、技术工程师或建筑师，根据法律规定各专业人员都要有相应的资质和能力。
　　当所设计的内容涉及第2条第1款C)项的工程时，设计人员必须是有理论专业资质的建筑师、技术建筑师、工程师或技术工程师，根据法律规定各专业人员都要有相应的资质和能力。
　　当建筑设计涉及本法第2条第2款B)和C)时，相应地应遵循同样的标准。
　　明显地涉及第2条第三款所述的附属物时，必须要有相应专业资质的人员，其他有资质的人员也可参与建筑和工程方面的设计，起协助设计师设作用。根据有关法律条款的规定，这种专业的干预是强制性的。
　　B) 所提供的预备计划要符合强制性的法律规定和合同认可的要求。
　　C) 达成协议后，与开发商一起约定合适的部分合作者。

第11条　承建者

1. 承建者是与开发商签订了协议，并使用自己的或第三方的人力和材料资源按照设计和合同进行施工的代理商。
2. 承建者的责任包括：
　　A) 根据有关法律和工程主管以及工程执行主管的指令进行施工，达到设计要求和质量。
　　B) 保证承建人具有专业级别和资质。
　　C) 指定施工主管作为承建者的技术代表，其资质和经验能够满足工程特性和复杂性的要求。
　　D) 提供工程所需的人力和材料资源。
　　E) 签订分项转包合同或对合同限定的内容提供服务。
　　F) 在平面图、开工文件和完工证明书上签字。
　　G) 向工程主管提供所有工程所需的文件。
　　H) 指定第19条所述的担保人。

第12条　工程主管

1. 工程主管是专业设计管理方的代表，在技术上、美学上、城市规划和环境方面依据设计、工程许可、其他权威部门的强制性要求及合同条款来指导工程施工，以保证合理地实现预期的目标。

2. 其他专业人员可以协助工程主管指导部分设计的工程。

3. 工程主管的责任包括：

A) 掌握从事建筑、技术建筑、工程和技术工程人员的理论专业的级别，以满足专业经验的要求。当有合法实体参与工程时，要指定有专业资质的人员作为技术工程主管。

当施工的工程涉及第2条第1款 A)项的工程时，工程主管应当是有理论专业资质的建筑师。

当施工的工程涉及第2条第1款 B)项的工程时，工程主管应当是有理论专业资质的工程师、技术工程师或建筑师，根据法律规定各专业人员都要有相应的资质和能力。

当施工的工程涉及第2条第1款 C)项的工程时，工程主管应当是有理论专业资质的建筑师、技术建筑师、工程师或技术工程师，根据法律规定各专业人员都要有相应的资质和能力。

当设计的工程涉及本法第2条第款 B)和 C)相应地遵守相同的标准。

B) 核验平面图、基础计划方案的可行性和场地地质技术特性。

C) 解决工地可能发生的问题并记录在工作书中，根据指示要求修改计划的解释。

D) 在开发商要求时或征得其同意时，准备对计划做最后的修改以便进行下道工程，原始计划完成后，根据法律条款不断地提出改进意见。

E) 在平面图或开工、完工证明书上签字，批准分部工程证明书和单位工程完工结算以及所有需要认可的文件。

F) 在施工过程中向开发商提交和签署所要求的文件。

G) 根据第13条，在符合第13条第2款 A)项的情况下，工程主管和工程执行主管负有同样的责任。

第13条 工程执行主管

1. 工程执行主管是专业设计管理方的代表，从技术角度直接负责具体工程的执行并从数量和质量的角度控制工程的质量。

2. 工程执行主管的责任包括：

A) 掌握有关人员的理论专业的级别，以满足专业经验的要求。当有个体参与工程时，要指定有专业资质的人员作为技术工程执行主管。

当施工的工程涉及第2条第1款 A)项的工程时，工程执行主管应当是有理论专业资质的质量检查员。当涉及 B)项的工程时，工程执行主管应为在建筑师指导下的相同资质的人。

在其他情况下，具有建筑师或工程师专业级别的人均可指导工程的执行，不再进行区分。

B) 检查验收进入工地的建筑材料并安排需要的检测和试验。

C) 指导工程的实际执行，确认平面图、材料，并根据计划和工程主管的指令纠正执行措施、安排施工。

D) 在命令书中记录有关的指令和出席情况。

E) 在平面图或开工、完工证明书上签字，准备分部工程证明书和单位工程完工结算并签字。

F) 与其他代理商合作准备完工文件并提交控制报告。

第 14 条 质量控制实验室和机构

1. 质量控制机构是依据设计和所有相关法律对建筑的设计质量、材料质量、工程质量和维修质量进行检查的有资质的辅助技术实体。

2. 质量控制实验室是对工程中使用的材料、系统和设施通过检测或试验提供辅助技术服务的有资质的实体。

3. 质量控制机构和实验室的责任如下：

A) 向委托的代理商和工程执行主管提供辅助技术服务和结果报告。

B) 通过必要的人力和物力资源证明有足够的能力承担工作任务，并被官方授权的资质委员会的资质认可。

第 15 条 产品供应商

1. 制造厂、批发商、进口商和建筑材料销售商都被认为是产品供应商。

2. 供应的产品是指为建筑工程生产的产品，包括制成的或待制成的建筑材料、半成品、构件或工程所需的任何部件。

3. 供应商的责任如下：

A) 根据订单要求提供产品并对产品的来源、特性和质量负责，并应满足所有相关的技术规范要求。

B) 提供使用和产品维修说明书并将产品质量担保列入全体工程文件中。

第 16 条 业主和用户

1. 业主和用户有责任通过正确的使用、维修和维护，保持建筑物的良好状态，保存和向后续用户转交完工文件、保险和上述工程的担保。

2. 用户，无论是否为业主，有责任按照使用说明正确地使用和维修完工文件中所含的建筑物。

第四章 责 任 与 担 保

第 17 条 参与工程施工的代理商的民事责任

1. 不得违背合同中的责任，个体或合法实体要对建筑物的业主、第三方买主及其他有关人负责，自工程验收之日开始或遗留问题纠正后的日期开始，建筑物在下列指定时间内产生的财产损失分为：

A) 十年期内，由于建筑物的基础、支撑、梁、承重墙及其他直接影响建筑物机械抗力和稳定性的构件的问题或缺陷造成的财产损失。

B) 在三年期内，由于结构构件或设施不能满足第 3 条第 2 款 C 项规定的使用功能要求所造成的财产损失。

承建者对完工后一年内由于构件的问题和缺陷所造成的财产损失负责。

2. 各代理商分别对自己的行为或疏忽负责并依法追究责任人的法律责任。

3. 当造成的财产损失不仅仅是某个人的责任或当时无法确定是哪一方代理商的责任时，他们将联合负责。在任何情况下，由于施工造成的结构错误和缺陷对买主带来的财产损失，开发商要与其他有关的代理商联合负责。

4. 不得妨碍政府采取的干预措施，根据合同或在开发过程中开发商或合伙管理人或业主协会或其他类似的人所起的作用，开发商的责任扩展到相应的个人或合法实体。

5. 当雇请的设计者多于一个时，他们将联合负责任。

雇请的其他专业人员对其进行的计算、研究、专门报告及其他报告，由于考虑不周、错误或不准确而造成的财产损失负直接的责任，不得抵制该工程所有人对他的追索权。

6. 承建者由于施工中的错误和缺陷、缺乏经验、无专业技术资质、疏忽或不服从施工主管及其他个人或合法实体提交给他的问题报告而造成的财产损失负直接责任。

当承建者将部分工程或设施的施工转包给其他个人或合法实体时，对该工程施工过程中的错误或缺陷造成的财产损失负直接责任。

承建者在施工时对由于他们用于建筑的产品不足而造成的财产损失同样负直接责任。不得损害对其合法的追诉权。

7. 工程主管和工程执行主管要对他们所签署的完工证明的真实性和文件的准确性负责。

对于自己未参与设计，但是同意了他所指导的该设计，应对设计中的疏忽、不足或不完整负相应的责任，不得拒绝对他和相应设计者的追诉权。

当合同规定的专业设计人员多于一个时，无论是他们中谁的责任，他们都将联合负责。

8. 如果能证明损失是由于不可预见事件、不可抗力、第三方行为或特殊的人或实体损害造成的，参与工程的各方代理商不负责任。

9. 根据民法第1.48条和其他法律认可的买卖合同，本条款所述的责任被理解为不损害建筑销售商或依照买卖合同购房者的利益。

第18条 法定的起诉期限

1. 对错误或缺陷引起材料损坏的责任的起诉期为损坏发生后两年内有效，不得以合同规定有效的起诉期为依据。

2. 参与工程的任一代理商或保险公司对其他代理商的追索权，在判决责任方赔偿损失的合法文件签字之日起两年内有效，或在法庭外的赔偿调解书签字之日起两年内有效。

第19条 对工程错误或缺陷引起的财产损失的担保

1. 根据第二项附加条款，对本法第2条所述工程必须要进行担保，担保规定如下：

A) 完工后一年内的财产损失或保险担保要对由于工程或构件的错误或缺陷造成的财产损失进行赔偿，可由开发商保留工程合同面值的5%来代替。

B) 完工后三年内的财产损失或保险担保要对由于工程的构件或设施不满足第3条第1款C项使用功能的要求造成的财产损失进行赔偿。

C) 完工后十年内的财产损失或保险担保要对由于原工程的错误或基础、支撑、梁、框架、承重墙或其他结构构件的缺陷直接影响建筑物的机械强度和稳定所造成的财产损失进行赔偿。

2. 财产损失保单应满足以下条件：

A) 承建者在1A情况下和开发商在1B和1C情况下为投保人；开发商和建筑物的后

续购买人或任何类似的人为被保险人。开发商和承建者可以在合同中约定承建者为了开发商的利益作为投保人。

B) 工程验收时必须要付保险费。但是，如果所付的保险费是在后续的验收期间分期付款时，则下次要支付的取消了合同的分期保险费无效，并不予保险，合同不取消的，保险人的保险期也不延长，保险人也不对被保险人的赔偿要求负责。

C) 1990年12月19日颁布的法律ACT21第4条中关于对人和事件的特别风险的保险额的规定不适用。

3. 保险单要满足以下条件：
A) 要符合本条2A和2B的条件；根据2A，被保险人总是买房人或同类人。
B) 保险人赔偿被保险人的第一次赔偿要求。
C) 保险人不对被保险人以外的保险客户进行赔偿。

4. 一旦保险生效，在本条1中规定的期限内，双方的合同就不能取消或终止。

5. 保险资产的最低额如下：
A) 本条1A要求的担保期的专用费用为实际工程完工时造价的5%。
B) 本条1B要求的担保期的专用费用为实际工程完工时造价的30%。
C) 本条1C要求的担保期的专用费用为实际工程完工时造价的100%。

6. 保险人对损失的赔偿可以采用支付现金或修复两种方式。

7. 依照前述规定，实行强制保险意味着个人有义务提供这种担保。

8. 与本条1A的担保相应的扣减条款或保险公司对被保险人责任限定的条款都是不允许的。

对于本条1B和1C的情况，保险合同中的扣减项，每项保单的扣减额不得超过所保资产额的1%。

9. 除非合同另有规定，本法涉及的担保不包括：
A) 除本法规定的财产损失担保以外的人身伤害或财产损失。
B) 附近或相邻的物品对建筑物造成的损失。
C) 建筑物内移动的物品造成的损失。
D) 在工程验收后进行的工程或改造工程所造成的损失，除非这种工程或改造工程是针对原缺陷进行的。
E) 对建筑物不正确的使用或维修造成的损失。
F) 已经认可的一次性的建筑维修费。
G) 火灾或爆炸引起的损失，建筑物的设备问题或缺陷引起的除外。
H) 不可预见的事件、不可抗力、第三方行为或由其损坏影响所造成的损失。
I) 在验收文件中已经记录的建筑物的原有缺陷引起的损失，直到这种缺陷已经修复并在验收证明中有新的验收签字时为止。

第20条 契约与登记的要求

1. 在第19条规定的担保条件被证实并接受以前，本法不认可新的建筑契约，也不予进行土地登记。

2. 第18条规定的有效起诉期期满后，该开发商的商业注册即不注销，也不对开发公司登记，因为以前没有授权登记员对已开发的工程一定要进行登记的惯例。

附 加 条 款

第一条 施工期间预付的集资款

施工期间由开发商或预付款筹集人筹集的资金要有保险的保证，在合同破裂时，采用与1968年7月27日颁布的法律57中对集资建住房的规定相类似的方法进行处理。该法的条款适用于所有的新建住房及其以后的维修。

A）该法适用于所有类型房屋的开发，包括业主委员会或合作建房的情况。

B）法律57/1968中规定的担保也适用于以现金或其他方式付款的情况。但是该款项要按照该法的规定存到指定的专门账户中。

C）支付的保证金包括所有成本费和在支付期内相应利率的法定利息。

D）违反本法第6条第一段的规定要受到自治委员会的处罚，违反一次的罚金为保额的25%或者按照自治委员会的特殊规定处罚。

第二条 防止工程错误或缺陷引起财产损失所必须要购买的保险种类

一、本法19条1C对于财产损失的保险，本法生效后，首先要用于住宅工程。

二、依照皇家法令，前述第19条1A和1B的担保种类首先必须要用于住宅工程。同样地，皇家法令也要求第19条其他条款要求的保险也必须要首先用于住宅工程以外的其他工程。

第三条 对国防工程项目的军事工程部门的规定

军事工程部门的成员参与国防部的设施或工程的施工，军事部门的人员也要遵守1999年5月18日法律17中关于本专业资质的规定和与开发相应的规定。

第四条 卫生与安全部门

卫生与安全部门的建筑设计在其设计准备期间和工程施工期间，必须要由有相应理论专业资质的工程师或建筑师参加。

第五条 征用补偿权的规定

1954年12月15日强制征用法第54和55条规定如下：

第54条

1. 要征用的工程或设施未征用，或如果征用的财产过剩，或如果征用财产的债权已解除，则前业主或其受让人可以重新获得所有被征用的财产，或根据后面条款的规定付给业主补偿。

2. 在下列情况下无补偿权：

A）如果一项用于公共用途或社会利益新的拨款计划已经公告并恰当地征得了同意，在这种情况下，政府将公布这个征用项目，并且前业主或其受让人可以提出任何他们认为合适的理由为他们的补偿权辩护，如果确信法律的条款已经不适用，如果原来计划的工程或设施未征用时，任何有价值的要求都将被采纳。

B）正当的征用已经实行，或者已经公告的、用于公共用途或社会利益的设施或工程已经完工十年以上的。

3. 当依照本条前款的规定进行补偿时，从政府发出征用公告解除对征用财产的债权的通知之日起，或发出征用的工程或设施不进行施工的决定的通知之日起，前业主或其受让人有三个月的期限提出补偿申请。

未发布这种通知时，在下列情况下前业主或其受让人可以行使补偿权：

A) 过剩的征用或征用权或财产变成债权的时间不超过 20 年。

B) 征用权或征用财产的占有时间超过五年，而工程或设施还没有开工或安装。

C) 由于政府的原因或征用的受益人不采取任何继续该工程的措施，使工程或设施延期开工超过两年。

4. 当提出补偿要求时，政府有权根据占用的财产或征用受益人的情况对补偿的要求作出决定。

5. 通过强制征用获得的土地登记注册的所有权及其他财产权，依照本条款及下一条款，对任何第三方买主来说，原业主的补偿有优先登记权，根据抵押法的规定，未登记的补偿权对于已登记了所人权的第三方买主没有优先权。

第 55 条

1. 假定在行使补偿权时还包括被征用的业主收到的征用补偿，由于开始估价的日期与行使补偿权的日期之间物价消费指数发生了变更，因此，归还的数值将由政府根据归还权被认可时的同一个协议来确定。

2. 此外，如果征用的财产或产权在依法评定时其评估条件发生了变更，例如所有权持有者可使用的产权扩大了或其价值降低了，则新的产权或财产的评价将根据行使权力的日期和本法第三章第二条确定。

3. 取得的归还财产或产权不能取代以前根据前述条款确定了的赔偿物或罚款。这里所说的罚款或赔偿物的发生必须不晚于政府做出处罚决定期满三个月，并且不影响诉讼文件。在这种情况下，对任何申请已经做出的不同的判决结果，在发出判决通知要求的第一次付款之日起三个月内，连同利息一起支付或偿还罚款。

第六条 设在同一建筑物基础上的通信设施的使用权

1998 年 2 月 27 日皇家法令第 2 条 *A* 款对共用建筑基础的通信设施规定如下：

A) 用于住宅或其他目的的所有建筑物或开发的房产的连续结构部分，包括地平线以下的财产，无论新旧与否，均由 1960 年 7 月 21 日颁布的财产法 49 和 1999 年 4 月 6 日修订的法规 8 所共同管理。

第七条 通报其他代理商的命令申请

由于参与工程过程而产生的债务，根据本法可以提起诉讼，在民事诉讼法允许的期限内，向其他参与工程的代理商发出诉讼通知。

为原告起草的传唤通知还包括传唤未到法庭的有关的代理商的快速通知。

临 时 规 定

第一

除由第二临时条款规定的处理强制征用的条款外，对所有新建工程和所有现有的有施工许可证的工程，在本法生效后，将应用本法的条款。

第二

第五附加条款的内容不适用于本法生效后与已归入文档的补偿申请有关的产权和财产

废 除 条 款

第一

所有等同的和本法下级的条款均废除。

第二

1974年4月26日法令通过的强制征用法第64至70条其内容与第五附加条款的内容相对应，与本法没有矛盾，仍然有效。

最 终 条 款

第一　宪法的根据

本法已经国家权威人士根据以下宪法条款一致通过：

- 第3条　第149.1.16，21，23和35项
- 第四章　第149.1.6，8和11条
- 第五附加条款第149.1.18条

本法的各项条款适用于本地区内与自治委员会赋予的立法机构和执行权下矛盾的情况。

第二　政府授权认可的建筑技术规范

根据皇家法令，经过政府授权认可的本法两年内生效，建筑技术规范满足与第3条1B和1C相关的建筑基本要求。

到其正式批准前，基础建筑规范—NBE（Normas Básicas de la Edificación）对下列建筑物规定的技术要求仍将使用，以满足这一基本要求：

NBE CT-79　　建筑热环境

NBE CA-88　　建筑声学环境

NBE CA-88　　建筑机械

NBE FL-90　　砖剪力墙

NBE QB-90　　沥青屋面防水材料

NBE AE-95　　建筑钢结构

NBE CPI-96　　建筑防火

其余类似的符合第3条基本要求的强制性技术规范也适用。

第三　强制征用法条款的修改

在六个月内，政府将修改强制征用法第二部分中第四章第四节的条款，以适应本法的规定。

第四　有效性

除第五附加条款、第二临时条款、与强制征用事物的立法有关的第一废除条款和第二废除条款以及第三最终条款以外，本法将在政府公报上宣布后六个月内生效。

（制订法律）

马德里，1999年11月5日

西班牙国王 JUAN CARLOS

政府总统

JOSE MARIA AZNAR LOPEZ